भैया, तुमने अपनी सृजनशील दृष्टि से डिजाइन करके इस पुस्तक को सजाया है, इसे मैं तुम्हारी तरफ से अपनी बहन को दी हुई अनुपम भेंट मानती हूँ। अपनी सृजनात्मकता के प्रयोग से तुमने न केवल अपने बल्कि आसपास के लोगों के जीवन को भी गौरवान्वित किया है। तुमने मेरे अल्प ज्ञान को सुंदर ढंग से प्रस्तुत करने में मेरा सहयोग किया है। प्रियम, तुम मेरे लिए सृजनात्मक दृष्टि वाले महान कलाकार हो। तुम्हारे बिना मेरा सपना इतने सुंदर और यथार्थ रूप में साकार नहीं हो सकता था।

आभारी हूँ "बड्डी" तुम्हारी।

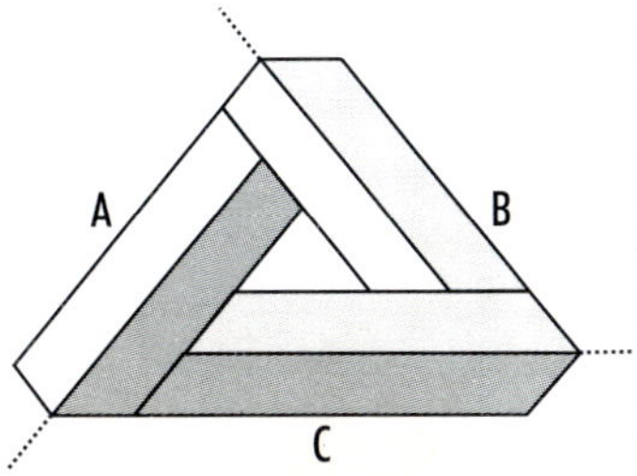

प्रकाशक :

फ्यूचर फोर्स पब्लिकेशन

336/43, जी. आई. डी. सी.,
मकरपुरा, वडोदरा – 390 010,
भारत.

www.jitenpyramid.com
www.pyramidyantra.com

प्रथम संस्करण	:	अक्टूबर 1997
द्वितीय संस्करण	:	नवम्बर 1997
तृतीय संस्करण	:	अगस्त 1998
चतुर्थ संस्करण	:	दिसंबर 1999
पंचम् संस्करण	:	जून 2000
षष्ठम् संस्करण	:	जनवरी 2001
सप्तम् संस्करण	:	सितम्बर 2001
अष्टम् संस्करण	:	मई 2003
नवम् संस्करण	:	अगस्त 2003
दशम् संस्करण (हिन्दी)	:	फरवरी 2004

हिन्दी रूपांतर :

गणेश ताम्रकार

ISBN 81-88713-00-7

अनुक्रमणिका

प्रस्तावना -

तत्व ज्ञान अंदरसे ऊत्पन्न होता है। अनेक गहन सवालोंके उत्तर जो आप पाना चाहते हैं, वो आपके अंदर ही छिपे हैं। सच तो यह है की खजाना अपने अंदर है। देर बस गहराई में उतरने की है। परन्तु हम में से अधिकांश अपने ही बारे में अनभिज्ञ रहते हैं क्योंकि हम अपने को सुनते ही नहीं हैं। हमें अपने अस्तित्व से पुनः सीखना होगा। यह पुस्तक दिग्दर्शक है कि कैसे आप अपने ज्ञान और क्षमताओं को एक अलग दृष्टि से देखकर समृद्ध और सम्पन्न बन सकते हैं ।

इस पुस्तक में मेरे और धारा के अभी तक के अनुभवों एवं ज्ञान को उपयोगी रूप में संजोया गया है । विगत १५ वर्षो में भारत या विदेशों में दिए गए मेरे व्याख्यानों के उद्धरण देखकर मुझे आश्चर्य मिश्रित प्रसन्नता हुई है ।

मैंने देखा है कि इन वर्षों में सुनने और सीखने की इस क्रांतिकारी तकनीक के प्रति धारा के विशेष झुकाव से उसने बहुत कुछ पाया और दूसरों को बांटा है। इस पुस्तक में उसने अनेक आधारभूत और व्यावहारिक सूत्रों को लिपिबद्ध किया है जो प्रयोग में बहुत सरल हैं। जिन्हें उसने चित्रों और उदाहरणों द्वारा बहुत ही व्यवस्थित रूप में प्रस्तुत किया है । मैं पूर्ण आत्म विश्वास के साथ कह सकता हूँ कि यह पुस्तक आपका ज्ञान बढ़ाने में सहायक होगी। अनुभव और ज्ञान पाने की नई तकनीक के रूप में इसे पढ़ने की सिफारिश करता हूँ।

थोडा और शान्तचित्त हो जाइए ! अपने को हल्का करते हुए देखें कि आपके अंदर क्या घटित हो रहा है। जीवन हमारे मस्तिष्क के स्मृति लेखों की अपेक्षा हृदय से उठ रही तरंगों के स्पन्दन के अधिक निकट है। इसलिए केवल लिखित शब्दों के संदेश को पढ़ने की अपेक्षा अन्दर छिपे आंतरिक अर्थों को समझने की कोशिश करें। अतएव पढ़ते समय हृदय के दिव्य संगीत का अनुभव करें और देखें कि आपका मस्तिष्क उसके विषय में क्या कह रहा है।

एक बात निश्चित है कि धारा ने विषय वस्तु की अवधारणा को अच्छी तरह समझ कर, बहुत अच्छे ढंग से इस पुस्तक में प्रस्तुत किया है । मुझे पूर्ण विश्वास है कि यह पुस्तक हर उस व्यक्ति के ज्ञान चक्षुओं को खोलने वाली होगी जो ज्ञानधारा के इस पथ के पथिक बनना चाहेंगे।

प्रोफे. डॉ. जितेन भट्ट

With Love

प्रोफे. डॉ. जितेन भट्ट

पायरा वास्तु, पायनर्जी और
पिरामिड यंत्र के अन्वेषक
प्राच्य आरोग्यदायी विद्या विशेषज्ञ
स्वास्थ्य जागरूकता के संदेश वाहक
जैविक ऊर्जा वैज्ञानिक ।

मेरे पूज्य पिताश्री डॉ. जितेन भट्ट से प्राप्त ज्ञान एवं अनुभव जो मेरे जीवन में आज तक उनके साथ रहने से प्राप्त हुआ है, पर यह पुस्तक आधारित है। साथ ही उनकी जीवन शैली, उनकी शिक्षाएँ, कार्यशालाएँ और शोधकार्य भी मेरे ज्ञानवर्धन में सहायक रहे हैं। मैं इसके आधार पर यह किताब आपके समक्ष उद्घाटित करती हूँ।

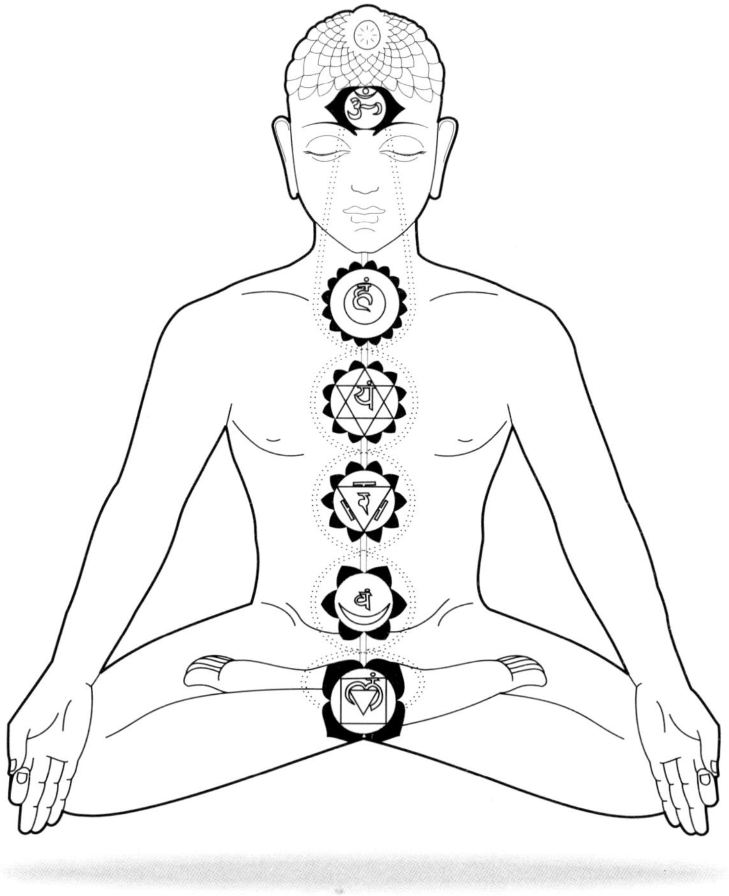

हमारे सप्त चेतना केन्द्र

हमारा जीवन सामर्थ्य से भरपूर है । ये चेतना केंद्र हमें आत्मिक प्रकाश तथा परमानन्द रूपी लक्ष्य प्रदान करने वाली मुख्य कुंजियाँ हैं।

1

*''भविष्य में चिकित्सक दवाओं का प्रयोग कम करेंगे, ऊर्जा पर अधिक निर्भर रहेगें । ध्यानाकर्षण का केन्द्र अब पदार्थ के बजाय मन की समृद्धि होगी ।
अव्यक्त की अनुभूति के लिए व्यक्त रूप में नए आयामों का अनुसंधान होगा।''*

प्रोफे., डॉ. जितेन भट्ट

नया
आयाम

नया आयाम

रामपुर नामक किसी छोटे से गाँव में एक प्रतिष्ठित और धनी व्यापारी, रामचन्द रहता था। उसने प्रसिद्धि एवं सम्पत्ति अर्जित करने के लिए जीवन भर कठिन परिश्रम किया। भरपूर धन-सम्पत्ति कमाने के बाद अब उसने एक भवन बनवाने का निश्चय किया और एक दिन गाँव का सबसे भव्य और सुन्दर मकान बनाने का उसका स्वप्न साकार हुआ। वह व्यापारी अत्यंत प्रसन्न था। एक दिन एक करोड़पति गाँव में आया और एक ही क्षण में उसने उस भव्य मकान को पसंद कर लिया। उसने रामचन्द को दुगनी कीमत अदा करने का वादा किया। रामचन्द ने सोचा 'क्यूं ना अभी इस भवन को दुगनी कीमत पर बेचकर अपने लिए इससे बेहतर कोठी बनाई जाए ?'

व्यापारी का लड़का उस करोड़पति व्यक्ति के साथ मकान के सौदे की बातचीत के लिए शहर गया। अर्ध रात्रि में एक ग्रामीण ने व्यापारी को आकर सूचना दी कि उसका नया मकान जल रहा है और उसके नष्ट होने से बचने की संभावना नहीं है। व्यापारी बहुत निराश हुआ और रोने लगा। इतने में ही एक अन्य व्यक्ति आया और उससे कहने लगा कि उसका लड़का जो शहर में है, उसने मकान को उसकी निर्माण लागत से दुगने मूल्य में बेचने का सौदा तय कर लिया है। इतना सुनते ही वह व्यापारी अपने को बहुत सौभाग्यशाली मानने लगा। मकान अभी भी जल रहा था पर वह हँस रहा था। इसी बीच फोन पर व्यापारी के लड़के ने बताया कि सौदा तय हो गया है पर अभी तक भुगतान नहीं मिला है। व्यापारी फिर रोने लगा पर उसके लड़के ने उसे विश्वास दिलाया कि जिससे सौदा तय हुआ है, वह बहुत ही सज्जन पुरूष है। उसने ऐसा वचन दिया है की मकान जिस भी स्थिति में होगा वह स्वीकार कर लेगा। व्यापारी फिर से प्रसन्नता से नाच उठा।

मकान जल रहा है। परिस्थिति में कोई अंतर नही हुआ है। केवल विभिन्न प्रकार की सूचनाओं के कारण उसकी सोच में-भाव में अंतर हुआ है। जिसके कारण व्यापारी की मानसिक स्थिति बार-बार बदल रही है। इसी तरह जन्म के बाद से ही हमारा शरीर निरंतर जल रहा है, क्षीण हो रहा है और उसका अंत सुनिश्चित है। इस सबके बीच में हम कभी अपने को स्वस्थ व प्रसन्न अनुभव करते हैं और कभी अस्वस्थ व दुखी। यदि हम केवल अपनी सोच, बोध या भाव बदल लें तो हम जीवन में अधिक संतुष्ट रह सकते हैं। हम दूसरों को नहीं बदल सकते हैं तो फिर क्यों न केवल अपने भाव को बदल कर अपने को ही बदल डालें ?

यथार्थ की प्रेरणा :

एक रचनात्मक सोच ही किसी विशिष्ट कार्य या वैज्ञानिक अनुसंधान का मूल होती है। हमारा सृजनशील मन और हृदय में तीव्र लगन हमें अपनी सफलता की ओर ले जाते हैं।

हमारी आत्मा –प्रमुख अंतःशक्ति का सृजनात्मक स्वरूप

आन्तरिक कुंजी

आइए! अपने को जानने के लिए एक उड़ान भरें। यह अपने वातावरण की अनुभूति के लिए बहुत अच्छी यात्रा है। इस वातावरण में आपके आसपास की ही वस्तुएँ नहीं हैं वरन आप भी सम्मिलित हैं। अब हम अपने ही अंदर झांककर नए आत्म बोध को प्राप्त करेंगे, जिससे इस विश्व को एक बेहतर निवास बना सकें।

यहाँ आप अनुभव करेंगें कि आप का आसपास की वस्तुओं से कितना साम्य है तथा वस्तुएँ आपको कैसे प्रभावित करती है। आपके और आपके वातावरण के बीच सतत पारस्परिक क्रिया चलती रहती है जिससे आप हमेशा प्रभावित होते रहते हैं। यह पारस्परिक क्रिया इतनी सूक्ष्म और निरन्तर होती रहती है कि हम उसकी अनुभूति नहीं कर पाते हैं। कहने का तात्पर्य यह है कि वह बहुत अधिक प्रत्यक्षदर्शी नहीं है। वह एक समुद्र के समान है जिसकी उत्ताल तरंगें दिखाई देती हैं। उसी तरह हमारी दिनचर्या में आने वाले कुछ व्यवधानों की ओर हमारा ध्यान जाता है परन्तु हम परमानंद के समुद्र और जो चेतना हमारे अन्दर और आसपास है, उसे समझ नहीं पाते हैं।

आसपास के वातावरण के अवलम्बन और सहयोग के बिना हमारा अकेला रहना असंभव हैं। हमारी सर्वोच्च चेतना हमारे विकास की प्रक्रिया में सतत क्रियाशील रहती है। हमें हमारे अन्तः और बाह्य संवेग की क्रिया और प्रतिक्रिया के प्रति अपना दृष्टिकोण बदलना होगा। हम सभी जीवित प्राणी दिव्य चेतना केन्द्रसे जुड़े रहने के कारण एक दूसरे से संवाद करते हैं। अपने जीवन से अधिक से अधिक पाने के लिए हमें सावधान और जागरूक रहना होगा। इन दिव्य लहरों से पुनः जुड़ना हमें सीखना होगा ताकि चेतना केंद्र के साथ हमारा सामंजस्य बना रहे।

आइए! इस दिव्य चेतना की मूल धारा से जुड़ने के लिए एक कदम आगे बढ़ाएँ।

अस्तित्व का बोध

आप क्या देख रहे हैं? एक मोमबत्ती या दो चेहरे?

मानवीय प्रकृति को समझना

किसी भी स्थिति के लिए हम मनुष्यों की एक स्वाभाविक प्रतिक्रिया होती है -

१. साहस के साथ लड़ना

२. खतरे से डरकर भाग जाना

किसी भी प्रकार के मानसिक, शारीरिक या भावनात्मक तनाव की स्थिति में हम ऐसा व्यवहार करते हैं । चूंकि यह एक मानवीय स्वभाव है। इसी कारण किसी भी समस्या के प्रति हम द्विपक्षीय समाधान सोचते हैं । यही बात हमारे स्वास्थ्य, प्रसन्नता और समृद्धि की समस्याओं के प्रति होती है । इसे अपने स्वास्थ्य संबंधी उदाहरण से समझें। जब हम बीमार होते हैं तो हमारा मुख्य उद्देश्य होता है जल्दी से निरोग होना। हममें कुछ ही ऐसे हैं जो स्वास्थ्य सहज व अपनी क्षमताओं के अंदर की स्थिति में ही चाहते हैं। स्वस्थ रहने के दो आधारभूत मार्ग हैं -

१. बाह्य ध्रुवीय तकनीक

२. अंतः ध्रुवीय तकनीक

दोनो के अपने फायदे और सीमाएँ होती है।

१. बाह्य ध्रुवीय तकनीक :- शरीरिक या बाह्य कार्य, जैसे - एलोपैथी। जो बाह्य शरीर पर क्रिया करते हुए स्वस्थ होने के लिए अंदर की ओर प्रभाव डालती है ।

२. अंतः ध्रुवीय तकनीक :- योग, ध्यान, प्राकृतिक चिकित्सा, रैकी या होम्योपेथी आदि जो अन्दरसे स्वास्थ ठीक करती हैं। ये अन्दर से कार्य करती हुई प्राणशक्ति बढ़ाते हुए क्रमशः शारीरिक स्वास्थ्य में सुधार करती हैं।

आधुनिक विज्ञान, प्रयोगशाला और भौतिक प्रभावों पर आधारीत बाह्य ध्रुवीय तकनीक के रूप में विकसित हुआ है । यहां पर सारा जोर रोग और बीमारी पर होता है। जबकि दूसरी ओर नये युग की औषधियाँ आरोग्य एवं मानसिक स्थिति में सुधार के साथ ही रोगी की भावनात्मक सोच को बदलती हैं । इसमें कोई संशय नहीं कि दोनो पद्धतियां समान रूप से अच्छी और उपयोगी हैं ।

अच्छा स्वास्थ्य पाने की दृष्टि से अंतःध्रुवीय तकनीक अपने सकारात्मक सोच के कारण आजकल बहुत लोकप्रिय हो रही हैं। यही बात प्रसन्नता और समृद्धि के संबंध में है । जब हम अंदर से समाधान करते हैं तो अधिक प्राप्ति होती है । बस आवश्यकता इस बात की है कि हम दुर्भाग्य और अयोग्यताकी देहलीज को पार कर आगे बढ़ें और अपने को नए सकारात्मक, स्वस्थ, प्रसन्न और विकासशील व्यक्ति के रूप में बदल डालें । हम सब बहुत अधिक संभावनाओं को लेकर पैदा हुए हैं केवल आवश्यकता इस बात की है कि हम इस सोच को समझें जो हमें हमारी क्षमताओं के विशाल संसार के द्वार खोलने में रूकावट है। मेरे साथ आइए ! एक नई सोच के साथ हम अपनी व्यक्तिगत प्रगति की राह ढूँढें ।

जब हम किसी नई सोच की बात करते हैं तो उसे समझने और अपनी योग्यता के बारे में सोचते हैं । अनुभूति करना हमारे शरीर की अति महत्वपूर्ण तथा सतत क्रिया है। उसके बिना हम उस जड़ पदार्थ के समान होंगे जो आसपास घटित किंसी भी घटना से अविचल रहता है।

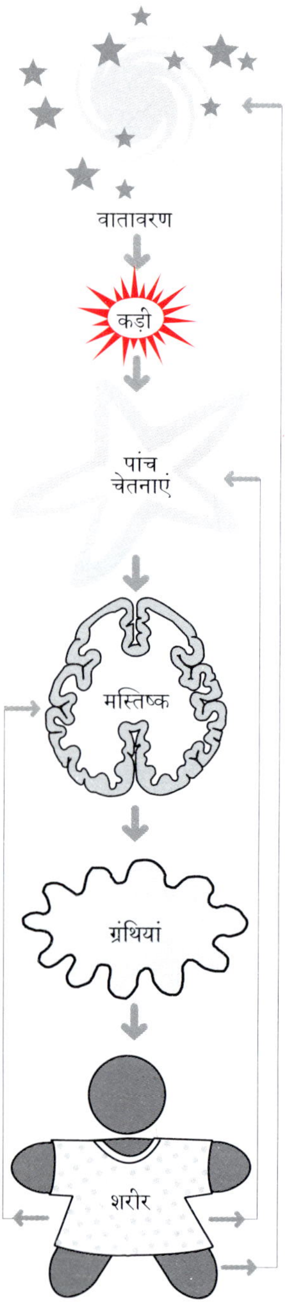

हमारा ब्रह्माण्डीय परिपथ

यही शरीर और वातावरण के बीच की केवल परिवर्तनशील कड़ी है ।

शरीर रचना की गहराई में

संवेदना को दो तरह से समझा जा सकता है -

१. पूर्ण / भौतिक शरीर रचनासे

२. सूक्ष्म / अदृष्य शरीर रचनासे

हम सभी भौतिक शरीर रचना को जानते हैं जिसे हमने अपने विद्यालय स्तरपर विज्ञान की पुस्तकों में पढ़ा है। आइए यहां हम शरीर रचनाको गहराई से जानने का प्रयास करें।

हमारी पाँचों ज्ञानेंद्रियों का आसपास के वातावरण और आंतरिक समझ-से लगातार संवाद चलता रहता है। मस्तिष्क के निर्देश पर उनकी शरीर के साथ क्रिया होती है। शरीर की ज्ञानेंद्रियों के माध्यम से यह अनुभूति हमारे मस्तिष्क तक पहुंचती है। मस्तिष्क उसका विश्लेषण कर संबंधित स्थान पर उसकी जानकारी भेजता है। शरीर में रासायनिक अथवा विद्युतीय परिवर्तन उन स्थान पर हुई क्रिया के अनुसार होता है। हारमोन्स का निर्माण रासायनिक परिवर्तन के रूप में होता है जबकि विद्युतीय परिवर्तन से नसों में धड़कन होती है। ये परिवर्तन शरीर और मस्तिष्क में हो रही क्रियाओं पर नियंत्रण रखते हैं और उन्हें एक लय में रखते हैं।

अपने भीतर सामंजस्य रखने के लिए हमें अपने शरीर के सूक्ष्म चेतन सिरों को समझना होगा। ये सूक्ष्म सिरे या ज्ञानेन्द्रियाँ मस्तिष्क और पदार्थ को जोड़ने के सेतु हैं। इन इन्द्रियों के चेतना के स्तर का सुधार करना कहीं अधिक सरल है। इन पाँच ज्ञानेन्द्रियों में से इस पुस्तक में हम केवल आँख पर विचार करेंगें।

जितेन वाणी

चमत्कार हर जगह मौजुद है, बस आवश्यकता है एक संवेदनशील हृदय की, बोधमयी आँख की। आत्मा और पदार्थ का नृत्य आपको सर्वत्र दिखाई देगा।

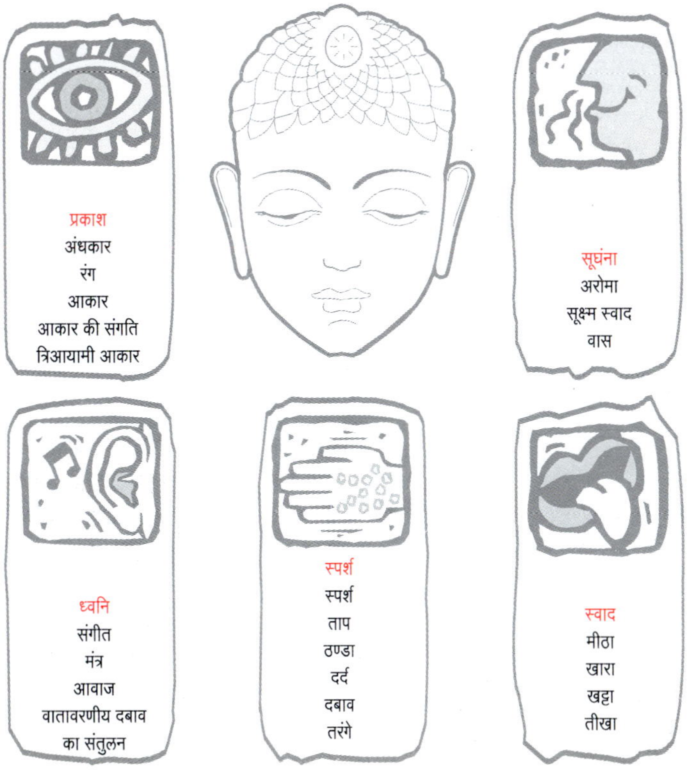

मन को पदार्थ से जोड़नेवाला सेतु

शरीर रचनाके अनुसार हमारी पंच ज्ञानेन्द्रिय हैं, ये ज्ञानेन्द्रियां हैं - दृष्टि (प्रकाश), श्रवण (ध्वनि), वास (सूंघना), स्वाद और स्पर्श. इनके पाँच अंग हैं-

- दृष्टि - आंख
- श्रवण - कान
- सूंघना - नाक
- स्वाद - जीभ
- स्पर्श - त्वचा

दृश्य से अदृश्य की यात्रा

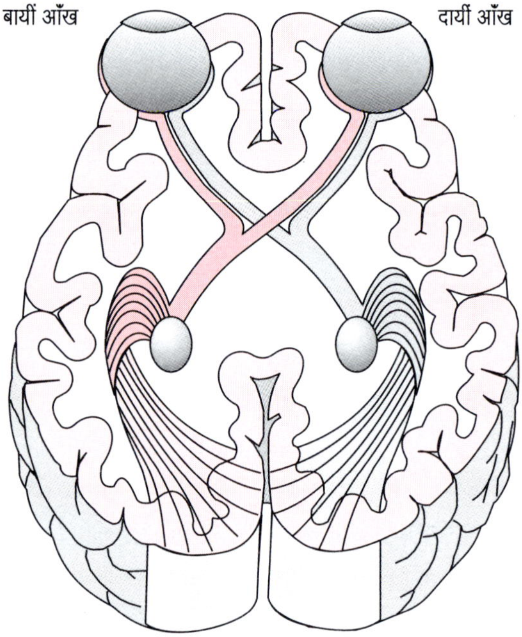

नेत्र हमारे मस्तिष्क के प्रतिबिम्ब स्वरूप हैं

यहाँ पर हमने केवल नेत्रों को लिया है क्योंकि चेतना बहुत व्यापक शब्द है जिसके संबंध में कभी और चर्चा करेंगे। आँख का चयन इसलिए किया गया है कि यह हमारे शरीर के लिए बहुत ही आवश्यक आदान कारक है। हमारा सभी प्रकार का ७५% ज्ञान इन पर निर्भर है। जिससे यह सिद्ध होता है कि आँख हमारे लिए कितनी आवश्यक है। इसीलिए हम उसी पर विश्वास करते हैं, जो हमारी आँखें देखती हैं। देखने की शक्ति हमारी सशक्त चेतना है। इस संसार में आते ही पहले प्रकाश में देखना प्रारम्भ करते हैं। हमारी आँखें लगभग १० मिलियन प्रकार का प्रकाश और ७ मिलियन प्रकार के विभिन्न रंगो को देख सकती है। आंख मस्तिष्क को सूचना देती है और परिणाम स्वरूप उसका मनसे संवाद होता है।

हमारा चेतन मन सभी चेतनाओं को समझ सकता है। हमारा अवचेतन मन स्वचालित कोशिका तंत्र को नियंत्रित करता है। जिसके परिणाम स्वरूप हृदय की धड़कन, पाचन आदि की क्रियाएँ होती हैं। यह अवचेतन मन ही प्रतीक और चित्रों की भाषा समझता है। अन्य सभी चेतनाएँ उसके लिए विदेशी भाषा के समान है। ये प्रतीक और चित्र हमारे नेत्रों द्वारा अनुभूत किए जाते हैं। हमारी आँखें हमारी स्मरण शक्ति के लिए तथा अवचेतन मन के साथ अंतर्संवाद के लिए कितनी महत्वपूर्ण हैं यह हम समझ सकते हैं। आँखों में सर्वाधिक ग्राहिता होती है क्योंकि वे मस्तिष्क के प्रतिबिम्ब स्वरूप ही है।

आइए! इस दृश्य से अदृश्य की ओर गमन करने वाली हमारे अन्दर की यात्रा को और अधिक जानें।

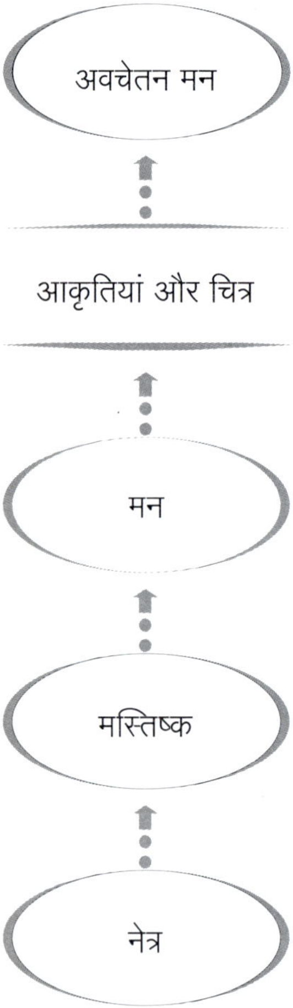

आंतरिक भाषा

केवल अवचेतन मन ही प्रतीक और चित्रों की भाषा समझता है

नयनः तन, मन और आत्मा का मानचित्र

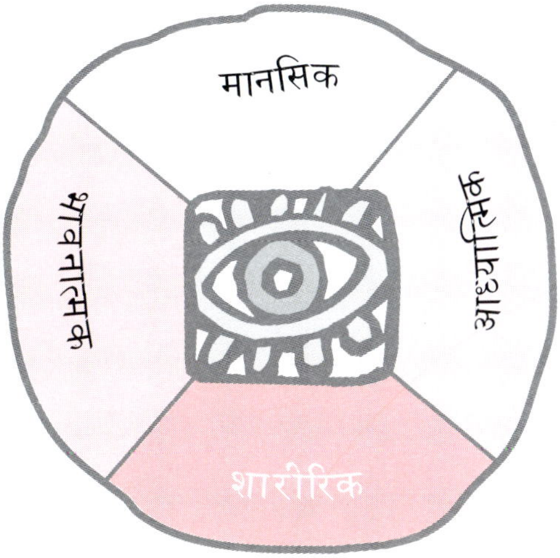

हमारी आँख तीन अलग वस्तुओं को पहचान सकती हैं -

१. प्रकाश २. रंग ३. आकार

इन तीन में से प्रकाश और रंग का हमारे ऊपर क्या प्रभाव है, यह हम में से अधिकांश व्यक्ति जानते हैं। इनमें से बहुत कम लोगों ने विभिन्न आकार और हमपर पड़ने वाले प्रकार के प्रभाव को जानने का प्रयास किया है। आज हम उस नए आयाम को जानने का प्रयास करेंगे।

हमारी आँखें न केवल तीव्र ग्राही हैं वरन् दक्ष प्रसारक यंत्र हैं। वह सभी कार्यविधि के संकेत प्रसारित करती है, चाहे वह शारीरिक, मानसिक या भावनात्मक स्तर पर हों। यदि आप शारीरिक रूप से थक गए हैं तो आपकी आँख को यह प्रदर्शित करने में कोई समय नहीं लगता है। यदि आप झूठ बोल रहें हैं तो आप अपने विरोधी से आँख मिलाने में संकोच करेंगें। साथ ही आपकी आँखें आपकी मानसिक स्थिति का भी प्रदर्शन करती हैं। प्रेम और परोपकार में आँखों की भूमिका को कौन नकार सकता है?

प्रेम और परोपकार में आँखों की सहभागिता सर्व विदित है। विज्ञान का प्रस्ताव भी यही होना चाहिए। आध्यात्मिक विकास यात्रा में हमारी आँखों की महत्वपूर्ण भूमिका है। हमारे प्राच्य ग्रन्थों में इसका वर्णन बहुत ही सुन्दर ढंग से किया गया है। साथ ही हमारी आँखों की महत्ता सोते समय, सम्मोहन तथा इरिडोलॉजी परीक्षण में भी है।

इस प्रकार आँखें हमारे तन, मन और आत्मा का मानचित्र हैं।

नयन हमारे मन और विचारों का दर्पण हैं।

मिश्रवासी चंद्र आँख को दैवीय संरक्षण के प्रतीक रूप में देखते हैं।

हिन्दू धर्म में तृतीय नेत्र उच्च चेतना का प्रतीक है।

बौद्ध धर्म में नेत्र को विवेक और अनन्त ज्ञान के प्रतीक रूप में माना जाता है।

इस्लाम में नेत्र को सर्वोच्च सत्य के द्वार के रूप में आध्यात्मिक दृष्टि से देखा जाता है।

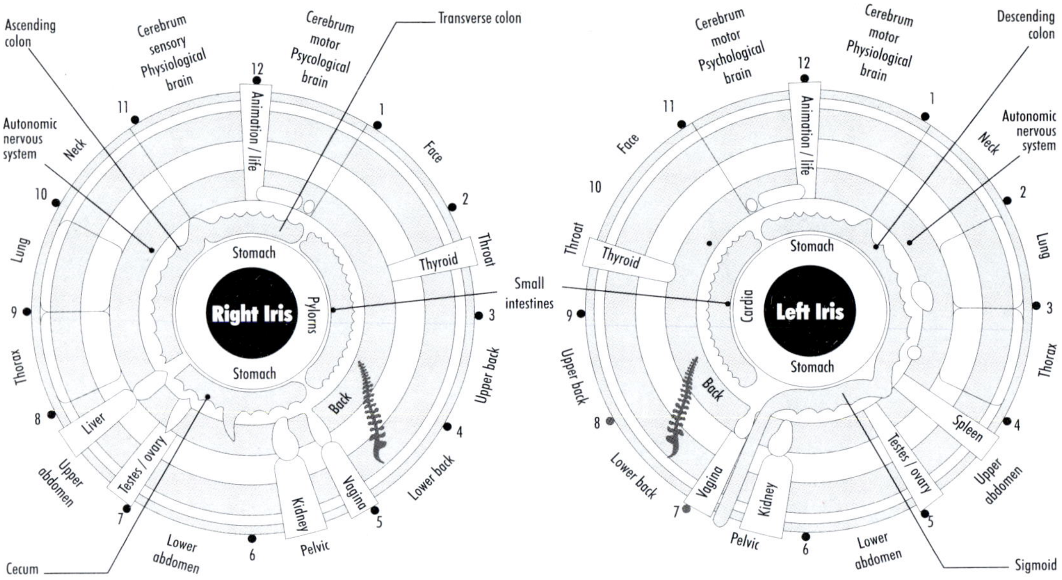

Iris Diagnostic chart

नेत्र : हमारे स्वास्थ्य का झरोखा

वैकल्पिक चिकित्सा पद्धति में अपने शरीर को आँख में ही देखना तुलनात्मक रूप से नई तकनीक है जिसे इरिडोलॉजी कहते हैं । हमारा शारीरिक, मानसिक और भावनात्मक स्वास्थ्य, इस नेत्र रुपी स्वास्थ्य खिड़की से स्पष्ट रूप से दिखाई देता है । इस रोग परीक्षण पद्धति में रंग, स्थिति, चिह्न, गढ्ढे या धब्बे आदि रोगी की आइरिस पर दिखाई देते हैं और उनकी सहायता से उस की बीमारी की स्थिति का आकलन किया जाता है ।

यह एक ऐसी तकनीक है जिसमें आवर्धित लेंस या आँख के आवर्धित फोटोग्राफ में केवल आइरिस को देखकर बिना किसी अन्य परीक्षण के शारीरिक या मानसिक रूग्णता का पता लगाया जा सकता है।

इस तकनीक का दूसरा लाभ यह भी है कि आने वाली बीमारी शरीर में बढ़े, इसके पूर्व ही उसकी जानकारी हो जाती है । इस तरह इससे हमे पहले से ही उपचार करने या जीवन शैली में परिवर्तन करने का संकेत मिलता है। यदि उपचार या परिवर्तन अनुकूल है तो कुछ ही दिनों में आँख की पुतली पर वैसा लक्षण दिखाई देगा। यह तकनीक चिकित्सकों एवं ऊर्जा उपचार विशेषज्ञों दोनों के लिए ही उपयोगी है । इस कारण आँख बहुत ही जटिल मगर एक व्यापक विषय है ।

जो हम वास्तविक रूप में अनुभूति करते हैं, उसकी हमारे मस्तिष्क में कैसी निर्मिति होती है इसे समझने के लिए आँख के स्तर पर एक उदाहरण लेगें । अपनी बायीं आँख बंद करें, दायीं आँख से मण्डल के केन्द्र में टकटकी लगा कर देखें। धीरे से पुस्तक को अपनी द्रष्टि-रेखा के साथ इस तरह पीछे की ओर करें कि तारा दिखाई न दें (लगभग 6-7 ईंच)। तारा इसलिए लुप्तहो जाता है कि वह आपकी दृष्टि-बिन्दु से दूर हो जाता है । अब अपनी दायीं आँख बंद करें और तारे की ओर टक टकी लगाकर देखें । पुस्तक को तब तक पीछे की ओर करें जब तक केन्द्र बिन्दु लुप्त नहीं हो जाता है । जब ऐसा होता है तो देखें कि भलेही केन्द्र बिन्दु अदृश्य हो जाता है, मगर सभी रेखायें वहाँ दिखाई देती हैं । यह इस कारण है कि जो हम सोचते हैं, मस्तिष्क उसकी पूर्ति करता रहता है ।

एक रचनात्मक गोता

मनुष्य कष्ट या आनंद, स्वर्ग या नरक को अपने अन्दर लेकर चलता है। जो कुछ भी घटित होता है वह हमारे कारण घटित होता है ।

यह चित्र जिसमें कपाल और शराबकी बोतल दिखाई दे रही है और कोई चित्र नहीं है वरन हमारे दृष्टिबोध के परिवर्तन का ही स्मरण है। आगामी अध्यायों में इस तरह के कई आखें खोलने वाले दृश्यों से सामना होगा।

बस अपनी आखों को थोड़ी देरके लिए बंद करें और सकारात्मक सोच के साथ उन्हें खोलें तो फिर आपको एक सुन्दर युवती ड्रेसिंग टेबल के सामने बैठी हुई दिखाई देगी। यह मात्र दृष्टि बोध में थोड़ा सा परिवर्तन करने से ही हुआ है ।

जीवन का सौन्दर्य हमें प्रत्येक कृति में मिलता है पर हमारा उसकी प्रशंसा न करने का अज्ञान हमें कष्ट और नकारात्मकता देता है । यदि हम वस्तुओं को नये दृष्टिबोध के साथ देखेंगे तो प्रत्येक रूकावट हमें गतिशीलता दे सकती है और असफलता की प्रत्येक सम्भावना, सफलता की संभावना बन सकती है। नकारात्मकता में सकारात्मक होने का उतना ही समान सामर्थ्य होता है, बस हमें एक अलग दृष्टि बोध से देखना और सीखना होगा।

नया दृष्टि बोध

कपाल से सौन्दर्य की ओर अपना दृष्टि बोध बदलें !

अनदेखी शारीरिक रचना

हमारे शरीर के चारों ओर स्थित ऊर्जा क्षेत्र अनुभूति का दूसरा पथ है। यह ऊर्जा क्षेत्र हमारा आभा मण्डल है।

आभामण्डल, शरीर और ब्रह्माण्डीय प्राण शक्ति के बीच की ऊर्जा कडी है । यह बहुत सुन्दर अभिरचना हमारे अन्दर और आसपास है जो हमारी गतिशीलता के साँचे से सम्बद्ध है। इस संरचना में प्राण नाड़ी और प्राणशक्ति केन्द्र जिन्हें चक्र कहते हैं, सम्मिलित है । योग-विज्ञान के अनुसार मुख्य चक्र सात हैं और सूक्ष्म चक्र अनेक हैं।

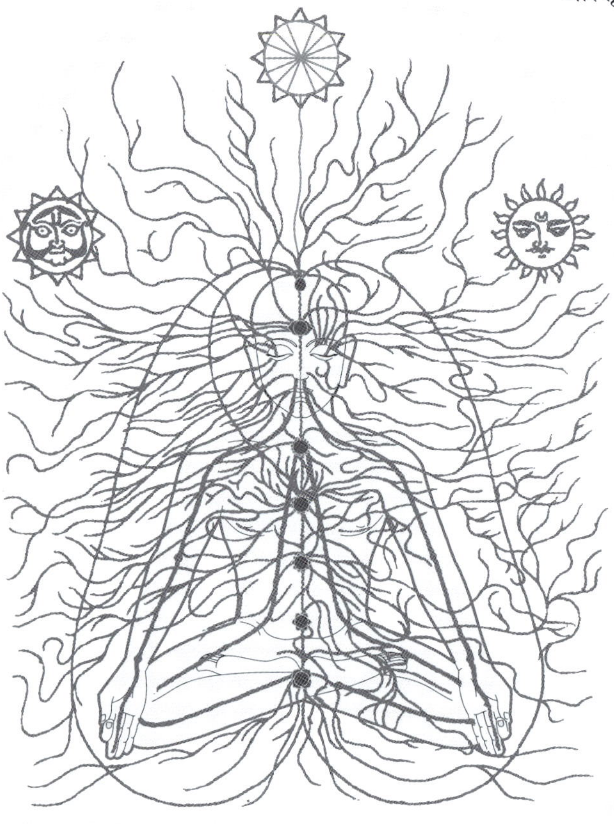

ये चक्र रीढ़ की हड्डी के साथ, एक दूसरे के ऊपर-नीचे शरीर में स्थित हैं । ये ऊर्जा के केन्द्र हैं। जो चक्र के समान है और फूल सदृश्य खिले हुए हैं । ये स्वास्थ्य मनोवैज्ञानिक और सभी प्रकार के शरीरिक, मानसिक और आध्यात्मिक विकास में सहायक हैं । ये हमारे अस्तित्व के रेखाचित्र (ब्लू प्रिंट) हैं और पुनरोत्पादक केन्द्र में नाभि, सौरजालिका, हृदय, कण्ठ, भृकुटी, मस्तिष्क के ऊपरी भाग में स्थित है । हमारी प्राच्य परंपरा अनुसार एक अविभाजित आध्यात्मिक चेतना के साथ मानव का पारस्परिक संबंध उसके आसपास के पर्यावरण एवं वातावरण से है । ये चक्र (जैसा कि चित्र में बताया गया है।) प्रतीकात्मक चित्रों सें दर्शाए गए है। इनमें आकार, आकृति और रंगों को भी बहुत अधिक महत्व दिया गया है । इनमें पुष्प की पंखुड़ियाँ, रेखा गणितीय आकार और चक्र विशेषकर संबंधित रंग आधारभूत प्रतीकात्मक चित्र बनातें हैं। ये पशु, देवी, देवता मंत्र आदि से भिन्न होते हैं।

आंतरिक सूक्ष्म शरीर रचना

हमारी प्राण नाड़ी चक्रों से निकलने वाला आभा मण्डलीय शरीर है और नेत्रों के माध्यम से सूर्य और चन्द्र की उच्च युग्म कडी है।

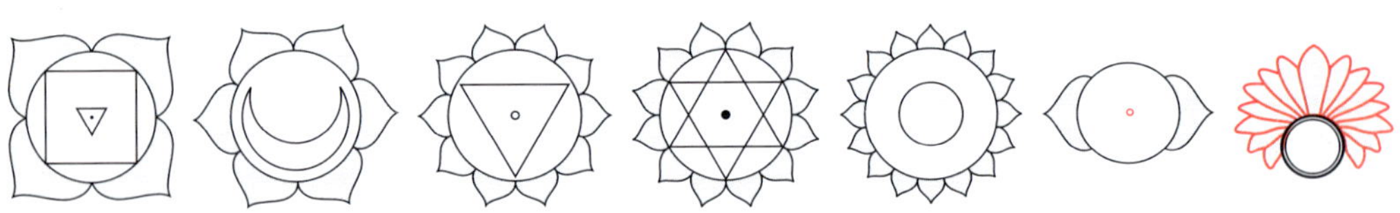

हमारे 7 सूक्ष्म ऊर्जा केन्द्रों की रेखा गणितीय आकृति –

ये चक्र ब्रह्माण्ड से ऊर्जा लेकर हमारे मुख्य अंगों को पुष्ट करते हैं। यदि इन चक्रों के जटिल - पथ में कोई रूकावट होती है तो वे ठीक से काम करना बन्द कर देते हैं । जिसके परिणाम स्वरूप हमारा स्वास्थ्य, मन और विचार प्रभावित हो सकते हैं । प्रत्येक चक्र की एक निश्चित प्रमुख भूमिका होती है।

जहाँ दिव्य प्रकाश का प्रतिच्छेदन होता हो वहाँ ये चक्र बनते हैं। ये आँखों के लिए प्रकाश, रंग, आकृति और आकार के समान ही हैं जो उन्हें प्रभावित करते हैं। ये चक्र और आगे पँच तत्वों, ईथर और चेतना से जुडे रहते हैं। (जीवन कैसे शुरू होता है का चित्र देखें)

इन सात चक्रों में नीचे से ऊपर पहले पाँच भौतिक रूप से एक दूसरे की कड़ी से जुड़े हुए हैं। छठे और सातवे में इस तरह की कोई युति नहीं है। ये हमारी परम शारीरिक अनुभूति और सहज और प्रकाशमान आत्मबोध का प्रतिनिधित्व करती हैं।

इस तरह बेहतर ज्ञान या बोध से युक्त नए आयाम की भाव दृष्टि हमारे जीवन को आनंदमय बना सकती है। आज हम इस बात की बहुत कम चिंता करते हैं कि हम क्या देखतें हैं और उसका प्रभाव हमारे स्वास्थ्य, प्रसन्नता और समृद्धि पर क्या पडता है । हमारे दैनंदिन कार्यो में आने वाली समस्याओं से हम सफलतापूर्वक निपट सकतें हैं, यदि केवल हम इस बात का ध्यान रखें कि हम क्या देखते हैं और उससे कैसा भाव निर्माण करते हैं। यदि हम इसकी ओर ध्यान नहीं देते तो बहुत कुछ खो देते हैं जिसका हमको ध्यान तक नहीं रहता ।

यह पुस्तक बहुत अधिक चित्रों और उदाहरण सहित सउद्देश्य लिखी गई है, क्योंकि आकार और आकृति का प्रभाव जीवन भर शारीरिक, मानसिक और आध्यात्मिक रूप से पडता रहता है। यह आपके ज्ञान सरोवर में लहरें तरंगित करने में समर्थ कंकड़ के समान है । यदि आप इन नई तरंगो के साथ अभिगुंजित होंगे तो आप जागृति और परमानंद की एक चमत्कारी अवस्था में प्रवेश कर सकेंगे ।

अनुभव करना शुरू करें

शांत एवं व्यवधान रहित स्थान पर आराम से बैठें। अकर्मण्यता की शांति के बीच आप क्या अनुभव करते हैं, यह जानने की कोशिश करें और आपके आसपास के वातावरण की क्या ध्वनि है । आंतरिक वार्तालाप शांत करें तो देखेंगे आगे सब स्वतः ही हो रहा है।

जीवन कैसे शुरू होता है

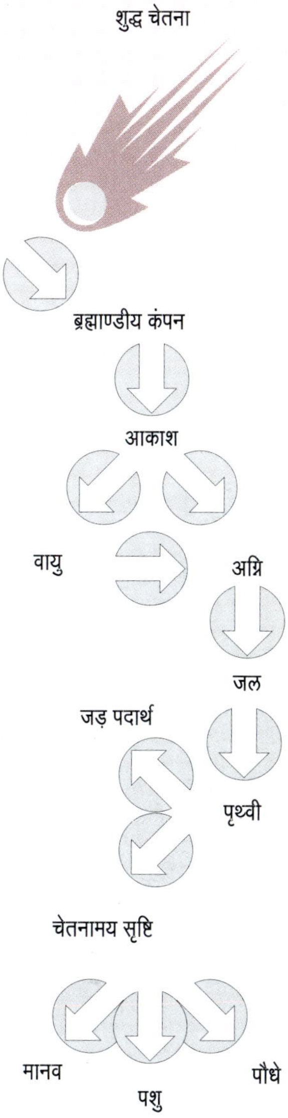

आशीर्वचन

''प्रिय धारा ! मैं बहुत प्रसन्न हूँ कि मेरा जन्मदिन मनाने में सहभागी होने वाली तुम दूसरी व्यक्ति हों । सर्वशक्तिमान परमेश्वर तुम पर प्रसन्न हो ! और तुम भाग्यशाली बनो ! मेरा प्यार एवं शुभाषीश तुम्हारे साथ है ।''

माताजी नारायणी
आध्यात्मिक गुरू

रहस्यमय विशेष गुण

मंदिरों एवं चर्चों में अनूठे आकार का आदर्श स्थापित किया गया है । उनमें रहस्यमय गुणवत्ता एवं क्षमता है, जो हममें सर्वोच्च दैवी शक्ती संप्रेषित करने की क्षमता रखती है ।

2

*''प्रकृति के अनुपम स्वरूप के पीछे
का रहस्य है, स्वरूपका दिव्य अनुपात
और चेतना केंद्र पर उसकी
रचनात्मक क्रियाबद्धता।''*

प्रोफे. डॉ. जितेन भट्ट

दिव्य अनुपात

आकार आपका जीवन बदल सकता है

एक सुबह मेरे पिता के मित्र सपत्नीक उनके पास कुछ परामर्श लेने के लिए आए। उन्होंने बताया कि वे तलाक लेना चाहते हैं। यह एक दुखद समाचार था कारण कि वे एक लम्बे समय से सुखी जीवन जी रहे थे। जब उनसे पूछा कि इतने कठोर निर्णायक कदम का क्या कारण है और यह मतभेद की स्थिति कब से बनी है, तो उनके पास कोई स्पष्ट कारण नहीं था। परन्तु उन्होंने बताया कि समस्या तीन साल पहले से बढ़नी शुरू हुई है। आगे बात करने पर यह ज्ञात हुआ कि लगभग ३ वर्ष पूर्व उन्होंने एक नए मकान में रहना शुरू किया है। पति ने शिकायत की कि पत्नी हमेशा झुंझलाई हुई, बहुत ही तनाव में रहती है। जबकि पत्नी ने शिकायत की कि उसका पति हमेशा घर के बाहर रहता है और घर के कामों में कोई रूचि नहीं लेता है।

हमें इस मामले में रूचि उत्पन्न हुई और हम उनका घर देखने के लिए गए। उनके घर में प्रवेश करते ही हमने देखा कि जो संगमरमर फर्श में लगाया गया है उसमें दरारें हैं, पूछने पर उन्होंने बताया कि यह विशेष प्रभाव उन्होंने एक बड़े संगमरमर के टुकड़े को फर्श पर पटकने के बाद होने वाले टुकड़ों को वैसे ही यथा स्थान लगा दिया है। उनके बताए अनुसार वास्तुविद की यह नई रचना कल्पना थी। साथ ही हमने देखा कि उनके फर्नीचर, दीवालें, पेंटिंग आदि भी अनियमित आकार की उत्तेजक रंगो में हैं। उनके शयनकक्ष में लगी कलाकृतियों में अंत में नुकीली रेखाएँ और आकृतियाँ बनी हुई थीं।

मेरे पिताजी ने उन्हें कुछ सुझाव दिए, जैसे- अधिक उपयोग में आने वाले कमरों में गलीचा बिछाने, फर्नीचर और दीवालों में सौम्य रंगों का उपयोग और सभी पेंटिंग प्रकृति के दृश्यों से पूर्ण हों जिनमें हरा रंग अधिक हो। फेंग शुई और वास्तु के अनुसार कुछ परिवर्तन करते हुए उनके शयनकक्ष में सुन्दर गुलाबों के फूल की पेंटिंग लगाने के लिए कहा। थोडे सप्ताह बाद मैंने देखा कि अब वे बहुत प्रसन्न और सुखी हैं। तलाक का सपना देखना ही उन्होंने बंद कर दिया। फिर मैंने अपने पिताश्री से पूछा कि अल्प समय में इतना परिवर्तन कैसे हुआ ?

उन्होंने समझाया कि संगमरमर के टूटे हुए अनियमित आकार के टुकड़े ठीक नहीं हैं क्योंकि घर में जब काँच, दर्पण, पत्थर आदि के टुकड़े रखे जाते है तो उनसे लाभदायक ऊर्जा का प्रवाह कम हो जाता है। इसलिए संगमरमर के टूटे टुकड़ों का प्रभाव कम करने के लिए घर में गलीचा बिछाने का सुझाव दिया गया।

पेंटिंग आदि के उत्तेजक रंग चिड़चिड़ापन एवं उच्च रक्तचाप के कारण हैं। इसलिए गुलाब के फूलों के साथ ही अधिक से अधिक हरा रंग वाली पेंटिंग लगाने को कहा क्योंकि गुलाब प्यार का तथा हरा रंग सहयोग और समन्वय का प्रतीक है। घर में सामंजस्य और समन्वय लाने के लिए आंतरिक गृहसज्जा में भी कुछ परिवर्तन किए गए। आकार और आकृति हमारे जीवन को हमेशा प्रभावित करते रहते हैं। उनमें थोड़े से संवेदनशील परिवर्तन करने से चमत्कारिक लाभदायक परिणाम देखे गए हैं।

जब आप प्यार करते है तो प्रत्येक जगह दिव्यता का सृजन होता है। जब आप घृणा करते है तो हर जगह विनाश होता है। प्रत्येक जगह दुष्ट होता है। यह आप पर है कि किस यथार्थ को बढ़ाना चाहते है।

यह उनके जीवन में नाटकीय परिवर्तन के साथ शांति और समृद्धि देता है।

आकार के प्रति जागरूकता

प्रत्येक आकार एक तरंगित ऊर्जा देता है । हमें उसका धनात्मक या ऋणात्मक प्रमाण पता लगाना चाहिये।

हम आकारों और आकृतियों के विश्व में ही रहते हैं, हमारे आसपास और हमारे भीतर असंख्य आकृतियाँ हैं । हमारे घर के सजावटी सामान, पौधों, कलाकृतियों आदि की आकृतियों के बीच हम रहते हैं। वे हमारी दिनचर्या को प्रभावित करते हैं । उनका सही या गलत आकार हमें बहुत प्रभावित करता है। हम इन आकृतियों के बीच रहते हैं, पर उनके प्रभाव से अपरिचित हैं।

हम नहीं जानते कि सही आकार की वस्तु के कारण हमें जीवन में कितना लाभ होता है। आकार बहुत ही गहरा और रुचिकर विषय है । आकार का हमें प्राथमिक ज्ञान है पर और गहरा अर्थ जानना अभी शेष है ।

देखें कि आकार हमारे अंदर किस तरह संवाद करते हैं। हमारा अंतिम लक्ष्य आकार का उपयोग करते हुये अंदर सामंजस्य और संतुलन पैदा करना है । राह प्राप्त करने के लिए हमें प्रत्येक कदम सावधानी पूर्वक रखना होगा और उसके गैर परम्परागत अर्थ को समझने के लिए जागरूक रहना होगा ।

जितेन वाणी

वास्तु के कई आधारभूत सिद्धांत में से वस्तु (शरीर, पदार्थ, सामग्री) आदि का परस्पर अंतर्सम्बन्ध ही वास्तु है ।

आकार और उनके अनुपात हमसे एक ताकत के साथ संवाद करते हैं। विचारपूर्वक अपने घर के लिये आवश्यक आकारों का चयन करें।

आकार निर्धारक

दायां गोलार्ध
बायाँ हाथ
लय
स्थान विशेष
की जागरूकता
पूर्णता
कल्पना
दिवास्वप्न
रंग
माप
अतंर्दृष्टि
कला
संगीत

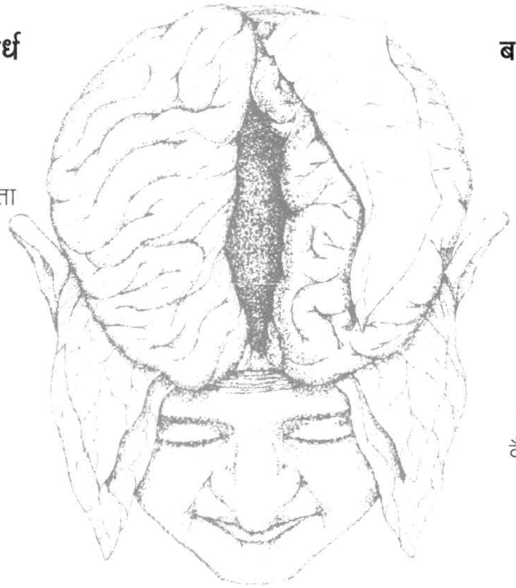

बायाँ गोलार्ध
दाया हाथ
शब्द
तर्क
संख्या
क्रम
रेखीय
विश्लेषण
सूचियाँ
मौखिक और
लिखित भाषा
वैज्ञानिक बुद्धि

मस्तिष्क हमारे शरीर का सबसे जटिल, रहस्यपूर्ण और अत्यधिक अनुसंधान योग्य अंग है । वह एक ऐसा जादूई करघा है जहां अनसुलझे पर अर्थपूर्ण ताने बाने बुने जाते हैं। सर चार्ल्स शेरिंगटन कीटस ने मस्तिष्क को ' विचारों का आम रास्ता कहा है '। हमारे मस्तिष्क की आकृति मशरुम जैसी है जिसमें दो समान अर्धगोलार्ध समाहित हैं। जो कार्पस केलोसम नामक सुक्ष्मतन्तुओं से परस्पर जुड़े रहते हैं। सूक्ष्म तन्तुओं के इस ४'' लंबे समुच्च्य से दोनों अर्धमण्डल तथा उनकी विशेष शक्ति जुड़ी रहती है । इसी से दोनों अर्धमण्डलों के बीच सूचना का आदान-प्रदान होता है ।

हमारे मस्तिष्क का दूसरा प्रमुख अंग है, हमारा हाइपोथालमस जो कारपस के लोसम के बहुत निकट और उसके नीचे है । इसमें किसी भी प्रकार का व्यवधान गंभीर मनोवैज्ञानिक गड़बड़ी पैदा कर सकता है । यह वह अंग है जो वास्तव में स्वशासी और अस्वैच्छिक क्रियाओं, जैसे- आंतरिक ताप स्थिति का रक्षण, हृदय स्पन्दन का नियमन, भोजन-तृप्ति, प्यास, शयन और चलने का तरीका और अन्य जैविक लय जो हारमोन्स के निकलने के कारण होते हैं। यह हमारे मस्तिष्क और शरीर के बीच की कड़ी है जो हमारे विचारों और भावनाओं को भौतिक स्वरूप प्रदान करती है । भारतीय दर्शन के अनुसार हमारे उतने ही मन होते हैं जितने कि मस्तिष्क । इसलिए हम मानवों में दो मन होते है क्योंकि हमारे मस्तिष्क के दो अर्ध गोलार्ध होते हैं।

आज वैज्ञानिक अनुसंधानों से हमें ज्ञात हुआ है कि - कारपस केलोसम और हाइपोथालमस हमारे मस्तिष्क के बहुत ही प्रमुख भाग हैं। पर मिश्र के लोग इसे लगभग ५००० वर्ष पूर्व जानते थे। जब हमें मिश्र में मस्तिष्क के प्रतीक रूप में एक पक्षी (होरल), सन डिस्क (रा) और कारपस के लोसम (बार्क) मिले । वे इस सम्पूर्ण प्रतीक को 'स्वर्ग का मजबूत कक्ष' (दी वाल्ट आफ हेवन) कहते हैं।

मस्तिष्क और मन

सृष्टिकर्ता भगवान ब्रह्मा उनके चार सिरों में मस्तिष्क के आठ अर्धमण्डल हैं । इसलिए उनके आठ मन भी होगें । 16 की इस जटिल अवधारणा को समझना अभी शेष है ।

हमारे मस्तिष्क के दोनों अर्धगोलार्ध बुद्धिमत्ता और समझ के विशिष्ट क्षेत्र में विशेषता रखते हैं यद्यपि वे दोनों सभी क्षेत्रों में कार्य करने में समर्थ हैं। दायां अर्धगोलार्ध, बायें हाथ को नियंत्रित करता है और लय, अवकाशीय जागरूकता, सम्पूर्णता, कल्पनाशीलता, दिवास्वप्न, रंग, माप, अंतःदृष्टि, कला और संगीत आदि को शासित करता है । जब कि बायाँ अर्धगोलार्ध दायें हाथ को नियंत्रित करता है और शब्द, तर्क, क्रम, रखामय, विश्लेषण, सूची, मौखिक, लिखित भाषा और वैज्ञानिक बुद्धि को शासित करता है।

चीनी हमारे बायें अर्धगोलार्ध को क्रस्टेलाईन ब्रेन मानते है क्योंकि वह केवल व्यवस्थित, तार्किक क्रमिक और रैखिक सूचनाओं को देखता है और स्वीकार करता है । वे हमारे दायें अर्धगोलार्ध को ड्रेगन मस्तिष्क समझते हैं क्योंकि वह स्वीकार करता है - सूचना को जो आकारहीन या फिर त्रि आयामी या पूर्ण हो सकती हैं। दायें अर्धगोलार्ध में पदार्थ पूर्णता प्रवेश करता है तो बायें अर्धगोलार्ध में विवेक युक्त स्वरूप ही प्रवेश पाता है ।

जब हम कोई आकार या प्रतीक देखते हैं तो हमारे दोनों अर्धगोलार्ध उनकी स्वयं की स्मृति और समझ से उस वस्तु के प्रति सूचना ग्रहण करते हैं। हमारे बोध के लिए वे एक स्पष्ट छाया बनाते हैं जो उसे कारपस केलोसम के माध्यम से आगे बढ़ाते और बदलते हैं। हाइपोथलमस भी सक्रिय हो जाता है और कुछ हारमोन्स की मुक्ति के लिए दबाव डालता है जिससे एक विशेष अनुभूति या भावना जो हम देखते हैं, उसके प्रति जागती है । कोई आकार,रूप या प्रतीक जिसे हम देखते हैं पर सोच महत्वपूर्ण नहीं है कि हमारे मस्तिष्क और पूरे शरीर में एक निश्चित प्रक्रिया की श्रृंखला होती है, परन्तु हम उससे अनभिज्ञ रहते हैं । वह हमारे शरीर की प्रत्येक कोशिका पर अपना प्रभाव डालता है । आकार और रूप जो हम प्रतिदिन अपने आसपास देखते हैं, वे हमारे मन, मस्तिष्क, भावना, मनःस्थिति और शरीरिक अवस्था के साथ एक विशिष्ट प्रभाव हमारे ऊपर डालते हैं । इसलिए इस दिशा में कुछ प्रयास करें जिससे मस्तिष्क और मन के अंदर आने वाली सूचनाएँ विकसित हों और बदले में हमें अच्छी स्थिति प्राप्त हों ।

इजिप्शियन वाल्ट आफ हेवन

मस्तिष्क, उसके मुख्य अंग और उसका स्वर्ग से तालमेल के बारे में मिश्र के लोगों ने ५००० वर्ष पूर्व ही समझ लिया था ।

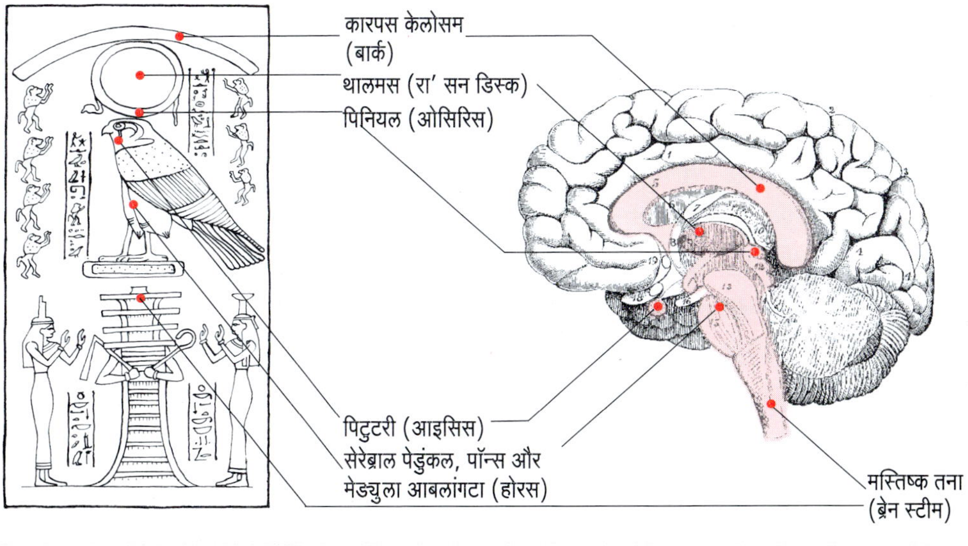

"प्रकृति ! जो साधारण से पदार्थ में से बिना किसी प्रयास के सम्पूर्णता के साथ विविध प्रकार की सृष्टि (रचना) करती है तथा उस पर एक झीना आवरण डाल देती है। उसकी हर निर्मिती (रचना) का अपना महत्व तथा स्वतंत्र व अलग सत्ता होती है। प्रत्येक वस्तु अपने आपमें अद्वितीय होती है।"
- गोठे

हर वस्तु के मध्य में सममिति (संतुलन)

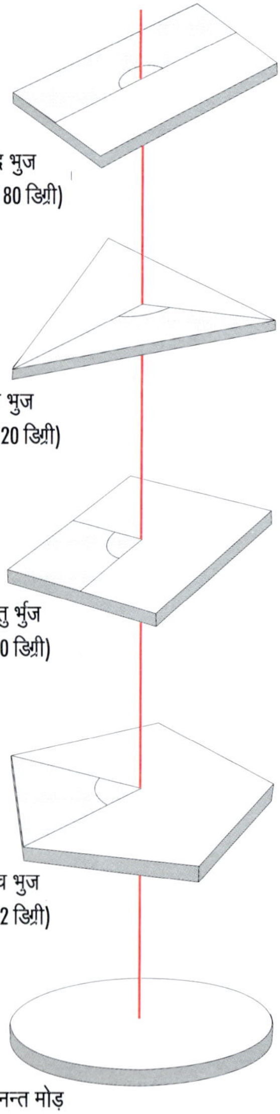

ब्रह्माण्डीय प्रवाह
(एक ही रेखा से बना हुआ)

व्यापक संगति (सममिति)

बचपन से लेकर आज तक मैं पुष्प, पत्ती और वृक्षों से प्यार करती रही हूँ जबकि यह मुझे ज्ञात नहीं था कि उनमें जो एक संगति है, वह हमें आकृष्ट करती है। बचपन में केलीडोस्कोप को मैं सबसे अच्छा खिलोना समझती थी। घण्टों उसके साथ खेलती थी। उसके बदलते आकार मुझे बहुत आकर्षित करते थे। पर अब मुझे उसका कारण समझ में आया। आकृतियों की विशिष्टता एवं सुव्यवस्था उस संगति (सममिति) की दोहरी अभिव्यक्ति है, जिसे उसका आत्म संयम और सृजनात्मक शक्ति कहा जा सकता है। ये हमारे मस्तिष्क में इन दोनों गुणों को सृजित करके उसकी सृजन शक्ति को सक्रिय करती हैं। इस कारण मनुष्य में समरसता तथा संतुलन बना रहता है और यही तो जीवन में प्रसन्नता एवं सफलता का आधार है।

नोट : सममिति यानी नियमबद्ध संतुलित व्यवस्था जिसे आगे के पृष्ठों में 'संगति' लिखा गया है।

संगति सर्वव्यापक है

संगति व्यवस्थाक्रम का आधार है जो स्वतः स्वाभाविक रूप से होता है। यह व्यवस्थाक्रम नियमबद्ध एवं लयबद्ध प्रगति की अवस्था है। यह प्रकृति या मनुष्य द्वारा की जाने वाली रचना का आधार है। यह भौतिकी, जीवविज्ञान, खगोलशास्त्र तथा रसायनशास्त्र के नियमों में भी विद्यमान है।

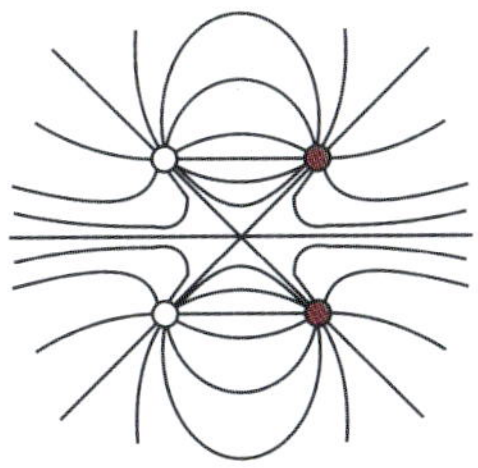

○ धनात्मक ध्रुव और ● ऋणात्मक ध्रुव के बीच अदृश्य महत्वपूर्ण संबंध

जब हम संगति से परिपूर्ण पदार्थों को देखते हैं तो हम स्वतः उनसे प्रभावित हो जाते हैं। मगर हम उनकी सुन्दरता और आकर्षण के कारण नहीं बल्कि उनके साथ हमारे स्वर और स्पन्दन की साम्यता बन जाती है इस कारण हम आकर्षित होते हैं।

इसका तात्पर्य यह नहीं कि नियमबद्धता संगति का समानार्थी है। कोई भी अनियमित आकार यदि दोहराया जाता है तो क्रमबद्ध स्वरूप प्रदर्शित करता है।

संगति सब जगह है। वह दृश्य और अदृश्य दोनों रूप में है। दृश्य संगति हमारे आसपास की वस्तुओं में है जो हम देखते और अनुभव करते हैं। एक दूसरे प्रकार की संगति होती है जिसे हम अनुभव तो करते हैं पहचान नहीं पाते हैं। यह न देखी जाने वाली अव्यक्त संगति है जो चुम्बक के दो ध्रुवों द्वारा उत्पन्न होती है। उदाहरण के लिए एक चुम्बक दो विरोधी ध्रुवों के योग से चुम्बकीय बल रेखाओं की अच्छी आकर्षक समान संगति प्रस्तुत करता है। जैसा कि हम जानते हैं कि पृथ्वी एक बड़ा चुम्बक है और ब्रह्माण्ड का स्वरूप उससे भी बड़े चुम्बक का है और दोनों आपस में और आसपास एक अच्छी संगति बनाते हैं।

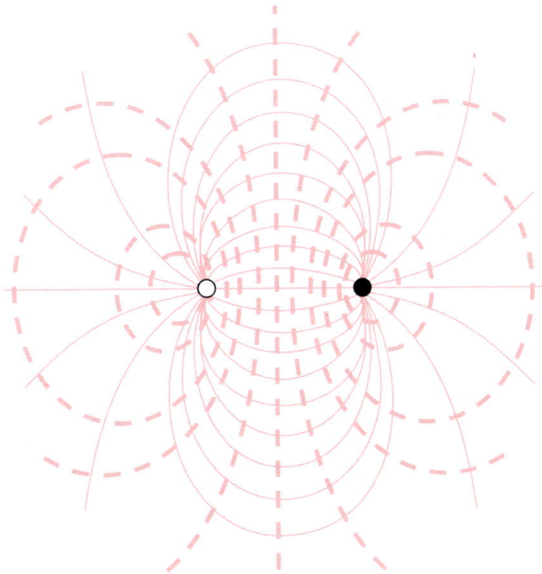

इस तरह हम संगति के बीच रह रहे हैं और संगति का अस्तित्व हम में है। जब हम संगति की बात करते हैं तो किसी न किसी रूप में सर्वांगसमता और लयबद्ध स्थिरता का संदर्भ रहता है। हमारी वस्तुओं की ओर देखने की दृष्टि, उनकी अनुभूति और उनको जानने का प्रयास संगति के सिद्धांत से पूरी तरह जुड़ा हुआ है। संगति न केवल भौतिक वस्तुओं से जुड़ा है वरन् रंग और संगीत भी उसके अंतर्गत हैं। वे संवेदनाओं के सघन प्रवाह के लिए शक्तिशाली है। विभिन्न रंगो और उनके प्रतिबिम्बों का सम्मिश्रण यद्यपि एक दूसरे के विपरीत लगते हैं पर उनमें संतुलन रहता है। यदि हम दूसरी ओर देखें तो रंग और कुछ नहीं केवल चुम्बकीय बल रेखाओं के तरंग-आयाम हैं। ये अदृश्य हैं। ये अदृश्य शक्तियाँ हमारी संवेदनशीलता और भावनाओं को प्रभावित कर सकती हैं और हमारा मस्तिष्क और भावनाएँ हमारे जीवन में समरसता और असमरसता के निर्माण को नियंत्रित करते हैं। हमारी प्राच्य सस्कृतिमें इन मूलभूत सिद्धांतो को बहुत अच्छी तरह से समझाया गया है।

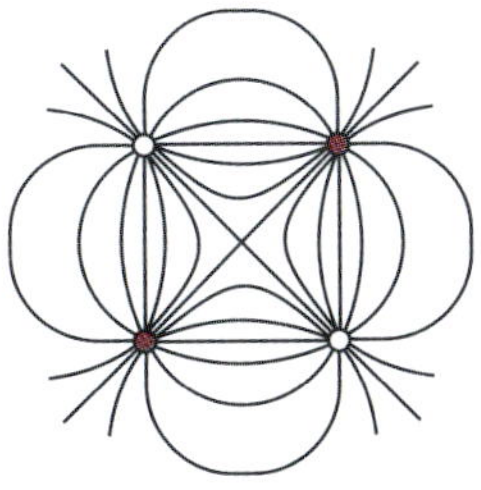

धनात्मक और ऋणात्मक ध्रुवों के बीच ऊर्जा का प्रवाह

जीवन मूल्यों की समृद्धि के लिए, इनका सही स्वरूप जानकर, और निर्धारित कर संस्कारों के रूप में, ये हमारी संस्कृति में सम्मिलित किए गए हैं। यह स्वरूप प्रकृति से तथा प्रकृति की अव्यक्त शक्ति को समझकर उसके अनुरूप निश्चित किया गया था। मानव मस्तिष्क पर नियंत्रण तथा उसकी शक्ति के उपयोग के बारे में जो जानकारी हमें पहले थी वह आज की वैज्ञानिक खोजों से कहीं ज्यादा और महान थी। हम अपने व्यवहार में प्राचीन विज्ञान एवं संस्कृति को भूल चुके हैं। अतः हमें सुखद व समरसतापूर्ण जीवन जीने के लिए उसे पुनर्जीवित करने की जरूरत है।

संगति कई तरह से हो सकती है। सरलीकृत रूप में निम्न पाँच मुख्य श्रेणियों में विभाजित किया जाता है-

१) द्विपक्षीय संगति

२) घूर्णन संगति

३) सर्पिल संगति

४) शाखामय संगति

५) दैवीय नियमन

आँख जो देखती है मस्तिष्क उसे स्वाभाविक रूपसे व्यवस्थित करता है

जैसे हम सामान्यतः बांयी से दांयी ओर पढ़ते हैं। हम वर्गाकार ■ गोल ● इस प्रकार देख सकते हैं किन्तु हमारा मस्तिष्क इन वर्गों व गोलों को एक क्रम में व्यवस्थित कर देता है।

प्रकृति में द्विपक्षीय संगति

द्विपक्षीय संगति

इस संगति में वस्तुओं का एक अर्ध भाग, दूसरे अर्ध भाग के समान होता है। यह संगति का शायद सबसे स्पष्ट और सीधा सरल प्रकार है। जिसमें हमें केवल हमारे शरीर के बाँयें या दाँयें अंग को देखना होता है। जब हम अपने आसपास वस्तुओं और प्राणियों को देखते हैं तो इस तरह की प्रतिरूप संगति पाते हैं। कुछ संगतियों को चित्रों में दिखाया गया है, जैसे - पत्ती, तितली, हिरण, कीड़ा आदि। आप अपने आसपास चारों ओर भी इस तरह की वस्तुओं को पाएँगे जिनकी सूची बहुत लम्बी है।

द्विपक्षीय संगति में वस्तुओं की पुनरावृत्त समरूपता में पूर्ण नियमबद्धता होती है और इस कारण पहले से बताई जा सकती है। यहाँ वस्तुओं के एक ओर जो रूप है वही समरूपता दूसरी ओर होती है इस कारण संतुलन बना रहता है।

यह द्विपक्षीय संगति अन्य सभी संगतियों का आधार है। संगति का सबसे सरल रूप होने के कारण प्रकृति में बहुतायत से पाया जाता है और हमारे द्वारा उपयोग में लाया जाता है।

घूर्णनात्मक संगति

द्विपक्षीय संगति के समान ही यह भी अपने नाम के अर्थ के अनुरूप है। इसमें वस्तु के चारों ओर विभिन्न पकार की गोलाकार घूर्णनात्मक संगति होती है। इसमें केन्द्र के चारों ओर वस्तु अपने को दोहराती हुई घूमती है।

इसमें स्वयं तत्वों तथा उन तत्वों का सुव्यवस्थित संतुलन आवश्यक होता है। पुष्प की पंखुड़ियों का फैलाव एवं घुमाव भी एक नियमबद्धता के अंतर्गत होता है। तारे के सामान मछली (स्टार फिश) में अलग तरह की संगति होती है। उसमें दाँया या बाँया नहीं होता, इसमें उसके अंग शरीर के मध्य सें त्रिज्या समान निकले रहते हैं। बड़े नींबू को काटने पर एक विशिष्ट घुमावदार संगति देखने को मिलती है। जिसमें प्रत्येक भाग की संगति दूसरे से होती है। यदि हम अणु को देखें तो इलेक्ट्रान केन्द्र के चारों ओर घूमते दिखाई देते हैं। ये इलेक्ट्रान सात समान केन्द्रक वृत्तों में घूमते हैं जो घूर्णनात्मक संगति का अच्छा उदाहरण है। जबकि प्रत्येक इलेक्ट्रान प्रतिक्षण समग्र रूप से अणु के साथ संतुलन बनाता है। जब हम घूर्णनात्मक गतिशीलता की बात कर रहे हैं तो हम सौर जगत के नक्षत्रों को कैसें भूल सकते हैं। उनके भ्रमण के तरीके एवं भ्रमण पथ से विभिन्न प्रकार की तरंग आयामों वाली ब्रह्माण्डीय ऊर्जा निकलती है। ये तरंगे पृथ्वी पर पहुँच कर हमें एक विशेष प्रकार से प्रभावित करती हैं। ये ग्रह- नक्षत्र घूर्णनात्मक संगति के अच्छे उदाहरण हैं।

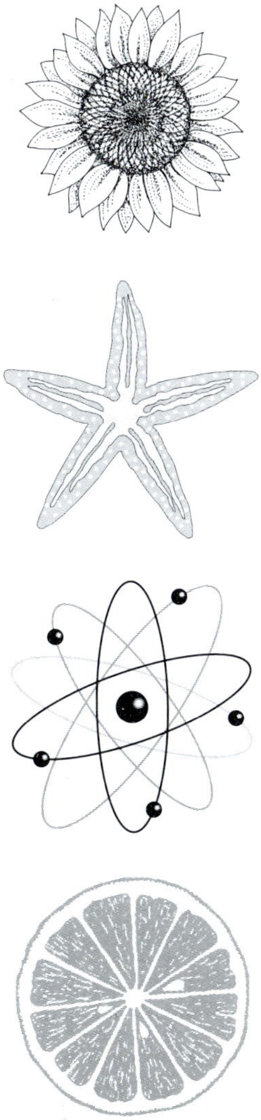

प्रकृति में घूर्णनात्मक संगति

डी. एन. ए. में सर्पाकार संगति

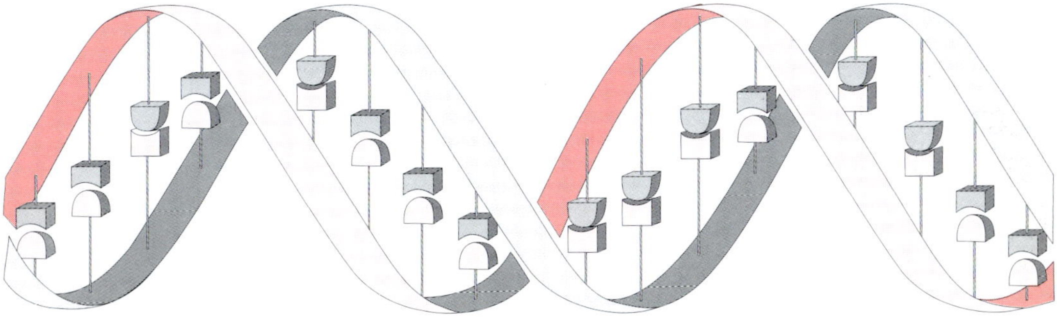

सर्पाकार संगति

सर्पाकार संगति प्रकृति में सभी जगह देखने को मिलती है । उसके आकार में गतिशीलता होती है। इस कारण जीवित प्राणियों में बहुत प्रचलित है। सर्पिलता सतत गतिशीलता का प्रतीक है। वे सतत गतिशील ऊर्जा से पूर्ण होते हैं या उनसे ऊर्जा की सतत गतिशीलता बनी रहती है।

प्रकृति में सर्पाकार संगति

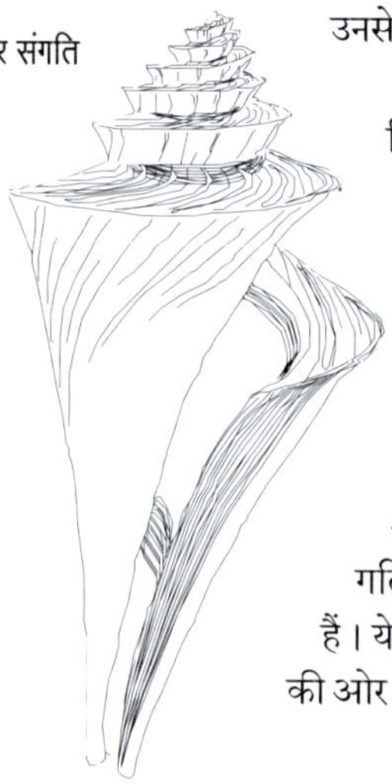

डिओक्जीरिबो न्यूक्लिएक एसिड (डी.एन.ए.) जो सामान्यतः सभी वर्गोके अस्तित्व का आधार है । यह डी.एन.ए. सभी जीवित प्राणियों के क्रोमोसोम, जीवित प्राणियों में विभिन्नता, अलग अलग गुणवत्ता के लिए उत्तरदायी होते हैं। डी.एन.ए. में दो श्रृखंला होती हैं जो सर्पिल आकार बनाती है। इसमें सर्पिल आकार में ऊर्जा का फैलाव सतत गतिशीलता का प्रतीक है। शंख आदि भी सर्पाकार संगति के उदाहरण है जिनका निर्माण अपने चारों ओर की जल तरंगों की गतिके कारण होता है । गतिशीलता का विचार करते हुए हम आकाश गंगा को नहीं भूल सकते हैं। ये आकाश गंगायें उनमें तथा उनके आसपास स्थित ब्रह्माण्डीय ऊर्जा की ओर आगे बढ़ती हुई गति के कारण सर्पाकार हो जाती हैं।

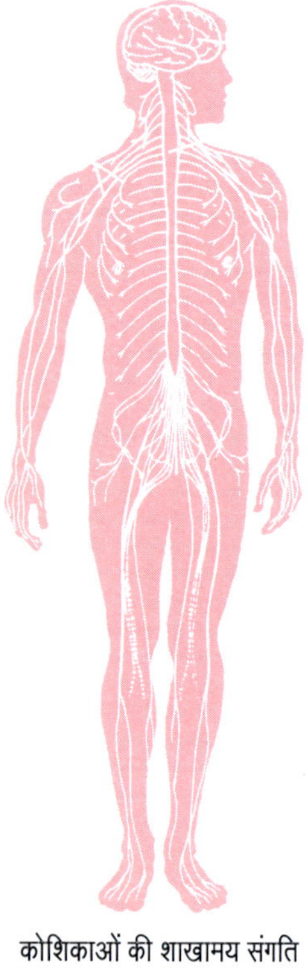

कोशिकाओं की शाखामय संगति

शाखामय संगति

प्रकृति में शाखाओं के विभाजन एवं नवीन शाखाओं के निर्माण की एक उल्लेखनीय व्यवस्था है। इसमें एक लयबद्धता और नियमन होता है। बाह्य दृष्टि से शाखाओं के कारण अराजकता अथवा अनियमन दिखाई दे सकता है पर हमारा मन उसे एक अलग ही रूप में लेता है। शाखाएँ हमें लयबद्धता के साथ समरूपता का संदेश देती हैं और यही संदेश हमारा मन ग्रहण करता है। नियमबद्ध विभाजन की प्रक्रिया ही शाखाओं में विभाजन है। यह प्रकृति में चारों ओर बहुतायत से देखने को मिलता है। वृक्ष इसका सबसे अच्छा उदाहरण है जिसमें से अनेक शाखाएँ निकलती हैं।

अनेकता में एकता का सूत्र है 'संगति'। प्रकृति ने इसका भरपूर उपयोग किया है। जैसे नदी प्रारम्भ में पतली धारा होती है पर अपने गन्तव्य में विलीन होने के पूर्व याने डेल्टा तक चौड़ी होने के साथ ही अनेक शाखाओं से युक्त होकर एक विराट स्वरूप ग्रहण कर लेती है । यह पार्थक्य सूचक व्यवस्था उत्पत्ति विज्ञान की विरासत का अंग है। हमारा शरीर भी शाखामय संगति का श्रेष्ठ उदाहरण है। शरीर की कोशिकाओं का तंत्र इसी रूप में फैला हुआ है। इस तरह कोई भी वस्तु या व्यवस्था जो प्रकृति में संतुलन एवं समन्वय उत्पन्न कर रही है वह संगति है।

दैवीय नियमन

संगति का यह प्रकार भी वैश्विक सत्य होते हुए भी पूरी तरह नहीं समझा गया है। हम जानते हैं कि करोड़ों वर्ष पूर्व हमारी सौर सृष्टि एक विशाल विस्फोट के बाद निकली है। इस विस्फोट से समस्त विश्व में कुछ विद्युत चुम्बकीय तरंगे उत्पन्न हुई। पृथ्वी तथा अन्य ग्रहों का प्रकटीकरण इन विद्युत चुम्बकीय तरंगो के कारण हुआ जो हमारे आसपास भी है, तथा ब्रह्माण्ड कहलाती हैं।

इस ब्रह्माण्ड नियमन के द्वारा ही ऊर्जा का प्रवाह बना रहता है। आज हम उसकी लयबद्धता एवं संतुलित प्रवाह के तरीके को समझ नहीं पाते हैं इसलिए उसें अव्यवस्थित अनुभव करते हैं। पर क्या वह सच में अव्यवस्थित है? क्या यह नियमबद्ध नही है? नहीं, हम उसी में समरसतापूर्वक रहते हैं। कोई वस्तु जो समरसता की पोषक है, अव्यवस्थित कैसे हो सकती है। चूंकि हम प्रकृति के इस उत्तरोत्तर प्रकटीकरण की घटनाओं को समझ नहीं पाए इसलिए हमने उसे अनिश्चित कह दिया।

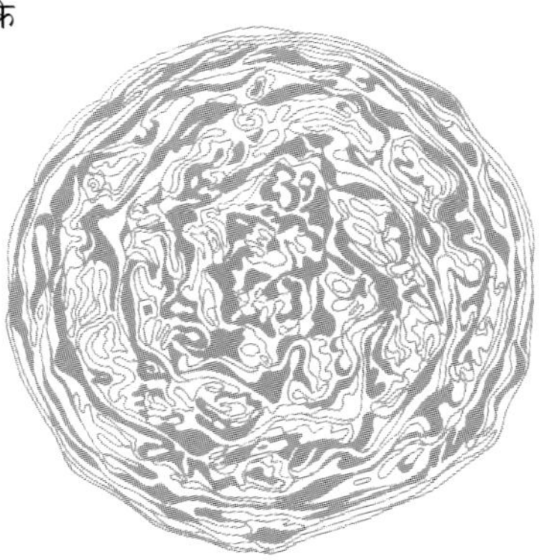

गोभी का अंतः भाग
विविधता में एकता का सुंदर उदारहण

नियमन और अनियमन केवल संबंधित शब्दावली हैं जो कि शुद्ध अर्थों में अलग नहीं किए जा सकते हैं। जहाँ नियमन है वहीं अनियमन होता है और जहाँ अनियमन है वहीं नियमन होता है। ये ही साम्य और संतुलन के नियामक हैं। वास्तव में प्रकृति में ऐसा कुछ भी नहीं है जो नियम या क्रम के विपरीत है । बहुत सी प्राकृतिक घटनाएँ जो अनियमित मानी गई हैं जिनके बारे में पूर्वानुमान नहीं लगाया जा सकता मगर उनमें अब गूढ़ रहस्यात्मक नियमितता पाई गई है।

एक प्राचीन चीनी दार्शनिक सिद्धांत ताओवाद से इस संगति और असंगति के गूढ़ चक्र और जीवन के दो नैसर्गिक रूपों के बीच संतुलन को अच्छी तरह समझा जा सकता है। वे इसे दैवीय अदृश्य शक्ति का क्षेत्र मानते हैं जिसे हम ड्रेगन के समान अनियमन के रूप में गलत समझ बैठे हैं। वे ड्रेगन शक्ति को दैवीय व्यवस्था के रूप में अस्तित्व के लिए बहुत शक्तिशाली तत्व के रूप में देखते हैं। उनके अनुसार प्रकृति में यह सतत परिवर्तन निरंतर ऊर्जा प्रवाह के कारण है। संपूर्ण ब्रह्माण्ड में यह ऊर्जा लयबद्ध रूप से प्रवाहित हो रही है । वास्तव में यह व्यापक शक्ति हमें अकल्पनीय लगती है । यही वह ऊर्जा है जो प्रकृति को जीवन देती है तथा जल को गति देती है। यह व्यापक गतिमान ऊर्जा का प्रवाह ही वास्तव में संगति है जो सदा सर्वदा सर्वत्र विद्यमान है । जब हम संगति के इस उच्चत्तम स्वरूप, जो तर्क से पर है को समझ लेंगे तब हम सर्वोच्च आनंद की अनुभूति करेंगे, वही परमानंद है।

इस शरीर सहित अपने जगत में बदलाव लानेके लिए इन्हें देखने वाली दृष्टि में बदलाव लाने की जरूरत है। संगति न केवल व्यवस्थित नियमबद्धता है वरन् लयबद्ध संतुलन भी है। जब हम लयबद्धता और संतुलन के बारे में सोचते हैं तब हम अपने भीतर और बाहर देखने की दृष्टि में परिवर्तन कर लेते है। जिससे समरसता निर्मित होती है। यही समरसता सुखी और संतुष्ट जीवन का आधार है।

संगमरमर
यिन–येंग प्रकृति में दैवीय शक्ति

चीनी पौराणिक कथाओं में सघन ऊर्जा पथ का प्रतीक 'ड्रेगन' माना जाता हैं ।

चीनकी पांच जीवन्त आकृतियाँ

हमारे चारों ओर सेंकडों आकृतियाँ हैं । सभी का अध्ययन करना असंभव है । व्यावहारिक दृष्टि से पंच तत्वों से जुड़ी हुई पाँच आकृतियों को समझने का प्रयास करेंगे ।

१. नुकीला, शंकु समान, पिरामिड आकारका त्रिभुज (अग्नि तत्व)

२. वर्गाकार, चपटा (पृथ्वी तत्व)

३. वृत्ताकार, गोल, गुंबद, गोलाई युक्त (धातु तत्व)

४. तरंगे, सर्पाकार, लहरें (जल तत्व)

५. लम्बा, आयताकार या स्तम्भ के समान ऊँचा (काष्ठ तत्व)

अन्य आकृतियाँ इन्हीं आकृतियों के क्रम परिवर्तन और संयोजन से बनती हैं । स्वास्थ्य और समृद्धि के लिए हम घर या कार्यालय में इन आकृतियों के गुणों का लाभ ले सकते हैं । इन जीवन्त इकाइयों से आपके आसपास का आकल्पन कर उसका परिणाम देखिए।

अग्नि

गुण: बुद्धिमत्ता, जीवन और आत्मा,मेधा, तर्क और शिष्टाचार ।

सामग्री: जानवरों से निर्मित वस्तुऐं, प्रकाश व ऊष्मा स्रोत, चमकदार परिधान ।

आंतरिक क्षेत्र: रसोईघर, स्टोव और अग्नि के स्थान।

आकृति: नुकीली, झुकी हुई, कोणीय पशुपालन गृह ।

आदर्श उपयोग : पुस्तकालय, धार्मिक पाठशालाएँ, भट्टियाँ रसायन, पशु चिकित्सालय और परिधान विक्रय केन्द्र ।

पृथ्वी

गुण: सहानुभूति, ईमानदारी, विश्वास और भरोसा ।

सामग्री: मिट्टी, ईट, कांक्रीट टाइल्स, संगमरमर, पोर्सलीन, स्फटिक और रेत ।

आंतरिक क्षेत्र: भण्डारण क्षेत्र, गैरिज, आराम से बैठने की जगह,आँगन आदि।

आकृति: चपटी, वर्गाकार, पेटीनुमा ईंटे, मिट्टी या कांक्रीट का निर्माण ।

आदर्श उपयोग: चिकित्सालय, बन्दीगृह, शासकीय भवन, मकबरा, तहखाना, बैंक, उत्खनन से संबंधित व्यापार, सुरंग, सिरामिक, कृषि और सिविल अभियांत्रिकी ।

धातु

गुण: नैतिकता, सदाचार, सात्विकता एवं व्यावहारिक सोच ।

सामग्री: अल्युमीनियम, लोहा, स्टील, ताँबा, दर्पण, तार, पारदर्शक फिल्म ।

आंतरिक क्षेत्र: कार्यशाला, रसोई, धातु के स्टोव और सिंक।

आकृति: सड़क और राजमार्ग, गोलाईयुक्त पहाड़ी, महराव, गोलाई, किले आदि।

आदर्श उपयोग: वित्त से संबंधित व्यापार, धातु, जेवरात, हार्डवेयर, शस्त्र, व्यावसायिक भवन और फॅक्ट्री निर्माण।

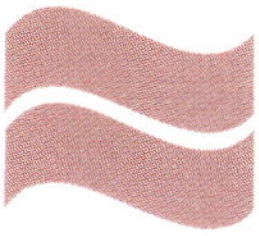

जल

गुण: परिवहन, विचारों का आदान-प्रदान, मेधाशक्ति, समाजीकरण ।

सामग्री: काँच, ऐसे भवन जिनमें काँच का उपयोग अधिक है ।

आंतरिक क्षेत्र: स्नानगृह, लांड्री, रसोई,शराबखाना, तरण ताल, जल कुण्ड और फब्बारे ।

आकृति: अनियमित आकार, ऐसे निर्माण जो आकार विशेष का ध्यान न रखकर बनाये गये हों ।

आदर्श उपयोग: कला दीर्घा, संग्रहालय रंगमंच, विज्ञापन अभिकरण, पत्रकारिता, प्रकाशन, कंप्यूटर विद्युत अभियांत्रिकी, तेल-शोधक उद्योग, जल पोत आदि ।

काष्ठ

गुण: सृजनात्मक, पोषकता, विकास, मानवता से प्रेम, लचीले विचार, परिवार और कार्यक्षेत्र में संतुलन ।

सामग्री: सभी प्रकार की लकडी, रेशा, वनस्पति, फल जड़ी बूटियाँ, पुष्प और पौधे ।

आंतरिक क्षेत्र: बच्चों का कमरा, शयनकक्ष और भोजन कक्ष ।

आकृति: ऊँचे, बढ़े हुए स्तम्भनुमा, धार्मिक स्थानों की आयताकार आकृति, ऊँचे टावर आदि ।

आदर्श उपयोग: रचनात्मकता पोषण, वृद्धि, छोटे बच्चों की शाला, चिकित्सालय, प्राकृतिक चिकित्सा केन्द्र, अल्पाहार गृह, लकड़ी के सामान विक्रेता ।

नव बोध

अंधकार से प्रकाश की ओर

क्या आप इस बल्ब को प्रकाशित कर सकते हो ? हाँ। लगभग 30 सेकन्ड तक बल्ब के केन्द्र में स्थिर दृष्टि से देखो। अब अपनी दृष्टि बल्ब के दांयीं ओर खाली स्थान में कालें बिन्दु पर करें। कुछ क्षणों बाद आप देखेंगे कि बल्ब प्रकाशित हो गया है।

जितेन वाणी

जल दिव्य औषधि हो सकता है, जब अन्य सभी असफल हों जावे तब उसका प्रयोग करें ।

आकार का प्रभाव

युगों से आकृति का महत्व हमारे जीवन में बना हुआ है । हमारे प्राच्य ग्रन्थों में भी आकृति महत्व एवं उद्‌गम विस्तार से वर्णित है । हमारे दैनिक जीवन में विभिन्न आकार किस प्रकार उपयोगी हो सकते हैं। वह भी बताया गया है । जैसे यदि वृत्ताकार बर्तन में जल भर कर स्नान करते हैं तो वह शांति प्रदान करता है । और यदि त्रिकोणात्मक बर्तन में रखे जल से स्नान क्रिया जाता है तो वह शक्ति वर्धक होता है। नीचे के चित्र में सबसे अंतिम आकृति 'भद्र आकार' है जो कल्याण और समृद्धि कारक है । हमारे ऋषियों को आकृतियों की एवं उनके प्रभाव की पूर्ण जानकारी थी परन्तु आज अन्य बातों में संलग्नता तथा अज्ञानतावश इस अमूल्य कला को हमने विस्मृत कर दिया है । हम गिरिजाघर में रखे पवित्र जल तथा मंदिरों के सामने बने जल कुंडों में भरे जल के महत्व को अच्छी तरह जानते हैं । यदि हम जीवन को सार्थक और उपयोगी बनाना चाहते हैं तो हमें इस बहुमूल्य ज्ञान को पुनः अपनाना होगा ।

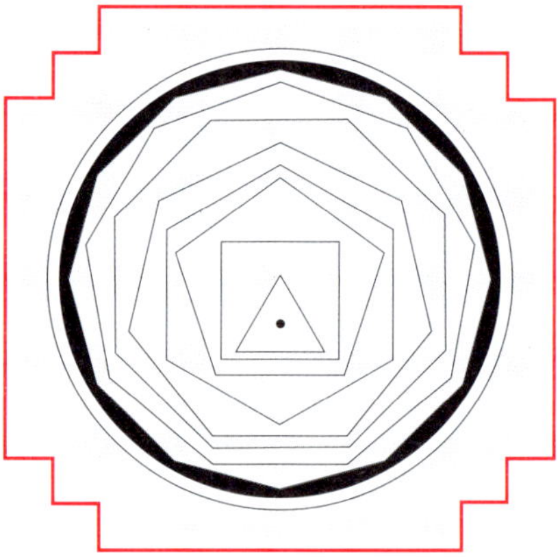

'भद्र' आकृति को चौतरफा समृद्धि और कल्याण का प्रतीक माना जाता है ।

जल को आकार दें !

विभिन्न जल 'कुण्डों' का प्रभाव

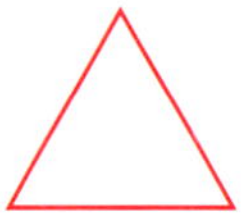

शक्ति और संपत्ति

सुरक्षा और संरक्षण

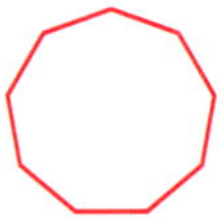

कामनापूर्ति और प्रगति

हर्ष और आनंद

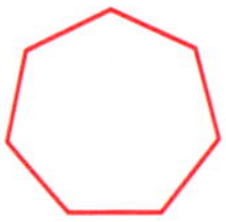

प्रेम पूर्ण संबंध

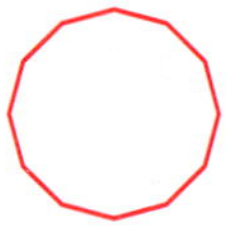

संतुलन और सामंजस्य

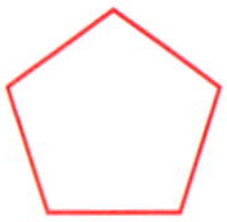

प्राणशक्ति और निरोग

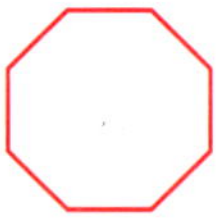

नकारात्मकता का विलोपन

शांति और विश्राम

देखना एक गहरी प्रक्रिया है जिसकी पहली सीढ़ी है-आँख और गहन रूप से देखने के लिए मन में हजारों और सीढ़ियाँ भी हैं।

१. आकारकी जागरूकता

नीचे दिए मोजाइक फर्श में पाँच नोक वाला स्टार खोजें।

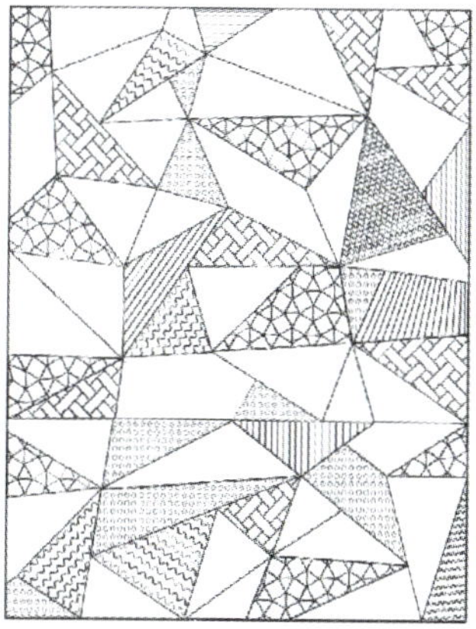

२. भ्रामक चित्र

नीचे दिए दो चित्रों में पिरामिड देखें। (आकृति यहीं बनी हैं)

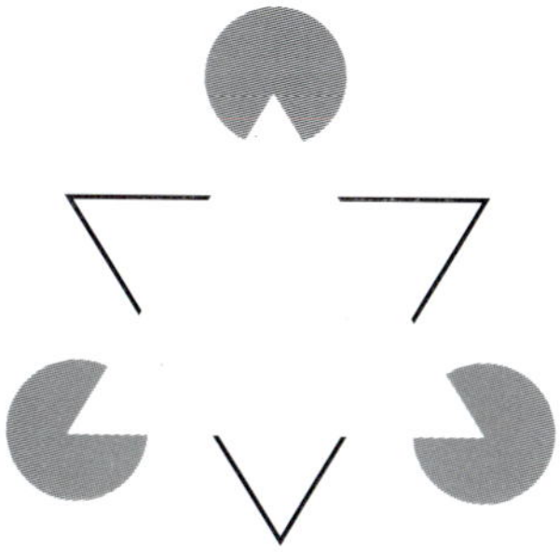

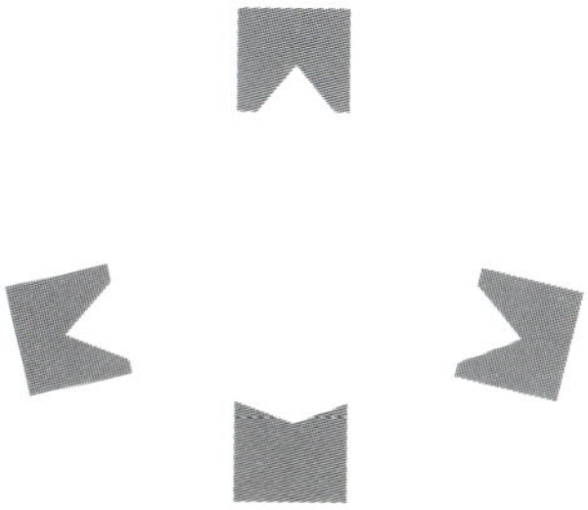

३. अनुपात को परखें

क्या ए से बी का अंतर बी से सी के अंतर से कम है ?

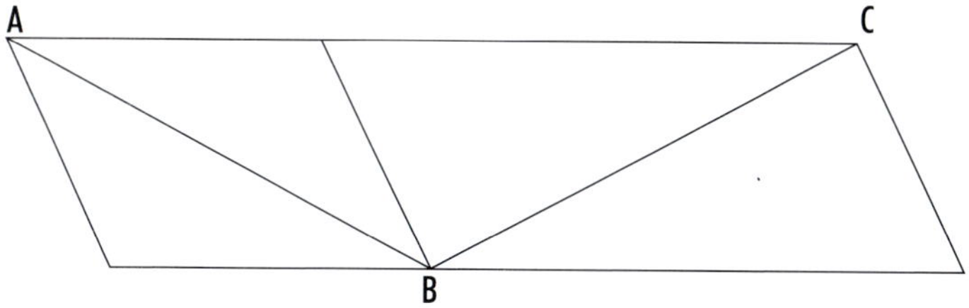

४. माता - पिता

दृश्य पिता में अदृश्य माता की छवि खोजें।

५. दृष्टि का फैलाव

कुछ क्षणों तक इसे देखों, आपके भाव परिवर्तन के साथ सीढी की दिशा बदल जाती है।

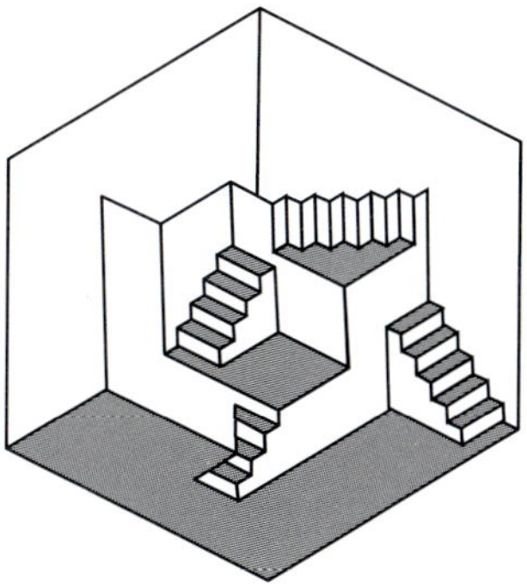

६. असंभव आकृति

ये चार सीढी है या एक ?

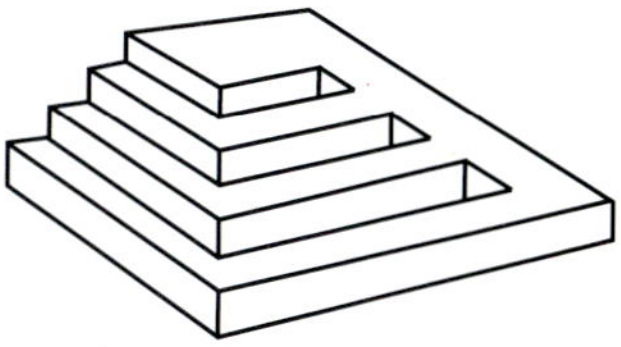

७. गति की स्पष्टता

जब आप इस पुस्तक को थोडा गोलाकार में घुमाते हुये देखते है. तो चित्र घूमते हुए दिखते हैं।

७. आकार का विरुपन

क्या यह पूर्ण वर्ग है ?

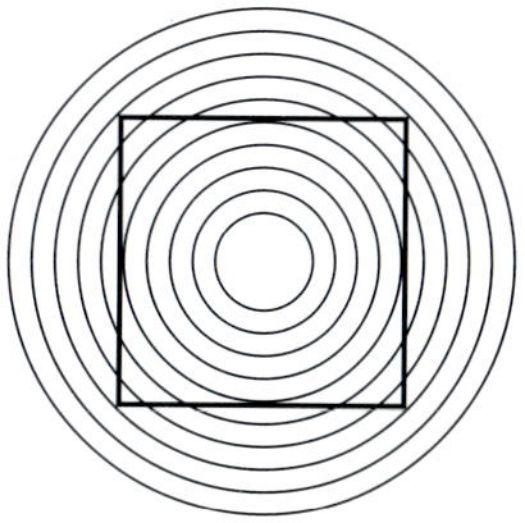

महान पिरामिड

अरब क्षेत्रों में महान पिरामिड को जादूई गुणों से और असामान्य खजाने से युक्त माना जाता है ।

3

''पिरामिड ब्रह्माण्डीय ऊर्जा का सूक्ष्म संसाधक है । यह सूर्य, पृथ्वी और चन्द्र के बीच ऊर्जा परिपथ का उपकरण है।''

प्रोफे. डॉ. जितेन भट्ट

पिरामिड का रहस्योदघाटन

अबूझ पहेलियाँ

युगों से पिरामिड मनुष्यों के लिए आकर्षण के साथ ही पहेली रहे हैं । उनका इतिहास, उनका आकार, उनकी अभियांत्रिकी,उनका युग सभी रहस्यमय रहा है । सबसे अधिक आश्चर्यपूर्ण है उनका कार्य विशेष । वे क्यों बनाये गये थे ? केवल इसी आकार के क्यों ? वे कैसे कार्य करते हैं ?

पिरामिड क्या हैं ? क्या भगवान का दिया हुआ सन्देश हैं ? क्या पृथ्वी के भूत एवं भविष्य का भण्डार गृह है? क्या अदृश्य मनो ऊर्जाओं को केन्द्रित करने की यांत्रिक विधि है? क्या कोई शाही मकबरा है? क्या कोई खजाना है? या कोई नक्षत्रीय गणना की वेध शाला? वह कुछ भी हो परन्तु एक आशा के साथ आकर्षित और चकाचौंध करता रहा है।

जब हम पिरामिड की बात करते हैं हमारे मन में अनेकों प्रश्न उठते हैं और आँखों में विशाल चित्र तैरने लगता है। उनकी आश्चर्य जनक कार्य विधि, उनकी ऊर्जा शक्ति और अनुरक्षण के प्रभाव ने हमें हमेशा चकित किया है ।

कुछ वर्ष पूर्व मिश्र की राजकुमारी मेने के शव का परीक्षण करते समय पाया गया कि त्वचा की कोशिकाओं में जीवन धारण शक्ति है जबकि उसका शव लग- भग ३००० वर्ष पिरापिड में रखा गया था। है न आश्चर्य जनक ?

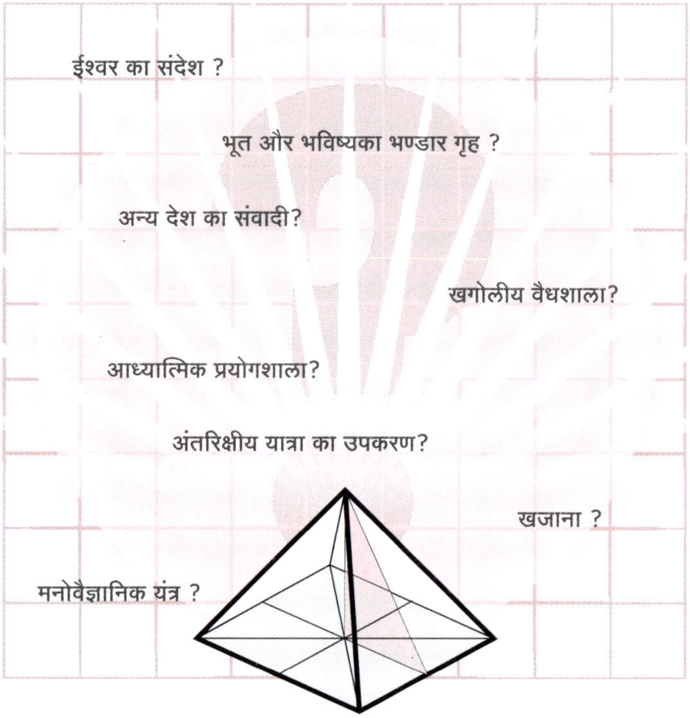

मिश्र के पिरामिड के कई उत्तेजक सिद्धांत, उनके उद्देश्य और निर्माण विधि हमें शताब्दियों से निरंतर प्रेरणा देते रहे हैं । उनके जटिल सद् सोपानों ने अनेकों को उलझा दिया है ।प्रत्येक चाहे वह कवि, कलाकार, पुरातत्ववेत्ता या पर्यटक है मगर उनके पास पिरामिड के संबंध मे कहने के लिए अनेक रोचक बातें हैं ।

वास्तव में रहस्य और कुछ नहीं केवल वस्तु की स्पष्टता का अभाव है । यह रहस्य उस पेड़ के समान है जिसके उपरी भाग को तो हम देखते हैं पर जड़ों को नहीं देख पाते हैं । इसीतरह विज्ञान ने हमें पिरामिड की बाहरी आकृति तो दी है पर उसके अंतः समीकरण को ज्ञात करना अभी भी शेष है । इसका कारण यह भी है कि हम उसकी भौतिक संरचना को ही समझने का प्रयास करते रहे कि कौन से पत्थर कब लगाए गए ? वे कब पाए गए ? हम पुरातत्व से न जुड़े होनेके बाद भी इन्हीं सामान्य जानकारियों से उलझ गए जब कि वे हमारे बहुत कम काम की हैं । हमें पिरामिड की पूर्ण अवधारणा को देखना और समझना होगा और उनके निर्माण के पीछे वास्तविक सूत्र क्या है, यह जानना होगा तभी हम उसे अपने उपयोग और आधुनिक जीवनशैली में अपना पाएँगे।

दृश्य जगत अदृश्य सत्ता द्वारा ही समर्थित है।

पिरामिड की अत्यधिक उर्जा का उपयोग प्राचीन मिश्र में किया जाता रहा है, जिसकी बहुत अधिक जानकारी हमें नहीं है। हम सोचते हैं कि वे 'ममी' को रखने के लिए बनाए गए थे। अब प्राप्त प्रमाणों के अनुसार यह पाया गया है कि वे मकबरों के ऊपर जहाँ ममी पाई गई थी, बाद में बनाए गए थे। कोई भी ममी पिरामिड के भीतर नहीं पाई गई है। वे सभी पिरामिड के नीचे कब्र में पाई गई हैं। इसका तात्पर्य यह है कि पिरामिड का निर्माण फारोह के शवों (ममी) को रखने के अतिरिक्त अन्य उद्देश्य से किया गया था।

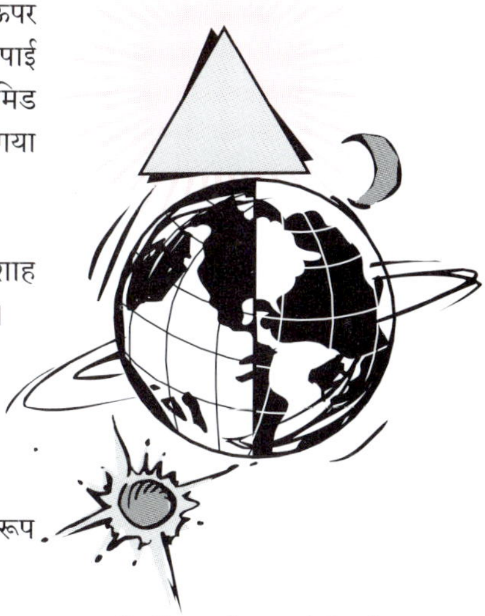

पिरामिड पृथ्वी तथा अंतरिक्ष की शक्तियों द्वारा पूर्ण समर्थित हैं।

आइए, हम ताजमहल का उदाहरण देखें। हम जानते हैं कि वह मुगल बादशाह शाहजहाँ द्वारा अपनी सुन्दर बेगम मुमताज महल के लिए बनाया हुआ मकबरा है। पर हम में से बहुत कम लोग जानते हैं कि वह एक हिन्दु राजा द्वारा अपनी दो रानियों के लिए बनवाया गया महल है। उस राजा ने यमुना नदी के दोनों किनारों पर दो समान महल बनवाए जिनमें से एक श्वेत रंग का था और ताजमहल के रूप में शाहजहाँ ने जिसका पुनर्निमाण करवाया और दूसरा श्याम रंग का था जिसके अवशेष अब खुदाई में मिले हैं। इस तरह सत्य का जो स्वरूप आज दिखाई दे रहा है, वास्तविकता कुछ और भी हो सकती है।

कल्पना कीजिए कि आज हमारी सभ्यता पूरी तरह नष्ट हो जाती है। आज से लगभग ४०००-५००० साल बाद कोई इस सभ्यता के अवशेष खोज निकालता है और उसे एक वाशिंग मशीन या कंम्प्यूटर मिलता है। उत्खनन प्रमाण के आधार पर तो वे केवल विद्युत उपकरण हैं। यह उनके लिए एक बड़ी पुरातात्विक खोज होगी जिससे वे जान पाएँगे कि हम कैसे रहते थे। पर सत्य यही है कि विद्युत का उपयोग पहले हमनें प्रकाश के लिए किया बाद में कंप्यूटर तक उसके बहुविध उपयोग किए। किसी भी सभ्यता के संबंध में जानने के लिये हमें उस युग और उस युग के लोगों की आवश्यकता व सोच को समझना होगा। केवल आज प्राप्त किसी भौतिक प्रमाण के आधार पर ही हम उसे संबंधित नहीं कर सकते। इसी तरह पिरामिड जैसे रहस्यमय यंत्र को अधिक विस्तार से समझना होगा और उसके भौतिक दृष्टिकोण छोड़कर आंतरिक गूढ़तत्व को समझना होगा। पिरामिड उर्जा की इस शक्तिशाली अवधरणा को हम पायरा वास्तु अध्यायोंमें और अधिक समझने का प्रयास करेंगे।

कर के देखें !

क्या आप पिरामिड और वास्तु को मिला सकते हैं ?

प्रत्येक आँख से एक अलग चित्र दिख रहा है।(एक से केवल पिरामिड दिख रहा है तो दुसरी से केवल वास्तुपुरूष) यदि आप आखों को थोड़ा तिरछा करें और अपनी नाक के साथ हो पुस्तक देखें तो आप देखेंगे कि दोनों चित्र मिल गए हैं और वास्तु पुरुष-पिरामिड में दिखाई दे रहा है।

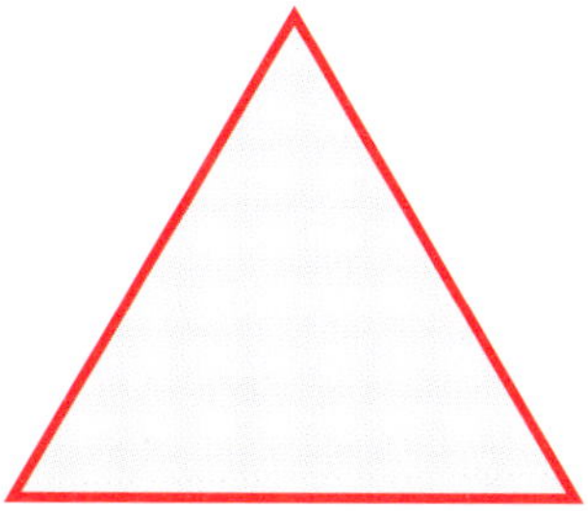

मिश्र की नई खोजें

पिरामिड और उनकी कल्पना की भूल भुलैया ने मुझे बचपन से ही आकर्षित किया है। गत वर्ष मैं और पिताश्री मिश्र गये। वास्तव में वह मिश्र के पिरामिड की पहली यात्रा थी। जब हम मिश्र की राजधानी काहिरा पहुँचे तो वह हमें भारत के ही किसी शहर जैसा लगा। आसपास के लोग केवल भाषा और पहनावे के अतिरिक्त बहुत अलग नहीं थे। मैं देख रही थी कि लोगों की दिनचर्या कितने अच्छे से चल रही है। जब कि शहर के आसपास इतिहास के इतने महान आश्चर्य हैं। ये विशाल पिरामिड घरों की छतों से देखे जा सकते हैं। साथही काहिरा के स्मारक जिन्हें स्थानीय लोग 'मिश्र' कहते हैं एक व्यापक भावातिरेक के रूप में देखे जा सकते हैं।

अगले दिनका मेरा अनुभव वास्तव में जीवन को परिभाषित करने वाला था। पिरामिड देखना बेशक आश्चर्यजनक अनुभव है। तृतीय शताब्दी में शिलाओं से बनी विशालकाय आकृति अनंत शक्ति और आभा से युक्त हमारी कल्पनाशक्ति की सीमाओं से परे है। गीजा स्थित सभी पिरामिड हमने दिनभरमें देखे और अगले सप्ताह विभिन्न पिरामिड देखना, प्रयोग और अनुसंधान करना, यही हमारा कार्यक्रम रहा। केवल मैं ही नहीं बल्कि कोई भी व्यक्ति या पुस्तक इस जादुई रहस्यमयी पिरामिड भूमि पर अनुभव में आए प्रेरक प्रसंगों की पूर्णतः व्याख्या नहीं कर सकते। आइए, इस भूमि पर पिरामिड संबंधी इतिहास की कुछ खोज करें।

मिश्रके लोग पिरामिड को 'मर' कहते हैं जिसमें 'म' का अर्थ वह उपकरण जो 'अर' अर्थात ऊच्चावस्था की ओर ले जाता है।

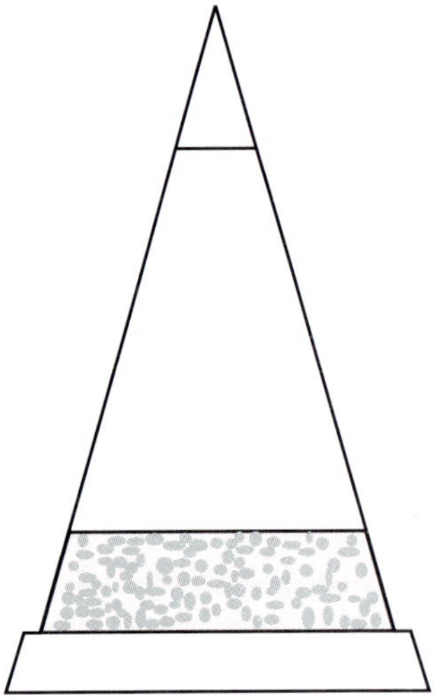

पुर्व 'पिरामिड'

जो भी ईश्वर कृत इस पिरामिड कोअच्छा और मजबूत बनवाएगा, वह प्राणशक्ति से पूर्ण, आदरणीय, प्रभावी, नियंत्रित होगा-वह राजा के मुकुट का अधिकारी होगा

पिरामिड टेक्स्ट 1650

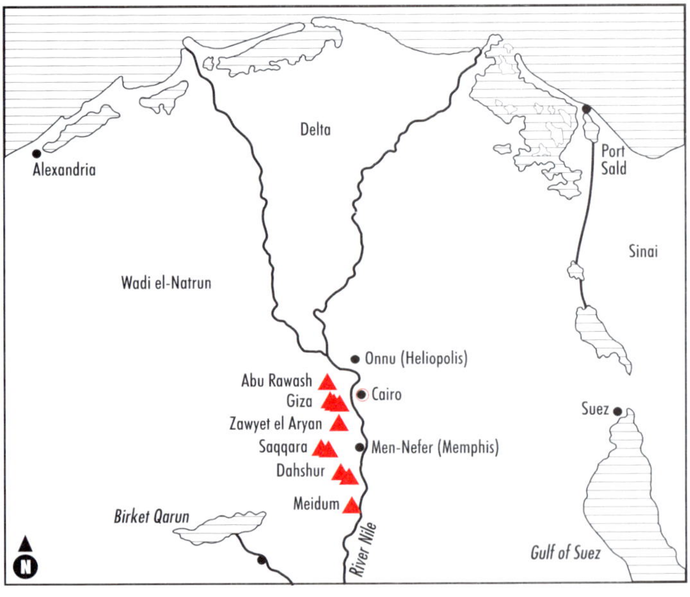

दाहिनी ओर मिश्र का मानचित्र है। जिसमें 9 पिरामिड और प्रयोग हेतु एक मूल पिरामिड दिखाया गया है।

फारोह जोसर ने पहला पिरामिड तीसरी शताब्दी (बी. सी.) में बनवाया था । उसने सकारा नेक्रोपोलिस में पहला सीढ़ीनुमा पिरामिड बनवाया । उसका निर्माण जोसर के धर्मगुरू जो एक वास्तुविद् और चिकित्सक भी थे, के परामर्श से किया गया था । वहाँ उसकी मान्यता पितृ चिकित्सक के रूप में है । मिश्र के स्थापत्य में आगे चलकर जो प्रगति हुई उनमें मध्यम आकार के पिरामिड मैडम में बनवाए गए तथा दहशोर में झुका हुआ पिरामिड बनाया गया । २४७८ से २४१३ बी.सी. के काल में मिश्र की पिरामिड निर्माण कला शिखर पर थी खाफ्रे, मेनकॅरि, और खुफु के पिरामिड भी इस अवधि में बनाए गए थे।

जितेन वाणी

पिरामिड का वास्तविक अर्थ एक ऐसा यंत्र है जो हमें सभी ओर से ऊँचा उठाए ।

पिरामिड चूने के पत्थर के विशाल शिला खण्डों से बनाए गए थे तथा चिकने तुरा लाइम स्टोन से ढके गए थे । शिला - शिखर पाइमिडान (झूराळवेप) से बनाए गए थे । ये शिला शिखर पूर्व पिरामिड का लघु रूप ही होता था, और कभी कभी स्वर्ण या रजत की पतली चादर से मढा रहता था। इस तरह पिरामिड सूर्य-किरणों का प्रतीकात्मक स्वरूप ही माना जाता था ।

पत्थरों को १० मीटर ऊँचाई तक कैसे उठाया गया था यह तथ्य अभी तक अज्ञात है । ऐसी कल्पना की जाती है कि पिरामिड के चारों ओर बनाए गए ढाल और रस्सियों के सहारे लकडियों के लट्ठों की घुमावदार ढाल पर खींच कर ऊपर तक ले जाए गए होगें । पिरामिड का इस पूर्णता और शुद्धता के साथ निर्माण किया जाना वास्तव में उस युग के मिश्रवासियों के गणित, खगोल और वास्तु कला के समृद्ध ज्ञान का द्योतक है ।

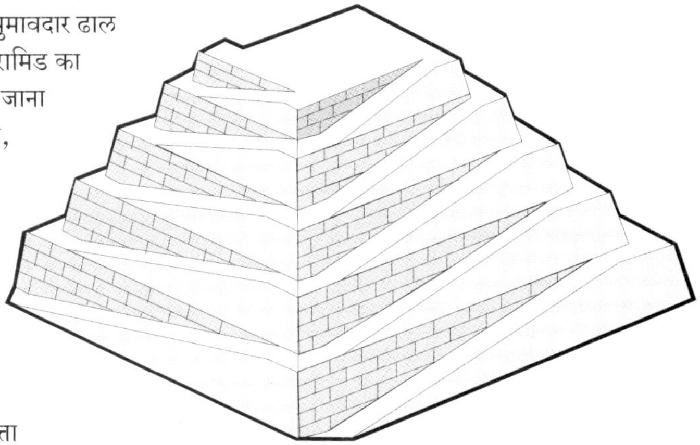

पिरामिड निर्माण में प्रयुक्त घुमावदार सीढ़ी का कल्पना चित्र

पहले हम सोचते थे कि पिरामिड निर्माण हेतु गुलामों से अमानवीय स्थितियों में काम लिया गया होगा । जो दुष्ट फारोह राजाओं के आदेश से कराया गया होगा । परन्तु आधुनिक पुरातत्ववेत्ता उसे गलत बताते हैं । उनके अनुसार कुशल कारीगरों द्वारा जिन्हें वेतन, भोजन और रहने का आवास दिया जाता था, उनसे पिरामिड बनाए गए हैं । ये कलाकार पिरामिड के आकार एवं माप की गणना करने में सिद्धहस्त थे । जब नील नदी में बाढ होती थी तब किसान हाथ से मजदूरी करते थे । वे फारोह राजाओं को ईश्वर के समान मानते थे क्योंकि वे बहुत दयालु थे । उन्होंने इन आकृतियों को किसी उच्च और अच्छे उदेश्य से बनाया था न कि केवल अपने निजी उपयोगके लिए ।

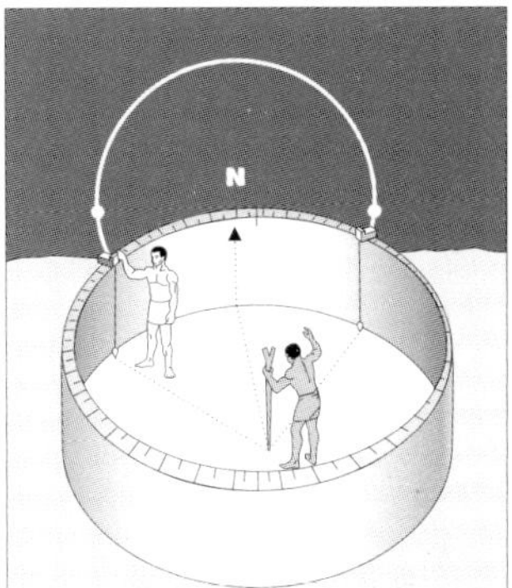

ध्रुव तारे के उदय और अस्त होते समय उसकी स्थिति (परिधि) को एक गाज (जाली) के माध्यम से मापकर उत्तर दिशा की सही-सही पहचान करना ।

क्या आप जानते हैं कि अज्ञात ओएसलिपयस केअनुसार मिश्र स्वर्ग का प्रतिरूप है, अथवा वह स्थान है जिसके नीचे ध्यान और ऐसी क्रियाएँ की जाती हैं जो स्वर्गिक शक्ति से शासित और उत्प्रेरित होती हैं । उससे भी अधिक यदि सम्पूर्ण सत्य की बात कही जाए तो वह है कि हमारी भूमि इस सारे संसार का एक मंदिर है।

हेरमेस ट्रिस्टमेजिस्टरा

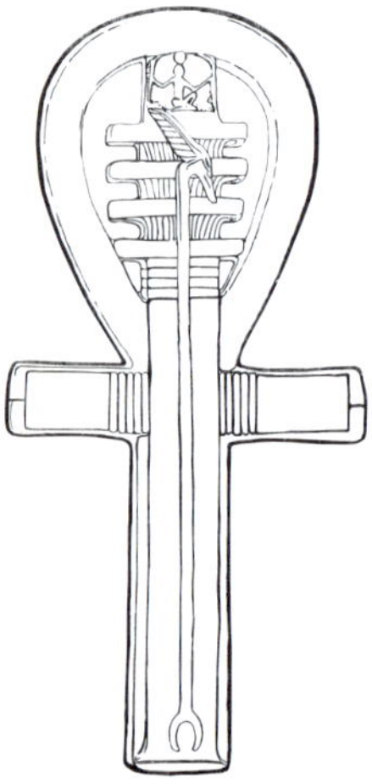

मिश्री नेत्र

यह सूर्य भगवान की शक्ति को प्रदर्शित करता है । प्राचीन मिश्र की मान्यता के अनुसार इसे पहनना या रखना भाग्य वर्धक होता है।

जादू और रहस्य की संगम भूमि

ऊपर के चित्र में मिश्र की दो देवियाँ नीटर-रा और तेहुती (तोता) । रा बाज के सिर वाला मिश्री सूर्य देवता है । विश्वास किया जाता है कि वह जीवन का सृजनकर्ता और प्राणीमात्रकी ऊर्जा का स्रोत है । कुछ वर्गो द्वारा वह अभी भी पूजा जाता है । दूसरा देवता तेहुती (तोता) है, जो गूढ़ रहस्यों और जादू का देवता है । ऐसा विश्वास किया जाता है कि वह ब्रह्माण्डीय सच्चाई का कारक है । वह सभी कलाओं, विज्ञान, गणित, लेखन, खगोल, रेखागणित और औषधिविज्ञान का सर्जक है । मिश्रवासी उनके देवताओं को नेटर कहते है जिसका अर्थ है कि उनका अस्तित्व उसी में है ।

उक्त नक्काशी युक्त राशि चक्र में मिश्र के गुरूओं की समझ की गहराई दृष्टिगोचर हो रही है। इस चित्र में ३६ छोटे पादरी, १० दिन सप्ताह और १२ भुजाएँ वर्ष के बारह महिनों को दर्शाते हैं।

रहस्यमय ज्ञान

मिश्रके देवी - देवता प्रकृति जगत के पहलुओं के प्रतीक हैं जैसे कि भारत के अनेक देवी देवता हैं । देवता के गुण और रूपके अनुसार उनके एक से अधिक नाम हैं । मिश्री ज्ञान की इस विशेषता को समझने के लिए एक व्यक्ति में उच्च बुद्धि और आत्मानुभूति की योग्यता होनी चाहिए ।

पिरामिड, उनकी नक्काशी, सुसज्जित मकबरे और मंदिर और उनके प्रकृति के नियमों के संबंध में उनकी गहरी समझ उनके महान ज्ञान और जागरूकताको प्रदर्शित करते हैं। पौराणिक और आध्यात्मिक विश्वास, प्रतीकात्मकता एवं गूढ रहस्य अंतः दृष्टि के साथ ही उनकी आध्यात्मिक चेतना की गहराई का दिग्दर्शन कराते हैं । यह उन्होंने इसलिए किया होगा जिससे कि उनकी प्रतीक भाषा को समझने वाला ही उसे ग्रहण कर सके और इस प्रकार उनके गूढ रहस्यों, जादूई करिश्मों का उपयोग मानवता के हित में किया जा सके। मिश्रवासी केवल लेखन, जादू , अंकगणित, रेखा गणित, खगोल और औषधि विज्ञान में गहन ज्ञान ही नहीं रखते थे मगर वे उसे सुरक्षित रखना भी जानते थे। उनके चित्र, पेंटिंग, स्मारक, मूर्तिकला, आभूषण और सुरक्षित रखे गये शव या ममी भविष्य की पीढ़ियों को ज्ञान देने के लिए अच्छी तरह से सुरक्षित रखे गए हैं।

ऊपर के चित्र में हाथ में भाला लिया हुआ बाजमुखी मानव दिखाया गया है जो सात तारे रूपी महान भालू को चार और तीन तारों के दो समूहों मे विभक्त करता हुआ दिख रहा है ।

प्रतीकात्मक दिग्दर्शन

प्राचीन मिश्र की सभ्यता, अनेक पुरातन सभ्यता ओं में से एक है जिसमें प्रतीकात्मक दिग्दर्शनकी शैली विकसित की गई थी। वे इसे मेडु-नेद्रु भाषा कहते हैं। इसमें प्रयुक्त चिह्न प्रकृति के प्रतीक होते हैं जिनमें रेखा-गणितीय मूल्य, ध्वनि, मात्रा,ऊर्जा और अनुभूति का स्पर्श होता हैं। वह उस प्रतीक से मानसिक, आध्यात्मिक और भावनात्मक रूप से जोड़ता है । चलिए, यह बात हम उनके समय के अधिष्ठातृ देवता सेबेक या मगर देवता समझें। मगर देवता समय से सीधे ही जुड़ा रहता है क्योंकि उसका जैविकचक्र और शरीर रचना उसके अनुरूप होती है । मगर दिनमें जमीन पर आता है और रात में पानी के अंदर सोता है । इस तरह वह २४ घंटे में दिन और रातका प्रतीक बोध देता है । मादा मगर अपने अण्डे ६० दिन रखती है और फिर ६० दिन के लिए प्रजनन करती है। उसके ६० दाँत, ६० रीढ की हड्डियाँ होती हैं और लगभग ६० वर्ष की आयु।

साठ हमारे समय माप की आधारभूत इकाई है। ६० सेकंड मिलकर एक मिनट और ६० मिनट मिलकर एक घंटा होता है। इस तरह मगर समय की अवधारणा का प्रतीक है।

सेबेक, मगर देवता प्राचीन मिश्र वासियोंका समय का प्रतीक।

क्या आप विश्वास करेंगे ?

मैं समय हूँ।
मेरी प्रत्येक कोशिका समय का छिपा हुआ समीकरण है, जो मुझे समर्पित है।

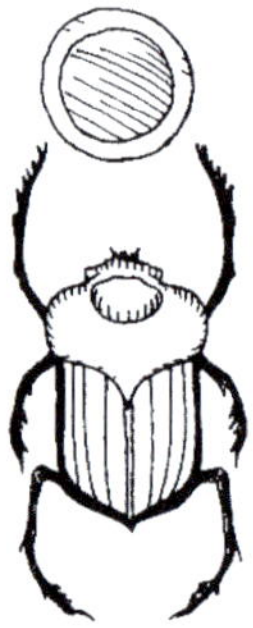

स्कारब : मिश्र वासी इस मधुमक्खी जैसे कीड़े को खेफ़ु कहते हैं। प्राचीन मिश्रवासी जीवन का प्रारम्भ सूर्य रूपी गेंद को आगे धकेलने से समझते हैं। खेफ़ु धूल की गेंद को चलते समय आगे धकेलता है। अतः स्काब को प्रकाश, सत्य और पुनः सृजन का प्रतीक मानते हैं। आज भी स्कारब के रूप वाले मूल्यवान पत्थरों से बने विभिन्न कीमती आभूषण सुरक्षा प्रदान करनेके भाव से पहने जाते हैं।

प्रतीकात्मक भाषा

ईश्वर जो आकाश को भुजाओं पर उठाए हुए है का प्रतीक है–

10,00,000

इस तालिका का उपयोग अपना नाम या गुप्त संदेश भेजने में करें ।

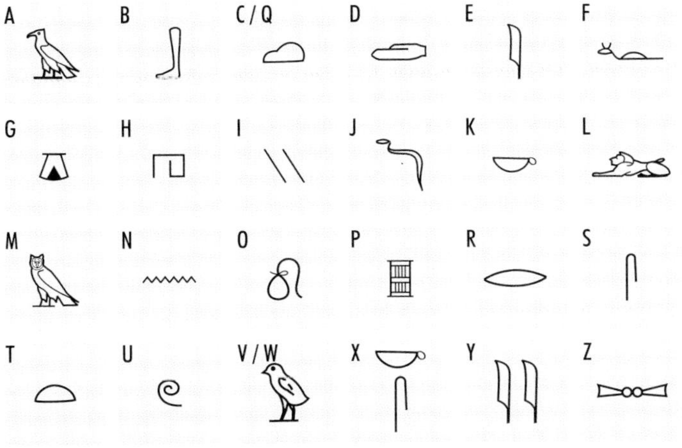

मिश्र का अक्षरज्ञान

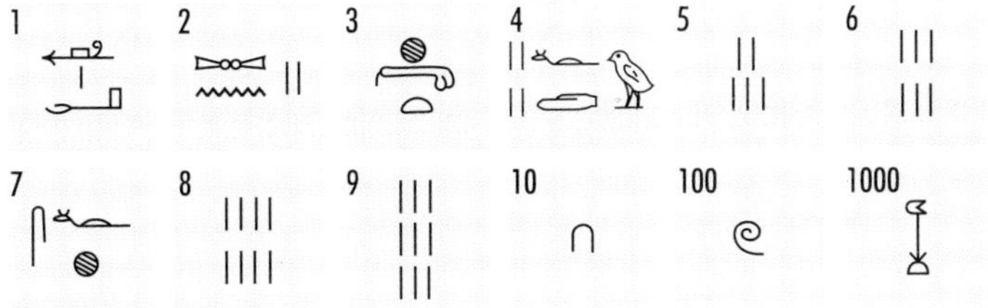

मिश्र के अंक

इसका उत्तर है : जितेन

क्या आप इसका रहस्योद्‌घाटन कर सकेंगे ?

मिश्री हियरोग्लीफिक्स

हियरोग्लीफिक्स मिश्र की प्राचीन लिपि है । इस अतिविकसित लिपि में व्याकरण भी सम्मिलित थी । उनकी कलात्मक लिपि न केवल मंदिर, मस्जिद, मकबरा आदि में उत्कीर्णित थी वरन कागज पर भी प्रदर्शित थी । उन्होंने अक्षर, अंक, और कई मिश्रित वर्ण समूह विकसित किये थे, जिनका अर्थ साथ लिखे जाने पर अलग होता था । उनका उच्चारण हमसे बिल्कुल अलग होता है जब उन्हींको हम अंग्रेजी में बोलते हैं । आइए !
हम इस रहस्मयी लिपि के संबंध में कुछ जानें । क्या हम अपना नाम या कुछ विवरण लिख सकते हैं या अपने मित्रों या परिवार जनों के नाम लिख सकते हैं । आप उन्हें गले में आभूषण के रूप में उत्कीर्ण करवाकर भी पहन सकते हैं।

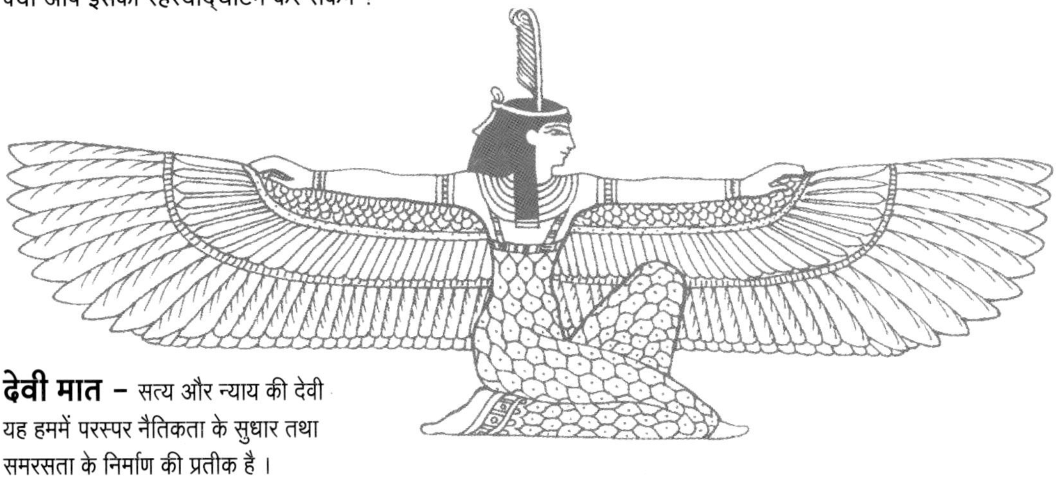

देवी मात – सत्य और न्याय की देवी यह हममें परस्पर नैतिकता के सुधार तथा समरसता के निर्माण की प्रतीक है ।

गीजा ऊर्जा संयंत्र

गीजा के समतल क्षेत्र में पहुँचना यानी फेरो काल के स्पंदन के सुर में सुर मिलाना है। गीजा का कब्रिस्तान कभी नील नदी से नहरों और तटों से जुड़ा हुआ था जिन्होंने घाटी स्थित पिरामिड मंदिरों को बहा दिया। खुफ्रु ने इस क्षेत्र में पहला पिरामिड बनाया जिसे रोलेट्चु कहा गया। बाद में उसका अनुसरण उसके अनुवर्ती खाफ्रे ओर मेनकौरे ने किया। इस तरह गीजा शक्तिशाली पिरामिडों की स्थली बन गया।

पिरामिडः कुछ महत्वपूर्ण तथ्य

◆ पिरामिड हमारे लिए आश्चर्य रहे हैं। उसका कारण उनका रहस्य है पर उनका अस्तित्व निर्विवाद है।

◆ विशाल पिरामिड का आधार १३ एकड़ से भी अधिक है और एक तरह से एक इंच के अंश तक समतल है।

◆ ग्रेनाइट और चूने के पत्थर के २,६००,००० से अधिक शिलाखण्ड जिनमें प्रत्येक का वजन २ से ७० टन तक है का उपयोग किया गया है।

◆ वे एक दूसरे के ऊपर इस कुशलता के साथ रखे गये हैं कि जोड़ की मोटाई एक इंच के एक पंचम भाग से अधिक नहीं है ।

◆भारत में बने हुए मंदिरों की अपेक्षा पिरामिड में ठोस पत्थर का काम अधिक है।

◆ सबसे बड़ा पत्थर २७×७×५ फिट है जिसका वजन ७० टन से भी अधिक है।

◆ इस विशाल पिरामिड में जितना पत्थर लगा है उससे विश्व प्रसिद्ध एम्पायर स्टेट इमारत जैसी गगन चुम्बी ३० इमारतें बनायी जा सकती हैं।

सयुंक्त राष्ट्र अमेरिका की महान मुहर। रहस्यमय पिरामिड प्रतीक उनकी शक्ति और नियंत्रण का रहस्य है ।

◆ इसमें लगे पत्थर से ३ फुट ऊंची और १ फुट चौड़ी दीवार दिल्ली से कलकत्ता, कलकत्ता से चेन्नै, चेन्नै से मुम्बई और मुम्बई से दिल्ली तक बनाई जा सकती है।

◆ मंगल ग्रह को छोड़े गए अन्वेषणात्मक उपग्रह मेरिनर-९ से एक विशाल पिरामिड का चित्र प्राप्त हुआ है जिसका आधार ३ मील, ऊंचाई ४८०० फुट है। नासा की रिपोर्ट के अनुसार ये प्राकृतिक रूप से नहीं बने हैं बल्कि बड़ी कुशलता के साथ माप के अनुसार बनाए हुये प्रतीत होते हैं ।

◆ विशाल पिरामिड पूरी तरह से ठीक-ठीक उत्तर की ओर उन्मुख है, केवल मिनट की तीन सूई के बराबर यानी मामूली सा हटा हुआ है।

विश्वके सात आश्चर्यो में से आकार की दृष्टि से तुलना येाग्य दो आश्चर्य हैं :- महान पिरामिड और ताजमहल

◆ पेरिस की वेध शाला जो सही उत्तर में सर्वाधिक प्रयत्नों से बनाई गई है वह भी मिनट की ६ सुइयों जितनी हटी हुई है।

◆ यदि विशाल पिरामिड जिसका वजन लगभग ५,३००,००० टन है, में १,०००,०००,०००,०००,००० का गुणा करें तो वह लगभग पृथ्वी के वजन के बराबर होगा ।

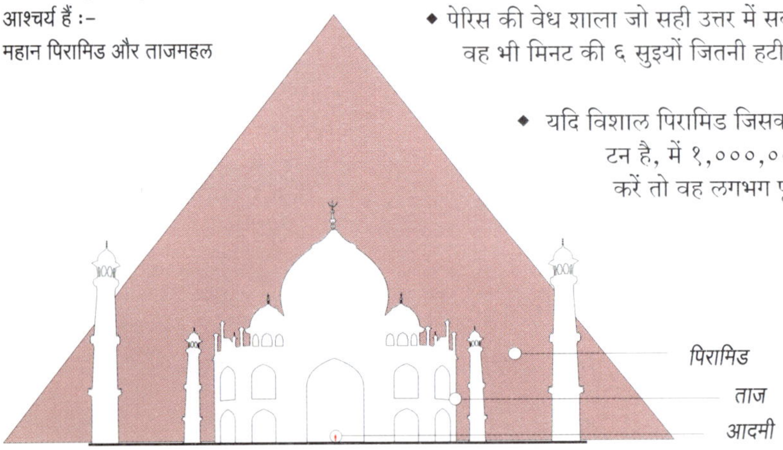

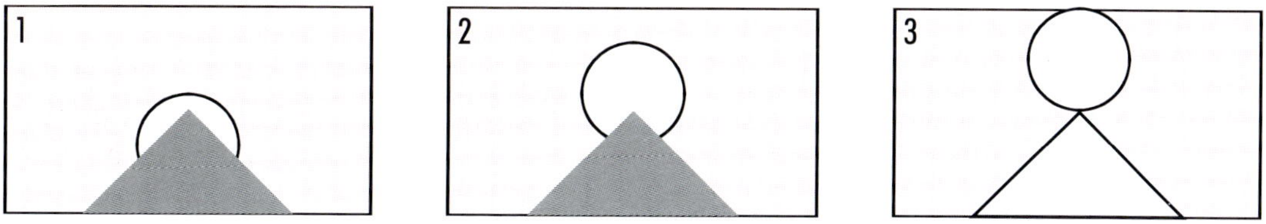

बसंत के प्रारंभ में जब सूर्य पिरामिड के शीर्ष पर होता है तो दोपहर होते ही उत्तर की ओर की समस्त छाया लुप्त हो जाती है

और तथ्य -

- समुद्र तल से जमीन की औसत ऊँचाई ४५५ फुट है, और देखिए यह कितनी आश्चर्यजनक बात है कि विशाल पिरामिड की ऊँचाई भी ४५४.५ फुट है।(शिखर शिला छोड़कर)

- पिरामिड के निर्माण में प्रयुक्त चूना पत्थर ५०० मील दूर से लाया गया था, कारण कि उससे निकट कोई भी खदान होनेका प्रमाण नहीं है।

- विशाल पिरामिड जिसमें २,६००,००० शिलाखंड लगे होने का अनुमान है, २० वर्ष या ७३०० कार्य दिवस में बनाया गया था। जिसका तात्पर्य यह हुआ कि १२ घंटे का कार्यदिवस मानते हुए ३० पत्थर प्रति घंटा के हिसाब से प्रतिदिन ३५६ पत्थर लगाए गए, जो आधुनिक मशीनों से भी बिल्कुल असंभव सा प्रतीत होता है।

जितेन वाणी

पिरामिड विश्व के मध्य में बनाए गए थे, इस तरह वे 5000 वर्ष पूर्व ही वास्तु शास्त्र के अनुसार ब्रह्मस्थल के महत्व को जानते थे।

इस सर्व प्रमुख केन्द्र को जानना बहुत महत्वपूर्ण होता है। क्योंकि एक विशेष कार्य हेतु इसको चयनित किया जाना है। (अधिक विवरणके लिए देखें-पायरावास्तु पृष्ठ 129)

विश्व के भौगोलिक भू धरातल का केन्द्र मिश्र का निचला भाग है.

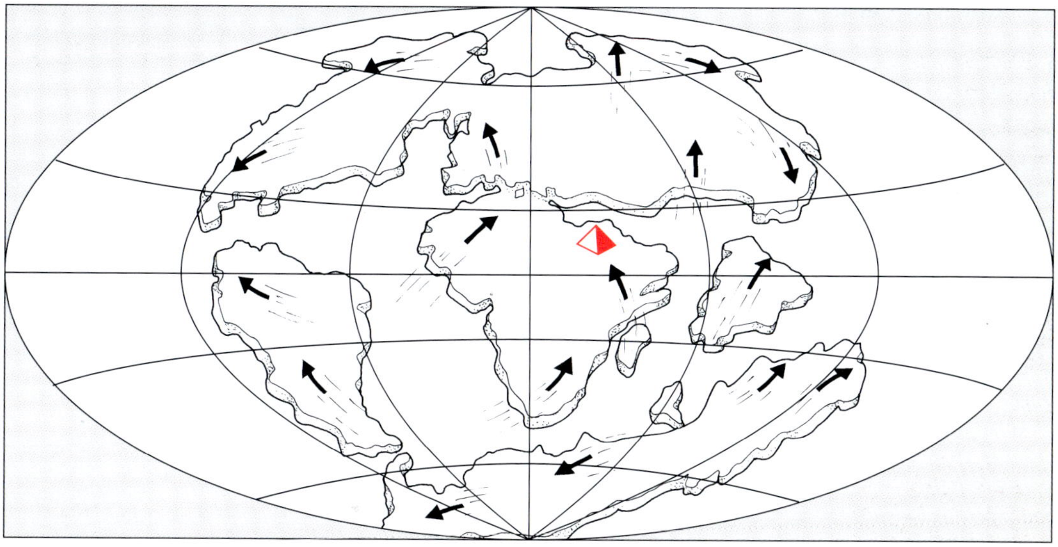

विश्व का प्रथम पिरामिड

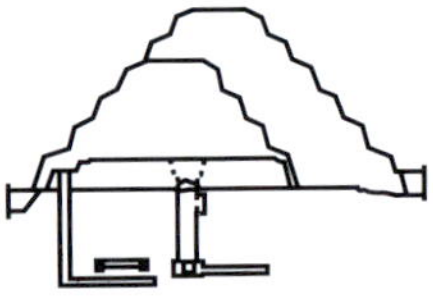

जोसेर (सकारा)
आधार – 121 x 109 मी.
ऊंचाइ – 60 मी.
आयतन – 3,30,400 घन मी.

प्रमुख 9 पिरामिड

प्रमुख पिरामिड तृतीय और चतुर्थ शताब्दी के काल में बनाए गए। ये विशाल आकृतियाँ विकसित सांस्कृतिक धरोहर के आगे की बात व्यक्त करती हैं। उनकी सही नाप आज की कम्प्यूटर गणना की तुलनामें बहुत सही थी। केवल ये दस पिरामिड सही माने गये हैं जो ८० किमी. (५० मील) के क्षेत्र में बने हुए हैं। पहला सीढीनुमा मिरामिड कै तेह जोसर के अवशेषों पर मस्तबा में बनाया गया था। शेष ९ पिरामिड प्रमुख रूप से महत्वपूर्ण है। केरोद्वारा इनपर कोई चिह्न नहीं छोड़े गये हैं कि ये किनके द्वारा बनाऐ गऐ थे। ९ का अंक मिश्रवासियों के लिए बहुत महत्वपूर्ण हैं क्योंकि उनकी मान्यता के अनुसार ९ का अंक सृष्टिरचयिता ईश्वर नेटेरू का है। इन ९ देवताओं के समूह को एन्नीड कहते हैं। मिश्र के ग्रन्थों मे एन्नीड को सर्वोच्च शक्ति के रूप में बताया गया है।

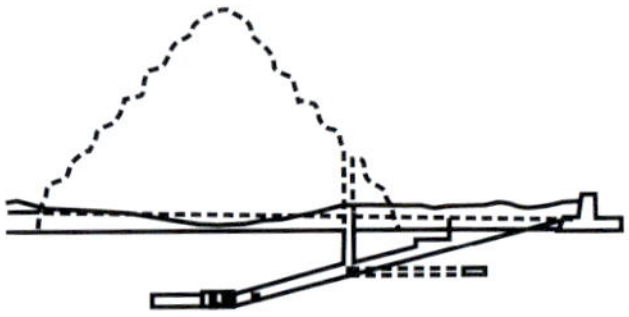

सेखेमकेट (सकारा)
आधार – 120 x 120 मी.
ऊँचाई – 7 मी (अपूर्ण)
आयतन – 33,600 घन मी.

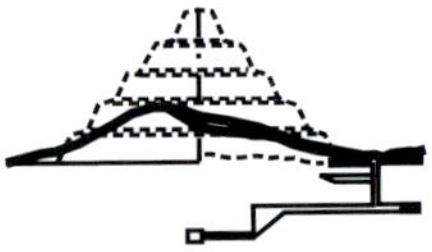

खाबा (जबियत एल - आर्गन)
आधार – 84 x 84 मी.
ऊँचाई – 20 मी. (अपूर्ण)
आयतन – 47,040 घन मी.

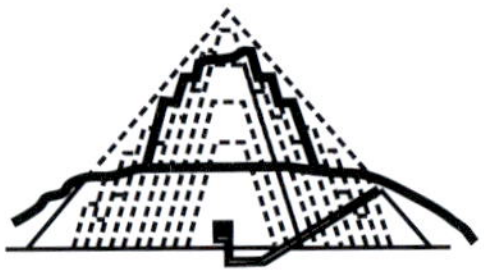

स्नेफेरू (मध्यम)
आधार – 144 x 144 मी.
ऊँचाई – 92 मी.
आयतन – 6,38,733 घन मी.

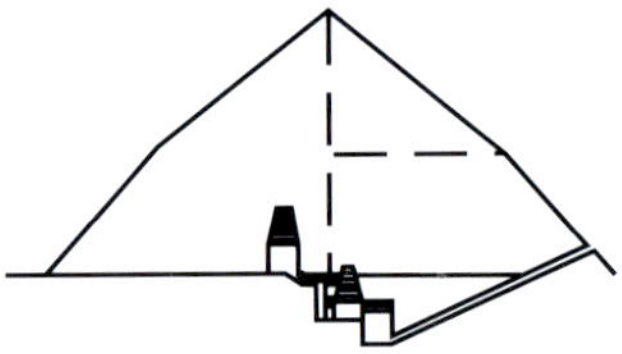

झुका पिरामिड (दहशुर)
आधार – 188 x 188 मी.
उँच्चाई – 105 मी.
आयतन – 12, 37,040 घन मी.

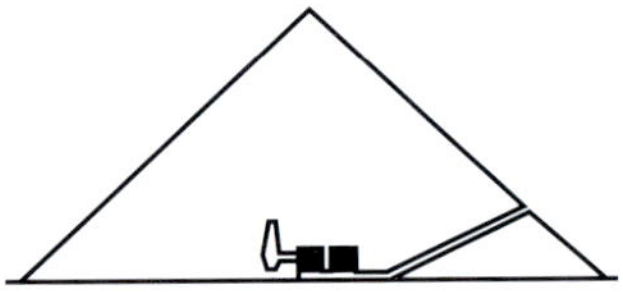

लाल पिरामिड (दहशुर)
आधार – 220 x 220 मी.
उँच्चाई – 105 मी.
आयतन – 16,94,000 घन मी.

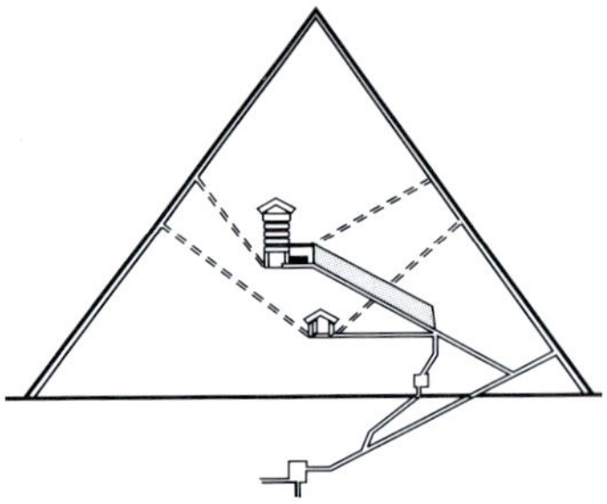

खुफ़ु (गीजा) महान पिरामिड
आधार – 230 x 230 मी.
ऊँचाई – 146.42 मी.
आयतन – 25,83,280 घन मी.

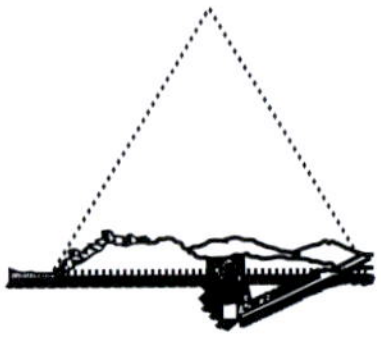

गेडेफ्री (अबू रावाश)
आधार – 106 x 106 मी.
ऊँचाई – 67 मी. (अपूर्ण)
आयतन – 1,31,043 घन मी.

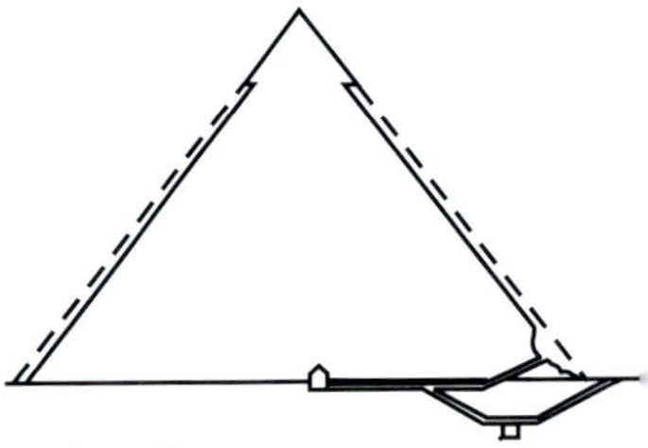

खाफ्रे (गीजा)
आधार – 215 x 215 मी.
उँचाई – 143 मी.
आयतन – 22,11,090 घन मी.

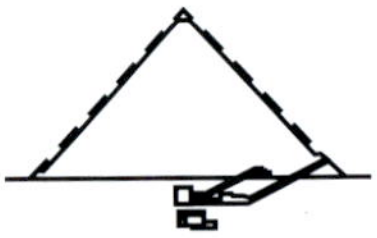

मेंकौरे (गीजा)
आधार – 102 x 104 मी.
उँच्चाई – 65 मी.
आयतन – 2, 35,180 घन मी.

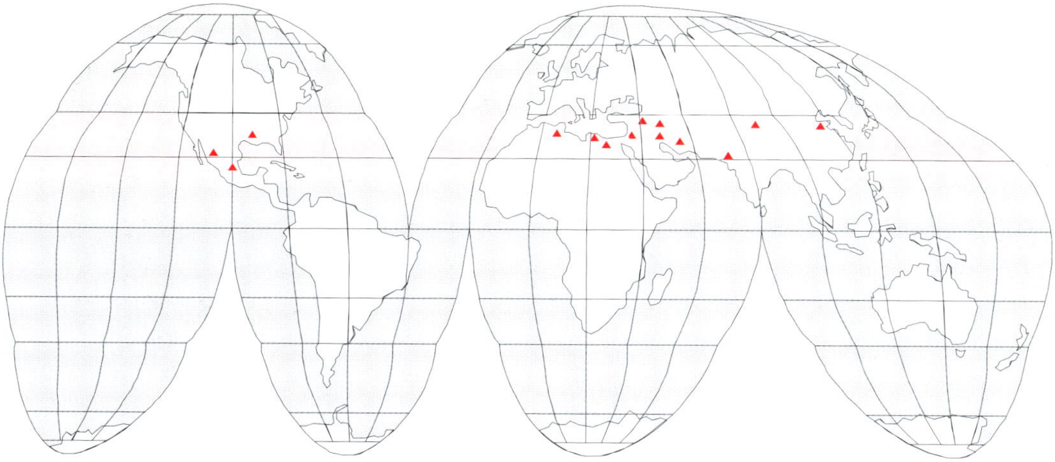

विश्व मानचित्र जिसमें समान अक्षांश और प्राचीन सभ्यता का क्षेत्र लाल से दर्शाया गया है।

सभी ओर पिरामिड

मिश्र के पिरामिड और उनका रहस्यमय जगत, विश्व प्रसिद्ध है हालाँकि मिश्र के अतिरिक्त अन्य स्थानों में भी पिरामिड पाए गए हैं पर उनकी खोज बाद में हुई है इस कारण पिरामिड के लिए मिश्र ही प्रसिद्ध है।

विशेष रूप से मिश्र का महान पिरामिड विश्वप्रसिद्ध है इसका कारण है -उसकी विशालता तथा गणितीय एवं रेखागणितीय शुद्धता। अन्य पिरामिडों में पाई जानेवाली न्यूनताएँ इसमें नहीं है।

पिरामिड के प्रकार

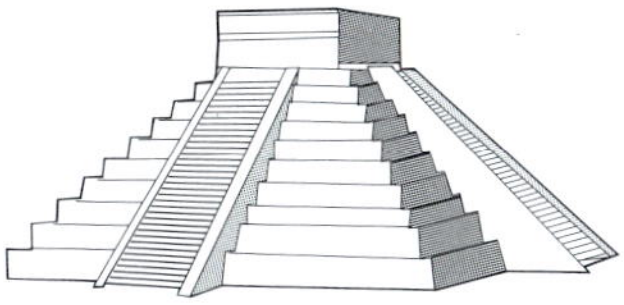

टाल्टेक माया शहर प्राचीन अमेरिका में

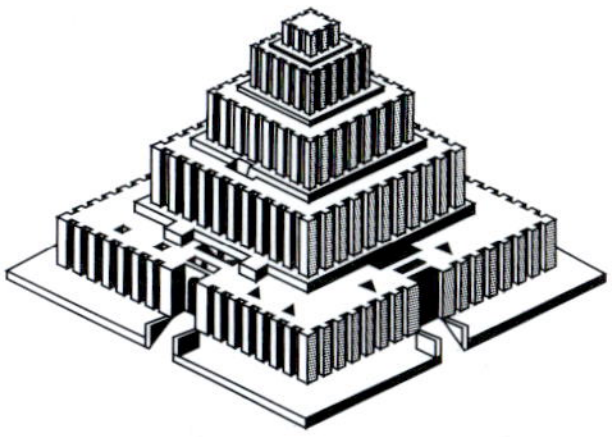

एलाम का जिगुरात, टचागाजाँनबिल में.

जावा का बाराबुदुर

विश्व के अनेक भागों में पिरामिड पाए गए हैं जैसेः मेक्सिको, हिमालय घाटी, दक्षिण अमेरिका, चीन, साइबेरिया, मध्य अमेरिका, कम्बोडिया, आफ्रिका, फ्रांस, इग्लैंड, संयुक्त राष्ट्र अमेरिका आदि। मिश्र में ३० विशाल पिरामिडों के अतिरिक्त अनेक छोटे और मध्यम पिरामिड हैं।

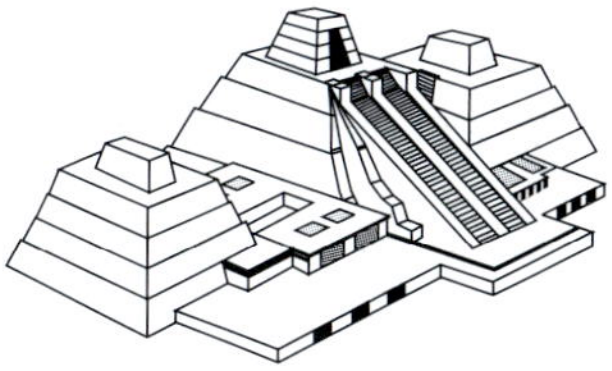

टेनोचितितलान,एजटेल्स, टेक्सकोको की झील में.

परिधि 920

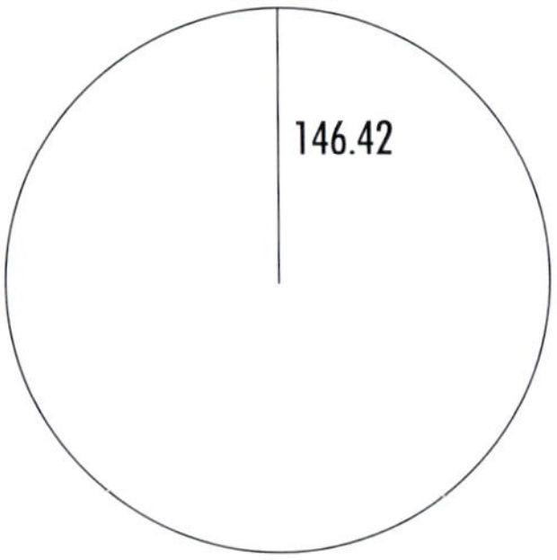

चारों भुजाओं का योग 920

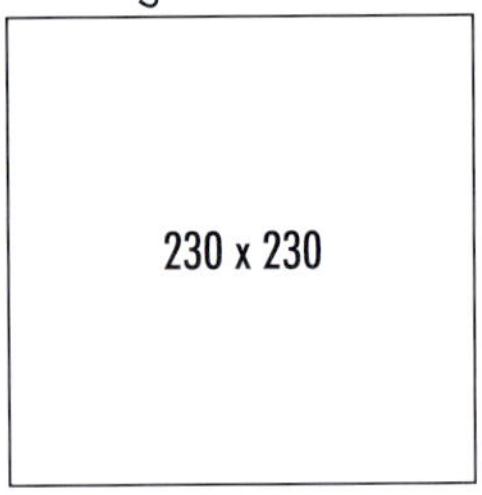

त्रिभुज क्षेत्रफल

146.42 x 230/2 =16838

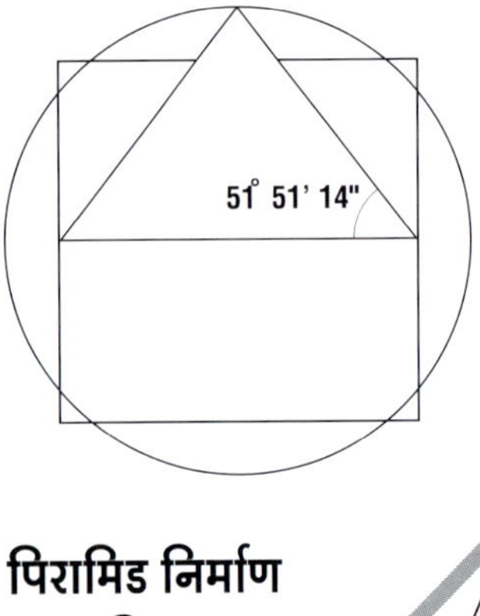

पिरामिड का गूढ़ रेखागणित

१५ वीं शताब्दी में अनेक भौगोलिक खोजें हुईं तथा सत्रहवीं और अठारहवीं शताब्दी के बीच लोगों ने पृथ्वी के आकार, माप आदि के संबंध में और अधिक जानने का प्रयास किया।

परन्तु विश्व मानचित्र के दूसरे हिस्से मिश्र में पृथ्वी का व्यास लगभग ५००० वर्ष पूर्व से ही ज्ञात था। चूँकि वे सहारा के गर्म रेगिस्तान में थे और उनके ज्ञान के संबंध में कोई नहीं जानता था। यह भी कारण था कि उनकी प्रतीकात्मक भाषा को कोई समझ नहीं पाया और उसे विश्लेषित नहीं कर पाया अतः उनका ज्ञान १९ वीं सदी तक रहस्यमय एवं गुप्त रहा।

प्राचीन मिश्र के अंक अत्यंत महत्व के हैं। उनमें गुप्त अर्थ छिपे हुए हैं। और उस समय के सामान्य व्यक्ति को उनका अर्थ ज्ञात नहीं था बाद में किसी का यह अंतःविचार था कि पिरामिड में सृष्टि संचालन सूचना सन्निहित है। मिश्र के लोगों को वजन और दूरी नापने की कुशल विधि ज्ञात थी। आधुनिक गणित में भी उसकी कुछ गणनाएँ प्रयुक्त की जाती हैं जैसें - ३६० डिग्री, ६० सेकिण्ड का मिनट, ६० मिनटका एक घण्टा आदि। धरती के घूमने की भी उनके पास विकसित जानकारी थी। इसी लिए पृथ्वी के मध्यमें पिरामिड बनाए गए तथा गीजा का महान पिरामिड काल गणना की मुख्य रेखाके प्रारंभिक बिन्दु पर बनाया गया। ऐसा माना जाता था कि पिरामिड ब्रह्माण्डीय सह अस्तितत्वीय व्यवस्था के अंग हैं। आज भी वे पृथ्वी के मध्य बिन्दु पर स्थित हैं। हालाँकि हम मानतें हैं कि क्रमहीन अंको की खोज ग्रीक में तीसरी शताब्दी ए. डी. के पूर्व नहीं हुई थी पर मिश्र के लोग पिरामिड निर्माण में उनका उपयोग ५००० वर्ष पूर्व से ही किया करते थे। उन्होनें पाई और फाई का भी उपयोग पिरामिड निर्माण में किया था जो आज के विषेश रूप से निर्देशित कम्प्यूटर ही कर पाते हैं।

पिरामिड निर्माण का गणित

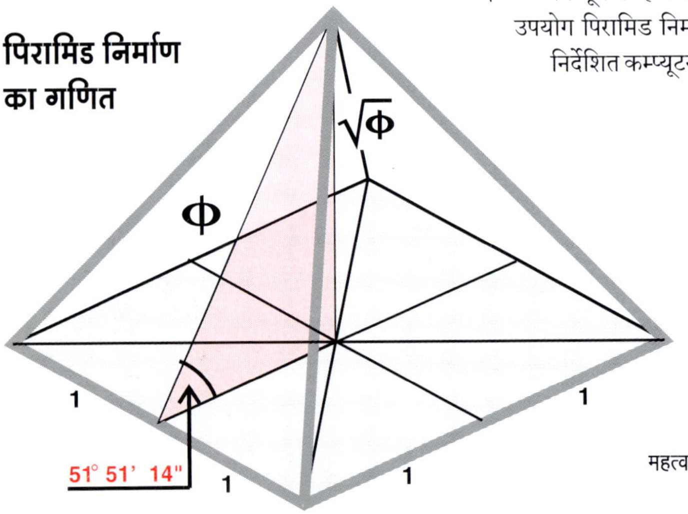

महत्वपूर्ण 51°51' 14" का कोण इसी रहस्यपूर्ण फाई (φ)से निकला हुआ है।

जादुई अनुपात (φ) फाई

पृथ्वी का माप पाई (π) के ज्ञान के बिना संभव नहीं है। पाई रेखा गणित का स्थिर माप है जो वृत की परिधि की गणना में उपयोग में आता है।

उन्होने पृथ्वी की परिधि की गणना नक्षत्रों और तारों की सतत एवं सावधानी पूर्वक अवलोकन से की थी। पिरामिड बनाते समय उनकी इस जानकारी को हम देख सकते हैं। पिरामिड तत्कालीन समय के ज्ञान का बीज कोष है। मिश्र की माप दण्ड गणना पृथ्वी के (विस्तार) मापदण्ड पर ही आधारित है। ब्रिटिश स्टैण्डर्ड इंच, प्राचीन मिश्र के माप इकाई से ही लिया गया है। पिरामिड में पाई का मूल्य ३.१४१५९ + समाहित है। पिरामिड के आधार की लम्बाई को जब २५ इंचो के भागों में विभाजित किया जाता है तो उससे ३६५.२ प्राप्त होता है। यह अंक एक वर्ष में दिनों की संख्या का प्रतिनिधित्व करता है। ग्रेगोरियन कैलेन्डर और एक दिन में २४ घन्टे की अवधारणा प्राचीन मिश्र से आई है।

दूसरा मुख्य आनुपातिक अंक है फाई। फाई भी पाई की तरह न समाप्त होने वाला अनुपात है। यह रहस्यपूर्ण अंक भी अत्यंत प्राचीन है और जीवन शक्ति से जुड़ा हुआ है। वृक्षों में पत्तों की संस्था एक उत्सुकता पूर्ण व्यवस्था से जुड़ी है जिसे योग श्रृंखला या फाइबो नस्सी श्रृंखला कहते है।
यह श्रृंखला पहले के दो पदों को जोड़ने से बनती है। जैसेः-

१, २, ३, ५, ८, १३, २१, ३४, ५५, ८९, १४४, २३३, ३७७, ६१०, ९८७, १५९७, २५८४, ४१८१, ६७६५ . . . . आदि।

यह फाई का अनुपात १.६१८०३३९८९. . . . भी योग श्रृंखला के किसी भी पद को उसके पहले वाले पद से भाग देने पर आता है।

फाई को पवित्र विच्छेदन भी कहते हैं। इस जादुई पद का उपयोग सभी विद्वानों द्वारा किया जाता रहा है। इसे विभाजन का पूर्ण सौन्दर्य युक्त अनुपातिक पद कहा जाता है।

गणितीय अनुपातों तथा प्रकृति के नियमों के साथ पूर्ण साम्यता होने के कारण पिरामिड की गूढ़ शक्ति विकसित हुई है। गूढ़ भाषा में जब एक वृत्त वर्ग बन जाता है और वह वर्ग अनन्त बिंदुओं में परिणत हो जाता है तब पिरामिड का निर्माण होता है। हमारा शरीर भी इसी अनुपात में विभाजित है। मनुष्य और पिरामिड के बीच इस गूढ़ भाषा की साम्यता होने के कारण हमें आश्चर्यजनक परिणाम देखने को मिलते हैं।

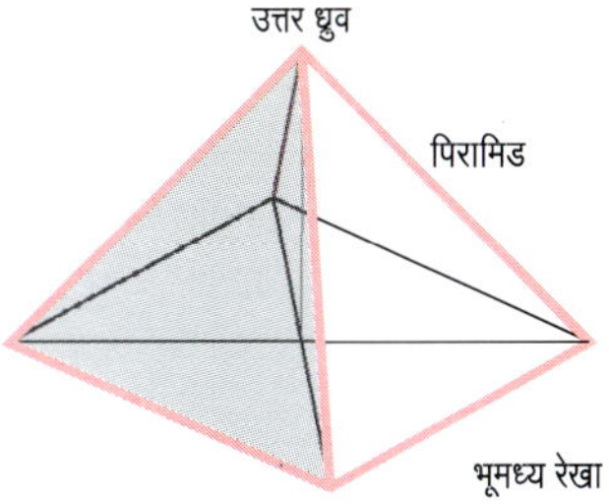

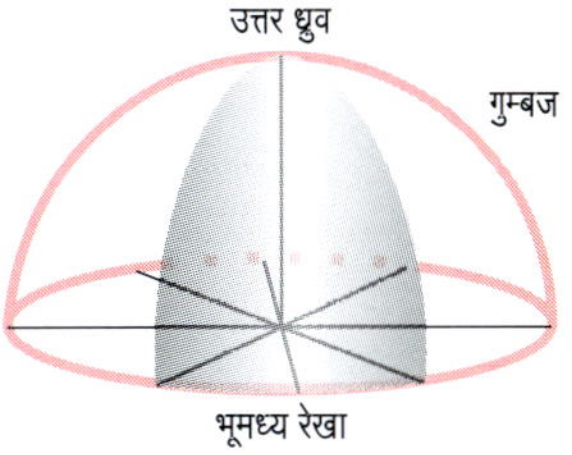

पिरामिड का रेखा गणित पृथ्वी के गोलाकार आकार से सीधा जुडा हुआ है।

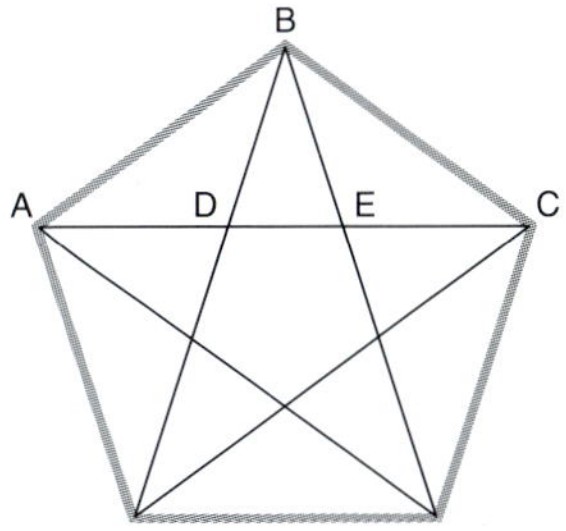

गोल्डन स्टार रेश्यो : $AC/AB = \phi$

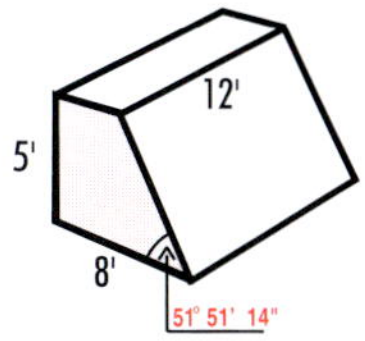

विशाल आकार के कारण प्रत्येक पत्थर का सही माप आवश्यक है

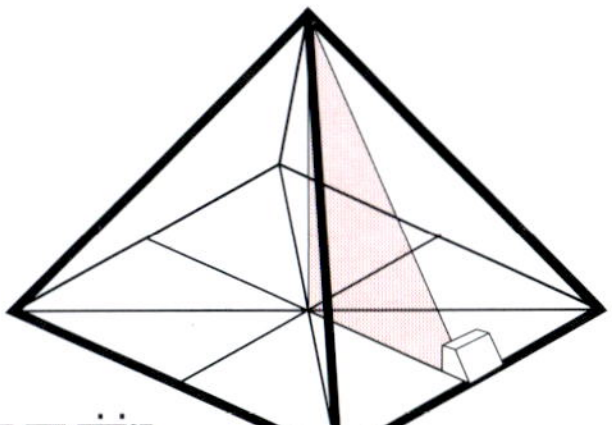

पिरामिड के ढाल से पत्थर का संबंध

मानव शरीर का अनुपात : अस/अब =1.618 अर्थात पिरामिड के समान है।

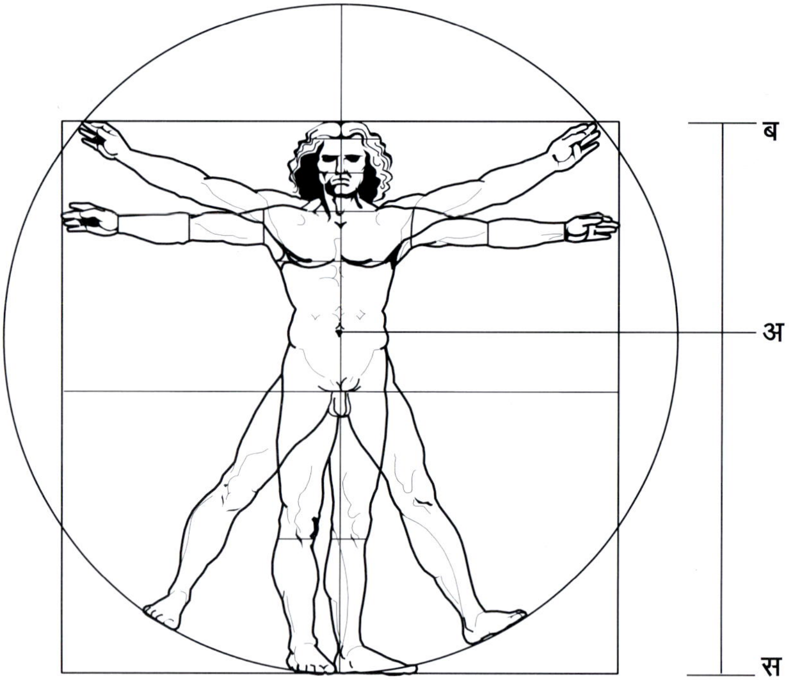

मानव शरीर का रेखा गणित

मानव शरीर का रेखा गणित भी ब्रह्माण्ड की उच्च रहस्यात्मकता का दिग्दर्शक है। खड़े हुए व्यक्ति को लेकर चित्र में बताए अनुसार एक वृत्त उसकी नाभि को केन्द्र मानकर बनाया जा सकता है। इसी तरह एक वर्ग उसके अपार मस्तक तक की ऊँचाई तथा दोनो खिचें हुए हाथों की चौड़ाई लेकर बनाया जा सकता है। मनुष्य ब्रह्माण्ड की सूक्ष्म अनुकृति है। लिओनार्डो दा विंसी द्वारा 1510 में निर्मित उक्त चित्र में मानव शरीर की आकृति का रेखा गणित देख सकते हैं। यह गहन अनुपात सम्पूर्ण प्रकृति में है और पिरामिड का भी यह आधारभूत अनुपात है।

गूढ़ अनुभव

सिकन्दर जब राजाके रहस्यात्मक कक्ष में गया तो उसे अवर्णनीय अनुभव हुए। ऐसे ही अनुभव दूसरों को भी हुए। पर जब तक राजा के कक्ष को मैंने स्वयं नही देख लिया तब तक उन कहानियों में भला मुझे विश्वास कैसे हो सकता था? मगर उस कक्ष में प्रवेश करते ही स्वाभाविक रूप से मेरी ध्यान लगने जैसी स्थिति हो गई। वहाँ कुछ अलग ही अनुभव और अनुभूति हो रही थी जिसका कि वर्णन नहीं किया जा सकता। अंदर ही अंदर विचार किया कि ऐसा बहुत कुछ वर्णन अभी नहीं हुआ है जो कहानियों में कहा गया है। महान पिरामिड और राजा के कक्ष के सही अनुपात का परिणाम है यह अद्‌भुत प्रभाव।

महान पिरामिड के राजाके कक्ष की मापीय शुद्धता दर्शाता हुआ चित्र

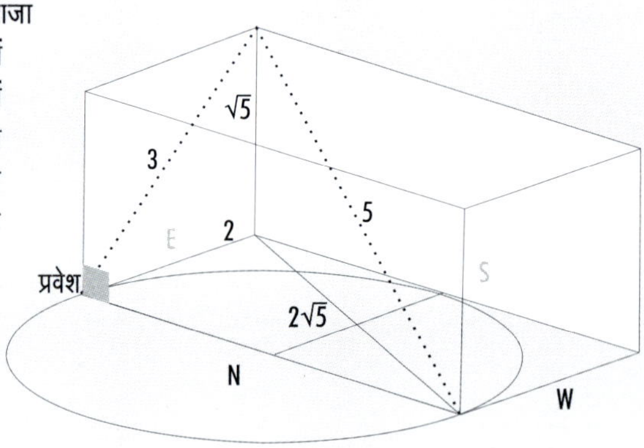

दो
शक्तिशाली आकार

हम जानते हैं कि आकार द्वि या त्रि-आयामी होते हैं। अब हम त्रिआयामी आकार के गुणों के विषय में और अधिक जानेगें - अदृश्य ऊर्जा लगातार आकार में परिवर्तित हो रही है। विभिन्न ऊर्जाओं की सीमाओं में आकार एक कार्य विशेष के रूप में हैं। हम हजारों आकार देखते है और कुछ ऐसे आकार भी देखते हैं जो निरंतर एक दूसरे आकार में परिवर्तित हो रहे हैं। वे एक अंतहीन सतत प्रक्रिया से गुजर रहे हैं। आकार ब्रह्माण्डीय घटनाचक्र का आधार है। हमारा एक जीवन इसके अध्ययन के लिए बहुत छोटा है। यहाँ हम कुछ ऐसे आकार जो हम अपने दैनिक जीवन में देखते हैं, को समझने का संयुक्त प्रयास करेंगे।

वृत्त ब्रह्माण्ड का सबसे अधिक स्थिर आकार है और वह अनेक रूपों अर्थात साबुन के बुलबुले, गर्म हवा के बेलून, नदी या समुद्र किनारे के गोलपत्थर, गेंद, गले के हार में लगे गोल संगमरमर, पृथ्वी, ग्रह, हमारा परम संगणक रूप मस्तिष्क, नेत्र, और कितने ही। रेखा गणित की दृष्टिसे वृत्त में केन्द्र से परिधि की दूरी सभी स्थानों पर समान होती है। आकार ऊर्जा के रूप में यह महत्वपूर्ण आकार है। इस तरह के आकार स्थिर यिन के प्रकार हैं।

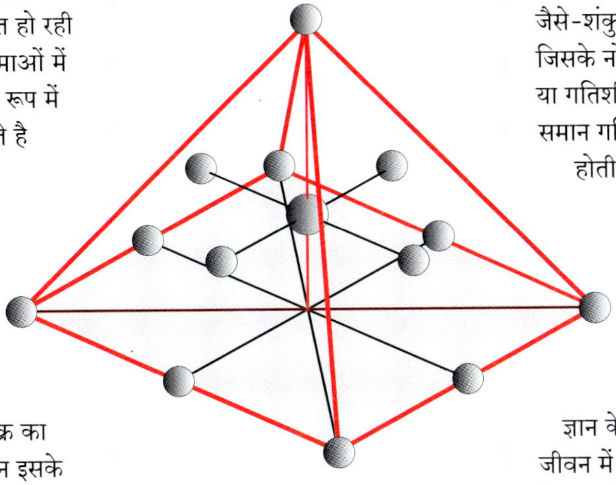

गतिज आकृति

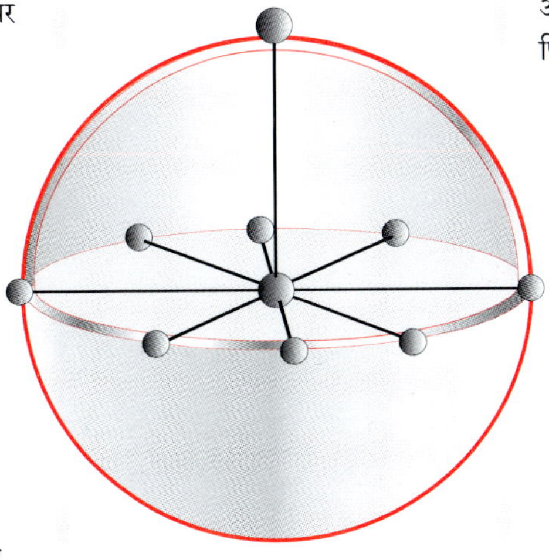

स्थिर आकृति

जो स्त्रीलिंगी, शांत, नियंत्रित और धैर्य पूर्ण संघनित ऊर्जा का रूप है।

विभिन्न आधार के नुकीले आकार जैसे-शंकु, पिरामिड, हीरा, भाले जिसके नोक, सूर्य के समान, पराग या गतिशील आकार हैं जिनमें पुरूष समान गतिशीलता और सक्रियता होती है जिन्हे येंग कहते है।

मनःशक्ति आधारित यंत्रो में पिरामिड आकार और अर्धवृत्तवाले बहुत प्रचलित हैं। प्राच्य ज्ञान के आधार पर एवं आधुनिक जीवन में हम ऐसें सैकडों उदाहरण देख सकते है।

भारतीय मंदिर दोनों प्रकार के ऊर्जा आकारों के अच्छे उदाहरण हैं। यिन आकार की गुम्बज सामने होती है और पार्श्व में येंग आकार रूप में पिरामिड बना होता है। पिरामिड की रहस्यमयी ऊर्जाओं को जानने का बहुत प्रयास किया गया है, जिससे अनेक सिद्धांत और कल्पनाएँ निकली हैं। इन सबसे एक बात निश्चित है कि - पिरामिड एक महत्वपूर्ण आकृति वाला यंत्र है, जो सूर्य और बाह्य अंतरीक्ष से पृथ्वी तक पहुँचने वाली ब्रह्माण्डीय ऊर्जा से स्पंदित होता है।

ब्रह्माण्डीय संबंध

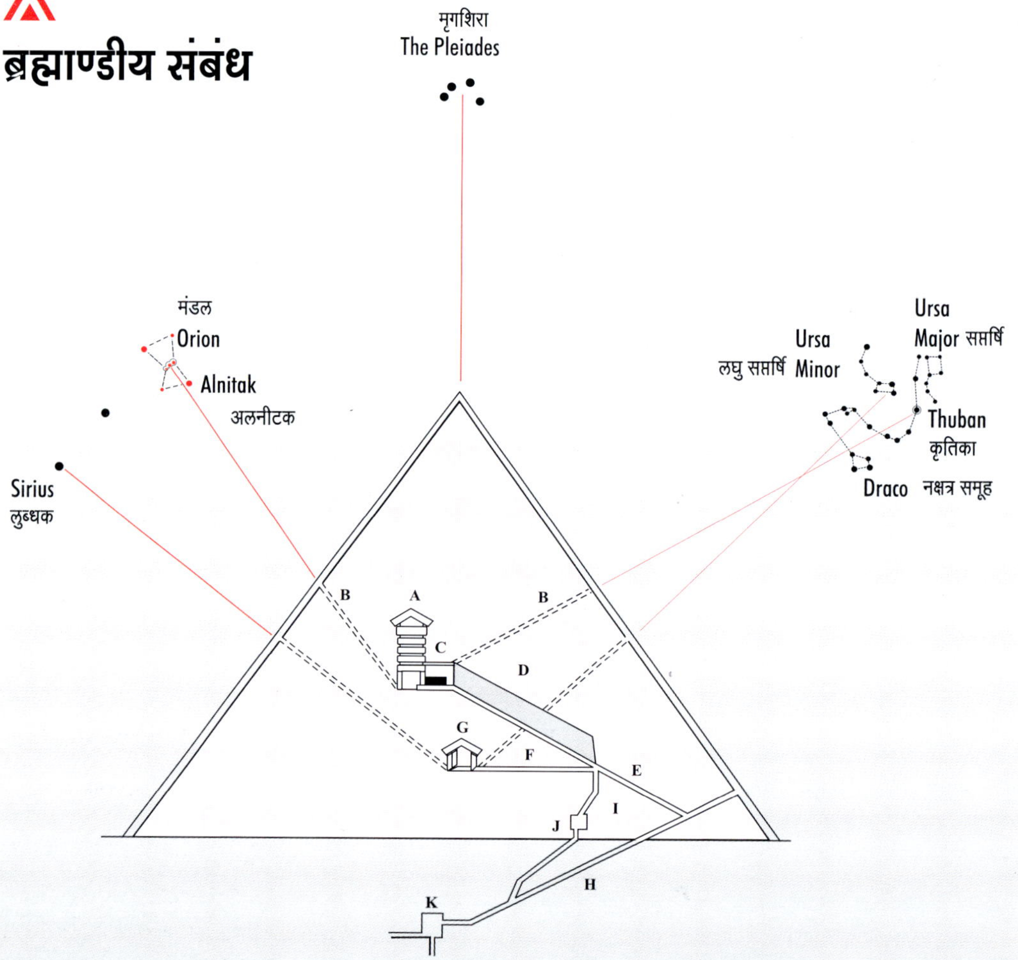

पिरामिड का अंतः भाग तथा पश्चिम की ओर से तारों की स्थिति का दर्शन।
जो यह दर्शाता है कि वह ब्रह्माण्ड से अच्छी तरह जुड़ा हुआ है।
A - राजा का कक्ष B - वातायन C - ग्रेनाइट प्रस्तर D - विशाल गैलरी
E - ऊपर चढ़ने का रास्ता F - रानी के कक्ष में जाने का मार्ग G - रानी कक्ष
H - नीचे उतरने का रास्ता I - कूप - धुरा J - कन्दरा
K - गड्ढा L - पिरामिड की बाह्य आकृति

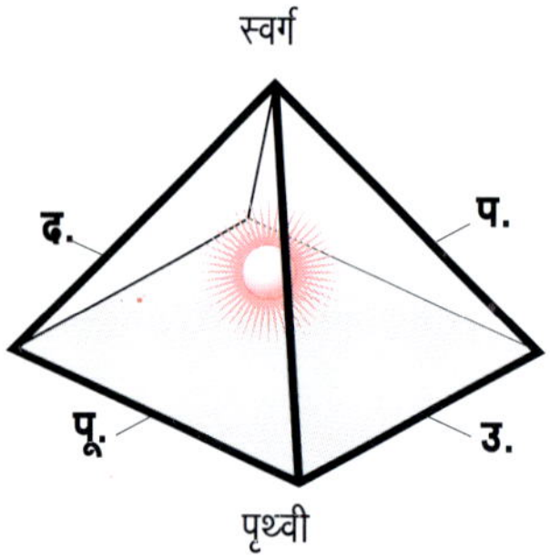

षष्ठ परस्पर क्रियाएँ

पिरामिड, ब्रह्माण्डीय ऊर्जा से छह दिशाओं में परस्पर क्रिया करता है - चारों ओर की ऊर्जा, ऊपर स्वर्ग और नीचे पृथ्वी से। इसमें वर्गाकार आकार पृथ्वी का प्रतिरूप है और शीर्ष आकाश का प्रतिनिधि। त्रिभुजाकार सतह से चारों ओर की प्रक्रिया होती है। पिरामिड सभी ब्रह्माण्डीय ऊर्जाका सूक्ष्म संसाधक है। वह सूर्य, चन्द्र और अन्य ग्रहों की बरसती हुई ऊर्जा तथा पृथ्वी की उर्ध्वगामी ऊर्जा से सारा काम करता है। इन सभी छह ऊर्जाओं का मिलन बिन्दु मध्य केन्द्र है।

पिरामिड चक्र

मानव ब्रह्माण्ड की सूक्ष्म अनुकृति है। प्राचीन मिश्र की गहन रेखागणित के अनुसार पिरामिड के अंदर के भाग में सम्पूर्ण ब्रह्माण्ड समाया हुआ है। पिरामिड मानव शरीर की संरचना के अनुरूप बनाया गया है।

साथ ही भारतीय ब्रह्माण्ड विज्ञान की अवधारणा के अनुसार पुरुष उसके केन्द्र में है। भारत में मंदिरों की रचना आध्यात्मिक मानव शरीर शास्त्र के अनुसार बनाए जाते हैं। पौराणिक कालीन साहित्य में उपनिषद के अनुसार शरीर पाँच मूल तत्वों से बना है। उनके अनुसार मानव प्रकृति और ब्रह्माण्ड का परावर्तन ही है। इसलिए वास्तु भी मनुष्य के अनुरूप होना चाहिए। मनुष्य पंच महाभूत और सप्त ऊर्जा चक्रों से नियंत्रित है। इस तरह ब्रह्माण्ड - मनुष्य और वास्तु शिल्प का मधुर संबंध, हमारे पंच तत्वों एवं सप्त ऊर्जा केन्द्रों में एक आवश्यक युति निर्माण करता है। ब्रह्माण्ड की यह सूक्ष्म अनुकृति पिरामिड, संबंधित पदार्थ या कोशिकाओं में समन्वय एवं संतुलन की पूर्ति कर सकता है।

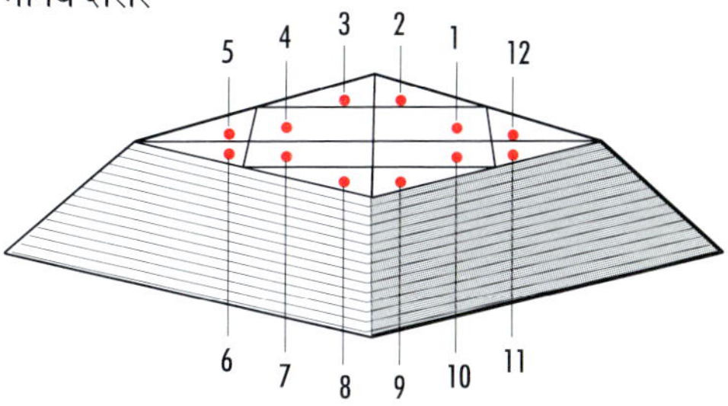

पिरामिड का मध्य द्रश्य जो जीवन के 12 पहलुओं से जुड़ा हुआ है

१. शारीरिक रूप
२. वंशानुगत, सम्पत्ति
३. भाई, बहिन
४. माता, समृद्धि
५. बुद्धि, संतान और प्रेम
६. शत्रु, रोग
७. विवाह और व्यावसायिक साझेदार
८. मृत्यु, नुकसान
९. सौभाग्य, यात्राएँ
१०. पिता, प्रतिष्ठा
११. व्यक्तिगत उपलब्धियाँ
१२. खर्च और बाध्यता/दासता

पिरामिड : हमारे शरीर के पंच तत्वों और सप्त ऊर्जा केन्द्रों से सीधा जुड़ा हुआ है।

अदृश्य – शक्ति केन्द्र

पिरामिड का सरल सा अर्थ है पायरा + मिड, पायरा अर्थात अग्नि और मिड अर्थात केन्द्र। प्राचीन समय में विद्वान एक ही शब्द या वाक्य में पूरा समीकरण रख देते थे। इसलिए वह इतना सरल नहीं हो सकता है। आइए, पायरा + मिड के समीकरण को और अधिक जानें।

पायरा + मिड

संस्कृत में आग को अग्नि कहते हैं तथा इसके अनेक अर्थ हैं। कोशिकाओं, शरीर की जीवनी शक्ति के संदर्भ से अग्नि का अर्थ प्रारंभिक तेज, ऊर्जा हमारी फ्लापी डिस्क के समान ही, उत्पत्ति विषयक सक्रियता वर्धक के समान है। मिश्रवासी विद्वानों ने अग्नि का गम्भीर अर्थ पहले ही समझ लिया था और उसके लिए पिरामिड का सुझाव दिया था। उनके अनुसार पिरामिड दो भागों में बंटा है।

पायरा और मिड

पायरा यानी अग्नि, मध्य या केंद्र स्थित संचालक मिड यानी मध्य में स्थित। केंद्र अति महत्वपूर्ण है जो आंतरिक रहस्यों को प्रकट करने वाली कुंजी है।

यद्यपि आज भी पिरामिड के संबध में बहुत कम जानते हैं। पिरामिड वैज्ञानिक आधार पर अभिकल्पित ऐसा यंत्र है जिसमें समग्र चिंतन भी है।

नक्षत्र, ग्रह, सूर्य, आकाशगंगा, पृथ्वी का व्यास, पृथ्वी पर जल और भूमि का अंश, चुम्बकीय ऊर्जा, शरीर, मन, आत्मा और जीवनी शक्ति इन सबका पूर्ण ज्ञान पिरामिड निर्माण में दिखाई देता है। ज्ञान की यह पूर्ण रचना है।

वांछित परिणाम लेने के लिए उपयोग में लाए जाने वाले आकार

पिरामिड अग्नि

हमारी पृथ्वी की समस्त सृष्टि का उद्‌भव स्रोत सूर्य है। हमारा आन्तरिक संवेग सूर्य द्वारा ही संचालित होता है। यह जीवन का अनिवार्य तत्व और हमारी उत्तम आत्मा है।

विज्ञान और धर्म दोनों ही सूर्य की शक्ति में विश्वास करते हैं। अनेक धर्मोमें अग्नि की उपासना ईश्वर के रूप में की जाती है। यह सूर्य का गुंजायमान रूप अथवा संचार का आखिरी छोर है। भारत और विदेश दोनों में ही पवित्र अग्नि का महत्व समान रूप से देखा जाता है। भारत में लोग सूर्य को पिता और पृथ्वी को माता के रूप से मानते है। धरती माता वातावरण के एक स्तर (तह) द्वारा अथवा पृथ्वी के सूक्ष्म शरीर से घिरी रहती है। प्रभामण्डल की मान्यता के प्रति हमारी अनभिज्ञता के कारण हम रसायनों, शोरगुल, वायुप्रदूषण और परमाण्विक विकिरणों द्वारा पृथ्वी के व्यापक सूक्ष्म शरीर को विनष्ट करते रहते हैं। ये विक्षोभ हमें शारीरिक और मनो-वैज्ञानिक रूप से सीधे प्रभावित करेंगे।

वैदिक युग में, आर्योने यज्ञ (पवित्र अग्नि) की आश्चर्य जनक पद्धति विकसित की थी। यज्ञ पिरामिड अग्नि की सहायता से माता पृथ्वी और हमारे प्रभामंडलीय शरीर के उपचार, शक्ति के पुनर्संचार, समन्वयीकरण या पवित्रीकरण की सूक्ष्म प्रक्रिया है।

सफलता और समृद्धि

विवाह और संतान

आइए ! यज्ञ करें

चलिए! हम चरणबद्ध तरीके से इस पवित्र अग्नि को प्रज्ज्वलित करने वाली सरल पद्धति सीखें जो हमारे जीवन में स्वास्थ्य और खुशी ला सकती है। आजकल देश- विदेश में, अनेक लोग पवित्र अग्नि को नियमित प्रज्ज्वलित करते हैं औरअग्नि प्रज्ज्वलित करने की नियमित साधना करने वाले लोग 'अग्निहोत्र' कहलाते हैं।

ठीक सूर्योदय और सूर्यास्त के समय अधोलिखित प्रथम मंत्र का उच्चारण करके आहुति का प्रथम अंश अग्नि मे डालिए। फिर द्वितीय मंत्र का उच्चारण करके आहुति के अवशिष्ट भाग को अग्नि में डालिए। प्रत्येक यज्ञ के तत्क्षण बाद ही शान्ति का अनुभव करने के लिए जितनी देर आप बैठ सकें, उतनी देर अग्नि के पास बैठने का प्रयास कीजिए।

यज्ञ

सूर्योदय के समयः
सूर्याय स्वाहा, सूर्याय इदं न मम ।
(आहुति का प्रथम भाग अग्नि में डालिए)
प्रजापतये स्वाहा, प्रजापतये इदं न मम ।
(आहुति का अवशिष्ट भाग अग्नि में डालिए)
प्रातः यज्ञ पूरा हुआ।

सूर्यास्त के समयः
अग्नये स्वाहा, अग्नये इदं न मम ।
(आहुति के प्रथम भाग को अग्नि मे डालिए)
प्रजापतये स्वाहा, प्रजापतये इदं न मम ।
(आहुति का अवशिष्ट भाग अग्नि में डालिए)
सायं यज्ञ पूरा हुआ।

नोटः
१. सूर्योदय और सूर्यास्त का समय यज्ञ सम्पादन स्थल को आधार मानकर स्थानीय पंचाग या निकटवर्ती मौसम केन्द्र से पता लगा लिया जाय।
२. अग्नि में दी जाने वाली आहुति में चुटकी भर चावल का दाना दो या तीन बूंद गो घृत एक साथ मिलाकर डालें ।

यज्ञ कैसे करें?

यज्ञ में विभिन्न प्रकार के विशिष्ट द्रव्यों (पदार्थों) की आवश्यकता पड़ती है।

धारकः
यज्ञ के लिए निर्धारित आकार का एक ताम्र पिरामिड आवश्यक है ।
चाँवल :
यज्ञ के लिए बिना पालिश वाले चाँवल के अखण्डित दाने प्रयोग में लाए जाने चाहिए।

घी :
गाय के शुद्ध दूध के मक्खन से घी तैयार करना चाहिए ।

गाय का सूखा गोबर :
गाय के गोबर के सूखे कंडो का प्रयोग करना चाहिये।

अग्नि की तैयारीः
गाय के सूखे गोबर के कुछ कंडे लेकर उसमें एक छोटा चपटा टुकड़ा पिरामड को स्पर्श करते हुए पेंदी (तल) में रखिए। अन्य कंडो को पिरामिड के चारो ओर इस प्रकार रखें ताकि वायु का प्रवाह आने-जाने से सब कुछ पूर्णतया भस्मीभूत हो जाए । कपूर या गुग्गल या धूप का प्रयोग करके अग्नि प्रज्ज्वलित कीजिए अथवा गाय के गोबर के कंडों पर पर्याप्त मात्रा में घी डाल दीजिए । अग्नि प्रज्ज्वलित करने के लिए मिट्टी के तेल, रसोई गैसया ऐसे अन्य पदार्थोका प्रयोग नहीं करना चाहिए।

कुशलता

शत्रुदमन

शांति

दुष्प्रभावों का शमन

रोगोन्मूलन

वर्षा

पूर्ण निरोग

विभिन्न अग्नि कुण्डों का प्रभाव

अपना पिरामिड स्वयं बनाएँ

अगर आप पिरामिड प्रयोग के लिये उत्सुक हैं तो आप अपना पिरामिड स्वयं बना सकते हैं - नीचे पिरामिड बनाने का क्रमबद्ध तरीका दिया गया है-

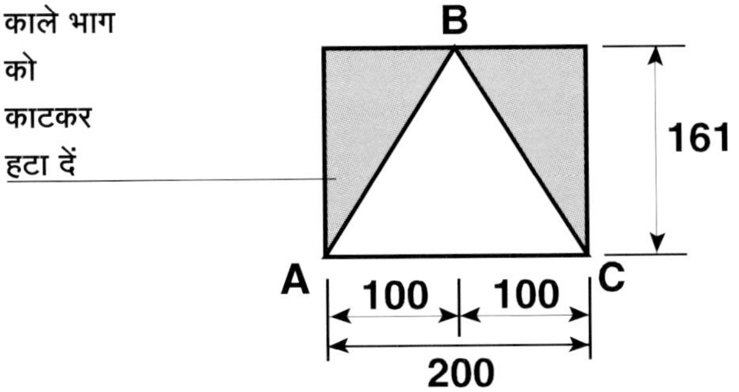

चित्र 1 भुजाएँ बनाने का तरीका
(आपको ऐसे 4 की आवश्यकता होगी)

पिरामिड बनाने की सबसे आसान विधि चार बराबर त्रिकोणों के किनारों को टेप द्वारा जोड़ दें। पिरामिड की गुणवत्ता, उसकी भुजाओं में एक चौड़ी सतह चिपकाकर बढ़ाई जा सकती है। जैसा चित्र में दर्शाया गया है। पिरामिड के अनुपात को सही रखते हुए उसे कितना भी ऊँचा बनाया जा सकता है। आप तालिका से किसी भी अनुपात को लेकर पिरामिड बना सकते हैं।

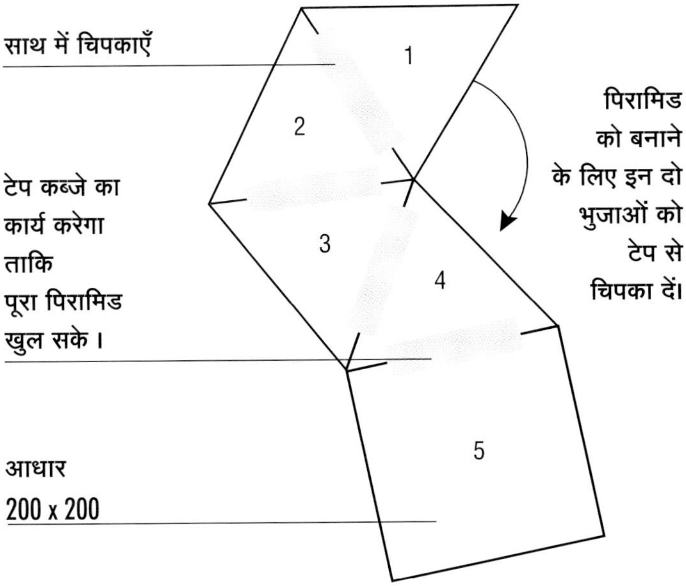

चित्र 2

शुरूआत करने के लिए-

१. एक कड़ा बोर्ड लें।

२. २००मि. मी. सतह व १६१ मि. मी. ऊँचाई के चार आयताकार नाप लें व काट लें।

३. अब टेबिल पर तल वाला हिस्सा अपनी ओर रखें।

४. एक रेखा १०० मि. मी. की बीचों बीच खींचे।

५. अब अ को ब से व ब को स से जोडें। जैसा चित्र एक में दर्शाया गया है

६. अ से ब व ब से स को कैंची या ब्लेड द्वारा काटें।

७. अब आपके पास पिरामिड की चारों सतह, पिरामिड के अनुपात में हो जाएँगी।

८. अब चारों सतहों को टेबिल पर रखकर टेप कर दें। जैसा चित्र २ में दर्शाया गया है।

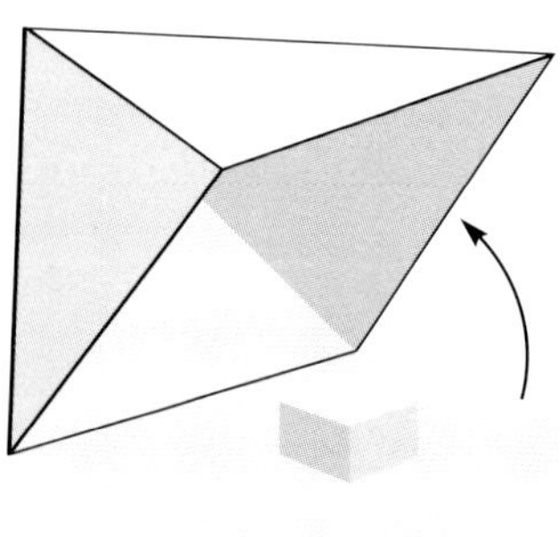

पिरामिड और प्लेटफार्म

९. कार्ड बोर्ड के २०० मि. मी. वर्गाकार के टुकड़े काटें और उसे पिरामिड की सतह के एक छोर में जोड़ दें जैसा चित्र २ में दर्शाया है।

१०. अब पिरामिड के सभी छोर जोड़कर उस मॉडल को बना लें।

११. तल के टुकड़े को चारों ओर से न जोड़ें ताकि उसमें प्रयोग हेतु वस्तु रखी जा सके। अनुसंधान कर्त्ताओं नें प्रयोग द्वारा पता लगाया है कि ऊर्जा का घनत्व तल के बीच से एक तिहाई ऊंचाई पर शिखर की ओर पाया जाता है। वास्तविक पिरामिड में महाराजा का कक्ष भी तल से एक तिहाई ऊँचाई पर स्थित है। इसलिए अच्छे परिणाम की प्राप्ति के लिये हम उसी ऊँचाई का एक प्लेटफार्म अपने पिरामिड के लिये तैयार करेंगें।

१२. अब कार्ड बोर्ड द्वारा एक वर्गाकार प्लेटफार्म बनाएँ जिसकी ऊंचाई पिरामिड की ऊंचाई से १/३ हो। यह लगभग ४२ मि. मी. ऊंचाई तथा ५० × ५० मि.मी. के तल में आता हैं। जैसा कि चित्र ३ में दर्शाया गया हैं।

१३. सही परिणाम प्राप्ति के लिये पिरामिड मॉडल को पृथ्वी के उत्तर-दक्षिण चुम्बकीय ध्रुव की ओर रखें।

१४. अंत मे सफेद कागज पिरामिड मॉडल के चारों ओर चिपका दें।

अब आपका पिरामड मॉडल प्रयोग हेतु तैयार हो चुका है। इससे बड़े पिरामिड बनाने के लिए नीचे तालिका दर्शायी गयी है ।
अच्छे परिणाम पाने के लिये माप का सही होना व पिरामिड मॉडल का सही उत्तर-दक्षिण चुम्बकीय दिशा में रखा होना आवश यक है ।

आधार मी.मी.	भुजा मी.मी.	ऊँचाई मी.मी.	चबूतरेकी उँचाई मी.मी.
100	95.14	63.66	21.22
200	190.28	127.32	42.44
300	285.42	190.98	63.66
400	380.56	254.64	84.88
500	475.70	318.30	106.10

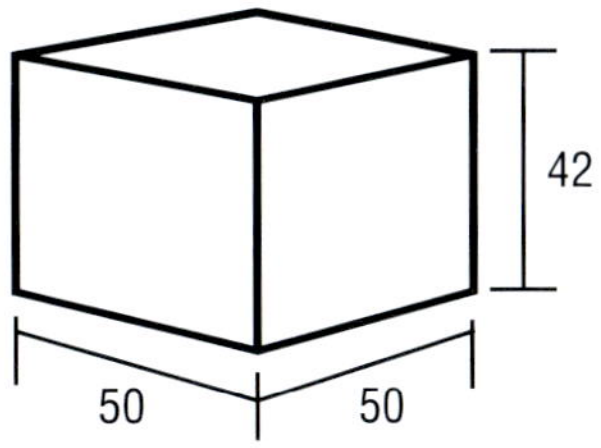

चित्र 3 चबूतरा

नोट- तालिका में दी गई ऊंचाई पिरामिड मॉडल बनानें के पश्चात की है ।

पिरामिड रखने की दिशा

जैसा कि चित्र ४ में दर्शाया गया है पिरामिड की कोई भी सतह पृथ्वी के उत्तर-दक्षिण ध्रुव के समानांतर होनी चाहिए । उसके लिये आप चुम्बकीय सुई का उपयोग कर सकते हैं व बेहतर परिणाम प्राप्त कर सकते हैं ।

पिरामिड का रखरखाव

आपका पिरामिड आपके लिये बहुमूल्य है अतः उसे विधिपूर्वक रखें । कुछ अच्छे परिणाम की प्राप्ति के लिये ध्यान देने योग्य बातें निम्नवत् हैं ।

१. पिरामिड को साफ, सुथरी हवादार जगह पर रखें ।

२. उसके आसपास किसी तरह की गंदगी न हो ।

३. इसे बिजली के तार व उपकरणों से दूर रखें । परन्तु यदि यह कम्प्यूटर या अन्य इलेक्ट्रानिक उपकरण के लिए हैं तो पिरामिड को इनके ऊपर रखा जा सकता है ।

४. पिरामिड का शीर्ष सदैव ऊपर की ओर रखें । यह बात पिरामिड यंत्र पर लागू नहीं है ।

५. उसके शिखर व आसपास कुछ खाली स्थान रखें ।

चित्र 4 ओरिएन्टेशन

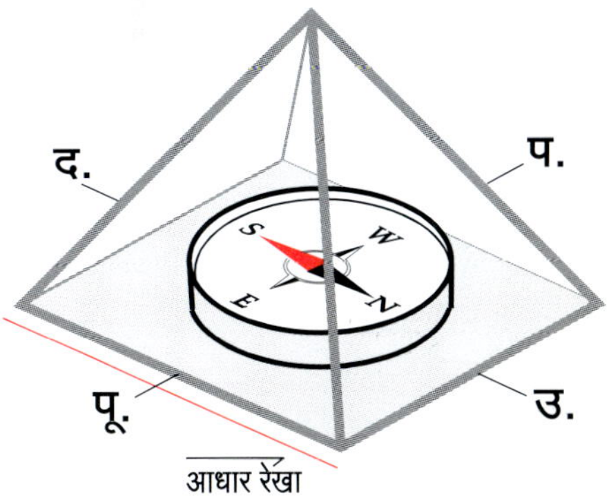

पिरामिड बनाने के लिए सामग्री

पिरामिड बनाने के लिए किसी प्रकार की सामग्री (लौह युक्त छोड़कर) प्रयुक्त की जा सकती है। पर श्वेत दाग हीन रंग श्रेष्ठ है। इसलिए सफेद आर्ट पेपर, प्लास्टिक या एक्रिलिक उपयुक्त सामग्री हैं। प्राकृतिक सामग्री के रूप में चमकदार देवदार या सिलवर वृक्ष लकड़ी सर्वोत्तम है।

प्लाईवुड बहुत अधिक उपयुक्त नहीं है क्योंकि उसकी भीतरी सतह में हल्के स्तर की सामग्री के साथ ही विभिन्न रासायनिकों का भी उपयोग होता है। संक्षिप्त में यह कहा जा सकता है कि किसी भी सामग्री से बने पिरामिड के भीतरी एवं बाहरी भाग में सफेद रंग का उपयोग करना श्रेयस्कर है।

पिरामिड की ऊर्जा वृद्धि के लिए पिरामिड शीर्ष पर ताम्र, रजत, या स्वर्ण को लगाते हैं। इसके सबसे अच्छे उदाहरण मंदिर, गुरूद्वारा मस्जिद या चर्च के शीर्ष पर इन धातुओं को लगाया जाना है।

वैज्ञानिक प्रयोग

तुलनात्मक दृष्टि से वैज्ञानिक परीक्षण की गणना के लिए आपको नियंत्रण पेटी पिरामिड के समान आयतन की ही चाहिए।

अधिक सामग्री

कई बार यह बात ध्यान में आई है कि वांछित परिणाम नहीं मिल पाते हैं। इसका सामान्य कारण यह है कि पिरामिड के अंदर बहुत अधिक सामग्री रख दी जाती है। पिरामिड के अंदर रखी जाने वाली सामग्री की मात्रा पिरामिड के आयतन के १/५ वें हिस्से से अधिक नहीं होना चाहिए।

उदाहरण के लिए एक मध्यम आकार के सेव के लिए ५०० × ५०० मि.मी. माप का पिरामिड और रेजर ब्लेड की धार के लिए १०० × १०० मि. मी. पिरामिड आधार का उपयोग किया जा सकता है।

डॉ. पीर मोहम्मद रहमानी
विख्यात चिकित्सक
पिरामिड एवं चुम्बकीय चिकित्सा विशेषज्ञ

एलोपथी चिकित्सक होने के कारण मुझे पिरामिड शक्ति पर शंका थी, पर जब मैंने पिरामिड 9x9 का उपयोग करना प्रारम्भ किया तो उसके चमत्कारिक परिणाम प्राप्त हुए।

विशेषज्ञ - मत

प्रयोग शुरू कीजिए

'साइकिक डिस्कवरीज बिहाइन्ड द आयर्न करटेन' के प्रकाशन से वैज्ञानिकों ने विभिन्न आकारों, सामग्रियों और शोध की वस्तुओं के मॉडलों (नमूनों) के साथ हमारे निजी शोध सहित, असंख्य प्रयोग किए हैं। केवल समय ही बता पाएगा कि इन प्रयोगों में से कितने आगे के परीक्षणों, खोजों और तीव्र वैज्ञानिक जाँच-पड़तालों की कसौटी पर खरे (यथातथ्य) उतरेंगे अतः, आप भी आगे बढ़कर पिरामिड की कार्यप्रणाली की गूढ़ प्रकृति को समझने का साहसिक कार्य कर सकते हैं।

ब्लेड की धार पर

कारेल ड्रबाल चेक, एक रेडियो इन्जीनियर ने एक छोटा पिरामिड बनाकर उसमें एक रेजर ब्लेड रख दिया। कुछ दिनों बाद उन्होंने शेविंग (दाढ़ी बनाने) के लिए ब्लेड लिया। उसे देखकर बड़ा आश्चर्य हुआ कि उसकी धार और तेज हो गई थी। वस्तुतः वह ब्लेड पिरामिड पहले से अधिक तेज धार वाली प्रतीत होने लगी। वह दाढ़ी बनाकर ब्लेड पिरामिड में रख देता था और फिर अगले ५० दिनों तक उस जादुई ढंग से पुनः तेज बने ब्लेड से दाढ़ी बनाता था। इसके पूर्व वह एक ब्लेड से केवल पाँच दाढ़ी बना सकता था। क्या यह विस्मयकारी नहीं है। परन्तु यह कैसे कार्य करता है ? पिरामिड का आकार दोहरे चुम्बकीय शक्ति का क्षेत्र सृजित करता है जो बाह्य रूप से डिहाइड्रेशन प्रक्रिया को संयोजित करता है। सभी पदार्थोंके अन्दर आर्द्रता के कण होते हैं। पिरामिड स्पंदनमय क्षेत्र से पदार्थ के कणों में (निरार्द्रीकरण) डिहाइड्रेशन होता है। फलस्वरूप कण संरचना के भीतर रिक्तता आ जाती है जो प्रतिक्रिया स्वरूप ब्लेड की धार के चुम्बकीय क्षेत्र में कण के प्रवाह को फैलाकर ब्लेड की धार को तेज बना देता है। पिरामिड उपचारित धार धीरे धीरे पूर्ण बन जाती है परन्तु उससे दाढ़ी बनाते समय चेहरे के बाल में खिचाव या तनाव नहीं होता।

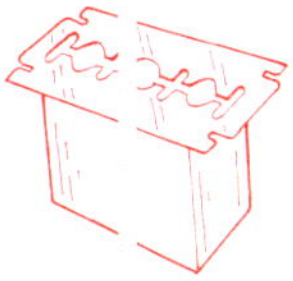

ब्लेड की धार तेज करना

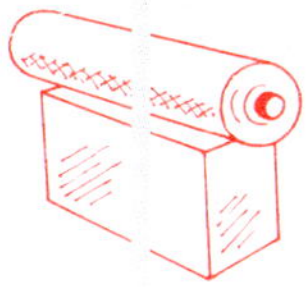

ड्राय सेल चार्जिंग

धार को पुनः तेज बनाने का यह तत्व चाकू, कैंची और अन्य काटने वाले औजारों की धार तेज करने के लिए भी कार्य करता है। परन्तु अपेक्षाकृत अधिक बडी वस्तु होने के कारण इसमें अधिक समय लगता है। हाँ, ब्लेड की धार को उत्तर-दक्षिण धुरी में रखना न भूलें, जैसा कि चित्र में दिखाया गया है।

सूखे बैटरी सेलों को पुनः चार्ज कीजिए

आज सूखे सेलों का प्रयोग बहुत बढ़ गया है। मशीनों, इलेक्ट्रानिक युक्तियों, खिलौने इत्यादि में और प्रायः अन्य सभी औजारों में सूखे सेलों का प्रयोग किया जाता है।

इसकी बढ़ती हुई उपयोगिता उन्हें मंहगी बना देती है। रिचार्जिंग उपकरण भी मंहगा होता है। यदि आप बिना किसी मूल्य के ही कुछ खोजें जिसमें कई अन्य लाभ हों, तो पिरामिड ही इसका उत्तर है।

अपनी प्रयोग की हुई सूखी बैटरी को उत्तर-दक्षिण धुरी में करके लगभग एक सप्ताह तक पिरामिड में रखें। यदि सेल अपेक्षाकृत बड़े हैं तो आपको अपेक्षाकृत अधिक समय और बड़े पिरामिड की जरूरत पड़ेगी।

पिरामिड दूध

शिशुओं और वयस्कों के लिए समान रूप से पौष्टिकता का सर्वोत्तम स्रोत दूध, निस्संदेह अतिसुलभ और प्रचुर मात्रा में उपलब्ध है।

पिरामिड के अन्दर लगभग २० मिनट तक रखकर दूध को उपचारित करने पर वह शक्ति समृद्ध बनकर सबके लिए एक सर्वोत्तम टॉनिक बन जाता है। साधारण दूध की अपेक्षा यह शक्ति समृद्ध और प्रभावकारी दूध बेहतर स्वास्थ्य और सबलता प्रदान कर सकता है।

अधिक शक्ति और बल के लिए आपको किसी अतिरिक्त स्वादिष्ट पोषण की जरूरत नहीं है क्योकि दूध में पर्याप्त पोषक पदार्थ निहित हैं और पिरामिड शक्ति के अधीन यह पूर्णतया बढ़ जाता है। परन्तु यदि आपको स्वादिष्ट दूध पसंद है तो आप उसे ले सकते है। मगर याद रखिए दूध को पिरामिड के अंदर रखते समय उसमें अन्य कृत्रिम फ्लैवर न मिलाएँ। हाँ, बाद में पिरामिड से बाहर निकालने के बाद आप चाहें तो उसे मिला सकते हैं।

आपके शिशु भी पिरामिड दूध पसंद करेगें और यह दूध उनके लिए सर्वोत्तम टानिक का कार्य करेगा।अतएव, क्या आप अपने परिवार को अपेक्षाकृत अधिक पुष्टिकर और सबल शक्तिवर्धक नहीं देना चाहेंगे?

कॉफी से इसकी परीक्षा लीजिए

एक कप कॉफी पिरामिड के भीतर २०-३० मिनट तक छोड़ दीजिए। अहा! कैसा परिवर्तन! आप देखेगें कि उसका कड़वापन लुप्त हो जाता है और सुस्वादिष्ट हो जाती है। परन्तु, यदि आप एक डिब्बा

बेहतर स्वाद तथा संतुष्टी

भीगा चना या कॉफी से परीक्षण करें, तो कॉफी बनाने से पूर्व जार को रात भर पिरामिड में छोड़ दीजिए?

आप ताजे जूस, शराब जैसे अन्य पेय पदार्थोके साथ भी इसकी परीक्षा कर सकते हैं। पिरामिड उनका स्वाद ताजा और बेहतर बनाता है। विशेषतया डिब्बा बंद पेय पदार्थोमें डिब्बे के संसर्ग का स्वाद पिरामिड से उपचारित होनेपर लुप्त हो जाता है।

अतः, क्या आपके मित्रों को पिरामिड शक्ति का प्रदर्शन करने के लिए यह द्रुतगामी और रोचक तरीका नहीं है?

प्राकृतिक पॉलिश

मैडम, क्या आप नीरस आभूषण पहनकर ऊब चुकी हैं और आप उन्हें यदा-कदा पालिश हेतु देने का समय नहीं निकाल पातीं? पिरामिड यहॉ भी आपकी मदद कर सकता है।

पहली बार प्रयोग के बाद आप अपने आभूषण (वरीयतः नए) को पिरामिड में रखें और प्रत्येक बार पहनने के बाद ऐसा ही करें। आपके कीमती आभूषण दीर्घकाल तक चमकदार रहेंगे।

जमे हुए खाद्य

ऐसे खाद्य पदार्थों को पिरामिड ऊर्जा से ऊर्जित करने के बाद जमाना चाहिए। इससे उनका ताजा स्वाद लम्बे समय तक बना रहेगा और उनमें खराबी नही होगी जो प्रायः जमे हुए खाद्य पदार्थों में हो जाती है। जमे हुए पदार्थ अच्छे स्वाद के साथ खाने योग्य बने रहते हैं।

सामिश खाद्य

माँस या जमे हुए माँस को लगभग १ घन्टे तक पिरामिड में रखें। माँस को पिरामिड के अन्दर रखने से वह ऊर्जित तथा सुस्वादु हो जाता है।

प्राकृतिक खाद्य

मधु,मसाले, जड़ी बूटी, शक्कर, अण्डे और दूध से बने पदार्थ पिरामिड में रखने से वे सुस्वादु और शक्ति वर्धक हो जाते हैं। जड़ी बूटियाँ और शहद में आश्चर्य-जनक रूप से रोग निरोधकता तथा उपचार शक्ति वाले गुण बढ जाते हैं।

खाद्य पदार्थ

मूल पेकिंग में ही डबलरोटी बिना किसी संरक्षक वस्तु का उपयोग किए बिना रखी जाने पर ७ सप्ताह से भी अधिक तक बिना किसी नुकसान के ताजी बनी रहती है। इसलिए जब भी आप डबलरोटी खरीदते है या रोटी बनाते हैं वे लम्बे समय तक ताजे बने रहते हैं और ब्रह्माण्डीय ऊर्जा का अतिरिक्त लाभ मिल जाता है।

फल और सागभाजी

फल और सागभाजी को फ्रिज में रखने के पूर्व एक घन्टे तक पिरामिड में रखने से वे प्राकृतिक स्वाद एवं रस से भर जाते हैं। यदि उन्हें लम्बे समय तक पिरामिड के नीचे रखें तो वे सूख जावेगें पर सड़ेगें नहीं।

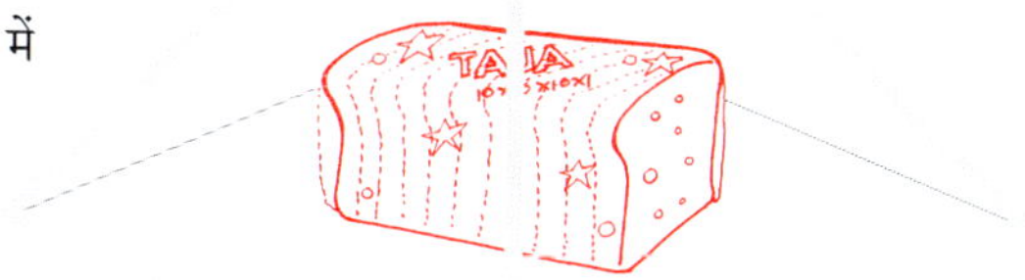

प्राकृतिक परिरक्षक

खाद्य पदार्थ की नमी कम करना

सघन अनुसंधानों से यह परिणाम निकले हैं कि पिरामिड ऊर्जा रोगाणुओं को प्रोत्साहित नहीं करते या कुछ प्रकरणों में बिल्कुल ही रोक देते हैं। साथ ही पिरामिड खाद्य पदार्थों की नमी कम करने की प्रक्रिया को प्रोत्साहित करते हैं। फल, सब्जियाँ और माँस पिरामिड द्वारा नमी कम किए जाने के कारण अधिक ताजे और सुस्वादु बने रहते हैं।

पालतु पशुओं की पसंद

पशु, मनुष्यों की अपेक्षा पिरामिड तरंगों के प्रति अधिक संवेदनशील होते हैं। क्या यह एक आश्चर्य वाली बात नहीं है। पशुओं को यदि उनका मन पसंद आहार चुनने दें तो आप आश्चर्य चकित रह जाएँगे कि उनकी पहली पसंद पिरामिड ऊर्जित आहार या जल है।

पशुओं को यदि पिरामिड के नीचे रखा जाता है या उन्हें पिरामिड ऊर्जित भोजन या पेय दिया जाता है तो वे अधिक सक्रिय और प्रसन्न रहते हैं। उनके घावों का सुधार भी जल्दी होता है और पिरामिड उन्हें हमेशा स्वस्थ्य बनाए रखता है।

अतः अपने पशुओं के ऊपर पिरामिड क्यों नहीं बनाते हैं? उन्हें पिरामिड ऊर्जित आहार देकर स्वयं देखलें।

पिरामिड अंकुरित आहार

पिरामिड के अन्दर अंकुरित बीज सुस्वादु, सुपाच्य और प्राकृतिक विटामिन, खनिज और खमीर युक्त होते हैं जबकि अन्य प्राकृतिक खाद्य पदार्थ इनसे कम पौष्टिक होते हैं। उनमें विटामिन बी काम्पलेक्स, सी, डी, ई, जी, के और केल्सियम, मेगनिशियम, फास्फोरस, क्लोरीन, पोटेशियम और सोडियम जैसे खनिज अधिक मात्रा में होते है। ये खनिज, विटामिन प्राकृतिक रूप में होते है इस कारण सुपाच्य हैं। उनसे हमें सभी आवश्यक आठ एमिनो अम्ल प्राप्त होते हैं।

अंकुरित खाद्य लेने से वजन नियंत्रण करना बहुत सरल रहता है, बजाए इसके कि भोजन नियंत्रित करें। जब कोई वजन नियंत्रण हेतु, अंकुरित भोजन पर निर्भर रहता है तो ढीला या पिलपिला देखकर बीच में ही नहीं छोड़ना चाहिए, त्वचा और माँस पेशियाँ मजबूत हो जाती हैं तथा शरीर धीरे धीरे नवीनीकृत हो जाता है। अंकुरित आहार पर वर्षोंतक बिना किसी पौष्टिकता की कमी के रहा जा सकता है।

पिरामिड अंकुरित आहार कब्ज और गैस निरोधक है, एनजाइम युक्त शक्तिवर्धक आहार आयुवर्धक होने के साथ ही व्यक्ति को सुन्दर, स्वस्थ और युवा रखता है। अंकुरित आहार कोलेस्ट्राल, वसा, युरिक एसिड, अमोनिया साल्ट आदि से मुक्त रहता है।

जब अंकुर रात भर पिरामिड में रखे जाते हैं तो वे सुस्वादु और शक्ति-वर्धक हो जाते हैं। अंकुरित आहार हमारे शरीर के लिए बहुत उपयोगी है। उन्हें अन्य खाद्य पदार्थों के साथ मिलाकर भी उपयोग में लिया जा सकता है- १. कच्चा और बिना पका हुआ २. चपाती, पराठे के आटे में मिलाकर ३. सलाद में ४. हरी चटनी में ५. शहद में ६.फलों के साथ ७. सब्जी केसाथ ८. अण्डों के साथ ९. सूखे फलों के साथ १०. उपमा और पोहा में सजावटी रूप में तथा इसी तरह आपकी पसंद और स्वाद के अनुसार कई प्रकार से।

पिरामिड अंकुरित आहार बच्चों से लेकर बूढ़ों तक सभी आयु वर्ग के लिए उपयोगी है। अंकुरित आहार बच्चों के लिए प्राकृतिक पौष्टिक आहार है। अंकुरित आहार की लेई रात भर पिरामिड में रखकर त्वचा में लेप करने से उसमें नवजीवन प्राप्त होता है, चेहरे के धब्बे दूर हो जाते हैं और आपका चेहरा पूर्ण सौन्दर्य युक्त दिखाई देने लगता है। पिरामिड द्वारा अंकुरो की कार्य शक्ति अविश्वसनीय रूप से बहुत बढ़ जाती है।

आप अपने लिए पिरामिड अंकुरित आहार तैयार कर नियमित रूप से उसका सेवन करें तो आज अपने को नवजीवन युक्त अपनी आखों से देख सकते हैं। हाँ, आपको कुछ विटामिन एवं खनिज युक्त दाल और अनाज का सेवन भी आवश्यकतानुसार नित्य करना होगा।

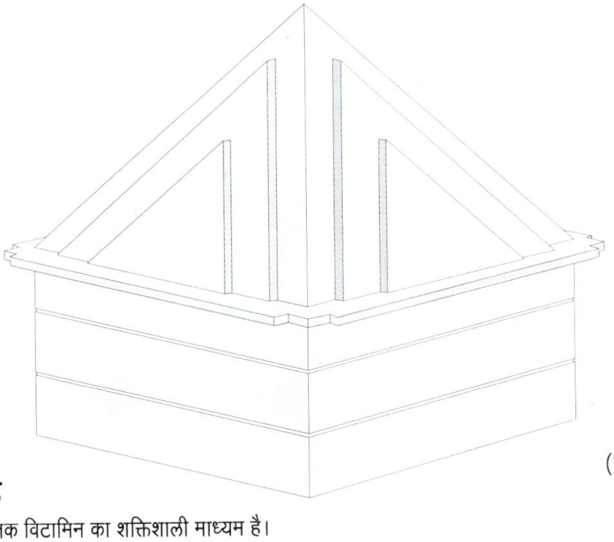

(सौजन्य - पर्सनल केयर सिस्टम)

अकुंरण हेतु पिरामिड

यह अंकुरण हेतु पिरामिड प्राकृतिक विटामिन का शक्तिशाली माध्यम है।

दैनिक संदर्भ तालिका

हमारे सभी नित्य आहार शक्तिशाली तत्वों से भरपूर हैं, पर आवश्यकता इस बात कि है की हमें उनका अधिकाधिक लाभ लेने की जानकारी हो।

गेहूँ

विटामिन्स: B1, B2, B3, B5, B6 और E
खनिज: पोटेशियम, जस्ता, केल्शियम, सोडियम, मेग्निशियम, गंधक और फास्फोरस

वॉटर क्रेस

विटामिन्स: A, B1, B2, B3, C, और D
खनिज: पोटेशियम, केल्शियम, सोडियम, आयोडीन, लोहा और फास्फोरस

मेथी

विटामिन्स: A, B1, B2, B3, B5, और D
खनिज: पोटेशियम, सोडियम, लोहा और फास्फोरस

मूंग

विटामिन्स: A, B1, B2, B3, और C
खनिज: पोटेशियम, लोहा, केल्शियम, सोडियम, और फास्फोरस

मठ बीन

विटामिन्स: B2 और B3,
खनिज: पोटेशियम, केल्शियम, मेग्निशियम, गंधक ताम्र, लोहा और फास्फोरस

काबूली चना

विटामिन्स: A, B1, B2, B3, C, D और E
खनिज: पोटेशियम, मेग्निशियम, जस्ता और फास्फोरस

साथ ही बड़ी मात्रा में आवश्यक एमीनों एसिड होता है।

अल्फाल्फा

विटामिन्स: A, C और D
खनिज: पर्याप्त मात्रा में उपलब्ध

साथ ही इसमें सभी आठों एमीनो एसिड और फाइबर तथा क्लोरोफिल होते हैं।

सोया बीन

विटामिन्स: A, B1, B2, B3 और C
खनिज: केल्शियम, लोहा और फास्फोरस

और अधिक क्या।

इन सबके अतिरिक्त अंकुरित आहार में पर्याप्त मात्राा में प्रोटीन, कार्बोहाइड्रेट, जल, अल्प मात्रा में वसा और कुछ केलोरीज होती है

सदाबहार पुष्प

पुष्प सौन्दर्य, प्रेम और आनंद के संदेश वाहक हैं तथा विशेष अवसरों पर इनकी उपस्थिति को हम हमेशा ताजा रखना चाहते हैं पर ऐसा संभव नहीं हो पाता है।

पिरामिड की सहायता से आप अपनी पसंद के पुष्पों को लम्बे समय तक ताजा रख सकते हैं। पिरामिड के अन्दर पुष्प रखने से उसकी ताजगी, रंग और सुन्दरता लम्बे समय तक बनी रहती है (लगभग ३०प्रतिशत) यद्यपि उनकी नमी धीरे धीरे कम होती जाती है।

लम्बे समयतक
रहनेवाली ताजगी

पिरामिड ऊर्जा के द्वारा आप अपने पुष्पों की औषधि बना सकते हैं।एक कटोरे में शुद्ध जल लें तथा उसमें अपनी पसंद के पुष्प रात भर रखे रहने दें, इस तरह आपकी पुष्प औषधि तैयार हो जाएगी। इस तरह पिरामिड ऊर्जा से पुष्प अधिक समय तक ताजगी युक्त और औषधि युक्त हो जाएँगें।

तम्बाकू, सिगरेट और गुटका

एक सिगरेट या गुटका की पुड़िया को पिरामिड द्वारा २० मिनट में, मदिरा के प्याले को २ घंटे में तथा इनके कार्टून को रात भर के समय में ऊर्जित किया जा सकता है। क्या वह सिगरेट या गुटका को ऊर्जित करता है? उसका क्या प्रभाव है और वह कैसे सहायता करता है?

पिरामिड उनके अंदर की तम्बाकू को ऊर्जित और उपचारित करता है। वह कृत्रिम सुगन्ध को अलग कर देता है और तम्बाकू के अपने स्वाद और प्राकृतिक सुवास को बढ़ा देता है । वह गुटका, तम्बाकू और सिगरेट का विषैलापन कम कर देता है।

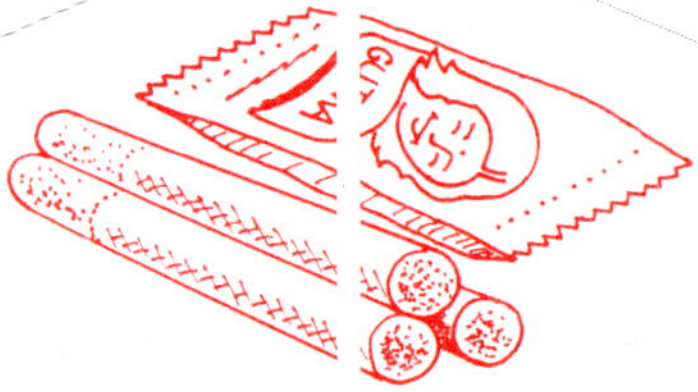

नकारात्मकता
के प्रति संतुलन

पिरामिड द्वारा ऊर्जित सिगरेट का ऋणात्मक प्रभाव नहीं होता है इसलिए सिगरेट प्रेमियों के लिए भी पिरामिड एक नये आयाम के साथ संदेश लेकर आया है।

गहरी निद्रा

क्या आप अनिद्रा रोग से पीड़ित हैं। या अति निद्रा से? देखिए इसमें पिरामिड आपकी किस तरह से सहायता कर सकते हैं।

आपके गद्दे, तकिये के नीचे कुछ पिरामिड रखें या फिर सिर के ऊपर एक पिरामिड लटकाएँ तो आपको अच्छी नींद आएगी। आश्चर्य जनक रूप से आप देखेंगें कि यद्यपि आप कम समय के लिए सोते हैं तो भी अपने आप को अधिक तरोताजा और स्फूर्तिवान अनुभव करेंगे। अतः आप नींद संबंधी समस्या से पिरामिड द्वारा बड़े आराम से राहत पा सकते हैं।

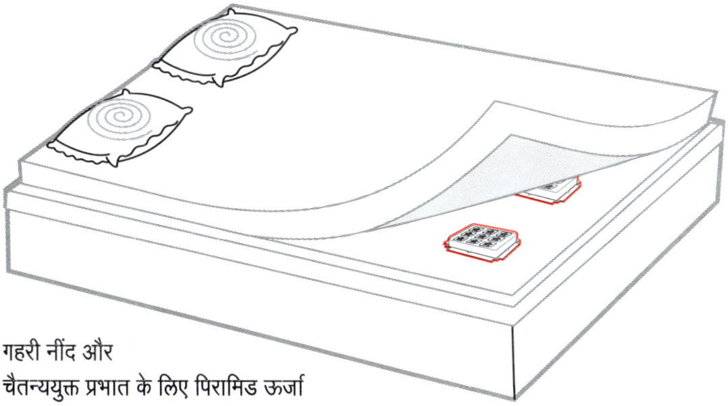

गहरी नींद और
चैतन्ययुक्त प्रभात के लिए पिरामिड ऊर्जा

गद्दे का ऊपरी हिस्सा

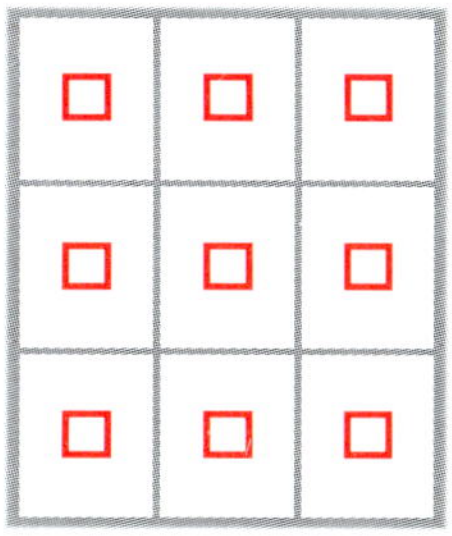

9 पिरामिड यंत्र गद्दे के नीचे

कायाकल्प

दिन और रात के चक्र में हम अपने जीवन को बदलने के दो सुनहरे अवसर पाते हैं। एक ठीक सोने के पहले और दूसरा ठीक उठने के बाद। इनका ठीक से सदुपयोग करें।

युवा, सुन्दर और आकर्षण युक्त व्यक्तित्व कौन नहीं चाहता ? बस आपको पिरामिड ऊर्जा की सहायता से कायाकल्प करना है।

सौन्दर्य शास्त्र और सौन्दर्य प्रसाधनों के क्षेत्रों में तेजी से परिवर्तन हो रहा है। काया को सुन्दर बनाने की कामना अधिकांश व्यक्तियों में होती है। इसके लिए प्रशिक्षण बचपन से ही शुरू हो जाता है और जीवन पर्यन्त चलता रहता है। इन सौन्दर्य प्रसाधनों की खराब होने की अवधि कम होने के कारण इनका भण्डारण महँगा है।

पर पिरामिड की सहायता से इन सौन्दर्य प्रसाधनों की उम्र बढ़ जाती है। इतना ही नहीं बल्कि पिरामिड ऊर्जित सौन्दर्य सामग्री, यथा-क्रीम, तेल, जड़ीबूटी, दूध आदि अच्छे परिणाम भी देते हैं। पिरामिड जल भी आपको तरोताजा, स्फूर्तिवान रखने में सहायक होता है। जब पिरामिड जल चेहरे पर लगाया जाता है तो ऐसा लगता है कि हजारों सुइयाँ धीरे-धीरे चेहरे की मांसपेशियों की मालिश कर रहीं हैं।

आप पिरामिड के अन्दर सौन्दर्य प्रसाधन सामग्री, टूथपेस्ट, जड़ीबूटी, साबुन आदि भी रख सकते हैं और फिर उनका चमत्कारिक प्रभाव अनुभव कर सकते हैं।

जब बालों को रंगना हो तो एक पिरामिड को ऊपर लटका दें या संबंधित रसायन को पहले से पिरामिड द्वारा ऊर्जित कर लें। बालों की वृद्धि के लिए प्रोटीन और पानी आवश्यक है और पिरामिड इसमें बहुत सहायक है।

जीवित कोशिकाओं पर पिरामिड के संभावित प्रभाव आज भी खुले प्रश्न के रूप में हैं और प्रयोगशाला में वैज्ञानिकों और अनुसंधानकर्त्ताओं का और गहन शोध के लिए आहवान कर रहें हैं।

जितेन वाणी

दर्द हमारा शत्रु नहीं वरन सच्चा मित्र है, बीमार होने के पहले वह हमें चेतावनी देता है।

जल्दी सुधार हेतु

चिकित्सा प्रणाली के पूरक के रूप में पिरामिड शक्ति का उपयोग करें।

असाधारण सुधार क्षमता

पिरामिड एक ऐसी शक्ति उत्पन्न करता है जो घाव भरने में, रोग के सुधार में बहुत प्रभावी है। पर यह कुछ व्यक्तियों पर कुछ गूढ़ रहस्यों के कारण हो सकता है, लागू न हों।

मानव रचना प्रणाली (स्थूल शरीर, सूक्ष्म शरीर, कारण शरीर, भाव शरीर, स्पंदन, चित्त, आत्मा) यानी भौतिक शरीर और पराभौतिक आत्मा के योग से निर्मित मानव शरीर के सभी सातों स्तरों पर पिरामिड काम करता है, यथा शारीरिक (स्थूल शरीर), आकाशीय (प्राण), खगोलीय (स्पंदन), अवचेतन मन (उच्च मन), अतिचेतन मन (निम्न मन), आत्मा और परमात्मा।

पिरामिड, छोटी मोटी बीमारियों, दर्द, जलन और तन्तुओं को नवजीवन प्रदान करने का कार्य केवल आधे या एक घन्टे में करता है। वह अन्य बीमारियों, जैसे चर्मरोग, अनिद्रा, हड्डी टूटना, उच्च-निम्न रक्तचाप आदि में उपयोगी है पर समय अधिक लगता है।

पिरामिड की यह रोग सुधारक क्षमता न केवल मनुष्यों के लिए वरन् पशुओं, पौधों और अन्य जीवंत प्राणियों के लिए भी उपयोगी हैं।

पिरामिड ऊर्जा शीघ्र रोग सुधार में सहायक है। दर्द से छुटकारा कुछ ही मिनटों में मिल जाता है। सामान्य समय से कम समय में यानी जल्दी ही प्रभाव अधिक कैसे होता है? यह अभी भी रहस्य बना हुआ है। जब दवा, पानी बिना ऊर्जित किए हुए दिया जाता है तो उसका प्रभाव धीमा होता है। इसलिए वास्तव में पिरामिड काम करता है न कि केवल जगह घेरता है।

दर्द नाशक

भलेही दर्द कम हो, वह मानसिक, शरीरिक भावनात्मक व्यवधान पैदा करता है।

पिरामिड इसमें भी आपकी सहायता कर सकता है। अपनी दर्दनाशक गोलियों, मलहम, तेल आदि को पिरामिड के अंदर रखें फिर प्रभावित क्षेत्र में उनका उपयोग करने से आपको अपेक्षाकृत जल्दी राहत मिलेगी, घाव जल्दी भरेगा। दर्द से निपटने के लिए यह एक और सरल तरीका हो सकता है। दर्द वाले स्थान पर शीशी में भरा हुआ पिरामिड ऊर्जित जल रखें या उस भाग को ३० मिनट के लिए पिरामिड जल में डुबा कर रखें और देखें दर्द कैसे कम हो रहा है।

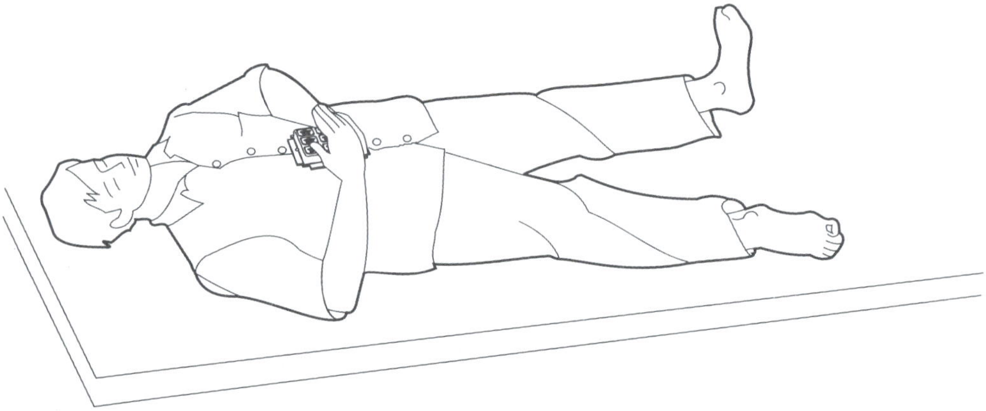

खुला पिरामिड

ध्यान, रैकी, प्राणिक हीलिंग, आदि के लिए। यह गूढ विद्याओं को जानने की दिशा में नए द्वार खोलेगा ।

गहन ध्यान

सभी आयु वर्ग एवं पृष्ठभूमि के लोग ध्यान लगाने से असीम शांति और आराम का अनुभव करते हैं और कई के विश्वास के अनुसार इस अंतः ऊर्जा को सृजनात्मकता की ओर निर्देशित किया जा सकता है।

पिरामिड में बायोफीडबेक परीक्षण के आधार पर उच्च बीटा सक्रियता देखी गई है । जब आँख खुली रहती हैं तो कई थीटा तरंगो के विस्फोट अल्फा पेटर्न के बीच में होते है। यह उत्प्रेरित और गहन ध्यान की स्थिती है जो पिरामिड वातावरण में सरलता से संभव हैं।

पिरामिड के अन्दर निम्न् आठ प्रकारकी प्रतिक्रिया होती है –

1. झुनझुनी जैसा
2. उत्साहित होना
3. वजन हीनता का भाव
4. तनाव से मुक्ति और आराम
5. बाहय ध्वनि, दृश्य आदि से दूर
6. विभिन्न रंग, आकार एवं स्वप्नों का दिखाई देना
7. समय विरूपण
8. अधिक संतोषप्रद गहन ध्यान

बच्चों के ध्यान देने योग्य!

युवाओं की अपेक्षा बच्चे अधिक संवेदनशील होते हैं इस कारण उन पर बहुत अधिक प्रयोग किए गए हैं।

पिरामिड के नीचे बैठकर बच्चों को बड़ा मजा आता है। वे वहाँ शांत और आराम की स्थिति में होते हैं। वे वहाँ कोई बैचेनी या परेशानी का अनुभव नहीं करते। अति गतिशील बच्चों (हाइपर काइनेटिक) को प्रतिदिन ३० से ४५ मिनट तक पिरामिड में रखने से उनमें सृजनात्मकता और स्थिरता देखी गई है तथा पाया गया है कि अब वे अधिक देर तक अध्ययन करने में सक्षम हैं।

चाकलेट, मिठाई आदि

कृत्रिम स्वाद डाले बिना घर में बनी चाकलेट, मिठाई को पिरामिड में रखने पर वे सुस्वादु तथा अधिक मीठी हो जाती हैं। पर कृत्रिम स्वाद देकर बनाई गई वस्तुओं को पिरामिड में रखने पर वे अपना स्वाद खो देती हैं तथा शक्कर के टुकड़े के माफिक लगने लगती हैं। कृत्रिम स्वाद वाली मिठाई पिरामिड ऊर्जा तो प्राप्त करती है पर उनका नुकसान दायक स्वाद गायब हो जाता है।

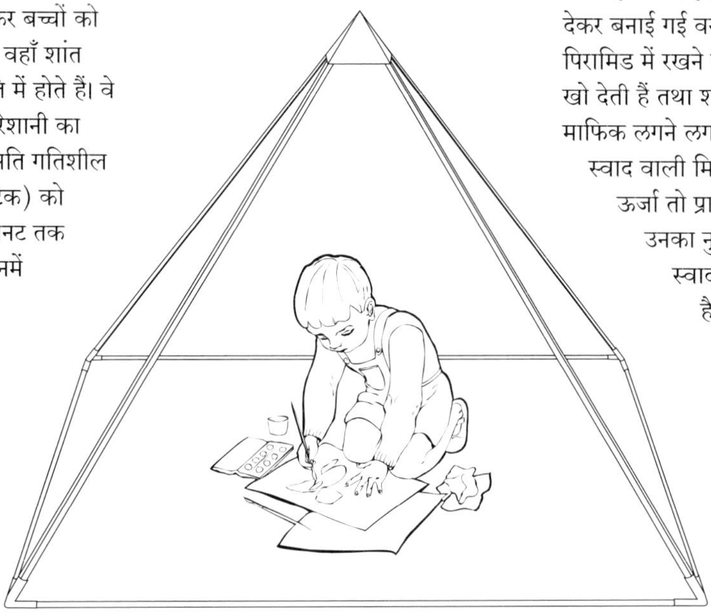

बच्चे खुले पिरामिड के नीचे आनंद लेते हैं और यह उनकी सक्रियता और बुद्धि को बढाता है।

बच्चों के लिए स्मरण शक्ति वर्धन के लिए मैं रैकी के साथ पिरामिड उपयोग करता हूँ मानसिक रूप से अविकसित बच्चों के मस्तिष्क का विकास भी इससे बढ़ता है।

डॉ. वी. सुकुमारन
शिशु स्वास्थ्य विशेषज्ञ
ग्रांडमास्टर, संस्थापक, न्यू लाइफ रैकी

विशेषज्ञ मत

मानसिक रूप से अविकसित बच्चों की चुनौती

मानसिक रूप से अविकसित बच्चों की बढ़ती संख्या आज चुनौती के रूप में है क्योंकि उसका सही निदान नहीं है।

पिरामिड विशेषज्ञों ने पाया है कि इन बच्चों को पिरामिड द्वारा विशेष लाभ होता है।

ऐसे बच्चों को प्रतिदिन प्रातः - सायं ३०-४५ मिनट तक पिरामिड के नीचे रखने से उनके मानसिक विकास में लाभ होता है पर यह और अधिक शोध का विषय है कि किस प्रकार के बच्चों को कितना लाभ होता है।

परीक्षा का तनाव

पिरामिड स्मरण शक्तिवर्धक, बहुत ही सरल और लाभदायक उपकरण है। तनाव में कमी और आत्म विश्वास में दृढ़ता, पिरामिड उपयोग की सहज उपलब्धि है।

किसी भी प्रकार की परीक्षा का समय बच्चों के लिए तनाव पूर्ण होता है। उनको ऐसे समय या पढ़ाई की पूरी अवधि में आप केवल पिरामिड उनकी बैठने की जगह के नीचे रखकर या उनके पढ़ने की टेबिल पर या उनके सिर के ऊपर पिरामिड लटका कर या उन्हें पिरामिड के अन्दर बिठाकर हम उनकी सहायता कर सकते हैं। प्रतिदिन प्रातः सायं ३०-४५ मिनट के इस प्रयोग द्वारा बच्चे अधिक शांत तथा स्थिर चित्त वाले प्रतीत होने लगते हैं।

बच्चों के गले मे पिरामिड लॉकेट पहना देने से उन्हें हमेशा पिरामिड ऊर्जा मिलती रहती है या परीक्षा के समय पहना देने से उन्हें पढाई और परीक्षा देते समय तनाव और भय मुक्त वातावरण मिलता है।

विशेष कठिन प्रश्न के समय पिरामिड में अपनी मनोकामना रख सकते है। कामना पूर्ति यंत्र के संबंध में निर्देश यंत्र अध्याय में दिए गये है। जो कठिन विषय की पुस्तक है उसके ऊपर भी पिरामिड रखा जा सकता है। पिरामिड रखते समय यह कामना करें कि आपका बच्चा परीक्षा मे अच्छी श्रेणी में उत्तीर्ण हो। पिरामिड ऊर्जा आपके और आपके बच्चे के सकारात्मक प्रयासों को दृढ़ता प्रदान करेंगे। पुस्तक पर पिरामिड को तब तक रखा रहने दें जबतक कि उसे पढ़ना नहीं है, पढ़ते समय पुस्तक से हटा लें। अपने बच्चों को सहयोग करिए और देखिए कि वह कितनी ऊंचाई पर पहुँचता है। इसलिए अपने बच्चे को यह उपहार दीजिए जिससे कि वह हमेशा प्रसन्न बना रहे।

स्मरण शक्ति पिरामिड जो इस बच्चे के सिर पर है, ध्यान और स्मरण शक्ति वर्धक है।

विशेष दिनों की मंगलकारी ऊर्जा पाने हेतु प्रयुक्त पिरामिड सांचा

पिरामिड ऊर्जा के साँचे बनाना

आज भी भारत में कई जगह महत्वपूर्ण दिनों में मंगलकारी लाभ पाने हेतु पिरामिड का उपयोग किया जाता है। ये विशेष प्रकार के पिरामिड सांचे हैं जो इस उद्देश्य के लिए बनाए जाते हैं।

पर्व विशेष के दिन मिठाई और अन्य सामग्री इनमें रखी जाती है। और भोजन के समय यह ऊर्जित मिठाई खाई जाती है। इससे उन्हें विशेष पर्व की उत्साहमयी ऊर्जा के साथ पिरामिड ऊर्जा भी मिलती है। आप भी पिरामिड सांचे में बनी मन पसंद स्वाद की प्राकृतिक चाकलेट और पिरामिड ऊर्जा के सुस्वाद दोनों का आनंद उठाएँ।

शिशु संभाल

आप अपने शिशु को ठीक प्रकार तथा कुशलता से कैसे समझ सकते हैं ? इसमें भी पिरामिड आपकी मदद करेगा। शिशु की अभिव्यक्ति के तरीके को समझना अथवा उसके इशारों की व्याख्या करना हमारे लिए हमेशा भ्रमकारी एवं कठिन होता है।

यदि आपका शिशु बिना किसी स्पष्ट व दृष्ट कारण के जोर-जोर से रो रहा हो तो उसके झूले या बिस्तर के ऊपर एक पिरामिड लटका दें और तब आप उसे हँसता व खेलता हुआ पाएँगे। यदि आपका शिशु बोतल का दूध पीता हो तो उसे पिरामिड से ऊर्जित दूध, जूस और पानी पिलाइए इनसे शिशुको अधिक लाभ होगा।

दवाइयों से दूर या औषधि से छुटकारा

क्या आप नित्य कोई न कोई औषधि लेते हैं। क्या आप उनके कुप्रभावों से भयभीत हैं? इससे मुक्ति का कोई रास्ता चाहते है? आपके इन सभी प्रश्नों का उत्तर पिरामिड हो सकता है।

औषधि को प्रयोग करने से पूर्व रातभर के लिए पिरामिड के अन्दर रखें और यदि संभव हो तो बाद में भी पिरामिड के अन्दर रख दें। आपकी औषधि किसी भी प्रकार की हो सकती है यथा- जड़ीबूटी, घरेलू नुस्खा, आयुर्वेदिक, होमियोपेथिक, एलोपेथिक, पुष्पीय तेल आदि आदि। पर रातभर पिरामिड के नीचे औषधि रखने की प्रक्रिया औषधि को ऊर्जित कर उसे प्रभावी बनाएगी तथा यदि कोई दूषित प्रभाव की संभावना है तो उसे कम करेगी।

आपके शरीर पर यह औषधि रोग उन्मूलन का कार्य करेगी तथा अपने दुष्प्रभावको कम करेगी इसलिए अब आप अपनी औषधि को स्वयं ऊर्जित कर सकते हैं। और भूल जाइए उसके हानिकारक प्रभाव को। क्या यह बिना किसी प्रयास के आपकी दिनचर्या को सरल नहीं बना रही है? तो बस पिरामिड ऊर्जा पर विश्वास कर उसका लाभ लेना प्रारंभ कर दीजिए।

पिरामिड शोधित दवाइयाँ

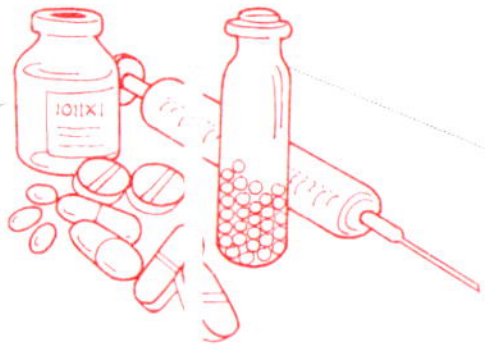

रत्न, स्फटिक और पिरामिड

यह विश्वास किया जाता है कि रत्न, विशेष पत्थर, खनिज आदि तन और मन को स्वस्थ रखते हुए रोग और दुर्भाग्य को दूर भगाते हैं। साथ ही वे सभी स्थिति में विद्युत चुम्बकीय प्रभाव को बनाये रखने में विशेष भूमिका निभाते हैं।

विभिन्न शोधों के ये निष्कर्ष रहे हैं कि पिरामिड ऊर्जित रत्न पत्थरआदि आवश्यक ताप, अनुकूल प्रभाव और तरंगे देते हैं। साथ ही यह बात भी सामने आई है कि पिरामिड ऊर्जित स्फटिक की प्रभावोत्पादकता विशेष रूप से बढ़ जाती है।

पिरामिड जल

जल जीवन की परम आवश्यकता है,पृथ्वी का अमृत है जब इसे पिरामिड द्वारा ऊर्जित कर उपयोग में लाते हैं तो वह प्राकृतिक टानिक बन जाता है।

आधुनिक जलवायु में मनुष्य बिना भोजन के ५ सप्ताह तक रह सकता है पर बिना जल के केवल ५ दिन। वास्तव में मनुष्य और कुछ नहीं केवल जल शिशु है।

पिरामिड ऊर्जित जल शरीर के लिए टानिक समान है साथ ही कई और लाभ भी होते हैं। पिरामिड ऊर्जित जल से घाव साफ करने से तुरंत राहत मिलती है। इसका तुरंत फायदा कीड़े आदि काटने के बाद उपचार में भी होता है। फुंसियां आदि भी जल्दी ठीक होती हैं।

पिरामिड जल से जब ५-६ सप्ताह तक चेहरा धोया जाता है तो त्वचा चिकनी और नवजीवन युक्त हो जाती है। जब यह जल भोजन को पकाने के उपयोग में लाया जाता है तो भोजन सुस्वादु और सुपाच्य हो जाता है। भोजन कम समय में पककर तैयार हो जाता है।

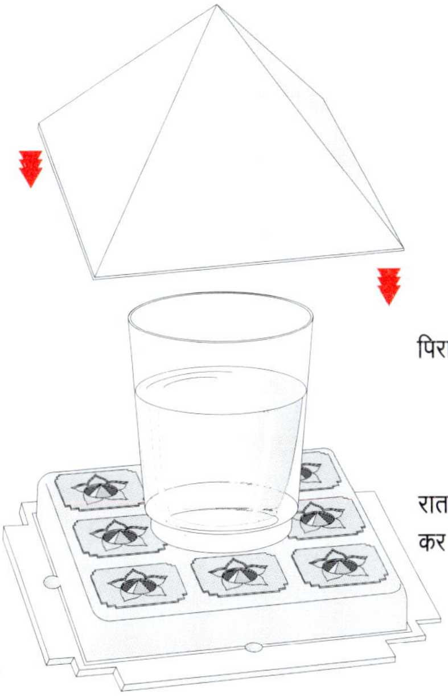

पिरामिड ग्लास के ऊपर रखिए

रात भर जल को पिरामिड द्वारा ऊर्जित कर पिरामिड जल बनाया जासकता है।

एक बार प्रयोग के तौर पर सड़े मांस का एक टुकड़ा लेकर उसके दो भाग किए गए। एक भाग को सादे पानी में और दूसरे को पिरामिड जल में रखा गया।एक सप्ताह बाद सादे पानी में रखा गया टुकड़ा बुरी तरह सड़ गया और अत्यतं दुर्गन्ध युक्त हो गया था जबकि पिरामिड जल में रखे गये टुकड़े में कोई दुर्गंध नहीं थी और पानी भी साफ था।

यह भी देखा गया है कि नित्य एक गिलास पिरामिड जल पीने से पाचन तंत्र ठीक रहता है।खराब पेट जल्दी ठीक हो जाता है और अच्छे स्वास्थ्य के प्रति क्रिया शीघ्रता से होने लगती हैं। यह भी देखा गया है कि पिरामिड के अन्दर रखे गए जल में आक्सीजन वायु बनी रहती है।

वास्तव में मनुष्य और कुछ नहीं केवल जल शिशु है।

नवजात शिशु मे	77 %	जल रहता है।
बच्चों में	59 %	जल रहता है।
वयस्को में	45–65%	जल रहता है।
रक्त में	83 %	जल रहता है।
किडनी में	82 %	जल रहता है।
मांस पेशियों में	75 %	जल रहता है।
मस्तिष्क में	74 %	जल रहता है।
लीवर में	69 %	जल रहता है।
हड्डियों में	22 %	जल रहता है।

पवित्र जल

संसार में ऐसे कई स्थान हैं जहाँ का जल पवित्र माना जाता है। वे स्थान जहां यह पवित्र जल पाया जाता है। वह विशेष रूप से ऊर्जित रहता है। क्या आपने कभी उस कुण्ड की आकृति का विचार किया है जिसमें वह जल रहता है?

उनमें उल्टा पिरामिड उसी माप व आकृति का बना रहता है। इसलिए जब भी ऐसी जगह जाएँ तो उसे अवश्य ध्यान से देखें। पिरामिड जल आपके स्वास्थ्य के लिये, पशुओं और मछली घर के लिए बहुत उपयोगी है।

अतः आप अपने लिए और अपने परिवार के लिए पिरामिड जल का प्रयोग करें। यद्यपि बहुत बड़ा आश्वासन तो नहीं दिया जा सकता पर यह निश्चित है कि आप बहुत अच्छे परिणाम पाएँगे।

पिरामिड मुर्गीपालन

प्रसन्न, स्वस्थ और शांत मुर्गियाँ लंबे समय तक अच्छे किस्म के अण्डे देती हैं। जिससे कृषक की आर्थिक स्थिति सुधरती है और समाज के स्वास्थ्य में सुधार होता है।

पिरामिड ऊर्जित शुद्ध जल के प्रयोग से कृषक जगत को आश्चर्यजनक रूप से लाभ होगा।

बीज और पौधे

दो पात्रों में एक ही मात्रा व गुणवत्ता के बीज बो दें। एक को पिरामिड के अंदर रखें और दूसरे को पिरामिड के बाहर। दोनों को समान मात्रा में सूर्य प्रकाश, हवा, पानी और खाद दिया जाए। आश्चर्य जनक रूप से पिरामिड के नीचे का पौधा तेजी से बढ़ने के साथ ही स्वस्थ भी रहता है जबकि तुलनात्मक रूप से दूसरा पौधा उससे कम बढ़ता है लगभग आधा ही रहता है।

पुष्पों और सब्जियों के उन्नत किस्म के बीज अब बहुत मँहगे हो गये हैं और उनका खराब हो जाना मँहगा सौदा है। इसलिए पुष्पों और सब्जियों की घर या खेत पर अधिक पैदावार लेने के लिए लगभग एक सप्ताह तक उन्हें पिरामिड ऊर्जा अर्जन हेतु पिरामिड के नीचे रहने दें तत्पश्यात बो दें। तथा पौधों की अच्छी बढ़त के लिए पिरामिड ऊर्जा युक्त पानी का उपयोग सिंचाई के लिए करें।

अनाज के लंबे समय तक भण्डारण के लिए पहले उसे एक सप्ताह तक या अनाज की मात्रा के अनुसार और अधिक समय तक पिरामिड में रखें तत्पश्चात भण्डारित करके रखें। पिरामिड अनाज की नमी को दूर कर उसे सशक्त बनाता है।

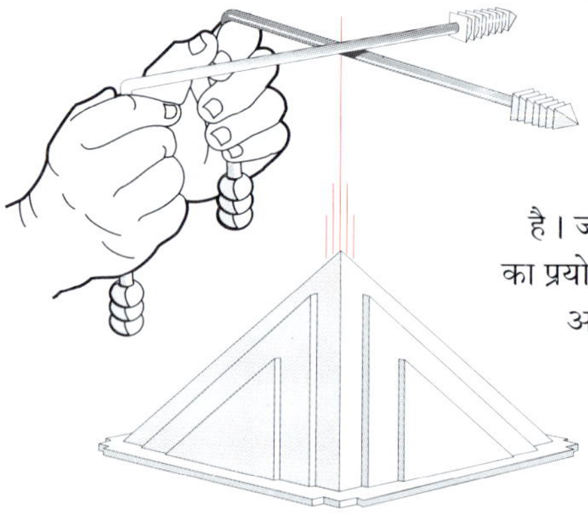

पिरामिड ऊर्जाके परीक्षणके लिए पायरा छड़ें

पिरामिड ऊर्जा परीक्षण

क्या आप पिरामिड की ऊर्जा को जानना चाहतें हैं। पिरामिड ऊर्जा जानने के लिये कुछ ही विधियॉ हैं उनमें से एक किरलियन फोटोग्राफी और दूसरा बायोसेंसर तकनीक परन्तु इन दोनो के यंत्र मंहगे और परीक्षण प्रक्रिया लंबी है। आपके शरीर में भी पिरामिड ऊर्जा जानने की व्यवस्था है।

ऊर्जा स्तर और पिरामिड

सभी पदार्थोंके चारों ओर स्थित ऊर्जा को आभामंडल कहते हैं। यदि हम इस आभामंडल को किरलियन फोटोग्राफी से जांच करें या देखें तो पायेंगे कि यह शरीर से निकलते हुये रंगमय प्रकाश किरणों का पुंज दिखाई देता है। यदि आप इस आभा मंडल का अपने हाथों से या अन्य उपकरण जैसे दोलक यंत्र या शकुनक दण्ड से अनुभव करना चाहें तो आप उसका अनुभव कर सकते हैं। यह ऊर्जा क्षेत्र हमारे चारों तरफ एक चक्र सा बना लेता है। हम शारीरिक, मानसिक, भावनात्मक और आध्यात्मिक रूप से कितने स्वस्थ हैं यह इस आभामंडल के चक्र की माप पर निर्भर करता है। जब कोई पिरामिड जल का प्रयोग करता है तो यह आभामंडल घना और बड़ा हो जाता है। बढ़ा हुआ आभामंडल अच्छी ऊर्जा और अच्छा स्वास्थ्य देता है। किरलियन फोटोग्राफी से एक बार बिना पिरामिड के और फिर पिरामिड के साथ अपना फोटोग्राफ लें आभामंडल का अंतर आपको स्पष्ट दिखाई देगा।

आप पिरामिड ऊर्जा का मापन दोलक या शकुनक दंड की सहायता से भी कर सकते हैं। यदि आपके हाथ ऊर्जा क्षेत्र की ऊर्जा का अनुभव करने में पर्याप्त संवेदनशील हैं तो अपने हाथों से भी ऊर्जा परीक्षण करें।

कोई भी व्यक्ति, किसी भी समय और कहीं भी उपर्युक्त विधि से ऊर्जा मापन कर सकता है। यदि यह भी संभव नहीं है तो आप स्वयं अनुभव करके देख सकते हैं पहले पिरामिड के अंदर बैठकर तथा बाद में बाहर बैठकर। आप पाएँगे कि पिरामिड के अंदर आप अच्छा महसूस कर रहे थे।

डाउजिंग क्या है ?

आपने आसपास के संसार की व्याख्या अपने ही शरीर की प्रतिवर्त क्रिया द्वारा जानना ही डाउजिंग है।

टाम ग्रेव्ज
(द डाउजर्स वर्क बुक)

डाउजिंग के लिये क्या आवश्यक है?

डाउजिंग में एक सरल सा दोलक या कोई भी नुकीली वस्तु चाहिये जिसे एक धागे पर लटकाया जा सकता है। डाउजिंग में कोई भी महंगा और जटिल उपकरण आवश्यक नहीं है। इन की अपेक्षा कहीं आवश्यक है आपका चेतना युक्त और संवेदनशील होना।

डाउजिंग आपकी किस तरह से सहायता करेगी ?

डाउजिंग हजारों वर्ष पूर्व से ही विश्व व्यापी सुस्थापित विधि है।

किसी न किसी रूप में डाउजिंग आप को अपने अनुकूल स्थितियों और परिस्थितियों को जानने में सहायता करती है।

१. खाद्य पदार्थ
२. औषधियां
३. फल- फूल और सब्जियां
४. पौधे और सब्जियां
५. पवित्र पत्थर, रत्न, स्फटिक
६. लाटरी अंक
७. व्यापार और जीवन शैली
८. जानवर
९. शहर और घर

निम्न के खोजने में भी डाउजिंग आपकी सहायता करेगा
१. गुमी हुई वस्तु
२. जल/ खनिज/ तेल आदि अनेक वस्तुएँ जो आप पाना और खोजना चाहते हैं।

डाउजिंग शुरूआत में एक आनन्द का काम भी हो सकता है पर इसके लिये सीखने की इच्छा शक्ति और अभ्यास चाहिए ।

आप अपने घर पर बनाए हुए, बाजार से लिए हुए दोलक शकुनक दंड, R-छड,.L-छड़ ओरामीटर से डाउजिंग के कुछ सरल प्रयोग कर सकते है। पिरामिड ऊर्जा की आप स्वयं जांच कर सकते हैं।
पिरामिड शीर्ष से लगभग १ फुट ऊंचाई पर दोलक को पकड़ें । दोलक को धीरे धीरे स्थिर हो जाने दें ताकि वह स्वतंत्रता से घूम सके।

आप देखेंगे कि वह पिरामिड के ऊपर ६-७ इंच या अधिक व्यास से चक्राकार घूमने लगता है। यह दूरी आपकी संवेदन शीलता पर निर्भर है। यदि आप दो शकुनक दंड से करेंगें तो वे तो पिरामिड शीर्ष से ३-४ इंच ऊंचाई पर एक दूसरे को काटेगी। डाउजिंग से चक्राकार, सर्पिल घुमाव जो पिरामिड के ऊपर होता है। वह ऊर्जा प्रवाह को प्रदर्शित करता है। डाउजिंग सहयोगी कला है और कोई भी इसे सीख सकता है।

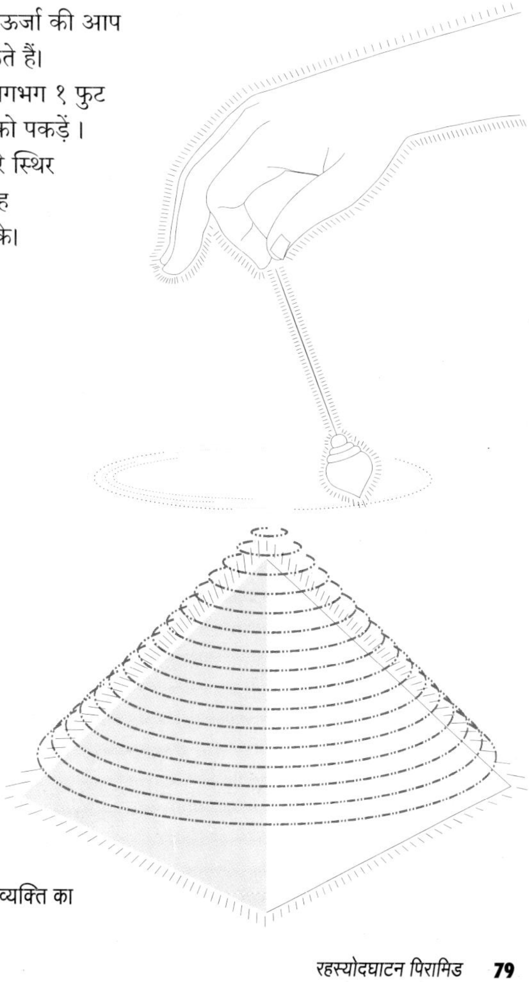

पिरामिड, दोलक और व्यक्ति का आभामंडलीय क्षेत्र

पिरामिड निदान विधि

बीमारी या शल्य क्रिया के बाद शरीर को पुनः ठीक सामान्य स्थिति में आने में समय लगता है । मगर जल्दी या कम समय में अधिक प्राकृतिक व सुखद रूप में शरीर को पुनः सामान्य स्थिति में लाने के लिए पिरामिड आपकी मदद कर सकता है । क्योंकि पिरामिड द्वारा सृजित ऊर्जा से जीवन शक्ति में वृद्धि होती है, आलस्य दूर होकर स्फूर्ति मिलती है। इसलिए चिकित्सालयों में इसका प्रयोग किया जा सकता है। बच्चों के साथ भी इस के प्रयोग के विस्मयकारी परिणाम मिलते हैं।

पेट्रोल की बचत करें

पेट्रोल जिसकी हमेशा ही मूल्य वृद्धि होती रहती है, को पिरामिड ऊर्जित किया जा सकता है। पर क्यों? जब आप पिरामिड ऊर्जित पेट्रोल का प्रयोग करेंगे तो उससे अधिक दूरी और कम खपत का लाभ कारी समीकरण बनेगा। प्रयोगात्मक रूप में एक पिरामिड पेट्रोल टंकी के ऊपर लगाएँ कुछ ही दिनों में अविश्वनीय परिणाम मिलेंगे ।

आपके कार या स्कूटर की बेहतर कार्यक्षमता, कम मरम्मत एवं दुर्घटनाओं में कमी करने के लिए उनके इंजन के पास या डेशबोर्ड या सीट के नीचे भी आप पिरामिड रख सकते हैं।

कंप्यूटर और पिरामिड

कम्प्यूटर में आजकल वाइरस या अन्य किसी कारण से व्यवधान सामान्य सी बात हो गई है। इससे राहत मिले यह सभी का प्रयास रहता है शोधकार्योसे यह स्पष्ट हो गया है कि पिरामिड उपयोग से कम्प्यूटर की कार्यक्षमता बहुत अधिक बढ़ जाती है ।

इलेक्ट्रानिक उपकरणों की कार्यक्षमता पिरामिड के उपयोग से बढ़ी हुई पाई गई है । आइए एक प्रयोग करें ! आप अपने रिमोट को टी.वी. या वी.सी.आर. से इतनी दूरी तक ले जाएँ कि जो उसकी कार्य शक्ति के बाहर हों, तब ५मिनट तक रिमोट के ऊपर पिरामिड रखें फिर आप देखेंगे कि उस दूरी से भी रिमोट कार्य करने लगा है। पिरामिड शक्ति के परीक्षण का यह एक शीघ्र प्रयोग है ।

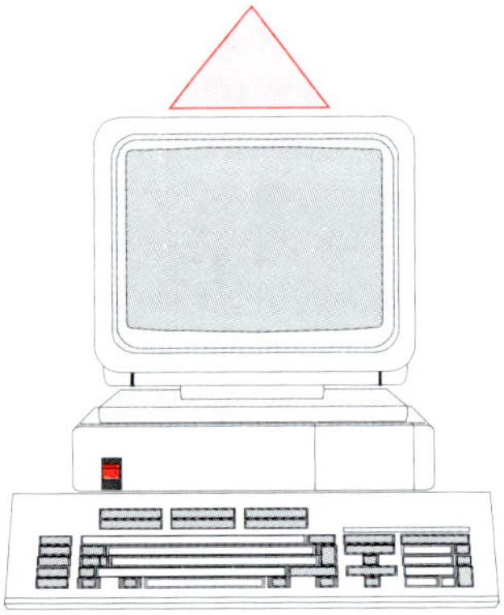

पिरामिड रक्षक

अच्छे स्वास्थ्य की ओर

गतिमान परमाणुओं के विषय में और अधिक जानने के लिए बहुत प्रयोग किए गए हैं। मनुष्य के लिए ऋणात्मक अणु कई तरह से लाभकारी पाए गए हैं। विश्व प्रसिद्ध संस्था नासा (N.A.S.A.) द्वारा किए गये प्रयोग धनात्मक और ऋणात्मक गतिमान परमाणुओं के प्रभाव को हमारे शरीर पर निम्नानुसार दर्शाते है -

	(ऋणात्मक से)	(धनात्मक से)
जलने पर		
सुधार गति	बढ़ी	-
एलर्जी	आराम	-
दर्द	आराम	-
विटामिन युक्त तत्व	बढ़े	-
प्रतिक्रिया समय	कम हुआ	बढ़ा
संतुलन	अच्छा	-
कार्यक्षमता	वृद्धि	-
कुशलता	बढ़ी	कम हुई
मनःस्थिति	प्रसन्नता	अवसाद

डा. एडवर्ड पोडोलसकी की रिपोर्ट यह दर्शाती है कि धनात्मक आयन लोगों में चिड़चिड़ापन बढ़ाने के साथ ही अस्थमा, वात, गठिया आदि रोग भी बढ़ाते है तथा ऋणात्मक गतिमान परमाणु(आयन) बैचेनी और विकार को कम करने में सहायता करते हैं।

पिरामिड ऋणात्मक गतिमान परामाणु को बढ़ाते हैं और धनात्मक गति को कम करते है जिससे वायु अधिक ताजी और स्फूर्तिदायक लगती है। जिससे व्यक्ति अपने को ऊर्जावान एवं प्रसन्न अनुभव करता है। अतः पिरामिड शक्ति के नव अनुसंधान का लाभ लें।

धन गुणक

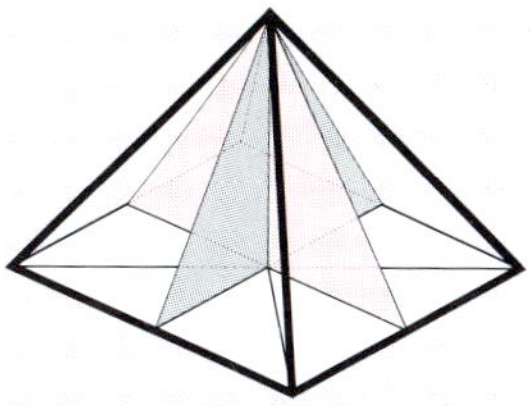

यहाँ हम सीखेगें कि धनी और समृद्ध होने के लिए हम अपनी क्षमताओं को कैसे बढाएँ? यह हम एक रू.के करेन्सी नोट और पिरामिड यंत्र की सहायता से करेंगे। हम अपने सभी नकारात्मक विचारों को त्यागकर सकारात्मक सोच की शक्ति बढाएँगे।

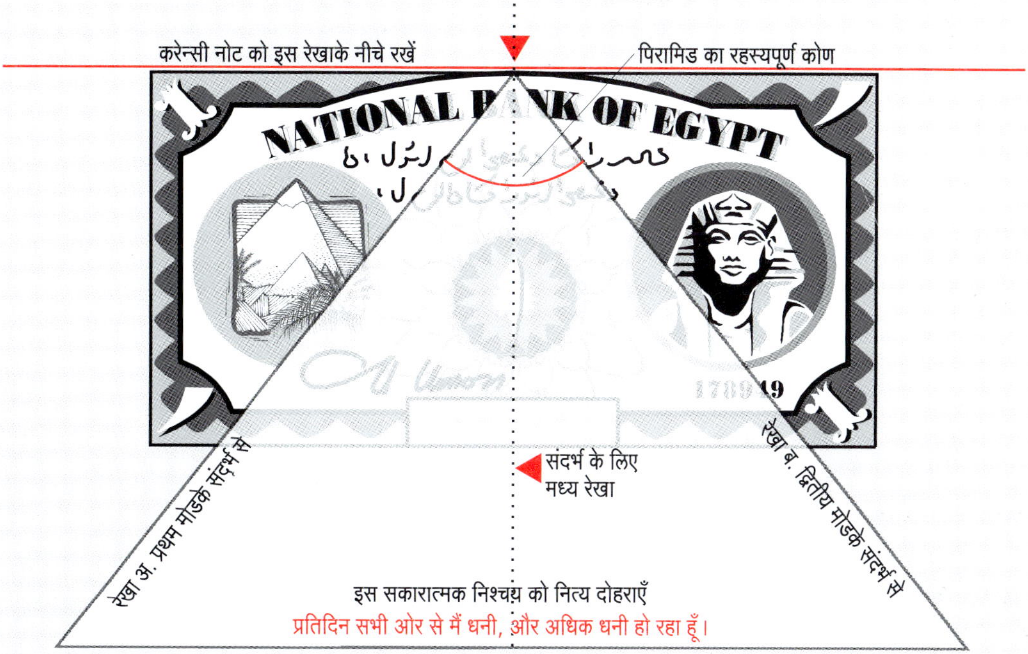

पहला कदम - करेन्सी नोट का सबसे कम मूल्य का नोट लें। भारत के लिए एक रूपया नोट, अमेरिका के लिए एक डालर, ब्रिटेन के लिए एक पौंड या अन्य कोई जो आपके देश में प्रचलित हो। नोट के ठीक मध्य से उसे मोड़ें। इस की सहायता से आप नोट को चित्र में बताए अनुसार पिरामिड क्षेत्र में रखें। अब नोट को खोल लें और ऊपर दिए हुए चित्र के ऊपर रखें। सुनिश्चित कर लें कि नोट की मध्य रेखा और चित्र में दी हुई मध्य रेखा एक के ऊपर एक हैं।

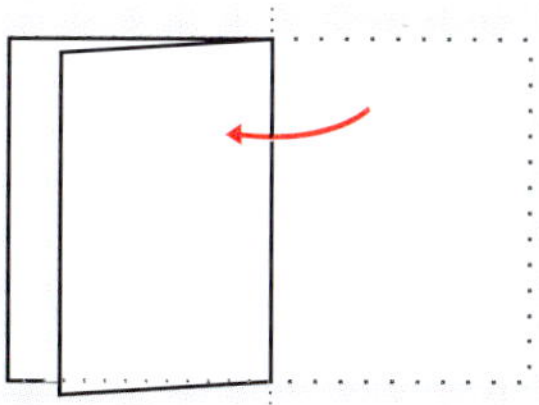

स्टेप 1

दूसरा कदम - अब चित्र में दर्शाए अनुसार संदर्भ रेखा अ और ब पर सावधानी पूर्वक एक के बाद दूसरा यानी दो मोड़ बनाएँ।

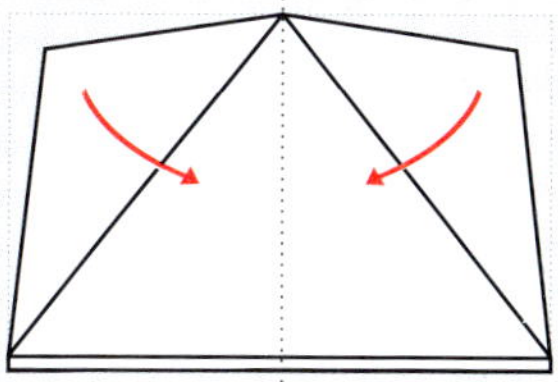

स्टेप 2

तीसरा कदम - अब अंतिम स्वरूप दें। नोट को सही आकार देने के लिए नीचे की ओर के सभी कोणों को मोड दें। इन कोणों को गोंद से चिपका दें ताकि पिरामिड का सही आकार बना रहे ।

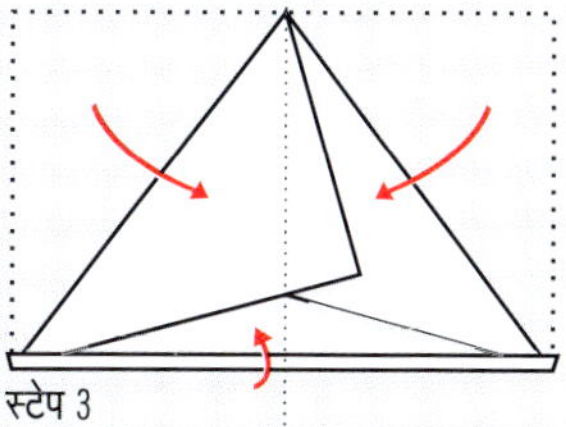

स्टेप 3

अब आपका धन गुणक अभ्यास के लिए तैयार है। अब उसे 'प्राण' से ऊर्जित करना आवश्यक है। प्रतिदिन प्रातः इस विशेष आकार युक्त नोट को आप आपने बायें हाथ में रखें, और दाहिना हाथ उसके ऊपर रखें। चित्र में दिए अनुसार निश्चय को एकाग्र मन से १५ बार बोलें। इसे नियमित रूप से ३० दिन तक करें। आप देखेंगे कि आपके आस पास सकारात्मक परिवर्तन के साथ काम में सफलता और समृद्धि प्राप्त हो रही है।

"जब आप अपने हृदय को एक बिन्दु पर केन्द्रित करते हैं तो आपके लिए कुछ भी असंभव नहीं है।"

भगवान बुद्ध

आइए! एक प्रयोग करें जो पूर्णतः नया और आश्चर्य जनक है। जिससे आप अधिक फलीभूत जीवन शैली का अनुभव करेगें। कामना पूर्ति यंत्र आपके लक्ष्य को साकार करता है। यह आपकी अन्य लोगों के साथ समरसता बढ़ाता है तथा पूरे वातावरण में समरसता बढ़ाकर यह आपके जीवन को सुखद और जीवन्त बना देता है।

कामना पूर्ति मशीन क्या है?

पहले से ही पिरामिड को गूढ़ रहस्यात्मक ऊर्जा का स्रोत माना जाता रहा है। अपने स्वप्नों एवं आकांक्षाओं की पूर्ति के लिए इसे अपनाया गया है। पिरामिड प्राच्य विद्या के गूढ़ रहस्यमयता का प्रतीक रहा है। कामना पूर्ति के रूप में पिरामिड का वैश्विक स्वरूप मंदिरों एवं चर्चों के रूप में सर्वज्ञात है। आपके सपनों और आकांक्षाओं को साकार करने के अनेक तरीकें हैं, पर पिरामिड यंत्र इसका सर्वाधिक सुरक्षित, सरल, प्रभावी एवं व्यक्तिगत स्वरूप है।

पिरामिड विश मशीन

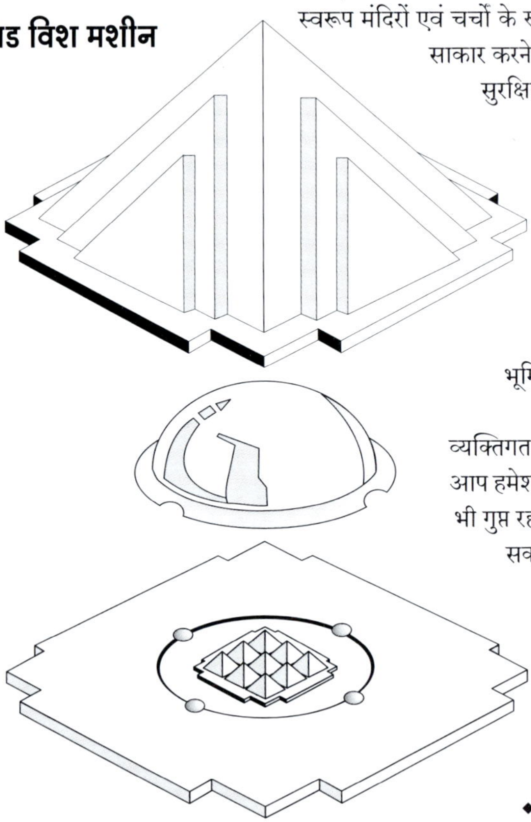

हमेशा कोई न कोई आकांक्षा ऐसी होती है जिसे हम आशा पूर्वक धारण किए रहते हैं। जीवन में आपकी दो भूमिकाऐं होती हैं, एक भूमिका सामाजिक जिससे आपको अपने परिवार, मित्रों और समाज की ओर ध्यान देना होता है और दूसरी व्यक्तिगत जीवन की भूमिका जो मुख्यतः स्वकेन्द्रित होती है।

व्यक्तिगत जीवन में आपकी अनेक आकांक्षाएँ हो सकती हैं, जिन्हें आप हमेशा पूरा करना चाहते हैं पर वे आपके परिवार और मित्रों से भी गुप्त रहती हैं, कामना पूर्ति यंत्र इसमें आपके लिए उपयोगी हो सकता है। निजी यंत्र के रूप में यह आपकी कामना सिद्धि का माध्यम बन सकता है।

वह कैसे उपयोग किया जाता है?

कामना पूर्ति यंत्र के उपयोग की अनेक विधियां हैं - बहुत ही सरल विधि इस प्रकार हैं-

- एक सादे सफेद वर्गाकार लगभल ७० x ७० मि.मि. कागज के टुकड़े पर लाल स्याही से अपनी आकांक्षा स्पष्ट, संक्षिप्त और सकारात्मक रूप में लिखें।
- इसको दोहरा मोड़कर उसे गुम्बजाकार आकृति के नीचे रखकर उसक ऊपर पिरामिड रखें।
- शांत स्थान में शांति पूर्वक बैठें। कामना पूर्ति यंत्र को बायें हाथ में रखें तथा दाहिना हाथ उसके ऊपर रखें।
- अब २ मिनट तक अपनी आकांक्षा को मन में दोहराएँ फिर यंत्र को सुरक्षित स्थान पर रख दें।
- इस प्रकिया को प्रतिदिन दो बार कामना पूर्ति तक दोहराते रहें।

आपके स्वप्नों और कामनाओं को साकार करने के लिए पिरामिड कामना पूर्ति यंत्र एक नया आविष्कार है।

बस केवल अपनी कामना को कागज के टुकड़े में लिखकर पिरामिड के नीचे ठीक से रख दें और फिर देखें कि स्वप्न कैसे साकार होते है।

क्या मैं अपनी आकांक्षा को शक्तिशाली बना सकता हूँ?

हाँ, क्यों नहीं! उसके ऐसा करने के कुछ उपाय हैं-

◆प्रत्येक दिशा के अपने गुण और लाभ होते हैं। यदि आप कामना पूर्ति यंत्र को हाथ में लेकर किसी दिशा विशेष की ओर मुंह करके बैठते हैं तो उसके लाभ आपको मिलेंगें।

पूर्व दिशा - प्रेम, शांति, समन्वय, आध्यात्मिकता, प्रसन्नता, प्रतिष्ठा और प्रसिद्धि के लिए।

पश्चिम दिशा - स्वास्थ्य, शारिरिक दृढ़ता और परस्पर संबंधों के लिए।

उत्तर दिशा - धन, संपत्ति, भूमि, भवन, खजाना, आभूषण, उन्नति, व्यापार और विलासिता के लिए।

दक्षिण दिशा - शत्रुओं से रक्षा, दुष्प्रभावों से सुरक्षा के लिए।

आपको अपनी आकांक्षा का विश्लेषण कर उपयुक्त दिशा का चयन करना होगा। फिर यंत्र को हाथ में लेकर उस दिशा की ओर मुंह कर बैठे जाएँ तथा अपनी आकांक्षा का मनोयोग पूर्वक चिन्तन करे तथा सोचें कि उक्त अव्यक्त शक्तियाँ आपकी सहायता कर रही हैं।

◆आप अपनी आकांक्षा इस तरह से भी लिख सकते हैं जैसे वह पूर्ण हो गई है और आप उससे प्रसन्न हैं।

◆लिखित कामना के साथ ही उससे अपने मनोयोग का तादात्मय स्थापित करें।

◆अपना छायाचित्र, बाल का टुकड़ा, रक्त बूंद, या अन्य कोई अपनी व्यक्तिगत वस्तु भी लिखित कामना के साथ रख सकते हैं।

◆यदि आप उसे अधिक प्रभावशाली बनाना चाहते हैं तो उसे मंदिर,चर्च या अपने विचार शक्ति से ऊर्जित करें।

◆संत और गुरूओं का आशीर्वाद भी आपकी और सहायता करेगा।

◆और सबसे अधिक शक्तिशाली तरीका यह है कि अपने आप को प्रकाश पुंज मानकर, पिरामिड के अंदर अपनी आकांक्षा के पास पहुँचकर अपने को स्वयं उसके स्थान पर देखें। फिर उस कामना को बाहर जगत में अपने साथ वापिस लाएँ। यह प्रतिदिन दो बार पूर्ण विश्वास से एकाग्रचित्त होकर करें- परिणाम बहुत अच्छे होंगे।

◆यदि आपकी कामना परिवार या समूह के लिए है तो साथ बैठें और एक साथ ऊर्जित करें। विचार शक्ति शीघ्र ही कामना सिद्धि पूर्ण करेगी।

क्या यह सच में कार्य करती है ?
या केवल अंधविश्वास है ?

निश्चित सीमाओं के अंदर यह यंत्र काम करता है और हजारों लोगों ने इस तकनीक का उपयोग सकारात्मक परिणाम पाने के लिए किया है।

अन्य तकनीकों और इस में क्या अंतर है ?

अन्य विधियों में आप केवल अपने सकारात्मक विचारों की शक्ति का उपयोग करते हैं जबकि यहाँ असीम पिरामिड शक्ति आपके हाथ में होती है। उसकी आकृति और ब्रह्माण्डीय रेखा गणित आपके लक्ष्य प्राप्ति में सहायता करते हैं और आपकी विचार धारा को उपयुक्त दिशा में शक्ति प्रदान करती हैं। इसका एक लाभ यह भी है कि इस यंत्र को एक बार स्थापित करने के बाद यह स्वयं कार्य करता है और आपके सकारात्मक विचारों से पोषित करने के लिए अपेक्षाकृत कम समय की आवश्यकता होती है।

यदि आप सोचते हैं कि केवल पिरामिड अकेला ही सभी स्थिति, परिस्थिति में स्वयं ही परिवर्तन ला सकता है तो यह आपका अंध विश्वास है और जब कुछ ठोस विचारों के साथ उपयोग किया जाता है तो यह अंधविश्वास नहीं है। यदि आप उसमें विश्वास और आस्था रखते हैं तो वह निश्चित रूप से आपके अनुभव को बलवती एवं फलवती बनाएगा।

तभी केवल गूढ़ पिरामिड ऊर्जा आपके पक्ष में आपको सफलता प्राप्ति में सहायक होगी।

वह कैसे काम करती है?

कामना पूर्ति यंत्र की क्रिया विधि का विश्लेषण विज्ञान द्वारा अभी तक नहीं किया जा सका है परन्तु एक परिकल्पना द्वारा उसे इस प्रकार स्पष्ट किया जा सकता है-

आज, हम दूर बोध (टेलिपैथी) के संबंध में अच्छी तरह जानते हैं। इसी तरह हमारे और पदार्थो जिससे हमारा संबंध होता है, के बीच में विशिष्ट सूक्ष्म संबंध होता है जब हम कुछ सोचते हैं तो वह ब्रह्माण्डीय दूर संवेदन तरंगो द्वारा, इस प्रकार जाता है कि दूसरा व्यक्ति उसे अपने अवचेतन स्तर पर ग्रहण कर लेता है। परन्तु तब तक क्रियाशील नहीं हो पाता है जब तक कि उसका समन्वय उनकी विचार धारा की अवधारणा के साथ नहीं हो जाता है।

जितेन वाणी

प्रकृतिके करिश्माई बल पर विश्वास करो। विश्वास करो। विश्वास करो। अपनी आत्मा, मन और हृदय से विश्वास करो।
विश्वास करें कि आपका एक विशेष स्थान है और आपको इस जादुई संसार में एक विशेष कार्य करना है।

पिरामिड कामना पूर्ति यंत्र, पिरामिड की ऊर्जा शक्ति, आपकी विचार शक्ति, तादात्मकता, दृढ़ संकल्प शक्ति से ऊर्जा प्राप्त कर काम करता है। अब आप उसे स्थापित कर देते हैं तो उसका आपके साथ संबंध, एक ऐसा संबंध हो जाता है कि आप उसे दूर से भी क्रियाशील बना सकते हैं। उदाहरण के लिए- कार्यालय में बैठकर- नेत्र बंद कर- उस यंत्र का मनोचित्रण करें और अपनी कामना को जितनी बार चाहें दोहराते रहें।

आप जैसा सोचते और कल्पना करते हैं उसी प्रकार के विचार बन जाते हैं। पिरामिड आपको अनुकूल स्थिति प्रदान करता है । यह उसकी गूढ़ रहस्मयी ऊर्जा है, जो आपकी सहायता करती है।

करणीय और अकरणीय बातें-

✓ भगवान का नाम या जिस सर्वोच्च शक्तिपर आपको विश्वास हो उसको स्मरण कर प्रारम्भ करें।

✓ यह सुनिश्चित कर लें कि आपके अवचेतन मन के लिए भी आपकी कामना पर्याप्त तर्क पूर्ण और सही है।

✓ इस यंत्र को बच्चों एवं दूसरों से दूर रखे ताकि उसे यहाँ वहाँ न कर सकें।

✓ इसे विद्युत उपकरणों से दूर रखें। पूजा कक्ष सर्वोत्तम है।

✓ अपने उद्देश्य के प्रति सकारात्मक रूख के साथ सहयोगी संबंध रखें।

✓ अपनी कामना के प्रति सजग विचार रखें। संभावित परिस्थितियों का पूर्व विचार कर लें और उन परिस्थितियों के प्रति सहज होते हुए, उनके प्रति अनुकूलता धारण करें।

× एक ही बार में बहुत अधिक कामनाएँ न करें। कई कामनाएँ होने पर एक से अधिक यंत्रों का उपयोग करें। उनके बीच में कम से कम ३० सें.मी. का अंतर अवश्य रखें।

× कोई ऐसी बात न लिखें जिसे आप या आपका अवचेतन मन स्वीकार न करे।

× चूंकि कामना पूर्ति यंत्र का संचालन आपके माध्यम से होना है इसलिए किसी को शोषण या नुकसान पहुंचाने का प्रयास न करें।

अपनी भावनाओं, अनुभूति, स्वप्नों, उद्देश्यों, आकांक्षाओं की पूर्ति आपके कम से कम प्रयासों से संभव है यदि आप आत्म विश्वास, आस्था, नये अवसरों को स्वीकार करने की वृत्ति सही संकल्पना और जीवन के प्रति सकारात्मक सोच रखें। तब आपको अपना जीवन अधिक अर्थ पूर्ण, ऊर्जावान, उत्साह एवं आनंद से परिपूर्ण लगेगा, संसार आपको अच्छा लगेगा और पहले से बेहतर स्थान मिलेगा, अधिक आशावान दृष्टिकोण रहेगा।
यह यंत्र निश्चित रूप से आपको सफल और रचनात्मक जीवन की ओर अग्रसर करेगा।

क्या इसको स्थापित करने का कोई विशेष दिन या समय है ?

प्रतीक्षा न करें ? सबसे अच्छा समय अभी है। पर आप केलेन्डर में शुभदिन देख सकते हैं या किसी ज्योतिषि से उसके संबंध में जान लें अथवा नीचे दिए गए पायरा समय सारिणी का अनुसरण करें।

प्रत्येक महिने में सबसे अच्छा दिन आपकी जन्म तिथि है या जन्मतिथि के अनुरूप एक अंक।
उदाहरणार्थ -
यदि आपकी जन्मतिथि २५ है तो आपके लिए शुभतिथियाँ २५, १६ या ७ हैं।
इसी तरह जन्मतिथि के योग का एक अंक भी भाग्यांक होगा। जैसें - यदि
आपकी जन्मतिथि २५-०६-१९८३ है तब
२+५+०+६+१+९+८+३=३४
३+४=७
इस तरह फिरसे शुभतिथि ७, १६, और २५ हैं।
(आपके मामले में कोई दूसरा भाग्यांक भी हो सकता है)

पायरा रीधम

नीचे तालिका में फा मा दिनके समय है। सभी पिरामिड को कार्यक्रमबद्ध फा के काल में करना चाहिए। जैसे - यदि आप सोमवार को कार्यक्रमबद्ध करना चाहते है तो अच्छा समय प्रातः 6 से 7.30, 9 से 10.30 या दोहपर 1.30 से 6 के बीचमें है।

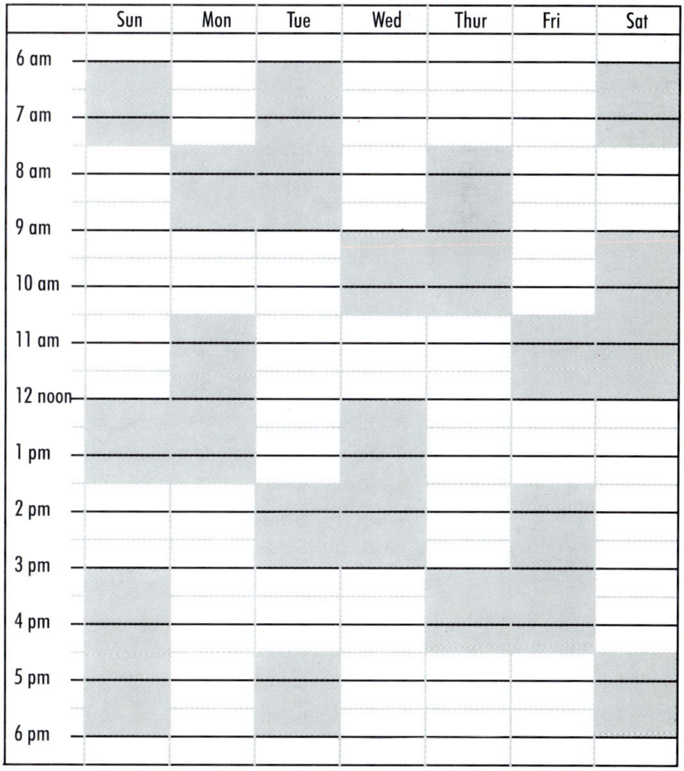

पायरा रीधम चार्ट

प्रयोगशाला की पुष्टि

कल जो रहस्य था वह आज का विज्ञान है तथा जो आज रहस्य बना है वह कल का विज्ञान बन सकता है।

यह हम सबका नैतिक कर्तव्य है कि हम अधिक अच्छे वातावरण के निर्माण में अपना योगदान दें। हम सभी को कुछ ऐसे प्रयोग अवश्य करने चाहिए जो पर्यावरण हितैषी हों। अपनी रुचि के अनुसार एक सरल प्रयोग से शुरुआत करें जिसे नियंत्रित दशाओं के अंतर्गत दोहराए जाने योग्य तरीके से सुव्यवस्थित ढंगसे किया जा सके तथा जिसे प्रलेख बद्ध किया जा सके।

अगर अपने प्रयोगों से आपको सुपरिणाम मिलते हैं तो हमारा निवेदन हैं कि आप अपने अनुभवों/खोजों के बारे मे डॉ. धारा भट्ट, पोस्ट बोक्स ८०८ , वडोदरा ३९००१० , भारत के पते पर हमे लिखकर भेजे। हम सबके कल्याण व मंगल में वृध्धि करने मे आपका यह योगदान निश्चित रुप से मददगार बनेगा।

पिरामिड के प्रयोग से मानसिक, शारिरिक और भावनात्मक रूप से अच्छे परिणाम मिलते हैं। इसकी पुष्टि लोगों के अनुभवों तथा प्रयोगों द्वारा हुई है। पिरामिड के उपयोग से ठोस, द्रव्य, पौधों, कीड़ों में ही नहीं बल्कि मानव में भी असाधारण ऊर्जा क्षेत्रों का पता लगाया गया है। विभिन्न लोगों तथा अनुसंधान तत्वों के साथ कई प्रकार की प्रविधियों द्वारा जांच की गई।

विभिन्न परिस्थितियों और विभिन्न उपकरणों से परीक्षण करने पर पिरामिड ऊर्जा के आश्चर्यजनक परिणाम मिले हैं।

पिरामिड के नीचे बैठने पर यह देखा गया है कि त्वचा का तापमान महिलाओं में बढ़ जाता है तो पुरूषों में कम हो जाता है। है न असामान्य-सा परिणाम।

पिरामिड के अंदर १५ मिनट तक बैठने के बाद शरीर पर क्या प्रभाव होता है, यह जानने के लिए क्रिलियन फोटो ग्राफी द्वारा आभा मण्डल का परीक्षण किया गया है। परिणाम स्वरुप दोनों चित्रों में रोचक अंतर देखा गया जैसा कि चित्र में दिखाई दे रहा है। बाद वाले चित्र में आभा मण्डल अधिक ऊर्जा के साथ तथा अधिक चमकीला पाया गया।

आभा मण्डल जितना अधिक चमकदार होगा उसमे उतनी ही अधिक ऊर्जा और उतना ही अधिक संतुलन होगा। तीन माह तक रोजाना एक घंटे पिरामिड के नीचे बैठने के बाद मेरे रक्त के नमूने लिएगए जिसका प्रयोगशाला में परीक्षण किया गया। पिरामिड में बैठने से पहले और बाद के रक्त नमूनों का परीक्षण करने पर उनमें परिवर्तन देखा गया। पिरामिड का कार्य शरीर में संतुलन करना है और परीक्षण इसके अनुकूल हैं-

पहले

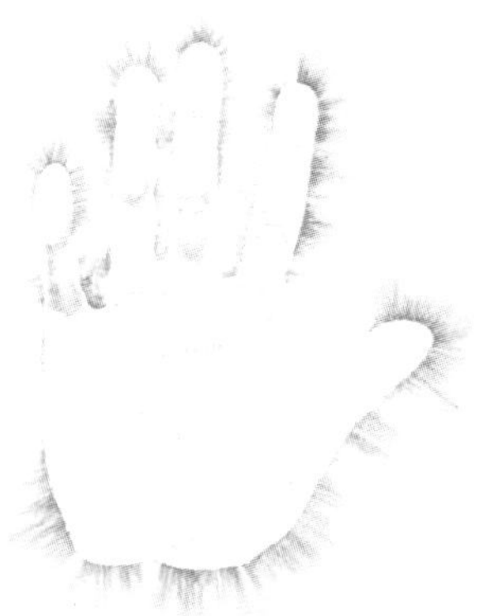

बाद में

आभा मण्डल का चित्र पिरामिड में बैठने से पूर्व और
15 मिनट तक बैठने के बाद का

डॉ. धारा भट्ट का प्रतिवेदन –

पॅरामीटर	अक्टुबर २००२ से पहले	फरवरी २००३ के बाद	सामान्य मात्रा
RBC	4.29	4.98	4.2 - 5.4 M/ul
WBC	6.20	9.10	4.5×10^3 - 10.5×10^3
Hgb	11.90	13.00	11.5 - 16.5 g/ 100 cc
HcT	34.10	39.10	37 - 47 %
MCV	79.49	78.51	76 - 98 fL
MCH	27.74	26.10	27 - 35 pg
MCHC	34.90	33.25	31 - 35 gm/dl
Differential Count			
POLY	69	70	50 - 70 %
LYMPHO	26	24	20 - 40 %
EOSINO	4	4	01 - 05 %
MONO	1	2	01 - 06 %

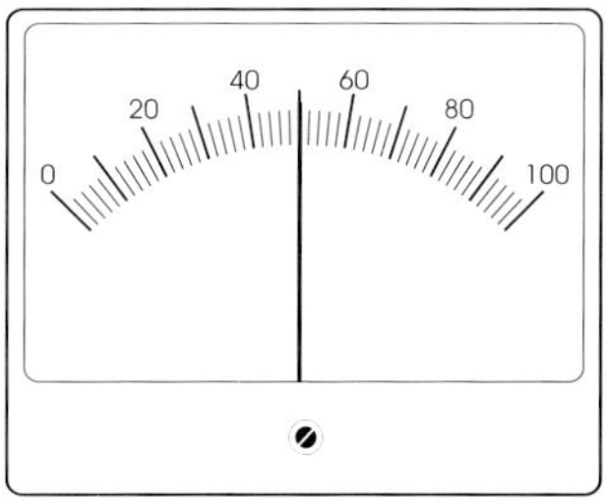

पहले

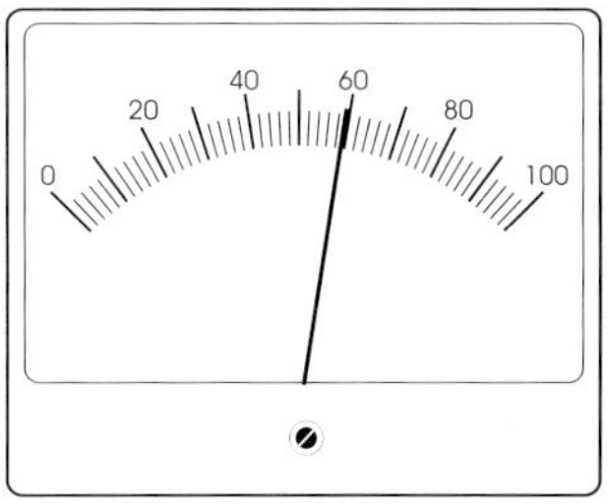

बाद में

बायोफोर्स मीटर

पिरामिड कृत उपचार के बाद ऊर्जा प्रवाह मे हुई वृद्धि दिखाई देती है।

रक्त नमूनों, ताप, पौधे, पशु, जड़ पदार्थ और मनुष्यों पर कई चिकित्सकीय प्रयोग किए गऐ थे और उनके परिणाम और तथ्य अत्यंत ही आश्चर्यजनक पाए गए हैं।

आप स्वयं प्रयोग करके अपनी नई खोज निकाल सकते हैं।

डॉ. ए. के. भट्टाचार्य
होम्योपैथी, टेलिपेथी और
चुम्बकीय चिकित्सा विशेषज्ञ

पिरामिड ऊर्जा के संबंध में मेरे अनुभव बहुत अच्छे हैं।
पिरामिड जल सर्वोत्तम औषधि है।

विशेषज्ञ मत

वास्तु पुरूष

पाँच सिर, सौ हाथ, 16 पैर, 3 पूंछ और 360 बालों युक्त शक्तिमान पुरूष ब्रह्माण्डीय ऊर्जाओं का प्रतीक पुरूष है।

4

''वास्तु शास्त्र एक समग्र विज्ञान है जो–परमसत्ता, ब्रह्माण्ड, ग्रहों, पृथ्वी, मानव निर्मित वस्तुओं या प्रकृति से हमारा पूर्ण सामंजस्य स्थापित करता है। वास्तु शास्त्र का ज्ञान हमारे स्वप्नों और कामनाओं की पूर्ति में सहायक है।''

प्रोफे. डॉ. जितेन भट्ट

समझिए वास्तु को

वास्तु क्या है

वास्तु विद्या, भारतीय प्राचीन भवन निर्माण की कलाओं में से एक है। उसकी अभिकल्पना मूल रूप से भवन निर्माण, कार्य स्थल, मंदिर और अन्य भवनों के लिए मार्गदर्शिका है। उससे हमें प्रकृति के नियमों के साथ सामंजस्य बनाते हुए, अच्छी तरह रहने और अनुकूल वातावरण तैयार करने की जानकारी मिलती है। वास्तु के अनुरूप बने मकान हमें न केवल मौसम की प्रतिकूलताओं से बचाते हैं बल्कि उनमें रहनेसे हमें लाभ, सुख और प्रसन्नता की अनुभूति होती है।

वास्तु में निर्माण से जुड़े सभी पहलुओं, जैसे - भूमिचयन, भवन, निर्माण सामग्री, निर्माण तकनीक कक्ष, द्वार, खिड़की आदि की स्थिति सहित अनेक बातों की विस्तृत जानकारी होती है। वास्तु निर्माण से जुड़ी और उसके आसपास की समग्र जानकारी देता है। यह भारतीय भवन निर्माण कला, आधुनिक भवन निर्माण विज्ञान से एक कदम आगे है। इसमें केवल निर्माण और परस्पर भौतिक गुणों का वर्णन नहीं है वरन् सूक्ष्म ऊर्जा और उसके विकीर्णन का भी ध्यान रखा जाता है। इसमें एक जीवित प्राणी द्वारा अपने अस्तित्व के हर स्तर पर अन्योंके साथ की जानेवाली क्रिया - प्रतिक्रिया व परस्पर संबंधों की जानकारी समाहित है। यह हमें मनुष्य और पदार्थ की आंतरिक और बाह्य प्रक्रिया भी समझाता है। इस तरह वास्तु ही वह विषय है जो हमारी शारीरिक, मानसिक, भावनात्मक, आध्यात्मिक और भौतिक सामग्रियों तथा वातावरणीय समरसता जैसी सभी आवश्यकताओं से प्रत्यक्षतः जुड़ा है। यह विषय बहुत ही रूचिकर, विस्तृत और हमारे जीवन पर गहन प्रभाव डालने वाला है।

आइए ! इसे हम इस तरह समझें, जैसे कि हमारे शरीर की प्रत्येक कोशिका अपने आप में पूर्ण है, पर शरीर रचना को समझने के लिए हमें उस पूरी व्यवस्था को समझना होगा जिसमं सभी अंग एवं कोशिकाएँ समाहित है तथा परस्पर क्रियाशील हैं।

इसी तरह वास्तु एक पूर्ण एवं समग्र विज्ञान है। उसे समझने के लिए हमें सामग्री के साथ-साथ हमारे आसपास की सूक्ष्म ऊर्जा एवं आध्यात्मिक नियमों को भी समझना होगा।

प्राचीन वास्तु विद्याके ग्रन्थों के अनुसार वास्तु अभ्यास करने से पूर्व हमें चारों वेद और उनके उपवेदों का अच्छी तरह अध्ययन करना चाहिए। इस तरह हमें अधिकतम परिणाम प्राप्त करने के लिए बहुआयामी प्रयास करने होंगे। हमें जानना होगा जीवन मृत्यु का विज्ञान, शरीर रचना, मन और आत्मा का संबंध, ब्रह्माण्ड विज्ञान, खगोलविज्ञान, काल, आकार, रूप, यंत्र और आकाश की अवधारणा। हमें भौतिक रूप से निर्जीव दिखाई देने वाले पदार्थों से भी संवाद करनेकी कला सीखनी चाहिए। इस संवाद की कला को समझने के लिए हमें - दिव्य अनुपात, समरसता, संगीत, सौन्दर्य शास्त्र, आंतरिक सुसज्जा, सुसंगति(सममिति), और भौतिक अस्तित्व वाली सभी वस्तुओं की रहस्यमयी रेखा गणित तथा उनके रहस्यों को जानना होगा।

क्या आप विश्वास करेंगे ?

सही वास्तु जानने के लिए आपको ३६५ विषयों का गहन अध्ययन करना होगा।

लक्ष्य - निर्धारण

हमें कोई भी प्रयास करने के पूर्व अपना लक्ष्य निश्चित कर अपनी आवश्यकताओं को परिभाषित कर लेना चाहिए। किसी भी गन्तव्य तक जल्दी से जल्दी पहुँचने के लिए 'तीव्रगामी पथ' अपनाना चाहिए । वास्तु-विद्या शीघ्र और बाधा रहित यात्रा के लिए प्रतीकात्मक समीकरण बताती है। वह हमें भगवान गणेश की आराधना का संकेत देती है। जिन्हें हम कई नामों, यथा- विनायक, गणपति, विघ्नहर्त्ता के नाम से जानते हैं। उनकी दो पत्नियाँ, एक रिद्धि जो समृद्धि देती है तथा दूसरी सिद्धि जो चौतरफा सफलता दायिका है।

भगवान गणेश इस वास्तुरूपी द्रुतगामी पथ के मार्ग दर्शक हैं। सभी भारतीय कला, विज्ञान और वास्तु में उन्हें शुभ कार्यो का प्रारम्भ कर्ता माना जाता है। किसी भी शुभ कार्य में उनकी प्रतिमा स्थापित करें अथवा उनका भाव स्मरण करें, वे विघ्नहर्ता हैं। अपने गुरू को भी न भूलें जिसने आपको यह ज्ञान दिया है और जो आपका पथ प्रदर्शक रहा है। वह आपके ज्ञान और लक्ष्य के बीच सेतु है। जो भी देवी, देवता आपके इष्ट हैं, उनका स्मरण करते हुए कल्पना करें कि आप पर दिव्य आशीषमयी ऊर्जा की वर्षा हो रही है।

सकारात्मक सोच !

'' मैं अपना मस्तिष्क खुला रखूंगा, और अपनी अंतः चेतना पर विश्वास करूंगा। मैं अपनी सभी नकारात्मता सर्वशक्तिमान को समर्पित करता हूँ , जिससे मेरे जीवन में चमत्कार होंगे, जिनके लिए मैं तैयार हुँ। ''

उक्त सकारात्मक निर्णय व्यक्तिगत वास्तु की सफलता का मंत्र है। उसे एक ही बैठक में १५ बार लिखें या मौखिक रूप से दोहराएँ।

द्रुतगामी पथ के नियम

द्रुतगामी पथ पर चलने के नियम जानना बहुत आवश्यक है। सबसे पहले आपको सर्वशक्तिमान के समक्ष समर्पण करना होगा। दिव्य शक्ति रूप समीर के साथ स्वतंत्र होकर बहें। यही बल हमें अपना प्रयास किए बिना ही स्वतः लक्ष्य की ओर ले जाएगा । इस में लगने वाला समय हमारे द्वारा किए गए अवरोध पर निर्भर करता है। जितना अधिक अवरोध हमारी ओर से होगा लक्ष्य प्राप्ति में उतना ही अधिक समय लगेगा । दिव्य प्रवाह हमें कहाँ ले जा रहा है इस संबंध में सकारात्मक तथा निश्चिंत रहें कि वह आपको गलत मार्ग पर नहीं ले जाएगा ।

सही शिक्षण

श्रेष्ठ ज्ञान प्राप्ति के लिए हमें सर्वोतम विश्व विद्यालयों और गुरूओं के पास जाना होगा । इसी तरह यहाँ भी हमें सर्वश्रेष्ठ से सीखना होगा। पर इस क्षेत्र में गुरू की शारीरिक उपस्थिति आवश्यक नहीं है। आपको अपनी समझ और कल्पना से सीखना है। भारतीय शास्त्रों के अनुसार समग्र ज्ञान प्राप्ति के लिए हमें माँ सरस्वती की आराधना करनी होगी, वह ब्रह्मा के सम्पूर्ण ज्ञान की दात्री है। उसके आशीर्वाद से ही हम अस्तित्व के समग्र रूप को समझ सकते हैं। माँ सरस्वती का स्मरण करते हुए अपने अंदर की सारी मलिनता को साफ कर लें। उससे अपने अंदर के कुभावों को दूर करने की प्रार्थना करें, वह आपको अपने दिव्य प्रकाश से आलोकित कर सत्य का मार्ग दिखाएगी।

माँ सरस्वती

बुद्धि और ज्ञान की देवी

अनन्त की अनुकूलता के लिए अपने को तैयार करें।

हमें इस बात का बहुत कम एहसास है कि हम अपने आस पास से बहुत कुछ सीख सकते हैं । हम सोचते हैं कि हमारी व्यक्तिगत सत्ता है और अकेले स्वतंत्रतापूर्वक जीते हैं । हमें इस भ्रम से बाहर आना होगा और आसपास के जगत से अपने को जोड़ना होगा। हम सब परस्पर जुड़े हुऐ हैं। हम उसी संरचनात्मक तंत्र के घटक हैं जिसमें सभी जड़-चेतन समाया हुआ है। यह संरचना तंत्र ऐसा सुव्यवस्थित है कि उसके रहते हुए भी हम स्वतंत्र रूप से कार्य कर सकते हैं। विज्ञान इस तंत्र को होलोग्राम के रूप में जानता है।

वास्तु विद्या में इस संरचना को ''चतुष्पुरुष'' यानी चार इकाई वाले सिद्धांत के रूप में अच्छी तरह समझाया गया है। उसके अनुसार पूर्ण एक अंश का ही भाग है और वह अंश पूर्ण के ही समान है। ये चार पुरुष हैं - १. वास्तु पुरुष जिसके संबंध में अगले अध्याय में चर्चा करेंगे। २. मनुष्य - जिसकी शरीर रचना, आदि के संबंध में हमें बहुत कुछ ज्ञात है। ३. वैश्विक मानव - जो हमें इस ग्रह पर स्थित सभी जीवित इकाइयों से जोड़ता है। समस्त मानव, पशु, पक्षी, कीट, पतंग, वृक्ष आदि जो एक या अधिक कोशिकाओं से बनते हैं और संतान उत्पन्न करते हैं, इस श्रेणी में आते है। ४. ब्रह्माण्ड पुरुष - वह हमें इस चराचर में स्थित सभी वस्तुओं से जोड़ता है, उसका संदेश है कि जो कुछ भी अस्तित्व में है - उसमें जीवन्तता होती है, वह मृत नहीं है। जड़ पदार्थो के साथ भी संवाद होता है। उनमें भी हमारे समान पूर्ण व्यवस्था होती है, पर वह व्यवस्था हमसे बिल्कुल भिन्न है। वास्तव में ब्रह्माण्ड पुरुष द्वारा प्रदत्त कार्य को वे पूर्ण समर्पण के साथ करते हैं।

यही वह अवधारणा है जो हमें प्रत्येक वस्तु से जोड़ती है - नक्षत्र, ग्रह आदिको अग्नि, पृथ्वी, जल, वायु और आकाशसे, वृक्ष, पुष्प, औषधि, पशु और जीवाणुओं कीटाणुओं सेभी। इसका संदेश है कि अपने आसपास और अन्दर प्रत्येक वस्तु और स्थिति में सामंजस्य बनाए रखें । इस तरह वास्तु विद्या हमारे अन्दर और बाहर की प्रक्रियाओं में सामंजस्य बनाए रखने की कला एवं विज्ञान है और यह कार्य पुरुष चतुष्ट्रय के चारों स्तरों पर होता है।

चतुष्पुरुषीय सिद्धाँत

जिस तरह ब्रह्माण्डीय पुरूष, वैश्विक पुरूष की और वैश्विक पुरूष, पुरूष की सहायता करता है। उसी तरह पुरूष, वास्तु पुरूष का समर्थन करता है, और वास्तु पुरूष, ब्रह्मस्थल का समर्थन करता है तथा ब्रह्मस्थल ब्रह्म बिन्दु का सहयोगी है।
(जो आधारभूत मुख्य केंद्र है)

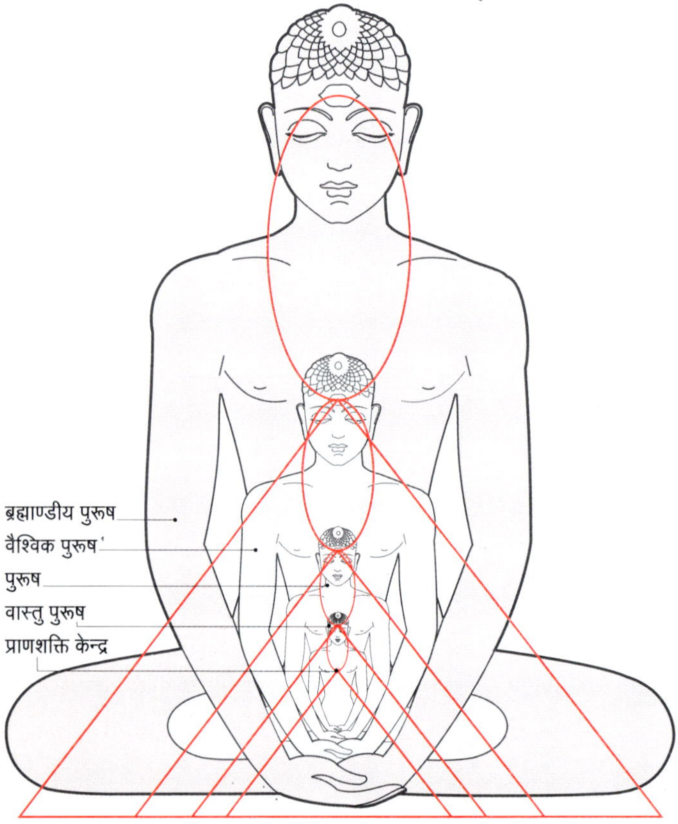

क्रिया के सिद्धांत

वास्तु व्यवस्था की परिकल्पना काल और स्थान के वैश्विक सिद्धांत पर आधारित है। यह ब्रह्माण्ड पुरूष के हृदय और मन को समझने के समान है। प्रत्येक क्रियाशील तत्व त्रि स्तरीय चक्र से गुजरता है। ये तीन स्थितियाँ हैं- सृजन, पालन और संहार। इसी तरह ब्रह्माण्डीय इकाई में ये तीन चरण हैं। वास्तु में इनके तीन प्रतीक हैं- पहला 'ब्रह्मा' है जो सृजनकर्ता है, दुसरा 'विष्णु' पालक और पुष्टिकर्ता तथा तीसरा 'महेश' संहार और पुनःर्निमाण का प्रतीक है। ये तीनों चरण क्रमबद्ध रूप में लगातार घटित हो रहे हैं। कोई भी निर्मित वस्तु विनष्ट होने के पूर्व अस्तित्व में रहती है। इसी तरह कोई भी जीवन्त इकाई या वस्तु

भगवान विश्वकर्मा

ब्रह्माजी के पुत्र जो पृथ्वी पर सभी निर्माणों के कर्ता है। वही वास्तु के प्रवर्तक है।

जो नष्ट होती है उस का पुनःनिर्माण इस सृष्टि के सृजन और अस्तित्व के लिए आवश्यक है। संहार में दो अर्धचरण हैं - वास्तविक विनाश अर्थात मृत्यु और पुनःनिर्माण । काल की दृष्टि से देखने पर यह भूत, वर्तमान और भविष्य का चक्र है।

जीवन चक्र

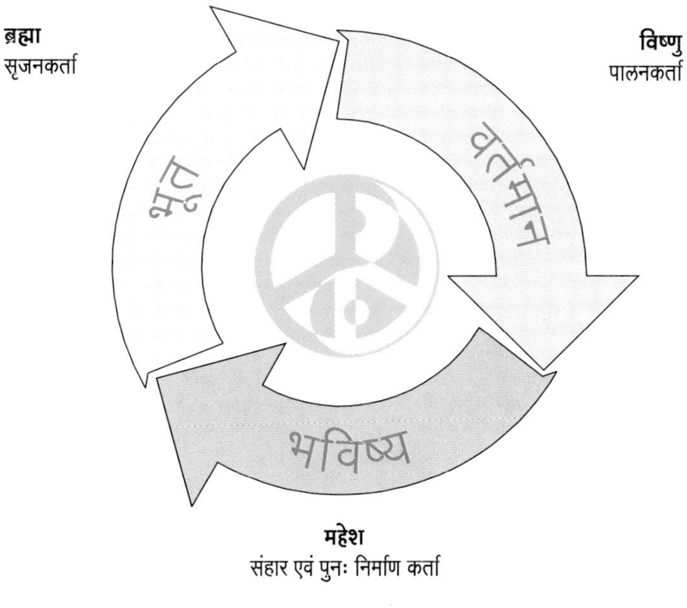

वास्तु का मूल

हम जानते हैं कि सभी वस्तुऐं ब्रह्माण्डीय पुरूष जिन्हें ब्रह्मा कहते हैं से सृजित हैं। वास्तु में उल्लेख है कि उनकी पुत्री सरस्वती और पुत्र विश्वकर्मा है। सरस्वती को ज्ञान, बुद्धि, विवेक का विभाग दिया गया है और विश्वकर्मा को सृजन एवं निर्माण विशेषकर पृथ्वी पर का काम सौंपा गया है। अतः वे वास्तु के आदि प्रवर्तक हैं।

वास्तु और ऊर्जा

जितेन वाणी

बीज से वृक्ष और वृक्ष से बीज बनने की प्रक्रिया के रहस्य को समझना ही वास्तु का अंतिम समीकरण है।

इस स्थिति में ऊर्जा का आधार समझना आवश्यक है क्योंकि वही वास्तु का भी आधार है। ऊर्जा किसी भी पदार्थ की आंतरिक क्षमता या क्रिया करने का रूप है। उसमें सृजन या संहार की अनंतशक्ति होती है। हमारा शरीर इस ऊर्जा और उसकी क्षमता को समझने का सबसे अच्छा माध्यम है। हमारी ऊर्जा शरीरिक और मानसिक दो प्रकार से होती है। शारीरिक ऊर्जा हमें ताकत, गति और कार्य करने की शक्ति देती है जिसके बिना हम कमजोर, शिथिल और थके हुए लगते हैं। हम अच्छी तरह जानते हैं कि जब हम बीमार होते हैं तब वही व्यक्ति होते हुए भी शक्तिहीनता हमें कुछ अलग अनुभव कराती है। हमारे शरीर को अनेक क्रियाएँ करने के लिए बहुत अधिक ऊर्जा की आवश्यकता होती है।

मानसिक ऊर्जा से हमें सोचने, समझने की शक्ति, इच्छा और कार्य प्रारम्भ करने और पूरा करने की विचार शक्ति मिलती है।

बिना मानसिक ऊर्जा के हम शिथिल, सुस्त और नकारात्मक सोच वाले हो जाते है। इस ऊर्जा का क्षयकारी या कार्यप्रेरक स्वरूप ही अस्तित्व की सभी स्थितियों, जैसे- स्वास्थ्य और बीमारी, सुख और दुख, समृद्धि और गरीबी का कारक होता है। ऊर्जा ही सभी परिवर्तनों का मूल है। इस तरह हमने जाना कि मानसिक ऊर्जा शरीरिक ऊर्जा से अधिक क्षमतावान है।

अब हम प्रतीककी अवधारणा को वास्तव में समझ और पहचान सकते हैं। प्रतीक इस मानसिक ऊर्जा की चिनगारी रूप में उत्प्रेरक है। उनका सही ज्ञान हमें अपने लक्ष्य की ओर सरलता और शीघ्रता से ले जा सकता है। वास्तु और ऊर्जा के साथ भी होलोग्राम की अवधारणा लागू होती है। एक अंश, पूर्ण का प्रतिनिधित्व करता है। इस तरह हम वास्तु को किसी भी भौतिक पदार्थ, जैसे- मेज, पलंग, कक्ष, घर, खेत, मंदिर, वाहन, भवन, नगर, देश और उपमहाद्वीप से जोड़ सकते हैं। यह न केवल शारीरिक स्तर पर बल्कि मानसिक, भावनात्मक और आध्यात्मिक स्तर परभी लागू होता है। वास्तु की अपनी स्वयं की शरीर रचना है, जिसे हम वास्तु पुरूष और वास्तु सिद्धातों के अवलोकन के समय देखेंगे ।

प्रत्येक परिणाम के लिए शारीरिक शक्ति की अपेक्षा मन की प्रेरणा शक्ति अधिक जिम्मेदार होती है।

ऊर्जा उत्पादक सूत्र

हम अच्छी तरह जानते हैं कि नदी ऊपर से निचली सतह की और क्यों बहती है या एक सेब पृथ्वी पर क्यों गिरता है या जब पृथ्वी घूमती है तो हम आकाश में गिर क्यों नहीं जाते ? यह सब पृथ्वी की गुरूत्वाकर्षण शक्ति के कारण होता है। वास्तु विद्या में दो विरोधी बल इसके प्रतीक हैं।

उनमें से एक 'ब्रह्मा' है जो किसी बीज, शरीर या भाव की उत्पादक शक्ति है। वह बीज को विशाल वृक्ष बनने की शक्ति देता है। दूसरा समान किन्तु विरोधी बल है जिसे 'अनंत' कहते है। यह उस बीज में छिपा हुआ उसके एक से अनेक बनने का गुण है। यह ब्रह्मा और अनंत के बीच की धुरी - मध्य धुरी है। वास्तविक वास्तु के पीछे गतिशीलता ही आधारभूत ऊर्जा का सूत्र है। यही स्वर्ग और पृथ्वी की बीच मध्य धुरी की कारक है।

पृथ्वी पश्चिम से पूर्व की और घूमती है, इसी कारण हम पूर्व से अत्यधिक शक्ति प्राप्त करते हैं, जिसे 'ईश्वर' कहा जाता है। पश्चिम के अधिपति वरूण है। पूर्व और पश्चिम के बीच की धुरी अर्थात ईश्वर और वरूण के बीचकी धुरी द्वितीय ऊर्जा धुरी कहलाती है। इसी तरह चुम्बकीय ध्रुव उत्तर अर्थात कुबेर से दक्षिण अर्थात यम की धुरी तृतीय ऊर्जा धुरी है। वास्तु में उसे जीवन - मृत्यु की यात्रा की धुरी या स्थुल से सूक्ष्म की ओर का पथ कहते हैं। दो सहायक धुरीयाँ भी हैं। एक ईशान से (उ.पू.) नैऋत्य (द.प.) जिसका प्रतिनिधित्व सोम और नैऋति करते हैं, तो दूसरी वायव्य (उ.प.) से आग्नेम (द.पू.) तक वायु और अग्नि के रूप में है।

स्वर्ग की ओर से जाने वाली
उर्ध्वगामी ऊर्जा - ब्रह्मा

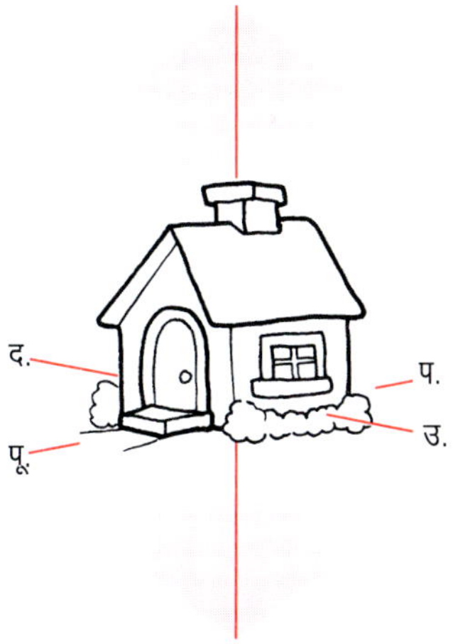

पृथ्वी की भौतिकशक्ति
अनंत

नव ग्रहों में ऊर्जा स्थिति -

उ.प.

वायु
पवनके देवता
व्यापार और
परिवहन

उ.

कुबेर
रत्नों के देवता
सम्पति और
प्रगति

उ.पू.

ईश्वर
भगवान शिव ज्ञान
और आध्यात्मिक
सम्पदा

प.

वरूण
जल और वर्षा के
देवता प्रसिद्धि और
भाग्य

ब्रह्मा
सृजनकर्ता
संतुलन और
सृजनशीलता

पू.

इन्द्र
पुर्नजन्म के देवता
उत्पादकता और
ऊर्जा

द.प.

नैऋति
निशा देवी
आय और दीर्घायु

द.

यम
न्याय के देवता
जीवन, मृत्यु और
विविध मामले

द.पू.

अग्नि
तेज के देवता
ऊर्जा, स्वास्थ्य और
प्राणशक्ति

ब्रह्माण्डीय युति

वास्तुविद्या में इस युति को दो प्रकार से स्पष्ट किया गया है। एक आकाश है तो दूसरा 'काल' (समय) हमें मनुष्य और दूसरी इकाइयों के बीच का संबंध ज्ञात है । ब्रह्माण्डीय पुरूष के भी सभी पहलुओं को हमने अच्छी तरह समझा है। काल की अवधारणा को भी जानना आवश्यक है। परिणाम दोनों अवधारणाओं के (परस्पर मेल के) अनेक प्रतिरूपों के अनुसार मिलते है। ब्रह्माण्डीय पुरूष के संदर्भ में नव ग्रह मुख्य है। वास्तु में भी इन नव ग्रहों का बहुत महत्व है और प्रत्येक ग्रह एक दिशा और कार्य का स्वामी है। वास्तु विद्याके अनुसार पृथ्वी केन्द्र में है, जबकि नवग्रह परिकल्पना के अनुसार सूर्य को केन्द्र माना जाता है।

वास्तु के अनुसार ग्रहों की स्थिति और उनका प्रभाव

काल और आकाश के बीच की युति, काल पुरूष या राशिचक्र से भी समझी जासकती है। जो काल और आकाश से बहुत अच्छी तरह संबंधित है। काल पुरुष का प्रत्येक भाग राशि चिह्न से जुड़ा हुआ है।

काल पुरुष का राशि प्रतीकों और नक्षत्रों से संबंध

पंच ऊर्जाओं का अंर्तसंबंध

हमारा सारा प्रदर्शन पाँच मूलभूत ऊर्जाओंके ताने बाने से बुना हुआ है। वास्तु में इन पाँच ऊर्जाओं का महत्वपूर्ण स्थान है। इन ऊर्जाओं के सही स्थान में प्रतिस्थापन करने में हमें सावधान रहना होगा। वातावरण के साथ उनका सामजंस्य स्थापित करना होगा। हमने पहले ही एक बीज से वृक्ष बनने की प्रक्रिया को देखा है। बीज की पेड़ के रूप में वृद्धि के लिए ये पाँचों तत्व आवश्यक हैं। इसे बढ़ने के लिए पहले पृथ्वी, फिर जल, ताप या अग्नि, हवा और आकाश की आवश्यकता होती है। किसी भी वृद्धि या विस्तार के लिए यही आधारभूत सिद्धाँत समान रूप से सब पर लागू होता है। नीचे दी गई तालिका से इनका परस्पर संबंध समझने का प्रयास करें।

इस उदाहरण में हम अग्नि तत्व से प्रारम्भ करेंगे। सूर्य इस ब्रह्माण्ड को जीवन शक्ति प्रदाता है। हमने स्कूल में पढ़ा है कि जल तापमान बढ़ने से वाष्प में परिवर्तित हो जाता है, वाष्प हवासे मिलकर बादल (आकाश) में बदल जाती है। बादल पहाड़ से टकराते हैं और जल के रूपमे बरसते हैं और यह चक्र चलता रहता है।

वास्तु विद्या में इन पंच तत्वों का महत्वपूर्ण स्थान है

पंचतत्व	पृथ्वी	जल	अग्नि	वायु	आकाश
ऊर्जा	गुरूत्वाकर्षण	वर्षा	सूर्यकिरणें	हवा	ध्वनि
कार्य	वास (गंध)	स्वाद	दृष्टि	स्पर्श	श्रवण
संवेदनशील अंग	नाक	जीभ	नेत्र	त्वचा	कान
आकार	वर्ग	अर्धचन्द्र	त्रिभुज	षटकोण	बिन्दु

निम्मतालिका में दर्शाया गया है कि कैसे प्रत्येक तत्व हमारे शरीर के पंच तत्वों में विभाजित किया गया है

पंचतत्व	पृथ्वी	जल	अग्नि	वायु	आकाश
आकाश	अहं	चित्त	बुद्धि	मन	अंतःकरण
वायु	अपान	प्राण	उदान	समान	व्यान
अग्नि	नाक	जीभ	नेत्र	त्वचा	कान
जल	गुदा	जननांग	पैर	हाथ	वाणी
पृथ्वी	वास (गंध)	रसमय स्वाद	रूप	स्पर्श	ध्वनि
क्रिया	सूंघना	खाना/मौज	देखना/चलना	स्पर्श/क्रिया	श्रवण/बोलना
प्रतीक	वज्र	कमल	स्वास्तिक	षटकोण	बिन्दु
दोष	कफ	कफ	पित्त	वात	वात
गुण	तमस	तमस	सत्व	रजस	सत्व
भौतिक गुण	खुरदरा	तरलता	ताप	गति	घर्षण

निष्कर्ष - इस वास्तु जगत के दो छोर हैं। एक है ब्रह्माण्डीय पुरुष या इकाई जो हमारे नियंत्रण के बाहर है। उसकी क्रिया विधि को हम नहीं बदल सकते हैं । दूसरे छोर पर वास्तु पुरुष है। यह बहुत कुछ हमारी पहुँच में है और हमारी इच्छाके अनुसार कार्य करता है। वास्तु पुरुष के सही ज्ञान के आधार पर हम अपने लिए बहुत कुछ अच्छा कर सकते हैं।

हमने वास्तु के केवल एक भाग या चरण को समझा है। अभी बहुत कुछ जानना शेष है। यह दूसरा भाग या चरण 'काल' है। आधुनिक वास्तु ग्रन्थों में इस महत्वपूर्ण भाग को अनदेखा कर दिया गया है। हम इस 'काल' को समझने का प्रयास करें।

काल वास्तु (Time Vastu)

वर्तमान वास्तु विद्या के ज्ञान के अनुसार काल वास्तु की अवधारणा बिल्कुल नई है। प्रो. डॉ. जितेन भट्ट ने हमें हमेशा सोचने और तदनुसार काम करने के लिए नए आयाम दिये हैं। वास्तु के क्षेत्र में यह एकदम नया दृष्टिकोण है।

उनके अनुसार अस्तित्व में स्थित वस्तुओं का मूलभूत अंग काल है। ब्रह्माण्ड की आधारभूत अवधारणा समय है। अणु से सूर्य तक की प्रत्येक वस्तु के हृदय में वह अदृश्य प्रवाह लगातार चल रहा है। वह प्रकारांतर से एक चक्र या पथ बनाता है और सभी सृजन और संहार से सीधा जुड़ा हुआ है। प्रत्येक वस्तु का अपना एक काल चक्र है। यह हमपर, वास्तु पुरुष तथा ब्रह्माण्डीय पुरुष पर भी लागू है।

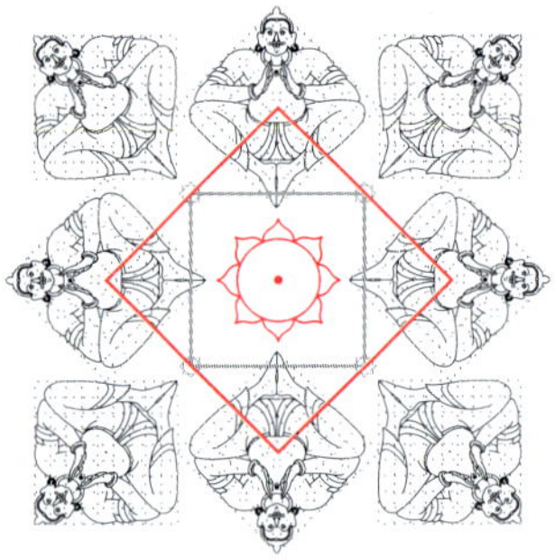

वास्तु पुरूष का भ्रमण वह एक वर्ष में आठ दिशाओं में घूमता है। इसे चर वास्तु कहते हैं।

हम जानते हैं कि कालचक्र हमारे जीवन-मृत्यु के चक्र का अभिन्न अंग है। दूसरा चक्र चन्द्र परिभ्रमण का ३० दिन का है। इसी तरह वर्ष दो भागों में विभाजित है। एक दक्षिणायण और दूसरा उत्तरायण। उत्तरायण वैश्विक पुरूष का दिन है। प्रत्येक की अवधि छह मास है।

इसी तरह ब्रह्माण्ड पुरुष भी अपने काल चक्रके अनुसार चलता है, जो चार युगों मे विभाजित है। ये चार युग हैं - सतयुग अर्थात स्वर्ण युग, त्रेता युग अर्थात रजत युग, द्वापर युग - ताम्रयुग और कलियुग अर्थात लौह युग।

वास्तु के तीन चक्र हैं। पहला है नित्य वास्तु । यह वास्तु प्रत्येक ३ घन्टे में बदलता है। दूसरा है चर वास्तु या वार्षिक वास्तु। हम जानते हैं कि वास्तु पुरूष एक वर्ष में आठ बार अपने सिरकी दिशा बदलता है। वास्तु जिससे हम सामान्यतः परिचित हैं वह है स्थिर वास्तु। इसमें हम अपने भूखण्ड या भवन में वास्तु पुरुष का सिर ईशान (उ.पू.) में मानते हैं।

काल वास्तु के अनुसार काल हमारे नियंत्रण के बाहर है । वह केवल स्थिर काल है जो हमारी इच्छा के अनुसार कार्य करता है स्थिर काल अभी वर्तमान काल है। यह अभी का क्षण बहुत सूक्ष्म है फिर भी काल का स्थायी अंग है। इन सब क्षणों का समुच्चय ही हमारा जीवन है। इस तरह यह वर्तमान क्षण कालवास्तु में बहुत महत्वपूर्ण है। इस क्षणको कालकेन्द्र या 'TC' (Time Centre) कहते हैं। यही कालकेन्द्र 'TC' हमारे व्याक्तिगत वास्तु को उज्ज्वल भविष्य की ओर ले जाता है।

इस समय चक्र में हमारे पास एकही बिन्दु है और वह है काल केन्द्र (Time Centre-TC)

वास्तु में केवल दो मुख्य केन्द्र हैं जहाँ से हम हमारी वास्तु समस्याओं का समाधान कर सकते हैं। ये दो हैं - काल केन्द्र (TC)और पायरा केन्द्र (PC) (देखें पृष्ठ १२९) इस तरह केवल कालकेन्द्र (TC) वास्तु सुधार की आंतरिक कुंजी है।

समयकी इस गणना में हमारे हाथ में केवल समयकेंद्र नामक एक बिंदु है।

आओ शुरू करें !!

वास्तु शास्त्र का शाब्दिक अर्थ है भवन निर्माण का विज्ञान। वास्तु का संबंध केवल गणना या भौतिक आयामों से ही नहीं है बल्कि भारतीय दर्शन, धर्म व ब्रह्माण्डीय ऊर्जा से भी इसका गहन संबंध है। यह मानव के आवासीय निर्माण के परिवेश में ९ ग्रह, १२ राशि, २७ नक्षत्रों का सामंजस्य व तारतम्य स्थापित करने से संबंधित है। वास्तु शास्त्र वर्षों पुराना स्थापत्य विज्ञान है जिसका उद्‌भव भारत में हुआ है। यजुर्वेद के अतंर्गत स्थापत्य वेद की शाखा वेदांग में इसका वर्णन है। अतः वास्तु वह विज्ञान है जो हमारे ऋषियों व मनीषियों के द्वारा खोजा गया है जिसके उपयोग से संपूर्ण मानव सुखी व समृद्धिशाली जीवन व्यतीत कर सकते हैं।

वास्तु शास्त्र एक गूढ़ व गहन विषय है जिसका सारांश निम्नवत्‌ है-

आदर्श अनुपात

मकान और भवनके लिए

अ : ब – 1:1, 1:1.25, 1:1.5

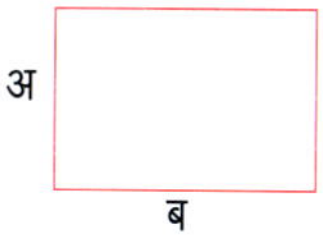

भूखंड का ढलान

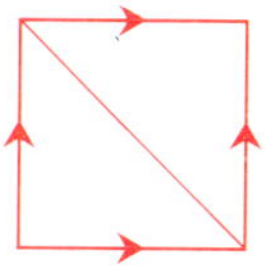

धनात्मक व ऋणात्मक ऊर्जा के निर्धारण में यह बहुत महत्व रखता है। ढलान सदैव पश्चिम से पूर्व व दक्षिण से उत्तर मे होनी चाहिए।

भूखंड का आकार

१. **वर्गाकार**- इस आकार में चारों कोण ९०° के होते हैं जो शुभ, समृद्धि व सभी क्षेत्रों में उन्नति देने वाला और सर्ववृद्धि की ओर अग्रसर कराने वाला होता है।

२. **आयताकार**- इस आकार में भी चारों कोण ९०° के होते है जो शुभ, समृद्धशाली व उन्नति की ओर अग्रसर कराने वाला होता है।

३. **गोलाकार**- ऐसा भूखंड धन व ज्ञान वृद्धि के लिये बहुत लाभदायक है। लेकिन आयताकार या वर्गाकार भवन का निर्माण इसमें नही किया जाना चाहिए।

४. **षटकोणीय**- ऐसे भूखंड पर निवास शुभ है यह वृद्धि, उन्नति, समृद्धि व प्रगति की ओर अग्रसर कराने वाला होता है।

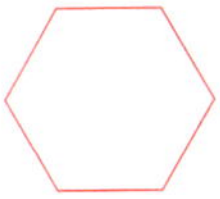

५. **अंडाकार**- ऐसा भूखंड अशुभ, नुकसानदायक व हानिकारक होता है।

६. **त्रिकोणाकृति**- ऐसा भूखंड अग्निभय, राजभय प्रदान करने वाला होता है।

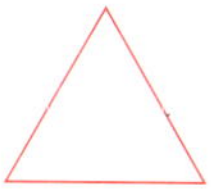

७. **समानांतर चतुर्भुज**- इस आकार के भुखंड अच्छे नहीं होते। इनमें निवास करने वाले को सदैव वित्तीय हानि, पारिवारिक तनाव व जीवन में अशांति रहती है।

८. **सितारा**- इस आकार के भूखंड होने पर सदैव झगड़ा, तनाव व कोर्ट कचहरी व अशांतिमय वातावरण रहता है।

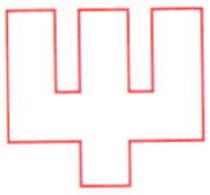

९. **त्रिशूल**- इस आकार के भूखंड से घर में अशांति व आपसी झगड़े होते हैं।

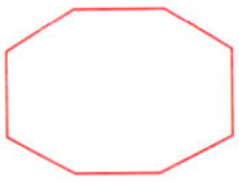

१०. **मृदंगाकार**-इस आकार के भूखंड से पत्नी को मृत्यु भय रहता है।

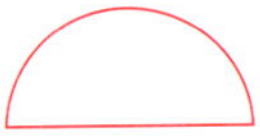

११. **अर्द्ध चंद्राकार**- यह भूखंड रहने वाले को निर्धनता प्रदान करता है।

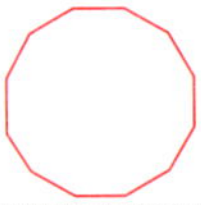

१२. **चक्राकार**- इस तरह का भूखंड निवास करने योग्य नहीं होता। घर में निर्धनता लाता है।

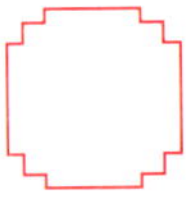

१३. **भद्रासन**- यह भूखंड शुभ होता है व रहने वाले को आनंद प्रदान करता है।

१४. **गोमुखाकार**- इस तरह का भूखंड आवासीय निर्माण के लिये अत्यंत शुभ है परन्तु व्यावसायिक दृष्टि से अनुपयुक्त होता है।

१५. **सिंहमुखाकार**- इस तरह का भूखंड व्यवसाय के लिये उपयुक्त परन्तु निवास के लिये अनुपयुक्त होता है।

सूर्य व चंद्र

जब किसी भूखंड को दो बराबर भागों में विभक्त किया जाता है तो उत्तरी-पूर्वी दिशा 'सूर्य' की प्रतीक कहलाती है। व दक्षिण-पश्चिमी दिशा 'चंद्रमा' की प्रतीक मानी जाती है। सूर्य की ओर वाला भाग नीचा, रोशनी वाला हल्का होना चाहिए। इसके विपरीत चंद्रमा की ओर वाला भाग ऊंचा, घना व भारी होना चाहिए।

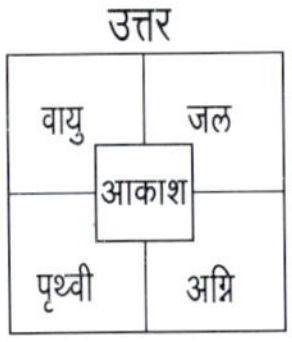

पंच तत्व

सम्पूर्ण सृष्टि, मानव शरीर पंच तत्वों से बने हैं- पृथ्वी, जल, वायु, आकाश, अग्नि। वास्तु एक ऐसा विज्ञान है जो इन पंच तत्वों के अनुपातों में संतुलन स्थापित करता है ताकि उस संतुलनकारी घर के निवासी शांति, प्रसन्नता व सही निर्णय के लिए समरसता जनक वातावरण पा सके।

अष्ट दिशाएँ

चार प्रमुख दिशाओं के अतिरिक्त चार उपदिशाएँ भी उतनी ही महत्वपूर्ण हैं। घर की डिजाइन करने तथा रसोई घर, पूजा कक्ष, भोजनालय की स्थिति निश्चित करने में हम इन आठ भागों की मदद लेते हैं क्योंकि वास्तु शास्त्र में हर दिशा का अपना अलग महत्व होता है।

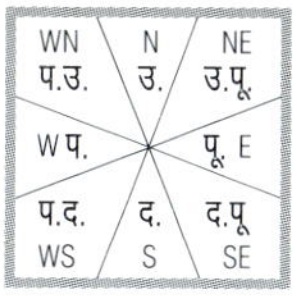

ऊर्जा के नौ स्त्रोत

भूखंड को नौ बराबर भागों में विभक्त किया जा सकता है। जिसमें कि प्रत्येक खंड क्रमशः नव ग्रह ऊर्जा के प्रतिरूप हैं।

4	9	2
3	5	7
8	1	6

भूखंड को 9x9 के 81 भागों में विभाजित किया जाता है।

उत्तर, कुबेर स्थान (धन)

पाप 49 | 46 चरकि

वायु 24 रोग	26 नाग	27 मुख्य	28 भल्लाट	29 सोम	30 भुजंग	31 अदिति	32 दिति	ईश 1 शिखि
24 पापयक्ष्मा	40 रूद्र		41 पृथ्वीधर	41 पृथ्वीधर	41 पृथ्वीधर		34 आप	2 पर्जन्य
23 शोष		39 रूद्रदास	41 पृथ्वीधर	41 पृथ्वीधर	41 पृथ्वीधर	33 आपवत्स		3 जयंत
22 असुर	44 मित्र	44 मित्र	45 ब्रह्मा	45 ब्रह्मा	45 ब्रह्मा	42 अर्यमा	42 अर्यमा	4 इन्द्र
21 वरूण	44 मित्र	44 मित्र	45 ब्रह्मा	45 ब्रह्मा	45 ब्रह्मा	42 अर्यमा	42 अर्यमा	5 सूर्य
20 पुष्पदंत	44 मित्र	44 मित्र	45 ब्रह्मा	45 ब्रह्मा	45 ब्रह्मा	42 अर्यमा	42 अर्यमा	6 सत्य
19 सुग्रीव		37 इन्द्र	43 वैवस्वान	43 वैवस्वान	43 वैवस्वान	35 सविता		7 भृश
18 दौदारिक	38 जय		43 वैवस्वान	43 वैवस्वान	43 वैवस्वान		36 सावित्र	8 आकाश
पितृ 17 नैर्ऋति	16 मृग	15 भृंगराज	14 गंधर्व	13 यम	12 गृहक्षत	11 वितथ	10 पूषा	अनिल 9 अग्नि

पश्चिम, वरुण देव (वर्षा)

पूर्व, इंद्र स्थान (समृद्धि)

पूतना 48 | 47 विदारिका

दक्षिण, यम स्थान (मृत्यु, न्याय)

वास्तु पुरुष की उत्पत्ति

मत्स्य पुराण के अनुसार वास्तु पुरुष की उत्पत्ति भगवान शिव के श्वेद कण से हुई है। वास्तु पुरुष स्वभावतः क्रूर, भयानक व अपने मार्ग में आने वालों को नष्ट करने वाला था। भगवान शिव द्वारा जब उसे वरदान प्राप्त हुआ कि वह आकाश पाताल व पृथ्वी पर सारी चीजों का भक्षण कर सकता है तब, सारे देवता सहम गये। सारे देवताओं ने वास्तु पुरुष को पकड़ा व पृथ्वी पर औंधे मुँह फेंक दिया। जिससे कि उसका सिर उत्तर-पूर्व में व पैर दक्षिण-पश्चिम में हो गए। १३ देवताओं ने उसे अंदरूनी भाग से तथा ३२ ने उसके शरीर के बाहरी भाग से यानी कुल ४५ देवताओं ने उसे पकड़कर पृथ्वी पर फैंक दिया था। उन ४५ देवताओं के नाम तालिका में दिए गए हैं।

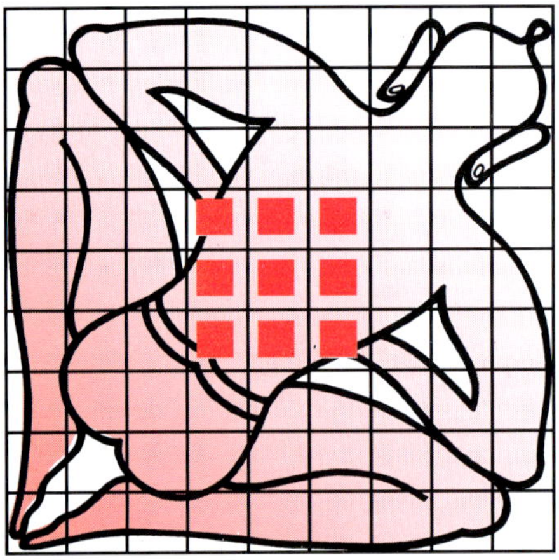

मर्म केन्द्र

नीचे आठ प्रमुख ऊर्जा रेखाओं पर मर्म बिन्दु दर्शाये गये हैं। ये बहुत ही संवेदनशील बिन्दु हैं जो हमें शारीरिक, मानसिक, भावनात्मक या आध्यात्मिक रूप से प्रभावित करते हैं। हमें इन मर्म केन्द्रों का ध्यान रखना चाहिए ताकि किसी कील या स्तम्भ जैसी नुकीली और भारी चीज से इन मर्म केन्द्रों को चोट नहीं पहुँच पाए।

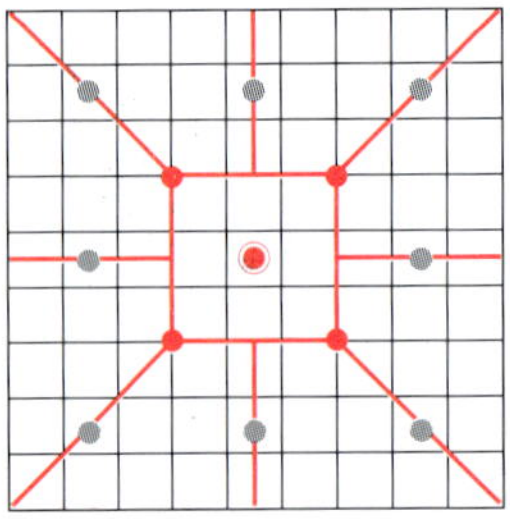

ब्रह्मस्थान का महत्व

ब्रह्मस्थान वर्गाकार भूखंड का केन्द्र होता है। किसी भी वस्तु या जगह का केन्द्र बहुत ही महत्वपूर्ण होता है। उदाहरणार्थ- कोशिका की नाभि व उत्तोलक का अक्ष। ब्रह्मस्थान वास्तु निर्माण का बहुत ही महत्वपूर्ण अंग है। जो ऊर्जा तरंगें ब्रह्मस्थान से होकर जाती हैं वे ब्रह्मस्थान के समान ही महत्वपूर्ण होती हैं। आदि काल से ही ब्रह्मस्थान का महत्व विदित है। इसलिए मंदिर,देवस्थान, तुलसी के पौधे इत्यादि गांवों, घरों व प्रासादों के मध्य में स्थित किए जाते थे। और प्रतिदिन प्रातः ब्रह्म स्थान को ऊर्जित करने की दृष्टि से तुलसी की पूजा की जाती थी। ब्रह्मस्थान ८१ खंडो में विभक्त वास्तु मंडल के बीच के नौ वर्गोमें व्याप्त है तथा वास्तु पुरूष की नाभि स्थल पर स्थित है।

वास्तु में यह मान्यता है कि खम्भा गाड़कर, कील ठोंककर, भारी चीजें रखकर ब्रह्म स्थान पर यदि चोट पहुँचाई जाए तो गृह स्वामी को कष्ट होता है। अतः इसे सुरक्षित रखा जाना चाहिए क्योंकि ब्रह्म स्थान किसी भी भवन का अति महत्वपूर्ण भाग होता है।

ज्यामितीय आकार का महत्व

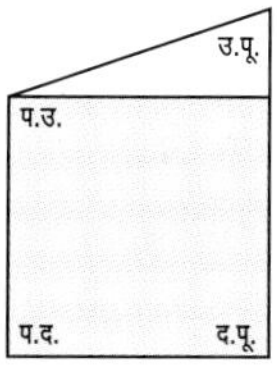

उत्तर-पूर्वी भाग का
बढ़ा होना प्रगति व धन वृद्धि

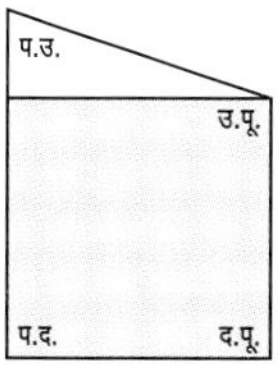

उत्तर-पश्चिमी भाग का बढ़ा होना
अप्रसन्नता, शत्रुओं में वृद्धि,
व्यापार हानि, चोरी भय

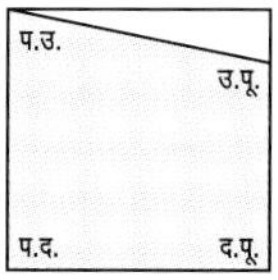

उत्तर- पूर्व का कटा होना
स्वास्थ्य, शांति एवं आर्थिक
दृष्टि से हानि

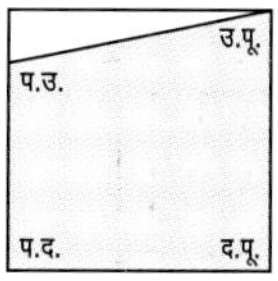

उत्तर-पश्चिम का कटा होना
उन्नति व समृद्धि के लिये
लाभदायक

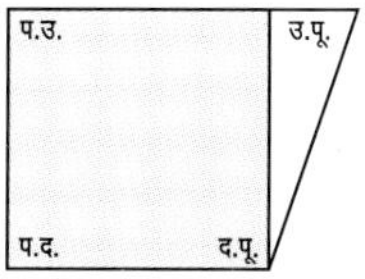

उत्तर-पूर्व भाग का बढ़ा होना
प्रगति व समृद्धि

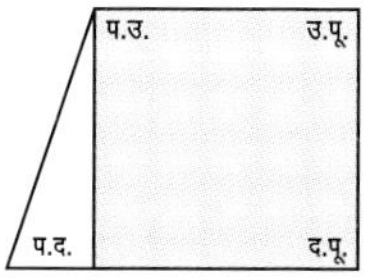

दक्षिण पश्चिमी भाग का बढ़ा
होना मानसिक असंतुलन,
स्वास्थ्य व वाहन हानि, दरिद्रता

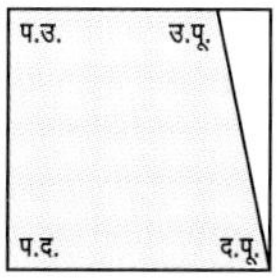

उत्तर- पूर्व का कटा होना
अप्रसन्नता, शत्रुता, धनहानि

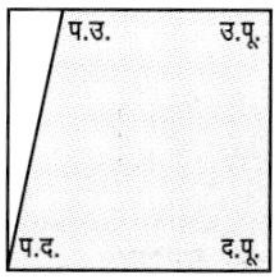

उत्तर- पश्चिम का कटा होना
रूग्णता, अप्रसन्नता, दुर्घटना

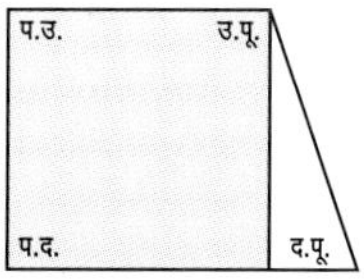

दक्षिण-पूर्वी भागका बढ़ा होना
झगड़े, मुकदमें बाजी,बीमारी,
धन हानि

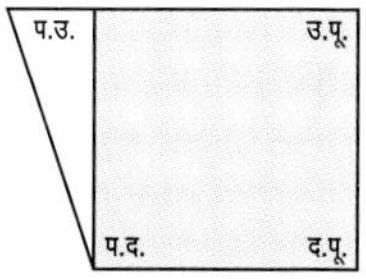

उत्तर पश्चिमी भाग का बढ़ा
होना मानसिक असंतुलन,
दोषपूर्ण, दरिद्रता और वाहन
हानि

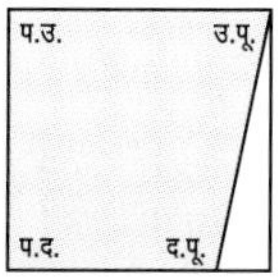

दक्षिण- पूर्व का कटा होना
अर्थात उ.पू. का बढ़ना
प्रगति कारक

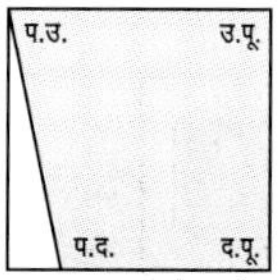

दक्षिण-पश्चिम का कटा होना
मानसिक अशांति, रूग्णता,
आर्थिक हानि, यश व
मर्यादा की हानि

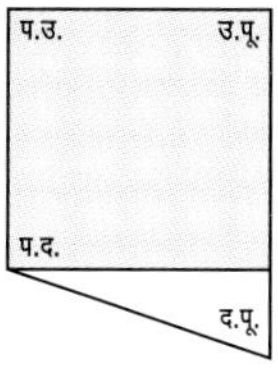

दक्षिण- पूर्वी भाग का बढ़ा
होना मुकदमेबाजी, अनचाहा
खर्च, बच्चों व महिलाओ
के लिए नुकसानदायक

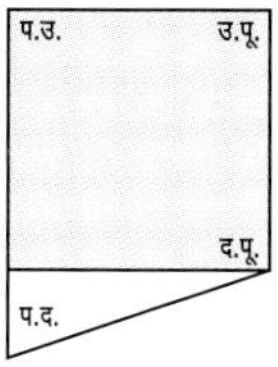

दक्षिण पश्चिमी भाग का बढ़ा
होना आर्थिक हानि, दोषपूर्ण,
व दुर्घटनाएँ

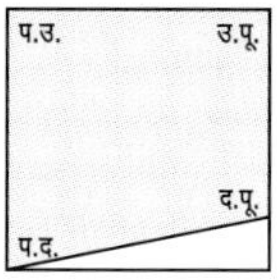

दक्षिण- पूर्व का कटा होना
आर्थिक हानि, अपयश
आत्महत्या की संभावनाएँ

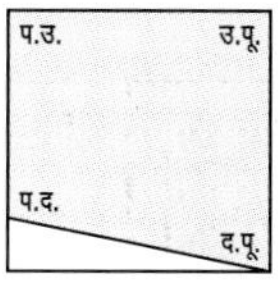

दक्षिण-पश्चिम का कटा होना
चिंताएँ, मुकदमें बाजी, विनाश
अनचाहा खर्च

मार्ग/ रास्ते का महत्व

१. चारों तरफ मार्ग-
यदि भूखंड के चारों ओर समानांतर रास्ते होते हैं तो निवास करने वाले व्यक्ति को ऐसे भूखंड से उन्नति, सम्पन्नता, स्वास्थ्य व समृद्धि प्राप्त होती हैं।

२. उत्तर-पूर्व और पश्चिम की तरफ के मार्ग-
यह भी शुभ भूखंड है व शीघ्र वृद्धिकारक है। इसमें निवास करने वाला व्यक्ति सुखपूर्ण जीवन व्यतीत करता है और उसकी व्यापारिक उन्नति होती है।

३. दक्षिण-पूर्व और पश्चिम के मार्ग-
ऐसे भूखंड पर रहने वाले व्यक्ति का बड़ा नाम व सम्मान होता है।इस तरह के प्लाट पर महिलाओं को विशेष रूप से सफलता प्राप्त होती है।

४. उत्तर- पश्चिम और दक्षिण की तरफ के मार्ग-
ऐसे भूखंड में रहने वाला व्यक्ति सुखी,ऐश्वर्य संपन्न व समृद्धशाली जीवन व्यतीत करता है, लेकिन ऐसे व्यक्ति की सामाजिक कार्योमें रूचि नहीं होती है।

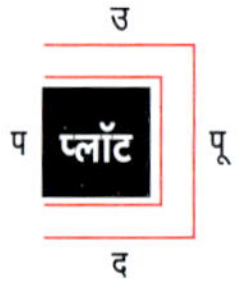

५.उत्तर-पूर्व और दक्षिण की तरफ के मार्ग-
ऐसे भूखंड में रहने वाला व्यक्ति प्रसन्नता पूर्वक रहता है लेकिन ऐसा भूखंड मध्यम श्रेणी का होता है।

६. उत्तर व पश्चिम दिशा में मार्ग-
ऐसे भूखंड पर रहने वालों की धन-संपत्ति बढ़ती है।

७. उत्तर व पूर्व दिशा में मार्ग-
ऐसे भूखंड में रहने वाले व्यक्ति का बड़ा नाम होता है व उन्हें धन समृद्धि तथा व्यापार में नए - नए अवसर प्राप्त होते हैं ।

८. दक्षिण व पश्चिम दिशा में मार्ग-
ऐसा भूखंड व्यापारी वर्ग के लोगों के लिये उचित है क्योंकि ऐसा भूखंड व्यापार में उन्नति प्रदान करता है।

९. **दक्षिण एवं पूर्व दिशा में मार्ग-**
ऐसे भूखंड मे रहने वाले व्यक्ति मनोरंजन पर बहुत पैसा खर्च करते हैं और सुखी जीवन व्यतीत करते हैं।

१०. **उत्तर व दक्षिण दिशा में मार्ग-**
ऐसे भूखंड में रहने वाले व्यक्ति ऐश्वर्य पूर्ण जीवन व्यतीत करते हैं। परन्तु घर में प्रसन्नता के स्थान पर आपसी द्वेष, ईर्ष्या, झगड़े व शत्रुता रहती है।

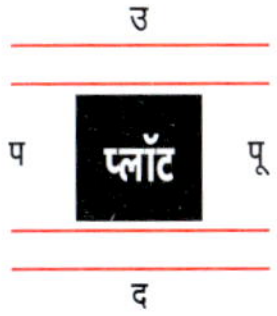

११. **पश्चिम और पूर्व दिशा में मार्ग-**
ऐसा भूखंड अच्छा होता है व रहने वाला व्यक्ति हमेशा समृद्धि पाता है।

१२. **उत्तर दिशा में मार्ग-**
ऐसा भूखंड धन - समृद्धि प्रदायक होता है।

१३. **दक्षिण में मार्ग-**
महिलाओं से संबंधित प्रसाधन सामग्री की दुकानें, अस्पताल, मनोरंजन से संबंधित व्यापार व मदिरालय ऐसे भूखंड पर उन्नति करते हैं।

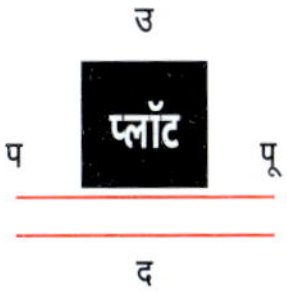

१४. **पश्चिम में मार्ग-**
ऐसा भूखंड मध्यम श्रेणी का होता है व व्यवसायिक दृष्टि से लाभप्रद होता है।

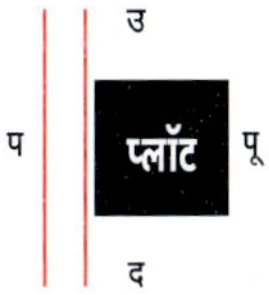

१५. **पूर्व में मार्ग-**
इस तरह का भूखंड बहुत ही शुभ होता है। इसमें रहने वाले व्यक्ति को प्रसिद्धि व समृद्धि प्राप्त होती है।

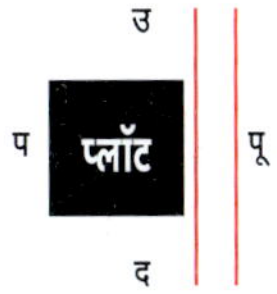

१६. **भूखंड पर मार्ग का खत्म होना-**
जब किसी भूखंड पर मार्ग समाप्त होता है तो यह शुभ नही हैं, पर यदि यह उत्तर- पूर्व, उत्तर- पश्चिम (केवल पश्चिम) और दक्षिण- पूर्व (केवल दक्षिण) की ओर हो तो ये शुभ होते हैं। अन्य सभी प्रकार की मार्ग समाप्ति (जो चित्र में दर्शाई गई है) अशुभ होती है।

१७. **भूखंड के किसी एक तरफ 'T' आकृति का मार्ग -**
इस तरहके भूखण्ड की स्थिति होना दोषपूर्ण वास्तु है।

विभिन्न द्वार स्थिति के परिणाम

पूर्व की ओर-

१. अग्नि भय २. महिलाओं का विकास ३. समृद्धि ४. श्रेष्ठ जनों का सहयोग प्राप्त ५. अस्थिरता ६. कलंक ७. दुख पूर्ण ८. चोरी ९. पुत्र और/अथवा धन की हानि

दक्षिण की ओर-

९. पुत्र व धन की हानि १०. विद्रोही ११. संकुचित मानसिकता १२.समृद्धि, वृद्धि १३. अशुभ १४. कृतघ्नता या भय १५. आर्थिक हानि १६. पुत्र की योग्यताओं की हानि १७. संतान को कष्ट, अवांछित खर्च।

द्वार की चौड़ाई दरवाजे की ऊंचाई से आधी होनी चाहिए।

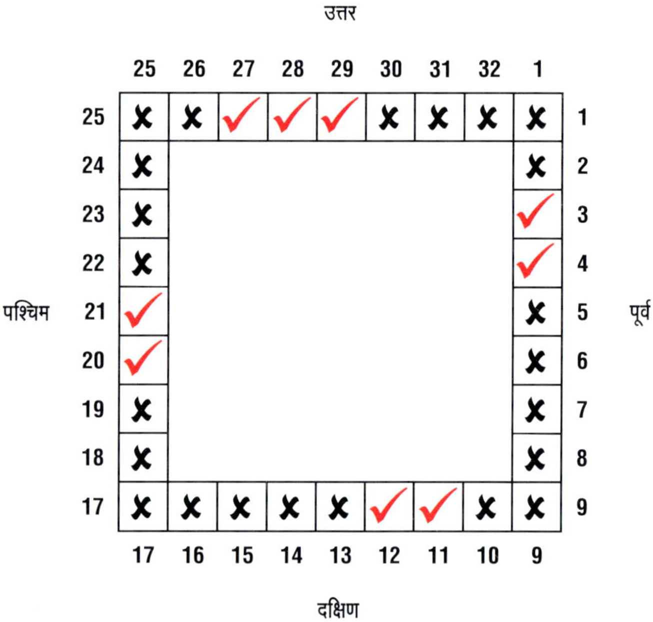

द्वार की स्थिती

दरवाजा बीच से खुलने वाला होना चाहिए। दरवाजे का फ्रेम आयताकार होना चाहिए। यदि मेहराब आवश्यक है तो अलग फ्रेम के साथ होना चाहिए।

पश्चिम की ओर-

१७. संतान को कष्ट, अवांछित खर्च १८.शत्रुता १९. आर्थिक हानि २०. आर्थिक व मानवीय वृद्धि २१. आर्थिक व मानवीय वृद्धि २२. राज भय २३. आर्थिक हानि २४. बीमारी २५. दुखद मृत्यु, दुर्घटना, कारावास

उत्तर की ओर

२५. दुःखद मृत्यु, दुर्घटना, कारावास २६. शत्रुता २७. प्रसन्नता २८. आर्थिक लाभ, मानवीय वृद्धि २९. सब प्रकार के लाभ ३०. पुत्र के साथ शत्रुता ३१. महिलाओं के लिए कठिनाइयाँ ३२. असफलता, अग्नि जन्य नुकसान।

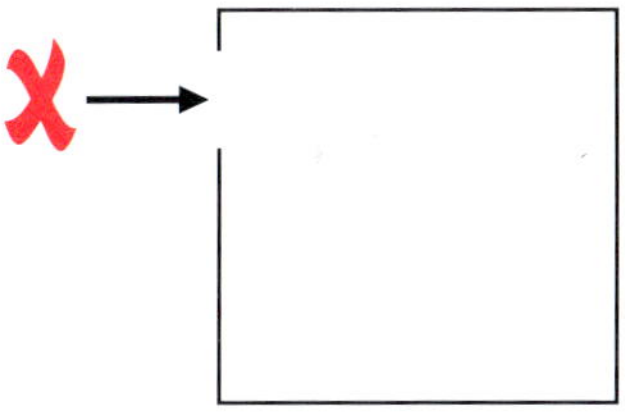

द्वार वेध (मुख्य द्वार पर वेध या द्वार के सामने रूकावट कारी स्थितियाँ)

घर के द्वार पर उपस्थित वेध उसमें रहने वालों को रूकावट कारी चीजों या स्थितियों के अनुसार कष्ट प्रदान करते हैं। जैसे-वृक्षवेध-बच्चों के लिए हानि, कुआं-मानसिक असंतुलन, मंदिर- विकास में बाधाएँ, सीढ़ियाँ-अप्रसन्नता, रास्ते व मार्ग-आयु क्षय ,अन्य भवन के कोने-तरह-तरह की चिंताएँ, खंभे-महिलाओं को कष्ट, दलदल या नाली- चिंताओं में वृद्धि, उलझनें, पानी का बहाव- आय की तुलना में खर्च की अधिकता, लिफ्ट-स्वास्थ्य व धन में गिरावट, लाउड स्पीकर या निरंतर ध्वनि- अशुभ संकेत, कारखाना या मशीनें-व्याधि व पीड़ा, ऊंची दीवार/ भवन- विकास में बाधा, विद्युत या टेलीफोन के खंभे- गंभीर रोग कारक होते हैं।

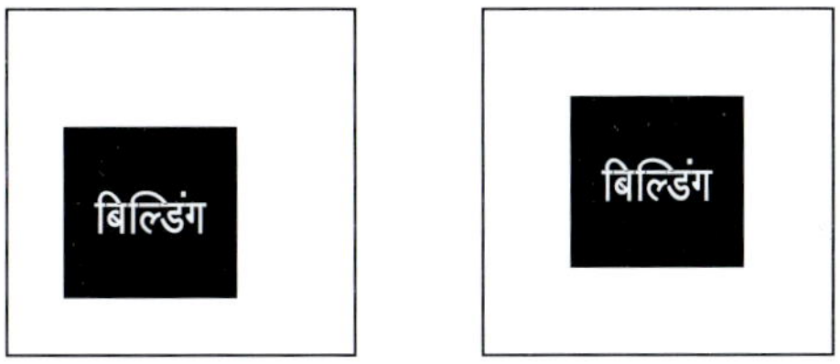

भवन की स्थिति

भवन की स्थिति सदैव दक्षिण-पश्चिम में होनी चाहिए तथा सूर्य- चंद्रमा के सिद्धांतों के आधार पर अथवा प्लॉट के मध्य में सामंजस्य स्थापित करते हुए उत्तर-पूर्व दिशा को खुला रखना चाहिए ।

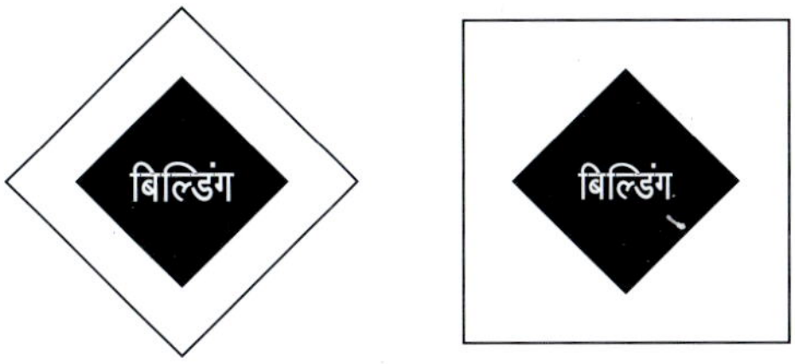

तिरछा प्लॉट

तिरछा भूखंड या भवन अनुपयुक्त होते हैं।

जितेन वाणी

अधिकांश बीमारीयाँ मुँह के द्वारा और दुष्ट आत्माएँ दरवाजे के द्वारा प्रवेश करती हैं अतः अपनी कुशलता के लिए इन दोनों को सुरक्षित रखना चाहिए।

सीढ़िया

सीढ़ियाँ सदैव भवन के पश्चिम या उत्तर दिशा में स्थित होनी चाहिए।
इनका घुमाव चढ़ते हुए सदैव घड़ी के चलने की दिशा (सीधे हाथ की ओर) में होना चाहिए। जैसा कि चित्र में दर्शाया गया है।

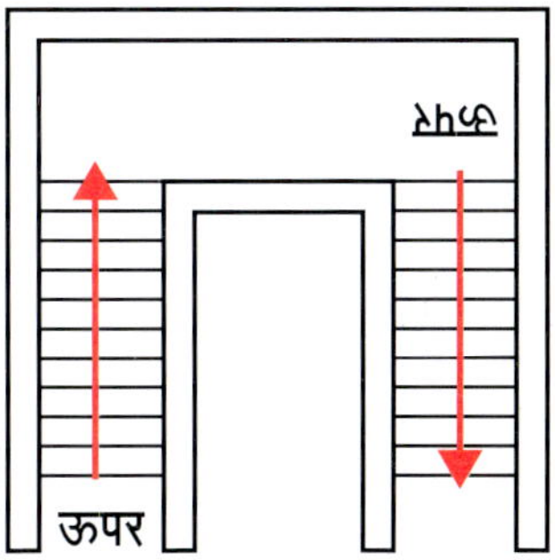

गृह तालिका विवरण

भवनमें विभिन्न कक्षों की स्थिति अलग-अलग प्रभाव डालती है। वास्तु अनुसार कक्षों की स्थिति यहाँ दी जारही है।

• रहने का कमरा • रसोई घर का विकल्प • धोने का स्थान • सेप्टिक टेंक • नव दम्पतिका कक्ष • अन्यों का कक्ष न रखें • कुआ का निषेध	• कोष/खजाना • अधिक खुलास्थान • लिविंग रुम • छात्रोंका कक्ष • स्नान गृह • वृद्धों का कमरा	• पूजाकक्ष • ध्यान कक्ष • प्रवेश/पोर्च • बालकनी/बरामदा • भूमिगत टंकी • शौचालय का निषेध • रसोई घर का निषेध
• भोजन कक्ष • अध्ययन कक्ष • बच्चों का कमरा • ओवरहेड टेंक • तहखाना निषेध	• खुला स्थान • अधिक प्रकाश एवं हवा • तुलसी पौधा के लिए उपयुक्त	• स्नानगृह • घी, तेल संग्रहण • अधिक खुला स्थान • अतिथि गृह • बच्चों का कमरा
• मास्टर बेडरूम • अलमारी • ड्रेसिंग कक्ष • सीढ़ियाँ • ओवरहेड टेंक • तहखाना/कुआ निषेध • शौचालय टालें	• शयन कक्ष-सोतेसमय सिर दक्षिण या पूर्व में • सीढियाँ • लिफ्ट • प्रोविझन रुम • स्टोर रुम • तहखाना/कुआ निषेध	• लडकियों का शयन कक्ष • रसोई-पूर्वाभिमुखी • विद्युत मीटर • शौचालय • अग्नि स्थान • भूमिगत टंकी निषेध • कुआ न बनावें

कार्यालय तालिका / विवरण

वास्तु अनुरूप कार्य व्यवस्था

• मार्केटिंग स्टाफ • डाक प्रेषण • अभ्यागत • स्वागत कक्ष • शौचालय • पेंट्री	• लेखा कर्मचारी • जुनियर स्टाफ • टाईपिस्ट • प्रवेश	• स्वागत कक्ष • पेय जल • मंदिर • तहखाना • कम वजन • स्वच्छता • कंप्यूटर
• बाथरूम • पार्टनर • डिपार्टमेंटल हेड • जनरल मैनेजर • स्टोर आदि	• खाली स्थान • साज सज्जा • बहुत कम वजन • अनुसंधान • कान्फ्रेंस रुम	• कंप्यूटर • एच. आर. डी. विभाग • स्टेशनरी • प्रवेश
• चेयरमेन • मेनेजिंग डाइरेक्टर • सीनियर मैनेजर • स्टोर • भारी सामान	• सेल्स मैनेजर • पर्सनल मैनेजर • ऑडिटर • वरिष्ट अधिकारी • स्टोर	• विद्युत मीटर • लेखा • टेलिफोन आपरेटर • शौचालय

दुकान और व्यावसायिक भवन विवरण

• विज्ञापन • भ्रमण • वाहन शो रुम • हल्का सामान • डिस्प्ले रेक • अभ्यागत रुम	• केश काउन्टर • मुख्य प्रवेश • सेल्स से जुड़े लोग–उत्तराभिमुख • वित्त • तहखाना–कार पार्किंग	• मंदिर या खुला रखें • मुख्य प्रवेश • अधिक खुला स्थान टेक्सटाइल, शिक्षा, सोने, चांदी या आध्यात्मिक सामग्री से जुडी दुकानें
• शोकेस और प्रदर्शन • प्रदर्शन • मेजेनाइन • शौचालय • कृषि उत्पादन, हार्डवेयर और दवा दुकानें	• खुला स्थान • अधिक प्रकाश और वायु • साजसज्जा के उपयुक्त	• मुख्य प्रवेश • सेल्स से जुडे लोग पुर्वाभिमुख • वस्त्र, स्टेशनरी, प्रोविझन स्टोर आदि कि दुकानें
• भवन की उंचाई सर्वाधिक • शौचालय • तहखाना निषेध • चमड़े की दुकानें • भारी मशीनरी	• भारी सामान • यदि तहखाना आवश्यकही हो तो बार, केसिनो, क्लब आदि के लिए हो • भवन सामग्री और केमीकल्स के लिए उपयोगी	• विद्युत मीटर • ए. सी. ट्रांसफार्मर आदि • सुनार, फर्नीचर, ब्यूटीपार्लर, इलेक्ट्रानिक सामग्री की दुकानें

वास्तु अनुरूप दुकानों व व्यावसायिक भवनों की स्थिति

कारखाने का विवरण

• साइड प्रवेश • तैयार माल • शौचालय • गार्ड रूम • पार्किंग • डिस्पेच	• मुख्य प्रवेश • तैयार माल • कार्यालय प्रमुख उत्तर की ओर • सेप्टिक टेंक	• मुख्य प्रवेश • प्रशासन • टेक्निकल ब्लाक • साइकिल/स्कूटर पार्किंग • भूमिगत टेंक • तैयार माल
• कच्चे मालका का भण्डारण–कंपाऊण्ड खाली न रहे • भारी मशीनरी का स्टोरेज	• खुला स्थान • कोई भार न रखें • भारी मशीनरी निषेध	• प्रवेश • विचार विनिमय कक्ष • शोरुम • अधिक खुला स्थान • कार्यालय स्वामी–पूर्वभिमुख • तैयार माल
• भारी मशीनरी • कच्चा सामान • मेंनेजिंग डाइरेक्टर का कार्यलय • ओवरहेड टेंक	• आधीतैयार सामग्री • कभी खाली न रखें • रेस्ट रूम • शौचालय • पार्किंग	• ट्रांसफारमर, बॉयलर, जनरेटर • शौचालय • गार्ड रुम • कंटीन • कंप्यूटर, आदि

वास्तु अनुरूप कारखाना व फैक्ट्री की स्थिति

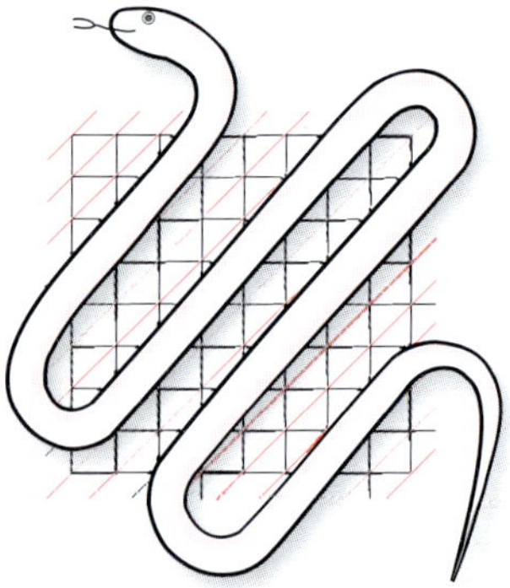

वास्तु विद्या में ऊर्जा जाल का प्रतीकात्मक बोध लम्बवत, क्षैतिजीय व क्रॉस रेखा जाल तथा सर्प के द्वारा किया जाता है। भूखण्ड को उपयोगके पूर्व जागृत और सक्रिय करना चाहिए। इस हेतु सर्प की प्रतीकात्मक पूजा आवश्यक है।

राशियों पर सर्प-मुख की स्थिति

उ. प.	मीन, मेष, वृषभ
उ. पू.	मिथुन, कर्क, सिंह
द. पू.	कन्या, तुला, वृश्चिक
द. प.	धनु, मकर, कुंभ.

दो राहें...

जब आप वास्तु का अध्याय पढेंगे तो आपको अपने घर या कार्य स्थल पर अनेक वास्तुदोष दिखाई देगें । अब हमें समाधान की ओर सोचना है। किसी भी समस्या को हल करने की दो तकनीकें हम पहले ही पढ़ चुके हैं - बाह्य ध्रुवीय तकनीक और अंतः ध्रुवीय तकनीक।

यदि आप बाह्य ध्रुवीय तकनीक का उपयोग करना चाहते हैं तो आपको मकान को तोड़ फोड़ कर उसमें परिवर्तन करना होगा पर कई बार कुछ असुविधाओं, सरकारी नियमों या अन्य बाधाओं के कारण ऐसा करना हमारे लिए संभव नहीं हो पाता है। अब दूसरा रास्ता अंतः ध्रुवीय तकनीक की ओर ही जाता है। यह अंतः ऊर्जा केन्द्र से संबंधित है। यहाँ प्रयुक्त होने वाली तकनीक चाहे वह तंत्र, मंत्र या यंत्र की कोई भी पद्धति हो मगर वह मूल को सुधारती है।

तंत्र वह उच्चस्तरीय सिद्धांत है जहाँ शिव और शक्ति का दिव्य नर्तन है या ऊर्जा और पदार्थ का संयुक्त स्पंदन है। मंत्र ब्रह्माण्डीय ऊर्जा के हमारे चारों ओर तरगिंत स्पदंनों का सिद्धांत है। यंत्र, केन्द्र तक या लक्ष्य तक पहुँचने के लिए उपयोग में लिए जाने वाले वाहन या यंत्र का सिद्धांत है। ये सभी तकनीक हमारे (मूल) केन्द्र पर प्रभाव डालती है और विकृतियों को हटाकर संतुलन स्थापित करती हैं।

वास्तु के अनुसार कोई भी भूखण्ड लेने के बाद प्रथम कार्य है - ''वास्तु पूजा''। भूखण्ड को हमारे लिए शुभ परिणाम दायक बनाने की दृष्टि से यह एक धार्मिक प्रतीकात्मक पूजा है। यह पूजा भूखण्ड की प्राणशक्ति को जागृत करने के लिए की जाती है जो नाग के रूप में है। यह नाग चार घरों में होता हुआ वर्ष मे एक बार परिक्रमा लगाता है। हम को निर्माण शुरू करते समय खोदते वक्त बहुत सावधानी रखनी चाहिए। इस नाग शक्ति के मस्तक पर प्रहार नहीं करना चाहिए । भूखण्ड का हमारे साथ सामंजस्य होना चाहिए । साथ ही नागपूजा के समय पूँछ के स्थान पर अनेक यंत्र रखे जाते हैं।

आइए, यंत्रों की इस शक्तिशाली तकनीक को ओर विस्तार से जानें ताकि अपने आसपास सामंजस्य और संतुलन का निर्माण हो सके ।

श्री यंत्र

हमारी चेतना को परम चेतना तक ले जाने की तांत्रिक साधना में प्रयुक्त होने वाला शक्तिशाली यंत्र ।

यंत्रो को समझना

यंत्र द्वि या त्रि आयामी निश्चित शक्ति वाली आकृतियाँ होती हैं ।

यंत्र शक्तिशाली, गतिशील और पवित्र रेखागणितीय आकृतियाँ और प्रतीक हैं । निश्चित उद्देश्य के लिए एक विशिष्ट आकृति वाला यंत्र बनाया गया है जिसे हम हमारी अंदरूनी शक्ति की सहायता से प्रयोग कर वांछित परिणाम प्राप्त कर सकते हैं।

ये यंत्र एक प्रमुख बिन्दु से कार्यारंभ करके संकेन्द्रित परिपथ के माध्यम से होते हुए लक्ष्य तक पहुँचते हैं।

वैसे तो यंत्र कई प्रकार के होते हैं पर प्रमुख रूप से हम इन्हें पॉच भागों में विभाजित कर सकते हैं-

१) *भूमि प्रस्थ यंत्र* - ये पृथ्वी पर प्राप्त तत्वों से बनाए जाते है और दो भागों में विभाजित किए जाते हैं-
   अ) रेखाओं सहित उभरे हुए यंत्र
   ब) नक्काशी किए हुए

२) *मेरू प्रस्थ यंत्र* - ये पर्वताकार होते हैं; जिनमें आधार चौड़ा और शीर्ष बिन्दु रूप में नुकीला होता है। जैसे मंगल यंत्र

३) *पाताल यंत्र* - ये यंत्र उल्टे आकार के होते हैं अर्थात नुकीला हिस्सा नीचे होता है और नक्काशी कर बनाये जाते हैं।

४) *मेरू प्रस्तर यंत्र* - इनके आकार कटे हुए होते हैं।

५) *रूरम प्रस्थ यंत्र* - ये ढले हुये यंत्र होते हैं, इनका नीचे का हिस्सा आयताकार और ऊपर का हिस्सा कच्छप पृष्ठ जैसा होता है।

ये सभी यंत्र पंच महाभूत यथा पृथ्वी, वायु, अग्नि, जल और आकाश के अनुसार भी विभाजित किए गए हैं । इन यंत्रों को उनके उपयोग की दृष्टि से विभिन्न कार्योके लिए बनाया जाता है-

१) *पृथ्वी तत्व* - ये यंत्र आराम, संतोष, महत्वाकांक्षा और सफलता दायक होते हैं।

२) *जल तत्व* - प्रेम, स्नेह, सौम्यता, बुद्धि वर्धक के साथ ही बैचेनी को दूर करने में सहायक हैं।

३) *अग्नि तत्व* - सफलता, मान-सम्मान, प्रतिष्ठा, विजय को देने वाले तथा विध्नहर्ता होते हैं।

४) *वायु तत्व* - ये यंत्र बहुत शक्तिशाली होते हैं, पर यदि ठीक से प्रतिष्ठित नहीं किए गए तो समस्याएँ, अनादर, और विरोध पक्ष तैयार करते हैं।

५) *आकाश तत्व* - ये यंत्र प्रेम, स्नेह सफलता, शिक्षा,आध्यात्मिकता, को बढ़ाने वाले तथा चिंता कम करने वाले होते हैं।

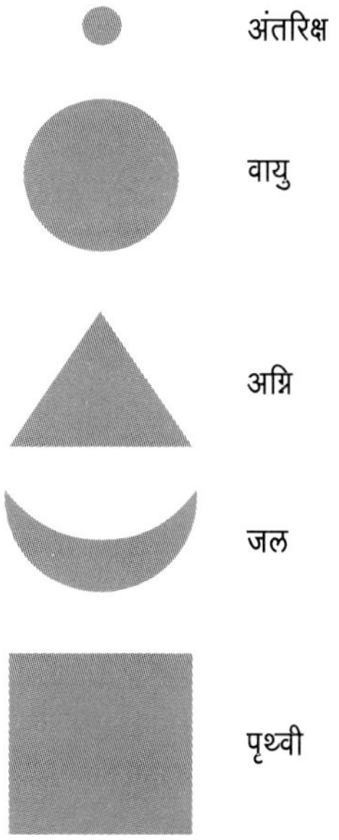

आधारभूत-पंच तत्वों के प्रतीकात्मक यंत्र

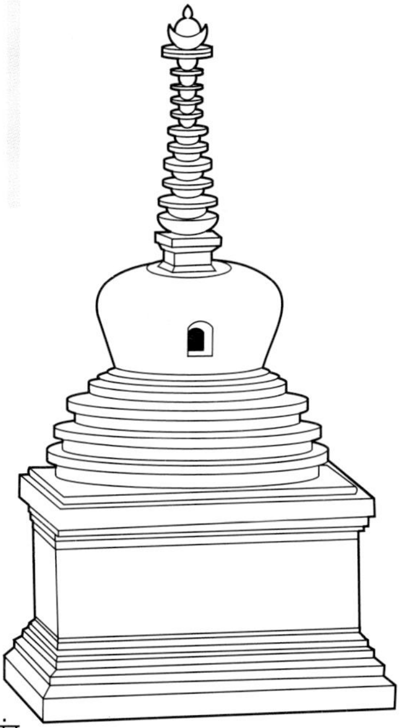

शहर के चौराहों पर तिब्बतीय ऊर्जा संतुलन यंत्र

यद्यपि, यहाँ पर केवल कुछ यंत्रों की चर्चा की गई है पर विभिन्न देशों एवं धार्मिक क्षेत्रों में अन्य अनेक यंत्र प्रचलित हैं । यंत्र बहुत ही व्यापक एवं गंभीर विषय है, जिसका अध्ययन विश्व भर में हमारे पूर्वजों ने किया है ।

इसलिए यंत्र एक मनोरथ पूर्ति का उपकरण है। वैसे इन यंत्रों का बहुस्तरीय मिश्रित प्रतीकात्मक रूप मनुष्य को अपने मूल समग्र भाव यानी परमानंद और परम चैतन्य में वापसी का भी संकेत देता है।

पिरामिड यंत्र

हमारे मंदिर, चर्च, गुरूद्वारा, मस्जिद और अन्य उपासना स्थल हमारे और स्वर्ग के बीच की कड़ी है, जहाँ हम सर्वोच्च शक्ति की सहायता की कामना करने के लिए हम इन उपासना स्थलों में जाते हैं। इतना ही नहीं हम तो अपनी शिकायत, महत्वाकांक्षा, लक्ष्य आदि की पूर्ति की आकांक्षा लेकर भी वहाँ जाते हैं। इस तरह हमारे लिए वे अंतिम आशा के केन्द्र हैं। जब हम किसी चमत्कार की आशा करते है तो केन्द्रों की ओर हमारे कदम बढ़ने लगते हैं । इसलिए ये पिरामिड यंत्रों के कामना पूर्ति उपकरण के रूप में बहुत अच्छे उदाहरण हैं। आइए! इनके संबंध में कुछ और अधिक जानने का प्रयास करें।

पूरे विश्व में विभिन्न आकृतियों वाले अनेक उपासना स्थल हैं। मूलतः ये आकृतियाँ दो मुख्य भागों में विभाजित की जा सकती हैं।

१) गुम्बज आकार के

२) पिरामिड या शंकु आकार के

चीन तथा अन्य दक्षिण-पूर्वी देशों में शंकु आकार की नुकीली सुदंर आकृतियों वाले मंदिर एवं अन्य भवन देखे जा सकते हैं जबकि इस्लाम और बौद्ध सम्प्रदायों में मस्जिदों एवं अन्य उपासना स्थलों में गोल गुम्बजाकार आकृतियाँ देखने को मिलती हैं परन्तु भारत में आकृतियाँ अन्य प्रकार से हैं।

कामना पूर्ति के लिये आध्यात्मिक यंत्र

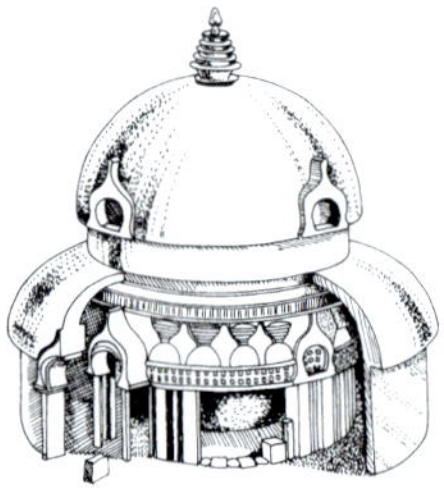

भारतीय मंदिर पिरामिड एवं गुम्बज सहित

यहाँ पृष्ठ भाग में पिरामिड आकार के मंदिर और अग्र भाग में गुम्बज आकार के गर्भ गृह बने रहते हैं, इस तरह से दोनों प्रकार की आकृतियों को समान प्रधानता प्रदान की गई है।

इन आकृतियों को और अधिक प्रभावशील बनाने के लिए गुणन- विधि का प्रयोग किया जाता है। गुणन- विधि के दो प्रकार प्रचलन में हैं।

१) **लम्बवत् गुणन**
२) **समतल गुणन**

लम्बवत् गुणन

इसमें समान आकृतियों की लम्बवत् आधार संरचना की जाती है। पेगोडा इस का श्रेष्ठ उदाहरण है।

समतल गुणन

इसमें एक ही आकृति की समतल धरातल पर एक के बाद एक कई बार पुनरावृत्ति की जाती है। उदाहरणार्थ- चर्च।

नवग्रह यंत्र

कई बार दोनों ही गुणन विधियाँ एक साथ देखी जाती हैं जिसमें मूल आकृति को आगे बढ़ाकर पुनरावृत्ति की जाती है, मंदिर के शिखर इसके उदाहरण है।

भारतीय मंदिरों में गुणन विधि यहीं समाप्त नहीं हो जाती है। उनमें मंदिर की पूर्व नियोजित प्रवाह मान संरचना होती है। स्थल चयन, भूमि का प्रकार, वृक्ष के प्रकार, भूमिगत जल प्रवाह, आदि का ध्यान रखते हुए मंदिरों का निर्माण वास्तु-विज्ञान के आधार पर होता है। इस तरह संरचना प्रारूप निश्चित होने के बाद एक खड्डा खोद कर उसमें वास्तु पुरूष मण्डल का यंत्र रखकर उसे आंशिक भर दिया जाता है, फिर नवग्रह यंत्र और श्रीयंत्र भी क्रमशः आंशिक रूप से भरते हुए रखे जाते हैं और इन सबके ऊपर सिंहासन बनाकर देवी-देवताओं की प्रतिमाए प्रतिष्ठित की जाती हैं। यह कक्ष पिरामिड आकार का होता है जिससे कि इन सब यंत्रो का प्रभाव और कई गुना बढ़ जाता है और इसके बाद निर्माण कार्य पूरा किए जाने के उपरांत प्राण प्रतिष्ठा के माध्यम से सम्पूर्ण मंदिर को ऊर्जावान बनाया जाता है।

जैसा कि हम जानते है कि पिरामिड का गणित जीवन शक्ति पर आधारित होने के कारण यह मूल आकृति है। (पिरामिड अध्याय में इसका विस्तृत वर्णन किया गया है।) इसलिए पिरामिड आकृति और उसका गुणन अधिक प्रभावोत्पादक होंगे । प्राच्य ग्रन्थों एवं आधुनिक शोधों के आधार पर पाया गया है कि पिरामिड को तीन भागों में विभाजित किया जा सकता है-

१) आधार- आंतरिक प्रतिध्वनि की दृष्टि से पिरामिड का एक मुख्य भाग

२) शरीर- ऊर्जा के परिचक्रण के लिए आवश्यक

३) शीर्ष- ब्रह्माण्डीय ऊर्जा के साथ संवाद एवं संग्रहण की दृष्टि से शक्तिशाली भाग। इसलिए यह प्रायः रत्नों, मूल्यवान पत्थरों, स्फटिक, धातु ग्रेनाइट आदि से बनाया जाता है।

हमारे सभी धार्मिक स्थल हमारे कल्याण के लिए हमारे लक्ष्य पूर्ति आदि के लिए बहुत ही शक्तिशाली केन्द्र हैं। पर आज हमारे पास मंदिरों या ऐसे ही केन्द्रों में जाने के लिए समय नहीं है और कुछ ऐसा ही उपकरण चाहते है जो व्यक्तिगत रूप से अपने पास रखा जा सके।

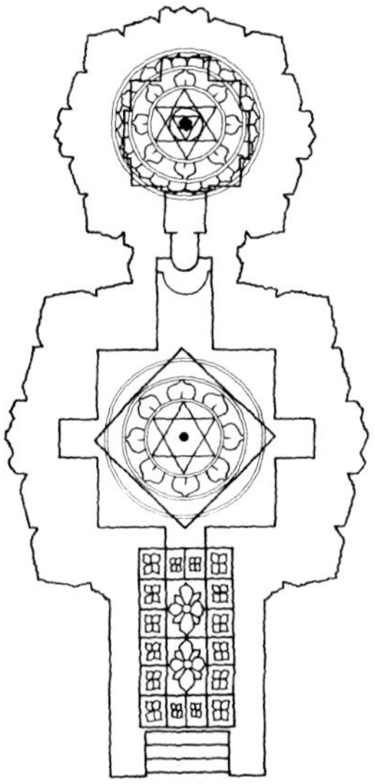

मंदिर का आधार– प्रारूप तीन यंत्र, तीन शक्तियों के प्रतीक हैं।

पिरामिड यंत्र इस दृष्टि से बहुत ही उपयोगी है क्योंकि वे आकार में छोटे, सरलता से प्रयुक्त किए जा सकने वाले व्यक्तिगत उपकरण हैं। इस तरह आप अपने पिरामिड यंत्र को अपनी सुविधा एवं समय के अनुसार कहीं भी तथा कभी भी उपयोग में ला सकते हैं। पिरामिड यंत्र को उक्त उल्लेखित सभी सुविधाओं की दृष्टि से बनाया गया है। विस्तृत विवरण के लिए अंतिम अध्याय
अनुसंधान के उपकरण देखें।

यंत्रो की गतिशीलता

विभिन्न प्रकार के यंत्रो में उपयोग में आने वाली आधार आकृतियाँ निम्नानुसार हैं-

१) ब्रह्माण्ड का अव्यक्त स्वरूप जो बिन्दु से प्रदर्शित किया जाता है।

२) ब्रह्माण्ड के विस्तार को पुरूष और प्रकृति की ऊर्जाओं के रूप में त्रिभुज रूप में दर्शाया जाता है।

३) समन्वय एवं संतुलन दो त्रिभुजों की युति से दिग्दर्शित किया जाता है।

४) पंच तत्वों के प्रतीक रूप में स्वर्णिम तारे को दिखाया जाता है, जो स्वास्थ और शक्ति के लिए प्रयुक्त होता है।

५) प्रत्येक तत्व पॉच विभिन्न आकृतियों से दर्शाए जाते हैं।

६) नव ग्रह की नव शक्तियों की अभिव्यक्ति नव खण्डीय आकृति से होती है।

७) ऊर्जा के विभिन्न स्तरों का दिग्दर्शन एक केन्द्र आधारित अनेक वृत्तों से किया जाता है।

८) विभिन्न दिशाओं में ऊर्जा के प्रवाह को ४, ८, १२, १६, पंखुड़ियों के माध्यम से दिग्दर्शित किया जाता है।

९) सीधा या उल्टा स्वास्तिक, सीधी या उल्टी चक्रीय गति का प्रतीक है।

क्या आप विश्वास करेंगे ?

अमृत, मन्थन का फल है। मेरा सार
पूँछ में है। मुझे पूँछ की ओर से पकड़ो।
– वास्तु पुरूष

बिन्दु

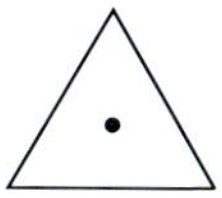

पुरूष

स्त्री

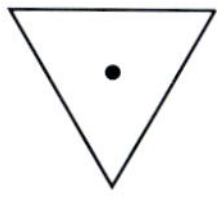

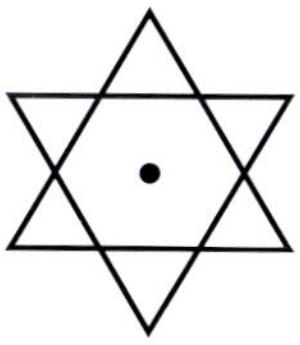

समन्वय

पंचतत्व

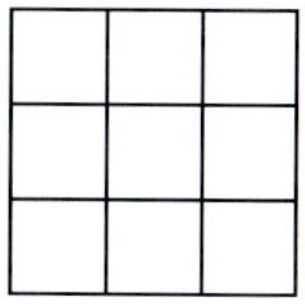

नव ऊर्जाएँ

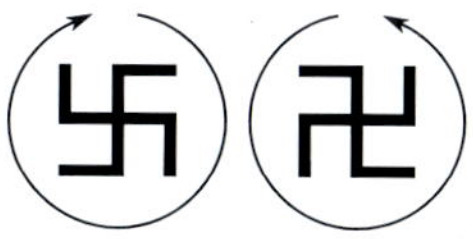

कर के देखें !

आइए! देखें इन यंत्रों का उपयोग कैसे करें। समन्वय यंत्र बहुत ही शक्तिशाली यंत्र है। क्योंकि परस्पर संबंधों में सामंजस्य के बिना हम असहयोग और असंतुलन की स्थिति में होते हैं । जब हम अपने कार्यो में पूर्ण तल्लीन एवं सामंजस्य मय होते हैं तब समान सामंजस्यमय व्यक्तियों और परिस्थितियों को आकर्षित करते हैं । इस स्थिति के लिए हमारा सामंजस्य निम्नानुसार होना चाहिए-

१) प्रकृति माता से
२) तन और मन से
३) स्वयं से तथा अपने आसपास के लोगों एवं स्थानों से ।

ये तीनों समन्वय कारक स्थितियाँ हमारे जीवन को अधिक जीवन्त एवं आनंदमय बना सकती हैं।

यदि आपका किसी के साथ सामंजस्य नहीं है, जैसे - पति, पत्नि, पिता, पुत्र, सास, बहू या अन्य कोई तो इन संबंधों को सुधारने के लिए समन्वय यंत्र बहुत उपयोगी है।

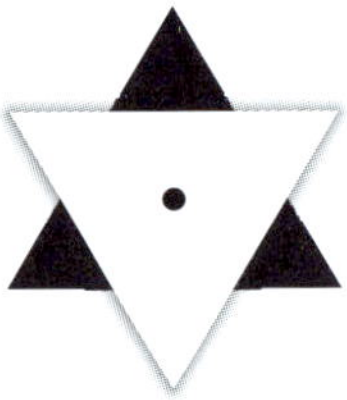

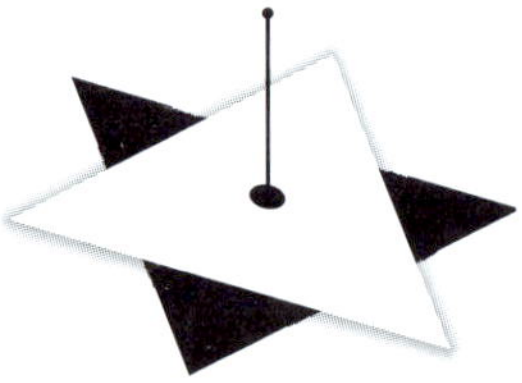

समन्वय यंत्र कैसे बनाएँ?

- एक सफेद कागज का टुकड़ा लें।
- दो एक ही माप के त्रिभुज काटें। समबाहु त्रिभुज हों तो अच्छा होगा।
- यिन ऊर्जा त्रिभुज के एक कोने में पत्नि, बहु, पुत्र जिसका नाम आवश्यक हो लिखें। नाम आपकी ओर हो। येंग ऊर्जा त्रिभुज को चित्र में बताए अनुसार अपनी ओर रखकर नाम लिखें।
- चित्र में बताए अनुसार येंग त्रिभुज को यिन त्रिभुज के ऊपर रखें।
- कोई पेन, पेंसिल या कोई नुकीली वस्तु इस तरह रखें कि वह दोनों त्रिाभुज के ठीक मध्य से जाएँ ।
- अपने नेत्र बंद करें, शांत भाव से अपनी कामना को १०० बार दोहराएँ ।
- अब पिन को मध्य में लगाकर समन्वय यंत्र को बिना हिलाए उसी जगह छोड़ दें।
- कामना पूर्ति होने तक प्रतिदिन एक मिनट तक अपनी कामना को दोहराएँ ।

यदि आपकी समस्या बहुत ही गंभीर है तो आप अनुसंधान के उपकरण हार्मनी 9x9 यंत्र का उपयोग करें। (देखें पृष्ठ २१२)

यथार्थ वाणी

अनेक विशेषज्ञों द्वारा किए गए प्रयोगों का विवरण हमें प्राप्त हुआ है, उन अनेक में से कुछ के मूल्यवान विचार नीचे दिए जा रहे हैं -

डॉ. भट्ट के पायरा वास्तु उपकरण जो मनःशक्ति परआधारित है, का सफलतापूर्वक प्रयोग, मेरे द्वारा भारत, अमेरिका, केनेडा, सिंगापुर, मलेशिया आदि देश के लोगों के वास्तु दोष दूर करने में किया गया है...

पं. गोपाल शर्मा
गर्वनर – आल इन्डिया फेडरेशन ओफ एस्ट्रालाजर्स् सोसायटी

बिना तोड फोड के वास्तु सुधार हेतु पिरामिड यंत्र का उपयोग, शक्तिशाली यंत्र के रूप में पाया है। उससे आश्चर्य जनक परिणाम मिले हैं। लोग इन्हें अपनाना चाहते हैं, क्योंकि ये कम लागत और बिना तोडफोड के उपयोगी है विशेषकर भूखण्ड के दोष सुधार में.....

इंजि. डॉ. के. ए. नाटेसन
वास्तु परामर्शदाता

मेरे १८ वर्षों के वास्तु अभ्यास में, श्मशान,मकबरा, कब्रिस्तान, हत्यास्थल, दुर्घटना स्थल आदि नकारात्मक भूमि के परिणाम उत्साह जनक नहीं थे। कई स्थानों पर वहाँ की नकारात्मक ऊर्जाओं का प्रभाव मेरे ऊपर पड़ा था पर पिरामिड की सकारात्मक प्रभावी ऊर्जा के साथ, स्थानों को ठीक करने में, मैंअब नये आयामों के साथ, आत्म विश्वास से भरपूर हूँ.....

डॉ. एन. एस. पवार
वास्तु पिरामिड विश्लेषक, ओरा फोटोग्राफी

वास्तु विशेषज्ञों के सामने आज चुनौती है - वास्तु दोषों का सुधार भवन की भौतिक संरचना को बदले बिना, बिना तोड़फाड़ के करना । इस बड़ी चुनौती का सरल और प्रभावी तरीका हैं पायरावास्तु का उपयोग। परिणाम चमत्कारी हैं।

गणेश ताम्रकार
वास्तु परामर्श दाता

डॉ.जितेन भट्ट द्वारा प्रणीत पिरामिड के उपयोग से जिओमेंसी, स्पेस हीलिंग, वास्तु, रैकी, फेंगशुई आदि में मुझे चमत्कारिक सफलता मिली है -

कर्नल सुभाष चड्ढा (से. नि.)
जिओमेंसी, वास्तु और फेंगशुई विशेषज्ञ.

पिरामिड की १/३ ऊँचाई पर स्थित ऊर्जा केन्द्र के सिद्धांत ने चमत्कार का सृजन किया है। डॉ.भट्ट द्वारा अभिकल्पित पिरामिड यंत्र 9x9 फारच्युन प्लेट आदिका मैनै व्यक्तिगत रूप से जादुई प्रभाव देखा है

डॉ. सुमन मोतीलाल शाह
रैकीमास्टर और सुजोक, एक्युपंचर के अधिकृत व्याख्याता !

मैं अपने वास्तु अभ्यास में पिरामिड यंत्र का हमेशा प्रयोग करता हूं परिणाम स्वरूप लोगों से बहुत प्रशंसा प्राप्त होती है। डॉ. जितेन भट्ट द्वारा ५००० वर्षों के बाद दी गई इस नई तकनीक के लिए उन्हें धन्यवाद।

कुँवर नरेन्द्रसिंह
वास्तु परामर्शदाता, एडवांस रैकी हीलर

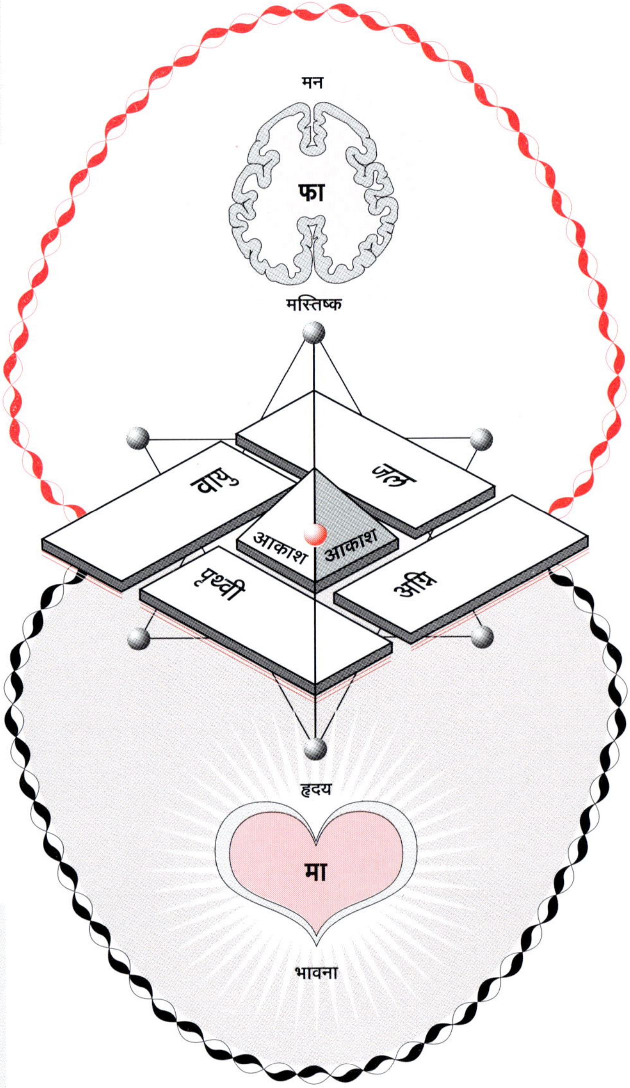

उत्तम वास्तु समाधान

पायरा वास्तु एक अद्भुत व्यावहारिक कला है जिसमें आज्ञाबद्ध पिरामिड यंत्रों के सही स्थापन मात्र से आत्मा, मन, व परिवेश के मध्य संपूर्ण सामंजस्य स्थापित कर उत्तम स्वास्थ्य, प्रसन्नता एवं समृद्धि प्राप्त की जा सकती है।

ऊर्जा को अपने अनुकूल बनाने की यह विधि बहुत उपयोगी है किसी घर, दुकान, फैक्ट्री के भौतिक ढांचे को तोड़े–फोड़े या नुकसान पहुँचाए बिना वास्तु और फेंगशुई दोषों को इस (पायरा वास्तु) के द्वारा उपचारित किया जा सकता है।

5

''पायरावास्तु पूर्व आज्ञाबद्ध पिरामिड यंत्र की सहायता से केन्द्र स्तर पर सुधार के द्वारा सामंजस्य और संतुलन स्थापित करने वाला शक्तिशाली विज्ञान है। यह ब्रह्माण्ड के नियमों और सूक्ष्म शरीररचना के प्रमुख सिद्धांतो पर आधारित है। यहाँ हम अपने केन्द्र मे छिपी हुई क्षमताओं का उपयोग अपने उज्ज्वल भविष्य के लिए करते हैं।''

प्रो. डॉ. जितेन भट्ट

कार्यदक्षी पायरावास्तु

पायरा वास्तु का अनुसंधान

हमारी मूल आवश्यकता एक सुन्दर सा घर है, जिसमें हमें शांति, सामंजस्य, समृद्धि और स्वास्थ्य मिले। वास्तु और फेंगशुई हमारी आत्मा, घर और वातावरण में सामंजस्य बनाते हैं। इस सबके बावजूद इन कलाओं को पूर्णतः लागू करना असंभव है। प्रो. डॉ. जितेन भट्ट ने वास्तु, फेंगशुई और अन्य प्राच्य विद्याओं के प्रमुख सार को लेकर गहन आध्यात्मिकता से परिपूर्ण नये व्यावहारिक पायरा वास्तु का अनुसंधान किया है।

प्रोफे. डॉ. जितेन भट्ट ऐसे वैज्ञानिक हैं जिनके नामके साथ कई बहु आयामी अनु संधान जुड़े हुए हैं। स्वास्थ्य, रोग उपचार आदि से संबंधित क्षेत्र का उनका ३० वर्षो का अनुभव है। पायरा ऊर्जा और पायरा वास्तु उनकी सर्वाधिक परिणामकारी विशेष अनुसंधानित तकनीकहै। इस तकनीक के माध्यम से उन्होंने हजारों लोगों को लाभ पहुँचाया है। हम यहाँ अपनी दैनंदिनी समस्याओं के समाधान के लिए उसके रहस्य सीखेंगे।

पायरावास्तु, वास्तु और फेंगशुई का पूरक है पर इसकी गतिशील क्रिया ठीक दूसरे छोर से प्रारम्भ होती है। यह निरोग होने के लिए दवा और ध्यान दोनों करने के समान है।

प्रमुख सिद्धांत #1
पदार्थ के ऊपर मन

वास्तु और फेंगशुई, बाह्य परिधि में दृष्टिगोचर होने वालें हजारों पत्तों एवं शाखाओं का सुधार करने जैसे हैं। पायरा वास्तु प्राणशक्ति के मूल जो कि सभी क्रियाओं का आधार है, का सुधार करता है। 'मन पदार्थ से महत्वपूर्ण होता है', यह इस सिद्धांत पर आधारित पूर्णतः नया विचार है जो पिरामिड यंत्रों की सहायता से सूक्ष्म स्तर पर उपचार करता है। यह हमारे मन, शरीर और भावना की शक्ति से संचालित है। यह सशक्त चिंतन हमें प्रमुख केन्द्र बिन्दु तक शक्ति से ओतप्रोत कर देता है। इस तरह सूक्ष्म ऊर्जा स्तर पर सुधार, पदार्थ या भौतिक साधनों से किए सुधारों से कहीं अधिक सशक्त है। पायरा वास्तु का प्रथम सिद्धाँत है कि पदार्थ के ऊपर मन है। जिस तरह ऊर्जा, पदार्थ से अधिक शक्तिशाली है उसी तरह मन शरीर से अधिक शक्तिशाली है। उसी तरह यंत्र, निर्माण से अधिक शक्तिशाली है और केन्द्र यंत्रसे अधिक शक्तिशाली।

पदार्थ की सर्वोत्तमस्थिति ऊर्जा है।

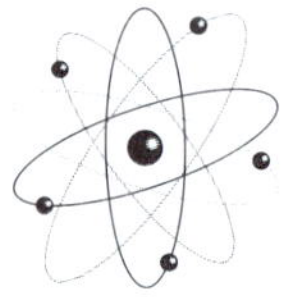

शरीर की सर्वोत्तम स्थिति मन है।

भवन की सर्वोत्तम स्थिति यंत्र है ।

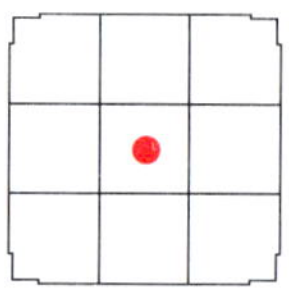

यंत्र की सर्वोत्तम स्थिति पायरा केन्द्र है।

पायरा वास्तु क्रांति

प्रोफे. डॉ. जितेन भट्ट द्वारा प्रणीत पायरावास्तु क्रांति एक गतिशील, परिणामकारक नई तकनीक है, न कि केवल पिरामिड का वास्तु में उपयोग। यह पूर्णतः एक नई अवधारणा है जो विश्व में पहली बार उदघाटित की जा रही है। यह 'पायनर्जी' के रूप में हमारे अन्दर और आसपास स्थित प्रमुख ऊर्जा का परस्पर क्रियाशील स्वरूप है। पायरावास्तु के रूप में यह पायनर्जी की दक्ष-व्यवस्था है जो हमारे अन्दर और आसपास सकारात्मक जागरूकता लाती है। यह हमें भावनात्मक, मानसिक और शारिरिक अवस्था में श्रेष्ठता प्रदान करती है। क्या आप इस मूल और अग्रगामी क्रांति में हमारे साथ आना चाहते हैं ? जिसने केवल ३० वर्षो में २५ लाख लोगों को लाभान्वित किया है।

प्रोफे. डॉ. जितेन भट्ट ने मिश्र, भारत, मेक्सिको, चीन सहित कई देशों की मनःशक्ति यंत्रो से संबंधित प्राच्य अवधारणाओं का गहन अध्ययन किया है। पिरामिड, यंत्र, मण्डल, प्रतीक और ऐसी ही कई और बातों पर वर्षों तक अनुसंधान करने के बाद उन्होंने पूर्णतः नए और शक्तिशाली यंत्र के रूप में '' **पिरामिड यंत्र** '' का क्रांतिकारी आविष्कार किया। यह पिरामिड यंत्र मिश्र के पिरामिड के समान ही दिखता है पर इसके कार्य करने का सिद्धांत अलग है और यह कई विशेष कार्यो हेतु प्रयोग में लाया जा सकता है।

उन्होंने इस नई तकनीक को ऐसा व्यावहारिक रूप दिया है कि कोई भी अपने जीवन में अपनी दैनंदिनी समस्याओं के समाधान के लिए उपयोग कर सकता है। पिरामिड यंत्र अस्तित्व में स्थित सभी वस्तुओं के केन्द्र स्तर पर कार्य करता है और हमारी सभी समस्याओं के मध्य सामंजस्य और संतुलन स्थापित करता है। यह बहुत ही नाजुक मनःशक्ति संचालित यंत्र है तथा वहाँ भी सहायता करता है जहाँ भौतिक - विज्ञान कोई सहायता नहीं कर पाता है।

यह नई तकनीक प्रतीकात्मक रूप से अन्य दूसरी तकनीकों या साधनों के साथ मानसिक, शारीरिक और भावनात्मक कल्याण के लिए उपयोग में ली जा सकती है। यह कोई भी जीवन्त व्यवस्था जैसे योग, ध्यान, रोगोपचार, ज्योतिष, वास्तु, फेंगशुई आदि के भी प्रभाव में वृद्धि करता है।

क्या आप तैयार हैं?
-प्रोफे. डॉ. जितेन भट्ट

प्रोफे. डॉ. जितेन भट्ट विगत ३० वर्षों से ऐसी समाधानकारक तकनीक के विकास में सक्रियता पूर्वक संलग्न हैं। माताजी नारायणी और स्वामी आनंद ने उन्हें पहले रोगोपचारक विज्ञान से परिचित कराया। वे मूलत : इंजीनियर हैं लेकिन स्वास्थ्य संबंधी ऐसे समाधानों को खोजने में उनकी बड़ी रूचि है जिन्हें आसानी से समझा व उपयोग में लाया जा सके। उन्होंने अपने जीवन को उन लोगों को शिक्षित और प्रशिक्षित करने में समर्पित कर दिया है जो इस महत्व पूर्ण विद्या को इस पीढी में तथा अगली पीढी तक ले जाने में समर्थ हैं।

वे भारत की अनेक स्वास्थ्य समितियों के जनक हैं और ऐसी ही अनेक विदेशी संस्थाओं में सक्रिय रूपसे जुडे हैं। उनके व्याख्यानों ने इस देश और विदेशों के हजारों लोगों में जागरूकता पैदा की है। उनके विशेष प्रयास से ही भारत के विश्व विद्यालयों में होलिस्टिक हीलिंग एक विषय के रूप में अपनाया गया है। वे अनेक चिकित्सालयों एंव स्वास्थ्य केन्द्रों के मानद सलाहकार हैं। आप भी इस सकारात्मक क्रांति के सहभागी होकर अधिकतम प्रसन्नता, स्वास्थ्य, शांति और समृद्धि प्राप्त कर सकते हैं।

पायरा वास्तु के तत्वों का आधार

सूक्ष्म स्तर पर काम करने के लिए हमें सूक्ष्म रचना की अच्छी तरह जानकारी होनी चाहिए। निम्न चित्र में तत्व की विभिन्न उपक्रियाओं को दर्शाया गया है जो मूल इकाई में से प्रस्फुटित हुई हैं। इन क्रियाओं के माध्यम से प्राप्त ऊर्जाओं से ही हमें जगत की अनुभूति होती है। शुद्ध तत्व शिव और शक्ति के रूप में विभाजित है, जो कामना, ज्ञान और क्रिया की तीन शक्तियों से संवाद करता है। जो कि ब्रह्माण्डीय प्रक्रिया के मुख्य क्रियाशील बिन्दु हैं। उसके बाद '' मानसिक तत्व'' आता है जिसे '' माया शक्ति '' कहते है। वह पाँच सीमाओं में विभाजित है -कला, विद्या, राग, काल और नियति । ये पाँच हमारे ज्ञान पर परदा डालते हुए सच्चाई को ढक देते हैं। इसके बाद '' भौतिक तत्व'' है जो पुरूष और प्रकृति (फा, मा) नर नारी के रूप में विभक्त है। प्रकृति के तीन रूप है - सत्व, रजस और तमस जो आगे मष्तिष्क के तीन भाग, ५ ज्ञानेन्द्रियाँ, ५ कर्मेन्द्रियाँ, ५ सूक्ष्म और ५ स्थूल तत्वों में विभाजित हैं।

प्रमुख सिद्धाँत #2

पायरा वास्तु का दूसरा प्रमुख सिद्धांत है 'तत्व'। पायरा वास्तु प्रमुखतः फा-मा से संबंधित है जो दृढ इच्छाशक्ति और शुद्ध प्रेम या दूसरे शब्दों में मन और भावनाओं पर आधारित है । साथही ५-५ सूक्ष्म और स्थूल तत्व और उनके आंतरिक संबंध परस्पर भूमिका अदा करते हैं।

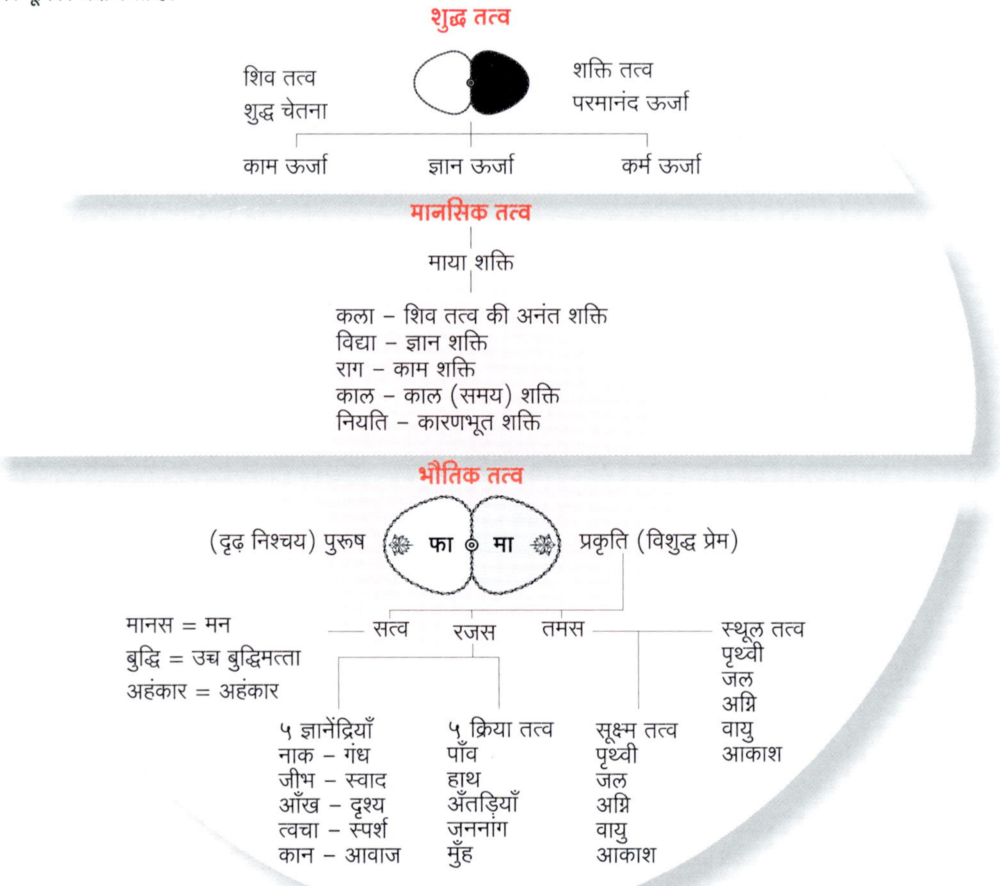

फा मा – पायरा वास्तु का आधारभूत सिद्धाँत

फा मा एक प्रमुख सिद्धाँत है। इसलिए हमें फा मा के आधारभूत सिद्धाँत को अच्छी तरह समझ लेना चाहिए। हम कुछ उदाहरण देखें - सूर्य और चन्द्र दोनों अलग होते हुए भीं पृथ्वी पर प्रकृति के सृजन के सार तत्व हैं। माता और पिता जहाँ फा स्वर्ग से हमारे गन्तव्य को निर्धारित करती है, वहाँ मा पृथ्वी से निकलकर हमारी इच्छाओं को नियंत्रित करती है। इसी तरह यह पुरूष और नारी का सिद्धाँत हमारे जीवन को संतुलित करता है। सुख और दुख - बिना दुख के सुख का अस्तित्व नहीं है। यह फा के मा में सृजन या मा के फा में सृजन के समान है। फा एक दृश्य वृक्ष के समान हो सकता है और मा उतना ही सशक्त पर अदृश्य जड़ों के रूप में हो सकती है। इसलिए फा और मा विपरीत लिंगी होते हुए भीं परस्पर पूरक और सहयोगी हैं और हमारे सभी क्रिया क्षेत्र के आधार हैं।

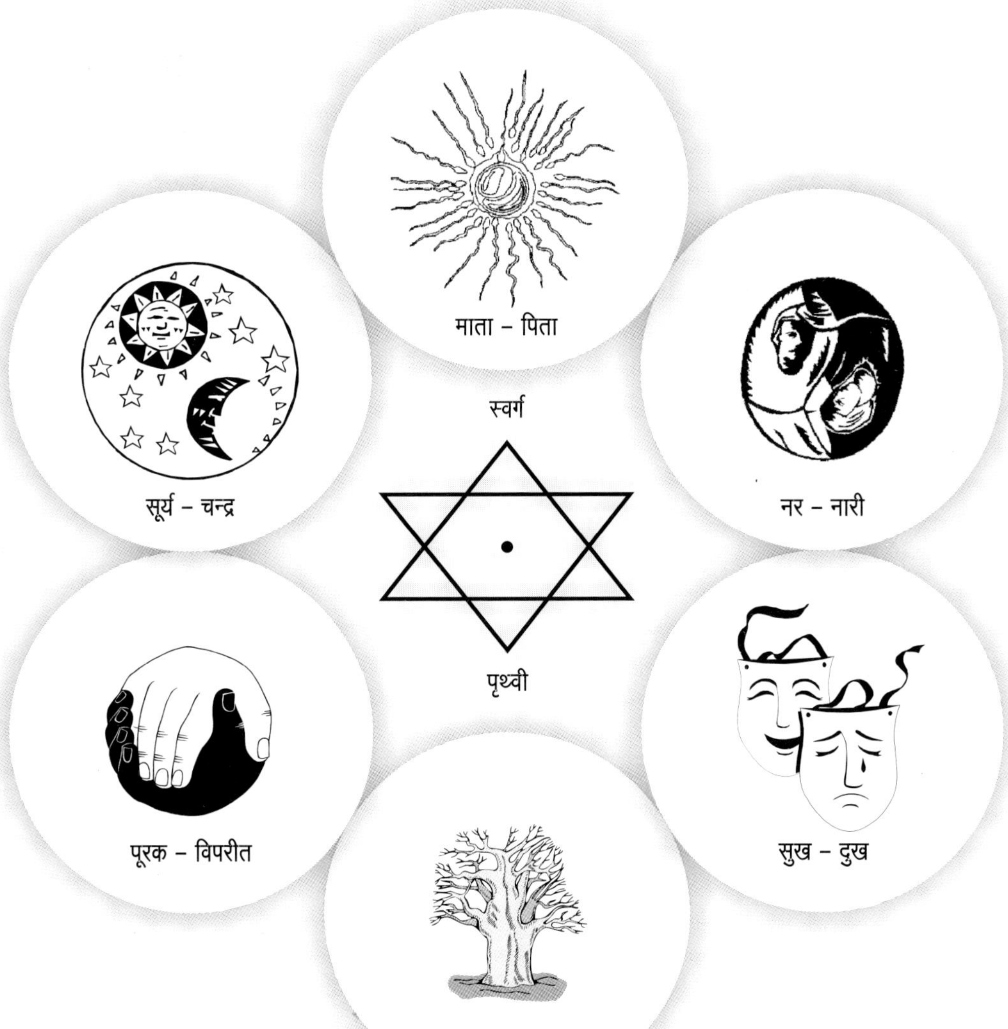

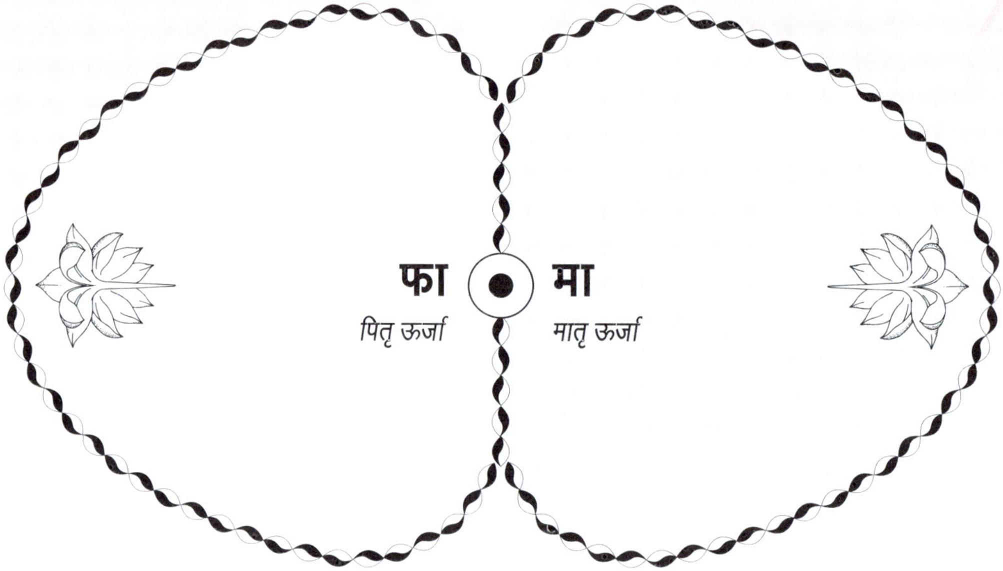

अब हम सूक्ष्म रचना को जान गए हैं कि हम दो शक्तिशाली मगर विपरीत दिव्य स्वरूपों - शिव और शक्ति के बीच कार्य करते हैं। पायरा वास्तु में हम व्यक्ति और उसके आस पास के वातावरण के बारे में बात करते हैं तथा जानते हैं कि कैसे व्यक्ति अपने आसपास से प्रभावित होता है तथा उस वातावरण से वह क्या प्राप्त कर सकता है ? हमारी जीवन यात्रा दो दिव्य सूक्ष्म तत्वों - फा(शुक्राणु) तथा मा (अण्डाणु) के योग से प्रारंभ होती है । अतः फा और मा के कारण ही हमें यह रहस्यमय शरीर मिला है।

इस ब्रह्माण्ड में प्रत्येक वस्तु और हम भी दो भागों यानी फा और मा में विभाजित हैं । हमारे विभाजन के दोदिव्य स्तर हैं - शुद्ध चेतना और परमानंद, मन और भावना, कामना और प्रेम। हमारे विभाजन के दो भौतिक स्तर भी है - तंत्रिका तंत्र और रक्त संचार तंत्र । फा और मा के बीच का संतुलन हमारे लिए प्राकृतिक आनंद, स्वास्थ्य और समृद्धि लाता है। हम देखेंगे कि किस प्रकार इस अनंत शक्ति का हम अपने अंदर व्यावहारिक प्रयोग करें।

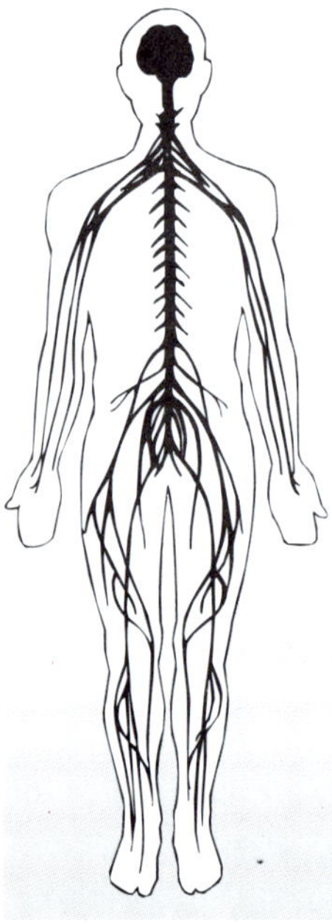

फा	मा
परम चेतना	परमानंद
दृढ़ इच्छा शक्ति	विशुद्ध प्रेम
मन	भावना
मस्तिष्क	हृदय
मेरू रज्जु	रक्त नलिकाएँ
तंत्रिका (स्नायु)	कोशिकाएँ
तंत्रिका तंत्र	रक्त संचार तंत्र

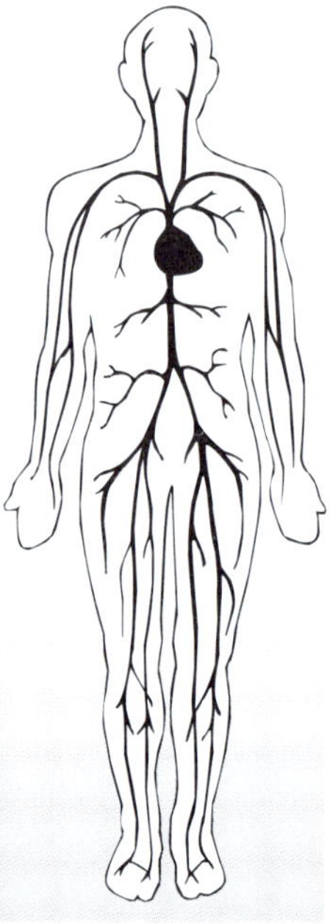

अपनी मनः शक्ति को बढ़ाएँ !

अपने जीवन में परिवर्तन के लिए सकारात्मक सोच की निम्न तीन मनोशक्ति तकनीक का उपयोग करें और पायरा वास्तु का अधिकाधिक लाभ लें या अन्य कोई कार्य जो आप करें।

आपके मन को व्यक्त से अव्यक्त की यात्राा करने दें

१. अपने पर विश्वास करें।

अपनी योग्यता पर विश्वास करें। अपने आप में पर्याप्त आत्म विश्वास के बिना आप सफल नहीं हो सकते हैं अपने को दयनीय न समझें। अपनी आशा आकांक्षाओं के साथ अपने आपको अक्षम और अशक्त न मानें, आत्म विश्वास आत्म बोध बढ़ाता है और लक्ष्य की सफलता में सहायक होता है। अतः अपने आप पर हमेशा विश्वास करें जिससे कि प्रसन्नता, स्वास्थ्य और समृद्धि प्राप्त हो सके।

२. नकारात्मकता को दूर करें।

इतिहास के प्रारम्भ से ही शब्दों की महत्ता स्वीकार की गई है। अनेक धर्मोमें प्रार्थना (मंत्रों) के महत्व को पहचाना गया है। ऑटो सजेशन (स्वतः सुझाव) की आधुनिक तकनीक अनेक चिकित्सकों द्वारा विश्व भर में प्रयोग में लाई जाती है।

यहाँ कुछ हानिप्रद मुहावरे दिए जा रहे हैं जिनसे हर स्थिति में आपको बचना चाहिये।
मैं नही कर सकता, मुझे नहीं करना चाहिए, मैं असफल होने जा रहा हूँ, मैं भाग्यशाली नहीं हूँ, कोई मुझे प्यार नहीं करता, मैं हमेशा दुखी रहूँगा, मैं बीमार हो रहा हूँ, मैं हमेशा गलत हूँ, मैं शर्मीला हूँ, मैं गलत राशि मे पैदा हुआ हूँ।

आप में अनंत शक्ति है इन नकारात्मक विचारों को छोड़ दें।

३. हमेशा सकारात्मक सोचें।

सकारात्मक सोच और अतूट श्रद्धा के बल से आपको कल्पनासे भी अधिक बेहतर परिणाम मिलेंगे।

तो अब सकारात्मक भावना से सोचीए

प्रतिदिन, सभी दृष्टियों से
मैं दृढ़ से दृढ़तर हो रहा हूँ,
विश्वास, प्रसन्नता और
स्वास्थ्य मेरे साथ है।
मैं प्रसन्न, स्वस्थ और
समृद्धिशाली हो रहा हूँ।

जीवन की प्रत्येक स्थिति में मानस तत्व (फा) और प्रेम तत्व (मा) को प्राप्त करें। यह आपको निश्चित रूप से शुभ परिणाम देगा।

फा मा ऊर्जा को क्रियाशील करना

सभी कार्य दो विपरीत छोरों या ध्रुवों के बीच किए जाते हैं, जैसे - विद्युत में धन और ऋण, जीवन्त इकाइयों में फा मा ये हमारे अन्दर स्थित दो ऊर्जा उत्पादक केन्द्र हैं। जीवन के दो अलग-अलग ध्रुव, जैसे-मस्तिष्क और हृदय, वास्तविकता और तर्क, कारण और प्रेम एक दूसरे से बहुत दूर-दूर लगते हैं, मगर समन्वय आवश्यक है। इस लिए पिरामिड यंत्रो को फा मा की ऊर्जा से क्रियाबद्ध करना आवश्यक है।

किसी भी पिरामिड यंत्र को स्थापित करने से पूर्व फा मा की ऊर्जा, यंत्र के अन्दर स्थित लाखों सूक्ष्म कणों को दिगोन्मुख करेगी। हमारे क्रमादेश उद्देश्य या कामना के अनुसार वे अपने केंद्रो तथा एक दूसरे के साथ समरसतापूर्वक संवाद प्रारंभ करते हैं।

फा मा क्रियाबद्धता

फा मा क्रमादेश के बाद आपके साथ समरसतापूर्वक कार्य हेतु तैयार लाखों सूक्ष्म कणों की स्थिति

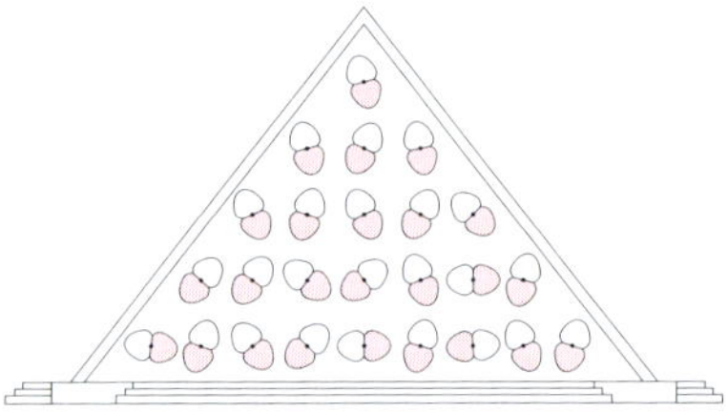

फा मा के पहले

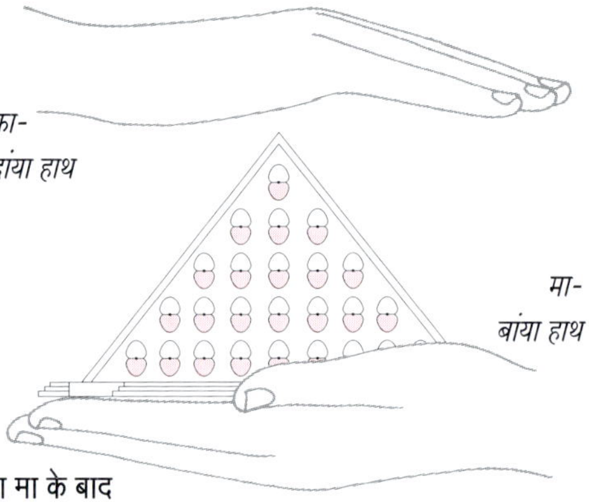

फा मा के बाद

आइए क्रमानुसार क्रिया बद्धता (Programming) करें

१. शांत और आरामदेह स्थान में बैठे।

२. हथेलियों को हल्के से १-२ मिनट तक आपस में रगड़ें।

३. यंत्र को मा (बायें) हाथ पर रखें, फिर फा (दाहिना) हाथ को उसके ऊपर रखें।

४. अपनी आखें बंद करें।

५. अपने हृदय में शुद्ध प्रेम के साथ मा - शक्ति को ३० सेकिण्ड तक जागृत करें।

६. फिर मन की दृढताके साथ अपनी कामना को दोहराते हुए ३० सेकिन्ड के लिए फा - शक्ति जागृत करें।

७. ५ और ६ कदम को ३-५ मिनट तक एक के बाद एक दोहराएँ।

८. अब आप फा मा ऊर्जित यंत्र अपनी आवश्यकता और कार्य के अनुसार रख सकते हैं।

वास्तव में फा मा पिरामिड यंत्र को ऊर्जित करने की शक्तिशाली सूक्ष्म पद्धति है। आपके माता-पिता या इष्ट देवी - देवता का भी स्मरण कहते हुए फा - मा शक्ति प्राप्त की जा सकती है। आप रैकी, प्राणिक हीलिंग, ध्यान या अन्य किसी आध्यात्मिक पद्धति का भी प्रयोग कर सकते है।

आकाश का समायोजन ! (अंतरिक्ष तंत्र)

पायरावास्तु का दूसरा महत्वपूर्ण बिन्दु है कार्य विशेष के लिए उपयुक्त आकाश (आकाशीय स्थिति) का चयन। जब पदार्थ आत्मा के ऊपर काम करता है तो उससे पंच तत्व निकलते हैं । इस पंच सूत्री मोड़ के आधार पर ही प्रकृति से हमें अस्तित्व का आधार मिला है। ये पंच तत्व - पृथ्वी, जल, अग्नि, वायु और आकाश हमें संचालित करते हैं। इन पंच तत्वों का सामजंस्य हमारे अन्दर और आसपास के वातावरण में शांति और संतुलन लाता है। इन भौतिक तत्वों में परिवर्तन लानेके लिए हमें इस पंचतत्व के सिद्धांत को उपयोग में लाना होगा।

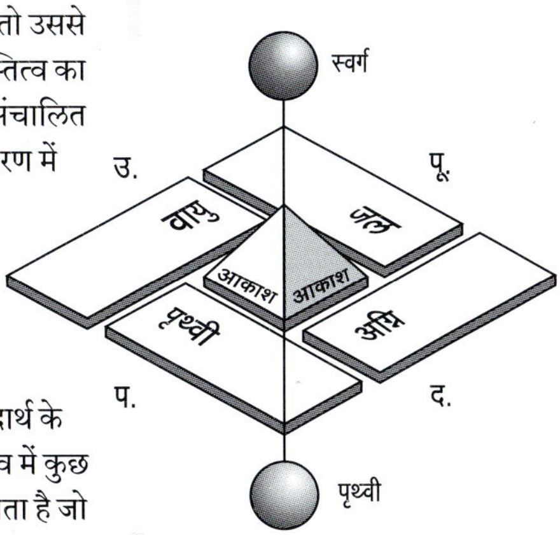

पंच तत्व और केंद्रीय धुरी

आधुनिक वैज्ञानिक सिद्धांतो के अनुसार हमारे आसपास जो भी घटित हो रहा है वह काल और आकाश के मूलभूत सिद्धाँत पर आधारित है। ब्रह्माण्ड में प्रत्येक परिवर्तन और क्रिया सूक्ष्म परमाणुओं की गति और पदार्थ के कारण है। आकाशका इसमें महत्वपूर्ण योगदान है क्योंकि आकाश के अभाव में कुछ पैदा या विस्तार नहीं हो सकेगा। इसलिए आकाश एक महत्वपूर्ण तत्व होजाता है जो परिवर्तन लाने की प्रकिया में अन्य तत्वों से अधिक शक्तिशाली होता है। आकाश सर्वत्र व्याप्त है और ब्रह्माण्डके साथ संवाद का सामान्य माध्यम है। इस संरचना का पूर्ण ज्ञान पायरावास्तु का प्रमुख बिन्दु है।

जब हम किसी भी माध्यम से स्थूल सीमाएँ बनाते हैं, जैसे - दीवाल और छत तब आकाश - सीमित आकाश हो जाता है। यह सीमित आकाश दो तरह से काम करता है - एक स्वत्रंत रूपसे और दूसरा बाह्य अकाश के साथ सामजंस्य के साथ। उसकी स्वयंकी क्रिया रेखा गणितीय सीमाओं पर निर्भर रहती है। अगर हम सीमित आकाश के गुण और उस आकाशके उपयोग की तकनीक जानते हैं तो हम उसका लाभ ले सकते हैं। पिरामिड यंत्र शक्ति उक्त ज्ञात गुणित आकाश के अलग-अलग योग और पारस्परिक क्रिया व्यापार पर आधारित है । अतः पायरा वास्तु तकनीक में इस गुणित आकाशीय शक्ति का उपयोग किया जाता है यही इसका सबसे महत्वपूर्ण तत्व है।

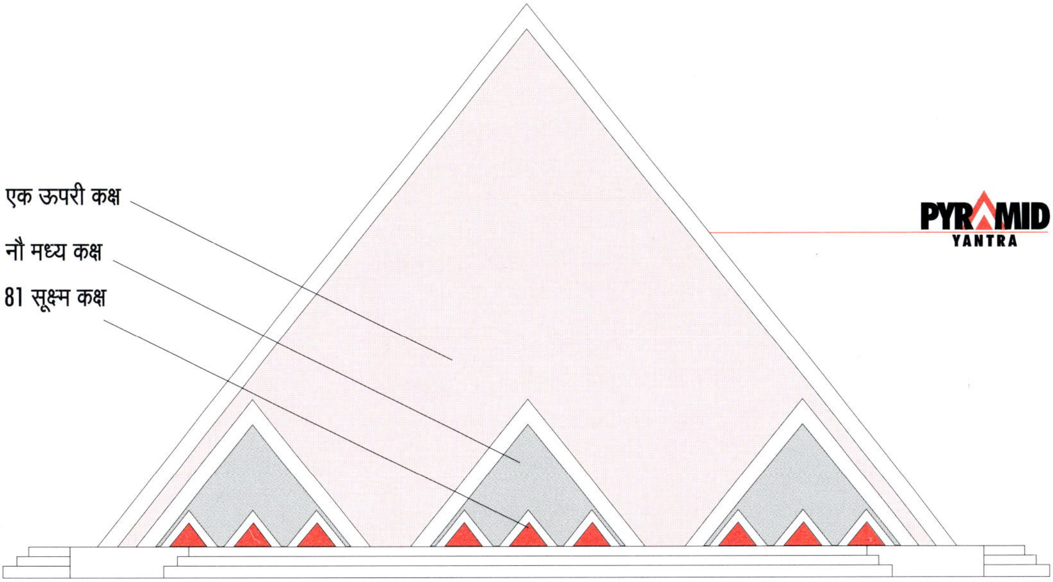

91 संवादी कक्षों का दर्शाता पिरामिड यंत्र का क्रॉस सेक्शन

शक्ति उत्पादक सूत्र - 9x9

प्राच्य विद्याओं में इस गूढ 9x9 के सूत्र का उपयोग कई तरह से किया गया है। जैसे
ज्योतिष में - 9 ग्रह
अंक ज्योतिष मे 9 अंक
वास्तु और फेंगशुई में 9 खन्ड
और भारतीय, मुस्लिम और चीनी परम्परागत यंत्रो में भी इसका उपयोग है। पिरामिड यंत्र का शक्ति उत्पादक सूत्र इस उदाहरण में दिखाया गया है।

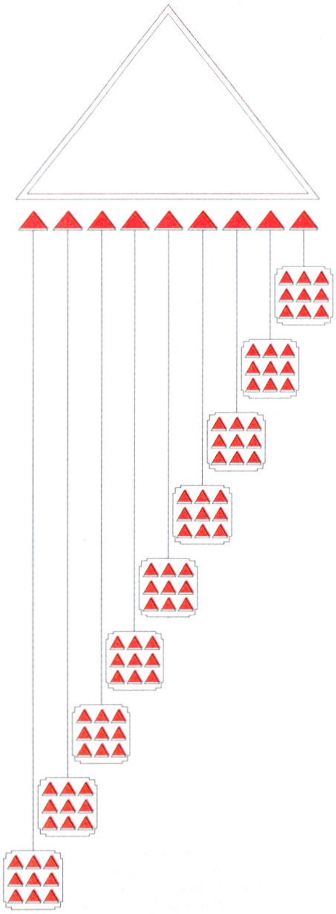

नीचे के 81 पायरा आकाश, पायरा प्लेट के बीच के 9 पिरामिड को शक्ति दे ते हैं। और ऊपरी पिरामिड को मिलाकर ये सब 91 की शक्ति से युक्त होजाते हैं।

केन्द्रीय धुरी का सिद्धांत

हम जानते हैं कि प्रत्येक सीमित आकाश की अपनी अलग पहचान होती हैं। पर ये सभी आकाश एक दिव्य धुरी से जुडे रहते हैं, जिसे केन्द्रीय धुरी कहते हैं। यह केन्द्रीय धुरी गले के हार के धागे के समान होती है जिसमें प्रत्येक दाना अपनी अलग पहचान होने के बावजूद जब एक धागे में पिरोये जाते हैं तो एक सुन्दर हार बन जाता है। प्रत्येक आकाश का केन्द्र बिन्दु अत्यंत महत्वपूर्ण है। प्रत्येक आकाश का केन्द्रीय धुरी के माध्यम से इसी केन्द्र बिन्दुसे संवाद होता हैं। इस ब्रह्माण्ड में आकाश की यह भूलभुलैया है, पर प्रत्येक एक दूसरे से परस्पर जुडे हुए हैं। यह संवाद उच्चस्तर से निम्म् स्तर की ओर होता है यानी की मस्तिष्क से कोशिकाओं की ओर और नीचें से ऊपर की ओर अर्थात कोशिका से मस्तिष्क की ओर। इसी तरह आकाशों मे संवाद, ज्ञात सूक्ष्म आकाश से बाह्य आकाश के बीच तथा उसके विपरीत होता है।

दिव्य सूत्र - पूर्ण ब्रह्माण्ड परस्पर जुड़ा है

पिरामिड यंत्र असंतुलन और असामंजस्य की स्थिति के सुधार हेतु ज्ञात आकाश गुणक यंत्र है। इस यंत्र का आकाश अपने केन्द्र से अन्य आकाशों के साथ अच्छी तरह जुड़ा रहता है। इस यंत्र का केंद्रीय कक्ष जिसमें वह स्थापित रहता है, वह एक केन्द्र से परस्पर संवाद की स्थिति में होता है। कक्ष का केन्द्र मकान के केन्द्र से संवाद करता है और मकान का केन्द्र उस में रहने वाले लोगों के केन्द्र से संवाद करता है। इस तरह केन्द्रीय धुरी और केन्द्रीय इकाई इस दिव्य संवाद के सूत्र के रूप में बहुत महत्वपूर्ण है। इस यंत्र के केन्द्रीय - आकाश को दिया गया कोई भी निर्देश, हमारे अन्दर के केन्द्र और ब्रह्माण्ड में हमारे आसपास के आकाश से संवाद करता है।(एक संकेत निर्देश प्रणाली पृष्ठ ८२ से ८५ पर दी गई है)

पायरा सेन्टर (पीसी) - मुख्य कुंजी

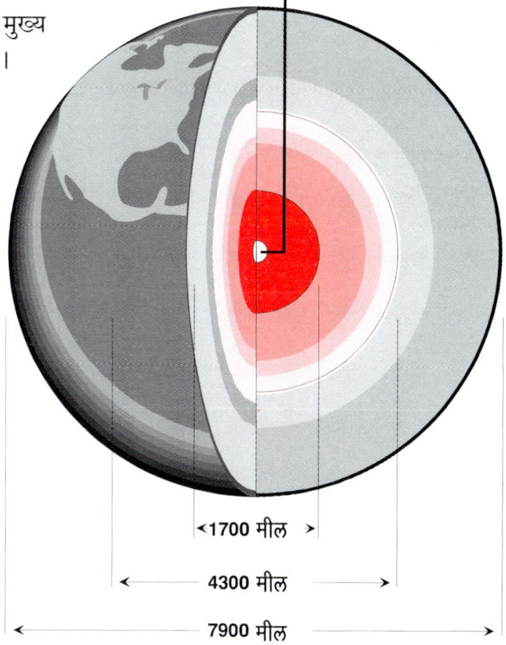

किसी भी जीवन्त इकाई, व्यवस्था, यंत्र, पदार्थ या कण के केन्द्र को सरल भाषा में '' पायरा केन्द्र '' (पायरा सेंटर) कहते हैं। इसे प्रत्येक का मुख्य नियंत्रक केन्द्र भी माना जाता है जो इस ब्रह्माण्ड में अस्तित्व में है। पायरा वास्तु अभ्यास का आधार पायरा केन्द्र की अन्य केन्द्रों से परस्पर युति है। हमारे अन्दर या आसपास होने वाले किसी भी संवाद के लिए पायरा केन्द्र बहुत ही संवेदनशील है।

इसे ठीक से समझनेके लिए हम कुछ उदाहरण देखें - सूर्य हमारे सौर जगत का पायरा केन्द्र है। परमाणु, एक अणुका पायरा केन्द्र है और डी. एन. ए. एक कोशिका का पायरा केन्द्र है। इसी तरह यदि हम व्यापक दृष्टिकोण से देखेंतो प्रधानमंत्री या राष्ट्रपति हमारे देश का पायरा केन्द्र है या हार्ड डिस्क हमारे कम्प्युटर का पायरा केन्द्र है - इसी तरह और भी। यहाँ इन सब से एक बात बहुत स्पष्ट है कि किसी भी स्तर पर कोई काम करने के लिए पायरा केन्द्र में एक कार्यक्रम क्रिया बद्ध करना आवश्यक है। पायरा वास्तु में पायरा केन्द्र में इस क्रियाबद्धता की शुरूआत बहुत ही महत्वपूर्ण है। इसलिए हमें पायरा केन्द्र की क्रियाबद्धता (Programing) करने की कला को जानना आवश्यक है।

अब हमारे मस्तिष्क में यह बात स्पष्ट होनी चाहिए कि पायरा वास्तु पूर्णतः नई और क्रांतिकारी तकनीक है। इसलिए उसके सिद्धाँत और प्रायोगिक नियम परम्परागत तकनीक से अलग होंगे। हाँ, वास्तु और फेंगशुई के समान ही पायरावास्तु एक सोच है। उसकी कार्य प्रणाली अलग है मगर पायरा वास्तु के प्रभाव इन दोनों तकनीकों के पूरक है और ये दोनों भी पायरावास्तु के परिपूरक है।

पायरा वास्तु केंद्र से प्रारंभ होती है। यह अंतः ध्रुव तकनीक है।

पायरावास्तु का प्रारंभिक बिन्दु बिल्कुल अलग होने के बाद भी इन तकनीकियों के अंतिम परिणाम समान हो सकते हैं। जैसाकि पहले हमने जाना है कि वास्तु और फेंगशुई बाह्य ध्रुवीय तकनीक से संबंधित हैं जबकि पायरावास्तु अंतःध्रुवीय तकनीक से संबंधित होसकता है। इन अन्य तकनीकों के समान पायरा वास्तु में हम पायरा केन्द्र से प्रारंम्भ करते हैं जो कि सूक्ष्म और अदृश्य बिन्दु है।

आइए अब हम पायरावास्तु के संदर्भ से पायरा केन्द्र को समझें। जिस भूखण्ड पर भवन का निर्माण किया जाना है उसका केंद्रीय स्थल ब्रह्म स्थल कहलाता है। इसी तरह फेंगशुई में भूखण्ड को ९ भागों में विभाजित किया जाता है और मध्यक्षेत्र ऊर्जा का प्रतिनिधित्व करता है, किंतु पायरा वास्तु में इसे गहन दृष्टिकोण से देखा जाता है। उदाहरणार्थ - पूरे प्लोट का ९ वां भाग जो कि एकबड़ा क्षेत्र है। अब इसे पुनः ९ भागों में बाँटें तथा इसका केंद्र ज्ञात करें। केंद्र को पुनः पुनः ९ भागों में बाँटते जाइए। अंत में आप एक ऐसे बिन्दु पर पहुँचेंगे जो शून्य है या फिर अनन्त है। इसे पायरा वास्तु में पायरा सेन्टर कहते हैं। अन्य महत्वपूर्ण केंद्र टी सी के बारे में हम पढ़ चुके हैं।

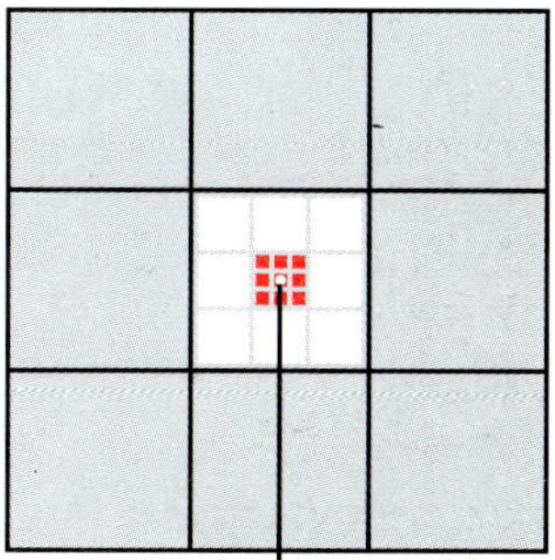

ब्रह्मस्थल का पी सी

जितेन वाणी

उपर ऊठने का एक ही राजमार्ग है अंतःकेन्द्र। हमारे परमानंद और परमचैतन्य का असीम केन्द्र अन्दर ही है।

सात पायरा केन्द्रों की शक्ति

पायरा वास्तु का अन्य महत्वपूर्ण पहलू है उसके सात महत्वपूर्ण पायरा केन्द्र । वास्तु और फेंगशुई में फर्श या ऊसके मध्य भाग पर जोर दिया जाता है, पर पायरा वास्तु में भवन के गतिशील आयतन के यथार्थ का विचार किया जाता है। किसी भी आयतन को समझने के लिए हमें उसकी सीमाओं को देखना होगा जैसे एक कक्ष में छत, फर्श और चारों दीवारें उसकी सीमा है। पायरावास्तु में, आयतन केन्द्र बहुत महत्वपुर्ण है। उसके दक्षतापूर्वक ठीक से काम करने के लिए उसके छहों दिशाओं में छह सेटेलाइट समान केन्द्र हैं। इन्हें फर्श, छत और चारो दीवारों के मध्य में स्थापित किया जा सकता है। ये सभी पायरा केन्द्र आसपास मे सूचना एकत्रित कर केन्द्रीय पायराकेन्द्र को प्रेषित करते हैं। वे केन्द्रीय पायराकेन्द्र से भी सूचनाएँ लेकर अपने आसपास के वातावरण को प्रेषित करती हैं।

इन छह में से तीन फा पायरा केन्द्र है और शेष तीन मा पायरा केन्द्र है। ऊपर, उत्तर और पूर्व के पायरा केन्द्र फा केन्द्र है ओर नीचे, पश्चिम और दक्षिण के पायरा केन्द्र मा केन्द्र है। ज्योंही हम इन छह पायरा केन्द्रों को फा और मा पायरा केन्द्रों में विभाजित करते हैं, कार्य करने के लिए पायरावास्तु की शक्ति धुरी का सृजन हो जाता है। ये छह सेटेलाइट पायराकेन्द्र और मुख्य केन्द्रीय पायराकेन्द्र मिलकर पायरावास्तु की एक प्रमुख संरचना का निर्माण करते हैं। पायरा केन्द्र (पी. सी.) और कालकेन्द्र (टी. सी.) पायरा वास्तु की दो मुख्य कुंजियाँ है।

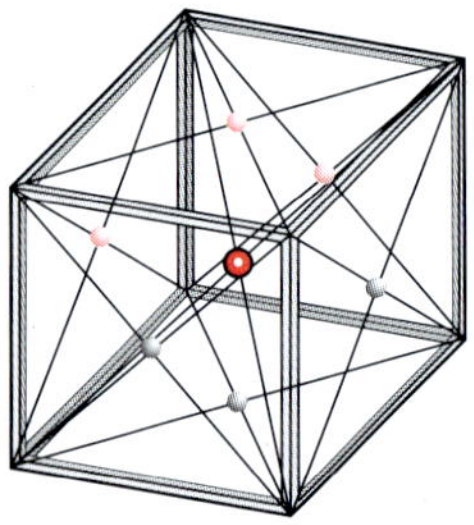

कक्षका आयतन-केन्द्र पायराकेन्द्र है या वायु में सूक्ष्म अवकाशीय केन्द्र है।

सप्त शक्ति केन्द्र : दीवारों पर चार सेटेलाइट,पाँचवा छतपर, और छठा फर्श पर और सातवां केन्द्र आकाश में ।

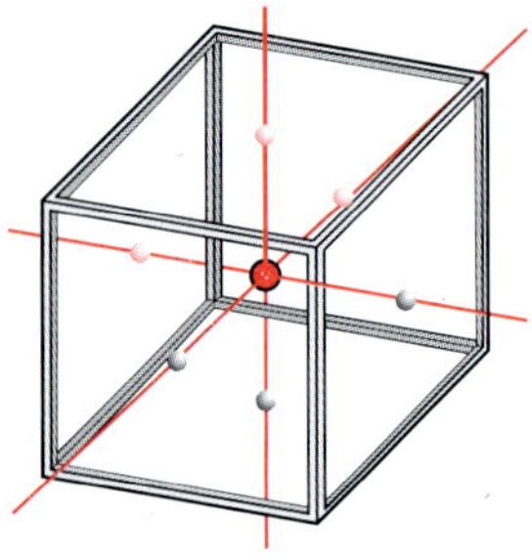

केन्द्र पूरे आयतन को छह उपकेन्द्रों और तीन धुरियों की सहायता सें नियंत्रित करता है

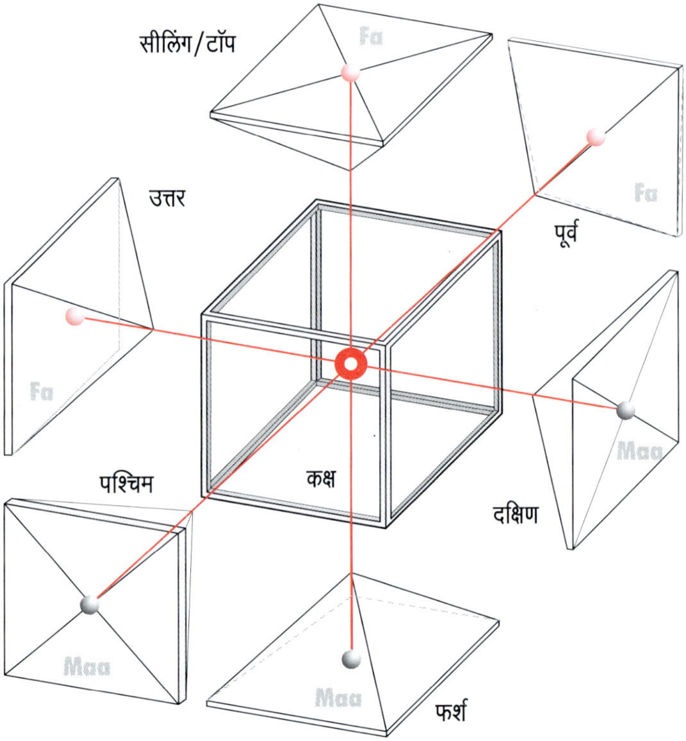

एक केंद्र और अन्य छह की प्रभावी पिरामिड शक्तियाँ

पायरा वास्तु का कार्यक्षेत्र

चूँकि पायरा वास्तु का प्रयोग अत्यधिक व्यावहारिक तथा सरल है अतः इसका कार्यक्षेत्र व्यापक हो सकता है। बहुत–से क्षेत्रों में इससे चमत्कारिक परिणाम मिलते हैं ; कुछ क्षेत्रों की सूची निम्नलिखित है :

भूमि

यह घर, खेत, बागीचा, आध्यात्मिक स्थान, अस्पताल, औद्योगिक इकाई या श्मशान कुछ भी हो सकता है। पायरा वास्तु के द्वारा इनसे इनकी उपयोगिता के आधार पर सामंजस्य पाया जा सकता है।

भवन

स्थान के अभाव में घरों की आकृति आजकल काफी जटिल एवं असामान्य होती जा रही है। भौतिक रूप से दीवारों को तोड़ना या उन्हें स्थानांतरित करना असंभव है। पायरा वास्तु कमरों की स्थिति परिवर्तन का आभास करा सकती है तथा उनकी आंतरिक ऊर्जा को बढ़ा देती है। इनको घर, फैक्ट्री, विद्यालय, मनोरंजन स्थल या व्यायामशाला, इन श्रेणियों मे विभाजित किया जा सकता है, व प्रत्येक की अलग- अलग उपचार प्रक्रिया है

मनुष्य

पायरा वास्तु के द्वारा मनुष्य स्वयं को भी नकरात्मक ऊर्जा के दुष्प्रभावों से बचा सकता है तथा नकारात्मक ऊर्जा से भी सामंजस्य व संतुलन स्थापित कर सकता है।इस विधि के द्वारा उपचार इतना प्रभावी है कि इससे वह आत्मिक, मानसिक व शरीरिक संतुलन प्राप्त कर सकता है। पायरा वास्तु स्वास्थ्य, धन और प्रतिष्ठा में वृद्धि के उद्देश्य से भाग्योदय, संतान सुख तथा सौभाग्य प्राप्ति के लिए नए रास्ते खोलने वाला बिल्कुल नया दृष्टिकोण है।

उपस्कर (फर्नीचर)

घर व कार्यालय में प्रयुक्त अनेक सजावटी व आवश्यक उपकरण अपनी विशेषता अनुसार हम पर अपना प्रभाव डालते हैं। चूंकि हम अपने जीवन के ८० प्रतिशत समय में इनका उपयोग करते हैं तो इनका हमारे साथ सांमजस्य होना बहुत ही आवश्यक है। ये उपकरण हमारी ऑफिस टेबल, बेड या कंप्यूटर हो सकते हैं। पायरा वास्तु द्वारा उनके वास्तु दोषों का सुधार संभव है।

वाहन

आज के युग में इलेक्ट्रानिक व स्वचालित उपकरण मानव जीवन का प्रमुख अंग बन गए है। अतः इन पर विशेष ध्यान देना अनिवार्य है। हमारी कार, घर या फॅक्टरी में उपयोगी किसी भी मशीन की हमारे या अन्य कार्य कर्ता ओं के साथ सामंजस्यपूर्ण स्थिति बनाने में पायरा वास्तु चमत्कारिक कार्य करता है।

विस्तृत प्रयोग

पिरामिड यंत्र के साथ वास्तु के विस्तृत उपयोग हैं। क्योंकि यह हमारे समक्ष उपस्थित प्रत्येक जटिल समस्या का सरल और व्यावहारिक समाधान है। आप पिरामिड यंत्र के साथ निम्म् प्रयोग कर सकते हैं –

गृह सुरक्षा – *हमारा प्रथम उदेश्य है अपने परिवार के लिए घर बनाकर उन्हें छाया और सुरक्षा प्रदान करना। पायरा वास्तु से द्वार को विकार युक्त ऊर्जा से बचाते हुए आध्यात्मिक सुरक्षा प्रदान करना। (देखें पृष्ठ* ***139****)*

रसोई और स्वास्थ्य *- यह घर का हृदय है और इसे पूर्णतः वास्तु के अनुरूप होना चाहिए। यदि नहीं है तो पृ.* ***141*** *पर सुखी और स्वस्थ परिवार के अंतर्गत बताई बातों पर ध्यान दें*

शयन कक्ष और संबंध *- हम अपना एक तिहाई जीवन शयन कक्ष में व्यतीत करते हैं। इसलिये दर्पण / संलग्न शौचालय - आदि के दोषों को दूर करना चाहिए। साथ ही पलंग को ऊर्जित करने के सूत्र पृ.* ***142*** *पर देखें*

कार्यालय और व्यापार – *पायरा वास्तु के माध्यमसे पिरामिड का उपयोग करके कार्यालय और वर्किंग टेबल की स्थिति सुधार कर हम और अधिक सफल व्यापार कर सकते हैं। अधिक विवरण पृ.* ***156*** *पर देखें।*

उद्योग और रूपया – *अपनी फैक्टरी की वास्तु सुधारकर कई समस्याओं, जैसे- वित्त, श्रमिक, उत्पादन संबंधी समस्याओं का समाधान किया जा सकता है। अधिक लाभ कैसे प्राप्त किया जाए इसके लिए पृ.* ***152*** *देखें।*

दुकान और बिक्री – *फुटकर दुकान की बिक्री बढ़ाने के लिए पायरावास्तु के नए सूत्र हैं। दुकान में बिक्री बढ़ाने हेतु पिरामिड कैसे स्थापित करें देखे पृ.* ***156***

खेत और सिंचाई – *वास्तु की द्रष्टि से अनियमित आकार के खेत प्रमुख समस्या हैं। पायरावास्तु से अपने विशाल भूखण्ड को गुणात्मक रूप से वास्तु अनुरूप बनावें। पृ.* ***158*** *देखें।*

व्यक्तिगत भाग्य – *पिरामिड यंत्र को जेब में रखने की नई तकनीक से अपना भाग्य वर्धन कैसे करें देखें पृ.* ***162***

वाहन और सुरक्षा – *अपने वाहन को पायरा वास्तु से वास्तु अनुकूल बनाकर सुरक्षित यात्रा करें। दुर्घटनाओं से आपकी आध्यात्मिक सुरक्षा। साथ ही फेक्टरी की भारी मशीनों से स्वयं का बचाव करें, देखें पृ.* ***161***

और अधिक – *अनेक प्रयोग जो बच्चों की सक्रियता, परिवार स्वास्थ्य और सुरक्षा आदि को समेटे हुऐ हैं। उन्हें अपनाएँ और आप भी इस पायरा नेट से जुडें, जैसेकि विश्व स्तर पर २५ लाख से अधिक लोग इस पायरा नेट से जुड़ चुके हैं।*

पिरामिड यंत्र

अब तक आप समझ चुके हैं कि पिरामिड यंत्र, केवल पिरामिड और यंत्र की सरल युति ही नहीं है बल्कि यह समस्या समाधान या विशेष कार्य की पूर्ति हेतु नाजुक और गतिशील ऊर्जा गुणक है।

प्रोफे. डॉ. जितेन भट्ट ने इस तरह के पिरामिड यंत्रों का हमारी दैनंदिनी समस्याओं के समाधान के लिए अनुसंधान किया है । प्रत्येक यंत्र के अपने अलग सूत्र, गुण और कार्य करने के नियम हैं । हम यहाँ कुछ मुख्य पिरामिड यंत्र और उनकी सरल तकनीक के बारे में जानेंगे। आप डा. जितेन भट्ट से उनके और आगे के यंत्रों एवं जानकारी लेने के लिए संपर्क कर सकते हैं।

आपके दाहिनी ओर का चित्र मल्टियर 9x9 पिरामिड यंत्र का है । आगे पृष्ठ - १४३ पर वास्तु स्लीप, पृष्ठ १५१ पर मल्टियर 9x9 - मेक्स, पृष्ठ १५७ पर पायरा वास्तु स्वास्तिक तथा पृष्ठ १६४ पर हेल्थ 9x9 आदि यंत्र हैं।

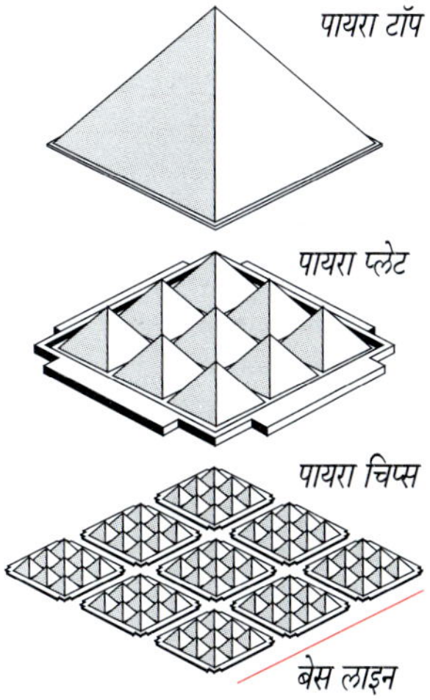

प्रतीकात्मक आकार – आगामी पृष्ठों पर पिरामिड यंत्र के लिये प्रयुक्त

मल्टियर पिरामिड (टॉप व्यू)	पायरा एंगल
मल्टियर ऑन सीलिंग (टॉप व्यू)	पायरा एरो
मल्टियर साइडव्यू	प्रोटेक्ट 9x9 - आउटसाइड
एनर्जी 9x9 प्लेट	प्रोटेक्ट 9x9 - इनसाइड
बीमोर पिरामिड	पायरावास्तु स्वास्तिक
पायरा स्ट्रिप	प्रोटेक्ट बैंड

मुख्य संक्षिप्त शब्दावली आगामी पायरा वास्तु पृष्ठों पर प्रयुक्त

N	मेग्नेटिक एक्सिस	w/c	डब्ल्यू / सी - टायलेट य बाथरूम
N W E S	नोर्थ टॉप इन ऑल प्लान्स	B	बेसमेन्ट
	पी सी (पायरा सेन्टर)	G	गेरेज

आओ शुरू करें !

पायरा अग्नि - आकाश को सामंजस्य पूर्ण बनाती है।

अनादि काल से हिन्दुओं तथा अन्य धर्मोंमें अग्नि का पवित्री करण - धार्मिक कार्योंका अभिन्न अंग है। इसके लिए विशेष हवन कुण्डों में यज्ञ किए जाते थे। (विस्तृत विवरणके लिए पृ. ५९ देखें) अग्निसे सांमजस्य स्थापित करने की क्रिया पायरावास्तु के लिए आधारभूत आवश्यकता है।

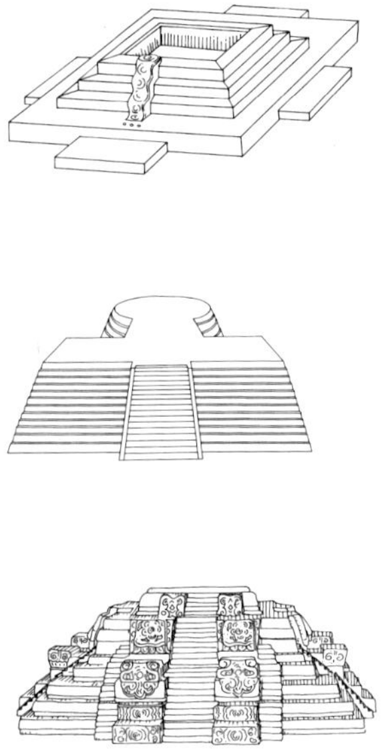

विभिन्न उपयोग में आने वाले हवनकुण्ड

समन्वित अग्नि के लिए -

◆ एक वर्गाकार बर्तन, हवनकुण्ड या पायरा फायर यंत्र लें । वर्गाकार बर्तन इसलिए लेना है क्योंकि स्थायीत्व प्रदान करने के साथ ही यह सभी वस्तुओं का आधार है ।

◆थोड़ा कपूर लें । उसे अपने बांये हाथ पर रखें और उसे फा - मा की प्रक्रिया से ऊर्जित कर लें । (विवरण पृ. १२६ पर देखें)

◆इसी तरह का दूसरा तरीका है शुद्ध घी में कपास की बाती । उसे और घी को फा - मा की ऊर्जा दें।

◆किसी भी कमरे के मध्य में जाएँ और वर्गाकार बर्तन या पायरा अग्नि यंत्र में रखे कपूर को जलाएँ।

◆अग्नि जबतक प्रज्जवलित रहे तब तक प्रतीक्षा करें।

◆यह प्रक्रिया प्रत्येक कमरे के मध्य में करने के बाद घर के मध्य में पूरी करें।

◆शौचालयों आदि में पायरा अग्नि न करें।

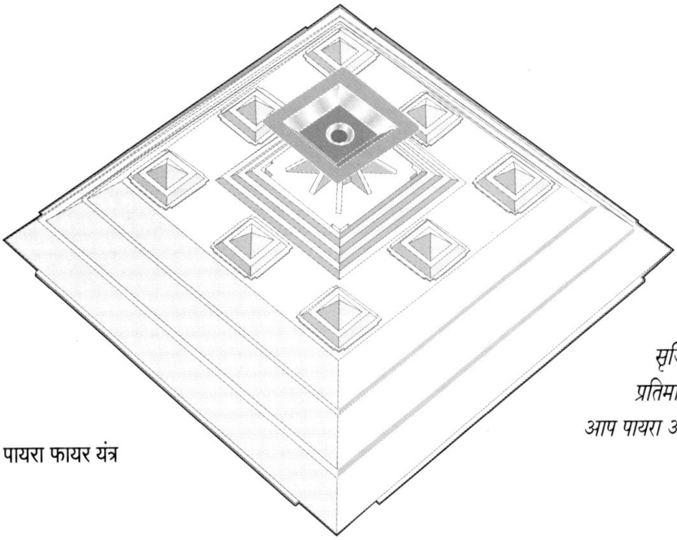

पायरा फायर यंत्र

पायरा अग्नि करने की यह पद्धति बहुत ही महत्वपूर्ण है क्योंकि इससे आकाश में स्थित प्रत्येक कण और अणु में समन्वित जागरूकता सृजित होती है जहाँ यह कार्य होता है। यह क्रिया प्रतिवर्ष, प्रतिमाह या प्रतिसप्ताह या प्रतिदिन भी की जा सकती है। यदि आप पायरा अग्नि को पूरे धार्मिक मान से करते हैं तो पायरा वास्तु का एक मुख्य कार्य पूरा हो जाता है।

ब्रह्म स्थल के लिए पायरावास्तु –

पायरा वास्तु में ब्रह्म स्थल का विशेष महत्व है। जब हम कोई मकान/भवन का निर्माण कर रहे हों। मध्य से जाने वाली ऊर्जा रेखाएँ भी समान रूप से महत्वपूर्ण होती हैं। प्राचीन समय में लोग ब्रह्म स्थल के महत्व को जानते थे और इस लिए घर के मध्य में तुलसी पौधा या पूजागृह बनाते थे। प्रति प्रातः मध्य भाग ऊर्जित करने के लिए तुलसी पूजा की जाती थी। इस तरह इसे क्रियाशील करना बहुत आवश्यक है। इसी तरह पायरा वास्तु में यह विश्वास किया जाता है कि यदि ब्रह्मस्थल को कील, खूंटी, खम्भें, भारी वस्तु आदि से चोट पहुँचाई जाती है तो गृह स्वामी को कष्ट पहुँच सकता है। इसलिए ब्रह्म स्थल भवन का महत्वपूर्ण अंग होने के कारण उसे ठीकसे सुरक्षित और सक्रिय रखना नितांत आवश्यक है।

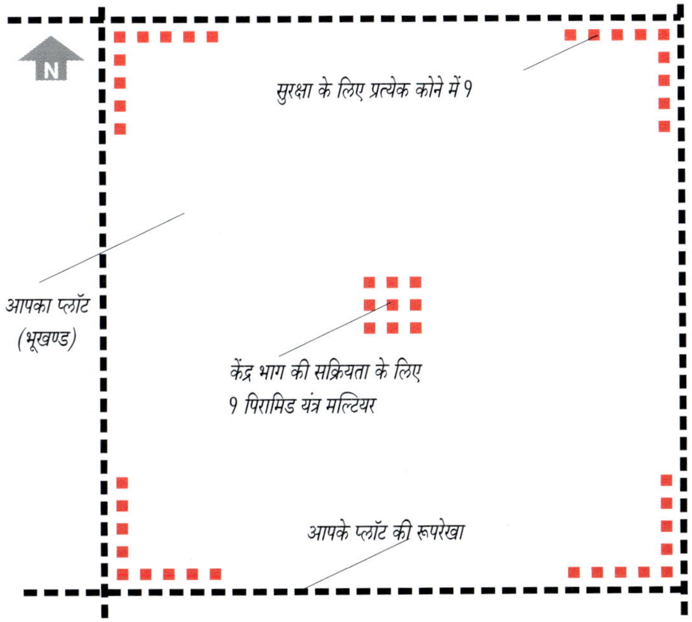

जैसे ही हम किसी भूखण्ड या वस्तु को खरीदते हैं तो वह हमारे ऊपर प्रभाव डालना शुरू करता है इसलिए इनका सामंजस्य हमसे स्थापित होना बहुत आवश्यक है ताकि हमें उनके माध्यम से शुभ परिणाम प्राप्त हों व हम उनके दुष्प्रभावों से बच सकें इसके लिये हम चित्र में दर्शाए अनुसार 9 पिरामिड ब्रह्मस्थान में व 9 प्रत्येक कोने में स्थापित करें। 9 मल्टियर की शक्ति 2000 वर्ग फुट भूखण्डके लिए आदर्श है।
यदि भूखण्ड बड़ा है तो प्रत्येक 1000 वर्ग फुट के लिए 9 मल्टियर बढ़ाते जाएँ। इस तरह यदि आपका भूखण्ड 10000 वर्ग फुट का है तो आपको मध्य में 81 पिरामिडयंत्र लगाने होंगे।

भूखण्ड को क्रियाशील करना – 9 पिरामिड यंत्र द्वारा –

भूखण्ड के मध्य में ९ पिरामिड यंत्र मल्टियर स्थापित करें। ४ × ४ फुट का लगभग १ फुट गहरा गढ्ढा खोदें। प्रत्येक यंत्र में ६ ईंच का अंतर रखें और चित्र में दर्शाए अनुसार वे एक दूसरे के समानांतर हों। ९ मल्टियर के बदले १ मॅक्स के उपयोग से भी बहेतर परिणाम मिल सकते है।

गड्ढे में रखे 9 मल्टियर पिरामिड

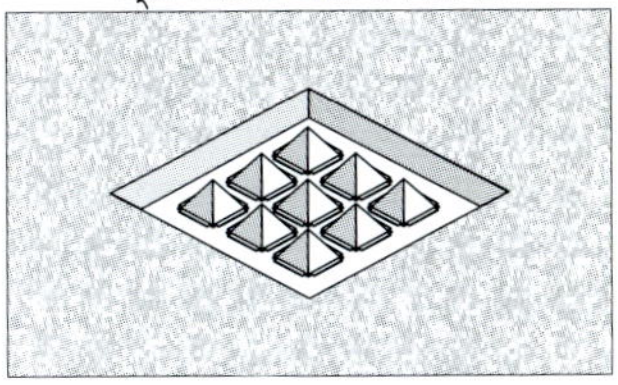

भूखण्ड की सीमाओंकी गुणात्मक सुरक्षा –

अब आप अपने प्लॉट के चारों ओर दीवार बनाए बिना उसकी सुरक्षा कर सकते हैं। बस केवल ऊपर बताए चित्र के अनुसार प्रत्येक कोने में ९ मल्टियर लगाएँ। आपकों L आकार में लगभग 1½ फुट गहरा गड्ढा खोदना है। यह आयताकार या वर्गाकार भूखण्डों के लिए है। प्रत्येक मल्टियर में कमसे कम ६ ईंच और अधिक से अधिक ३६ ईंच का अंतर रखें।

9 मल्टियर से कोनों की सुरक्षा

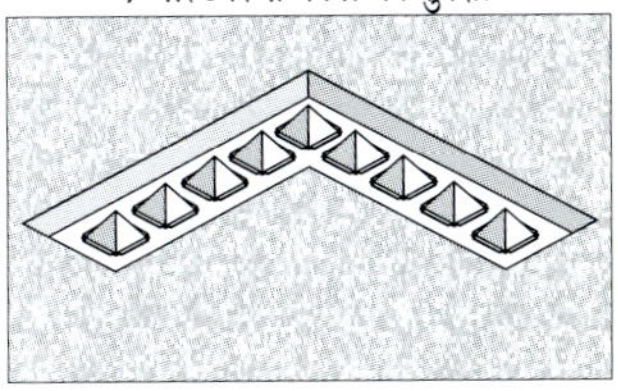

गुरुत्वाकर्षण केन्द्र का कैसे पता लगाएँ -

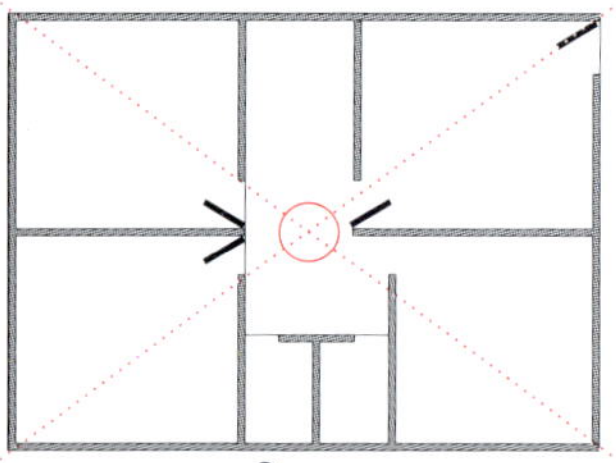
चित्र.१

एक वर्गाकार या आयताकार भवन के गुरुत्वाकर्षण केन्द्र का पता लगाना बहुत सरल है। चित्र में दर्शाए अनुसार कोनों से सीधी रेखा खीचें। वे जहाँ एक - दूसरे को काटती हैं वह भूखण्ड का केन्द्र है, पर यदि चित्र २ में दर्शाए अनुसार भूखण्ड अनियमित आकार का है तो उसे पुट्ठे पर चिपकाएँ और सीमाओं को काटलें। फिंर विभिन्न स्थानों पर कोई अ, ब, स बिन्दु बनाएँ । इन तीनों बिन्दुओं पर एक छोटा छिद्र करें । अब बिन्दु अ से एक धागा निकालें और उसे चित्र ३ में दर्शाएँ अनुसार - लटकाऐं । अ केंद्र से शुरू होने वाली एक खड़ी रेखा नीचें की ओर खीचें। एकके बाद एक यह प्रक्रिया तीनों बिन्दुओं पर दोहराएँ । तीनों रेखाओं का मिलन बिन्दु भूखण्ड का गुरूत्वापर्षण केन्द्र है।

चित्र.३

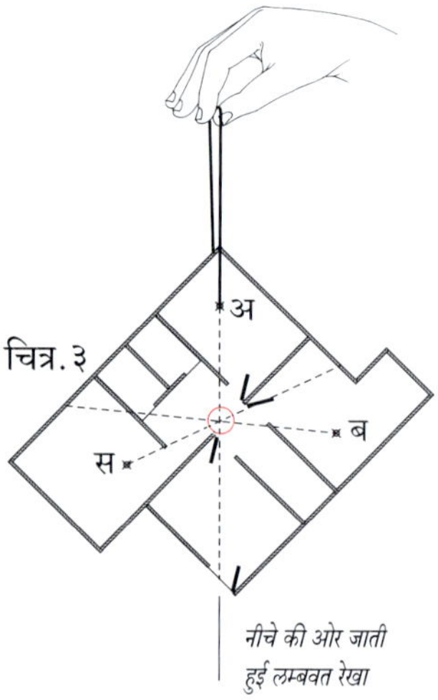

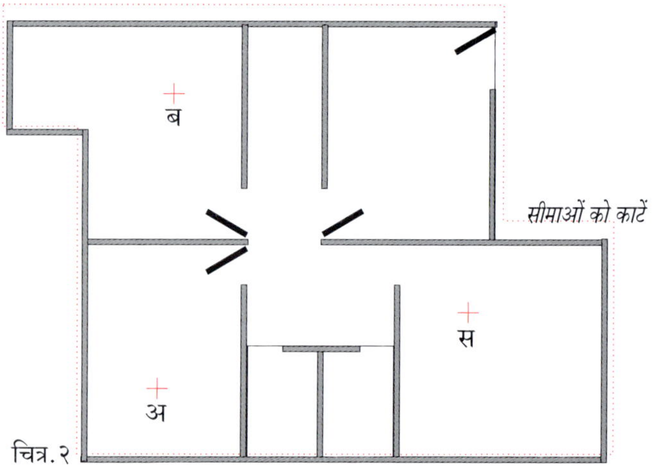

चित्र.२

अनियमित आकार के भूखण्ड का सुधार -

पायरा वास्तु के अनुसार अनियमित आकार का भूखण्ड ठीक नहीं है। ये प्रगति को कम करते है और आर्थिक नुकसान के कारण बनते हैं। इसलिए यह बहुत आवश्यक है कि ऐसे भूखण्डों को भौतिक रूप से या गुणात्मक रूप से पिरामिड यंत्र लगाकर आयताकार या वर्गाकार बनाया जाए। प्रत्येक कोने में ९ मल्टियर पिरामिड यंत्र लगाकर उसे आयताकार बनालें और ब्रह्मस्थल को सक्रिय करने के लिए उस पर ९, २७, ८१, २४३ या ४०५..... पिरामिड यंत्र भूखण्ड की माप के अनुसार लगाएँ।

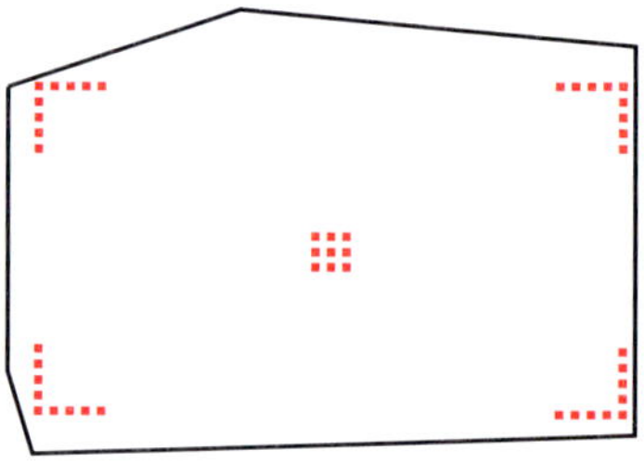

केन्द्र विहीन भूखण्ड का पायरा वास्तु -

जैसाकि हमने देखाहै कि गुरुत्वाकर्षण केन्द्र का अपना महत्व है। कुछ भूखण्डों या भवन में यह केन्द्र (ब्रह्मस्थल) अन्दर न होकर बाहर स्थित रहता है। ऐसे प्रकरणों में पहले भूखण्ड के २ या अधिक भाग में पिरामिड यंत्र स्थापित कर प्रतीकात्मक दीवार खड़ी कर उसे विभाजित करें । फिर प्रत्येक भाग को एक भूखण्ड मानकर ९ मल्टियर पिरामिड यंत्र लगाकर ऊर्जित करें।

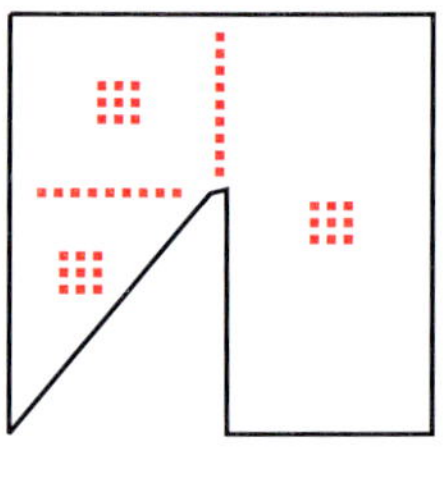

फ्लेट के ब्रह्मस्थलको क्रियाशील बनाना

यदि आपके पास ५वी मंजिल पर फ्लेट है और कोई व्यक्तिगत भूमि नहीं है तो क्या करेगें ? पहले ब्रह्मस्थल निकालें और भीतरी छत (सीलिंग) में ९ मल्टियर पिरामिड यंत्र लगाएँ। (लगाने का तरीका पृष्ठ १६९-१७० पर देखें), यदि आपका फ्लेट या भवन निर्माणाधीन है तो पूरे मकान में प्रत्येक टाइल के नीचे एक पायराचिप रखें और तब अन्य छोटे-मोटे वास्तु दोषों को भूल जाएँ।

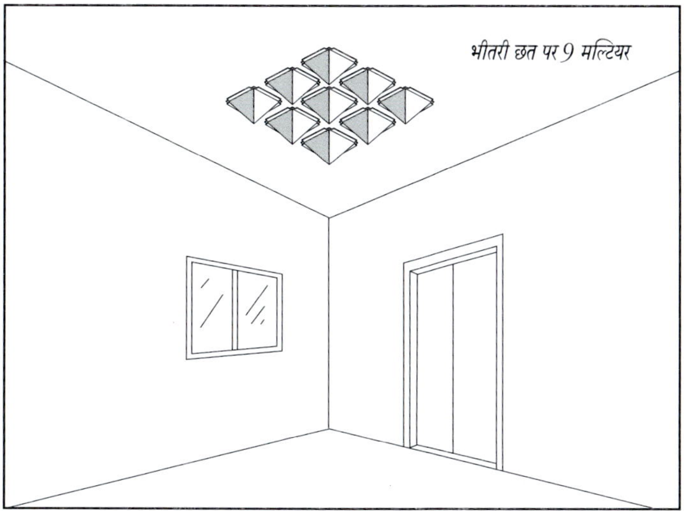

प्रत्येक टाइल के केन्द्र को ऊर्जा

बहुत सरल पर प्रभावी तरीका है कि प्रत्येक टाइल के मध्य को क्रियाशील बनाएँ । अतः मकान में टाइलें फिट करने से पूर्व उनके केन्द्र में एक पायरा चिप लगा दें इस तरह प्रत्येक वर्गफुट को यंत्र बना दें।

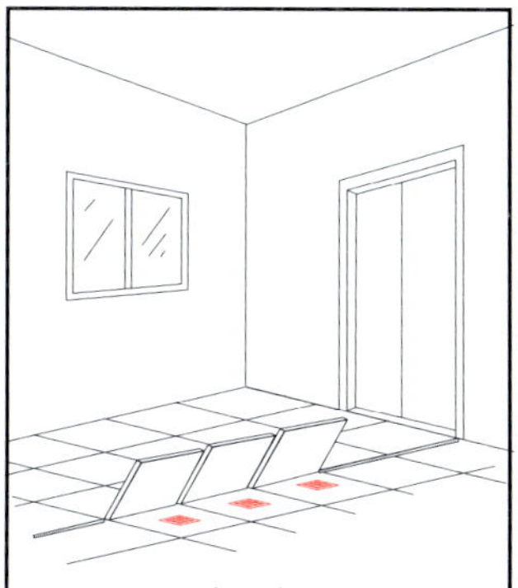

हर टाइल के नीचे पायरा चिप

नई दीवार-केन्द्र पद्धति

यह आयतन केन्द्र को ऊर्जित करने की नई तकनीक है। आप किसी भी दीवार या सीलिंग के मध्य पिरामिड यंत्र लगा सकते हैं। संक्षिप्त में कहें तो तीनों धुरी पर।

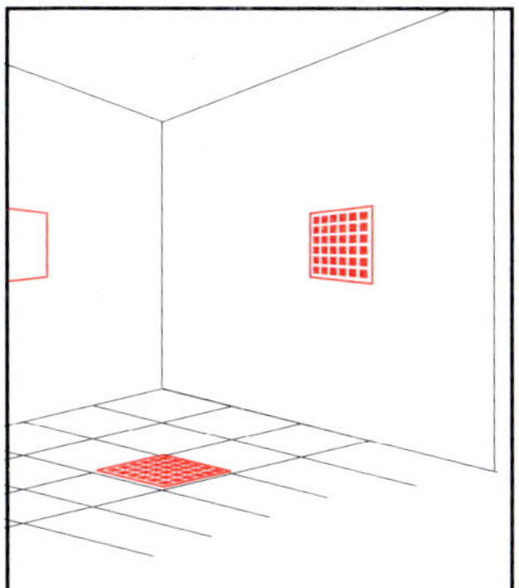

दीवार के केंद्र में एनर्जी 9x9

कार्य प्रगति के लिए प्लिंथ को अतिरिक्त शक्ति देना

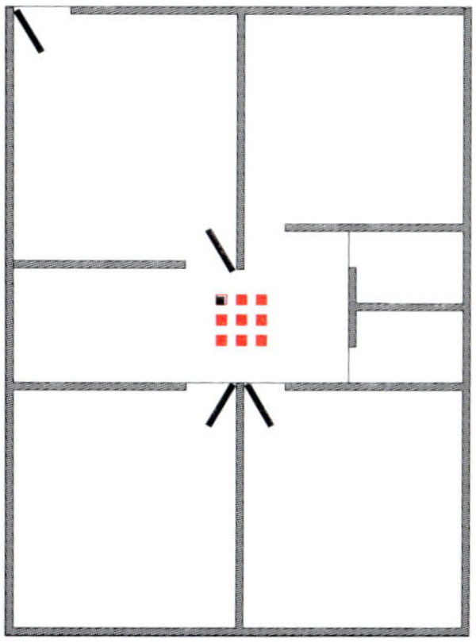

यदि कोई प्रगति जल्दी चाहता है तो प्लिंथ स्तरपर घर या फैक्टरी में अतिरिक्त शक्ति केन्द्र बनाना आवश्यक हैं, दूसरा कई प्रकरणों में प्लिंथ अनियमित आकार की होती है। अतः ब्रह्मस्थल में ९ मल्टियर पिरामिड यंत्र लगाएँ और कोनों में भी यदि वह हिस्सा टेढ़ा या कटा हुआ है। यदि भाग कटा हुआ है तो उसे मल्टियर द्वारा गुणात्मक रूप से पूरा करना है और यदि बढ़ा हुआ है तो उसे कम करने के लिए भी ९ मल्टियर पिरामिड यंत्र आवश्यक है। सभी पिरामिड यंत्र जमीन में लगभग १ फुट नीचे स्थापित किए जाते हैं और दो के बीच का अंतर ४ ईंच से अधिक और १० ईंच से कम होना चाहिए.

आप क्या करेंगे जब–

दीवार, सीढ़ी या शौचालय ब्रह्मस्थल में हो ?

एक सर्वेक्षण के अनुसार ६०% छोटे घरों में ये चार वास्तु दोष प्रायः पाये जाते हैं। अब आप इस नई काटो और दूर करो तकनीक से इन दोषों का सुधार बहुत सरलता से कर सकते हैं। पहले ब्रह्मस्थल पता करलें और यदि वहाँ दीवार, सीढी, शौचालय, या खम्भा है तो निम्न तरीका अपनाएँ और उन्हें दूर करें।

ब्रह्म स्थल में दीवार ?

ऐसा प्रायः होता है कि ब्रह्मस्थल पर कमरे की दीवार या कोई भारी वस्तु हो। इसे वहाँ से हटाना है। यदि वह कोई वस्तु है तो आप उसे हटा सकते हैं। परन्तु एक दीवार को गुणात्मक रूप से ही हटाना होगा । दीवार पर ३ मल्टियर पिरामिड यंत्र लगाएँ (देखें चित्र. १) या आप मध्यमें एनर्जी प्लेट तथा कोनों पर चार पायराकोन चित्र २. में दर्शाए अनुसार लगा सकते हैं।

ब्रह्म स्थल पर भारी खम्भा ?

पायरा वास्तु के अनुसार ब्रह्मस्थल पर खम्भा बिल्कुल अच्छा नहीं होता है। इस समस्या के दो हल हैं। पहला यह है कि खम्भे के चारों ओर मल्टियर पिरामिड यंत्र लगाएँ या जमीन या छत पर लगा सकते हैं। इससे बेहतर हल यह है कि मकान की सीलिंग में पायरा स्ट्रिप लगाकर उसे दो भागों में बाँट दें और दोनों के ब्रह्मस्थल को अलग अलग ऊर्जित करें। (देखें चित्र ३ एवं ४)

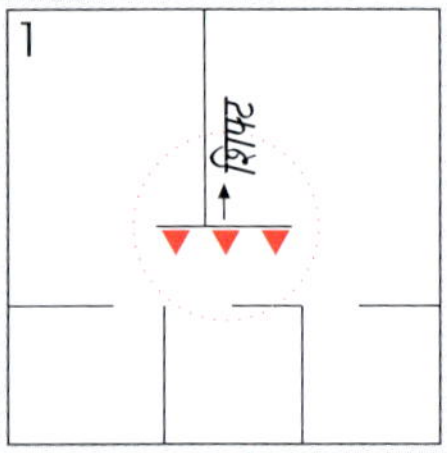

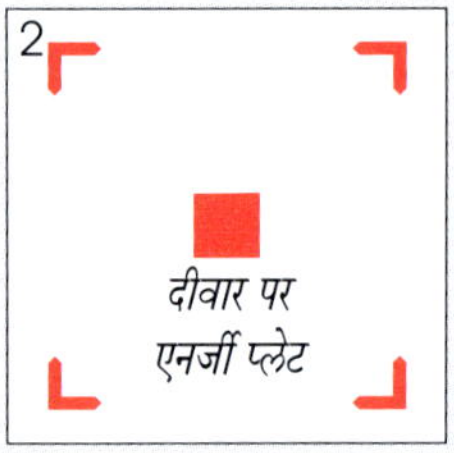

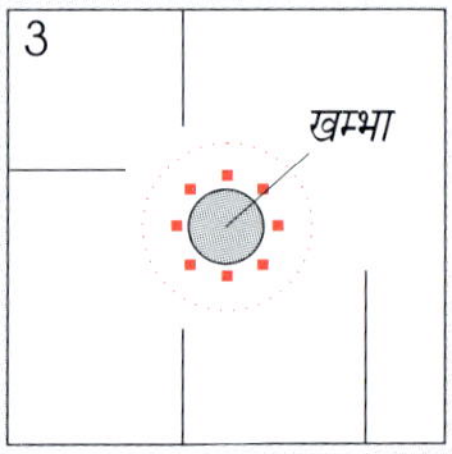

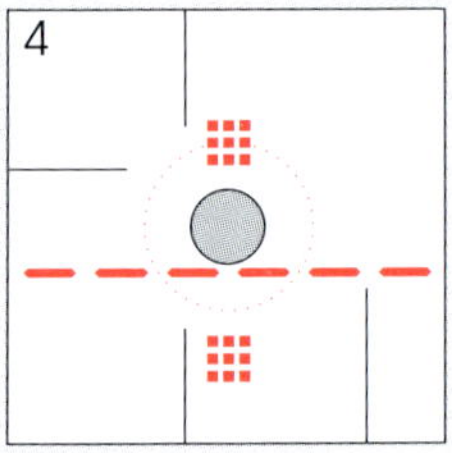

ब्रह्म स्थल में सीढी ?

यदि सीढी गोल है तो उसके चारों ओर ८ पिरामिड यंत्र चित्र ५ में दर्शाए अनुसार लगाएँ। ये या तो फर्श के नीचे या ऊपर सीलिंग पर लगाएजा सकते हैं। यदि फर्श के नीचे पिरामिड यंत्र लगाना संभव है तो सीलिंगमें पायरा पट्टी लगा कर आप उसे अलग कर सकते हैं।

(सीढी सुधार के और विवरण पृष्ठ १४६ पर)

ब्रह्म स्थल में शौचालय ?

यह बहुत ही गम्भीर दोष है अतः यदि संभव होतो शौचालय को ब्रह्मस्थल से हटा देना चाहिए। यदि यह संभव नही है तो शौचालय की बाहरी दीवार पर ३ पिरामिड यंत्र इस तरह लगाएँ कि जिस ओर शौचालय को गुणात्मक रूपसे हटाना है उसके दूसरी ओर उनके शीर्ष बिन्दु रहे। जैसा कि चित्र ७ में दर्शाया गया है। सभी पिरामिड यंत्र उत्तर की ओर शीर्ष बिन्दु रखते हुए लगाएँ ताकि वह दक्षिण की ओर हट सके या पायरा स्ट्रिप से प्रभावात्मक रूप से विभाजित करना भी इसका अन्य उपचार है।(चित्र ८)

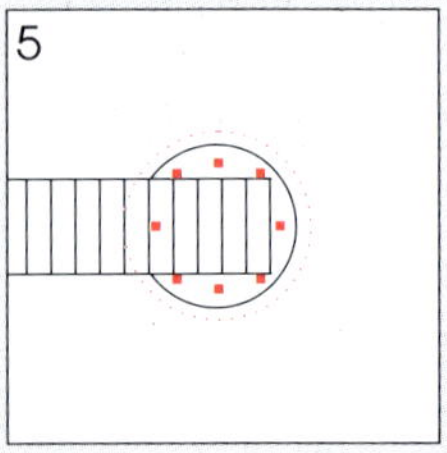

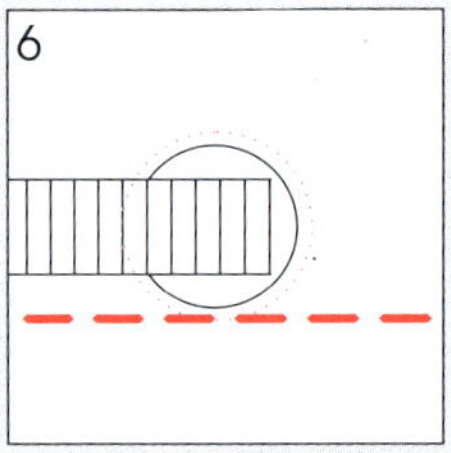

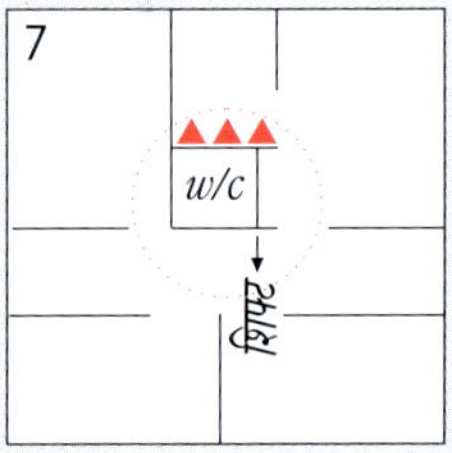

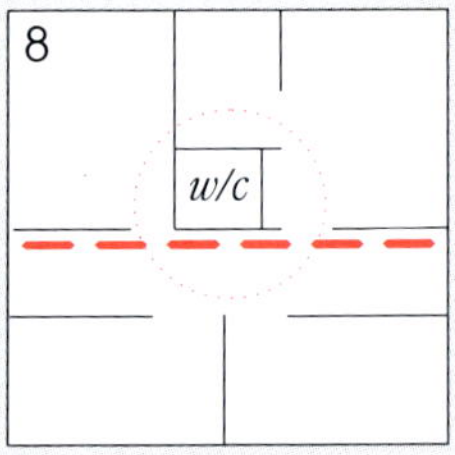

मुख्य द्वार और सीमा द्वार का पायरा वास्तु

पायरा वास्तु में मुख्य द्वार या मुख्य सीमा द्वार का विशेष महत्व है। शुभ परिणाम पाने के लिए द्वार नीचे चित्र में दर्शाए अनुसार सही स्थान पर होना चाहिए । यदि आपका मुख्य द्वार वांछित स्थान पर नहीं है तो उसका सुधार पिरामिड यंत्र द्वारा द्वार को ऊर्जित कर, या पिरामिड यंत्र लगाकर द्वार को प्रभावात्मक (गुणात्मक) रूप से सही स्थान पर हटाकर किया जा सकता है।

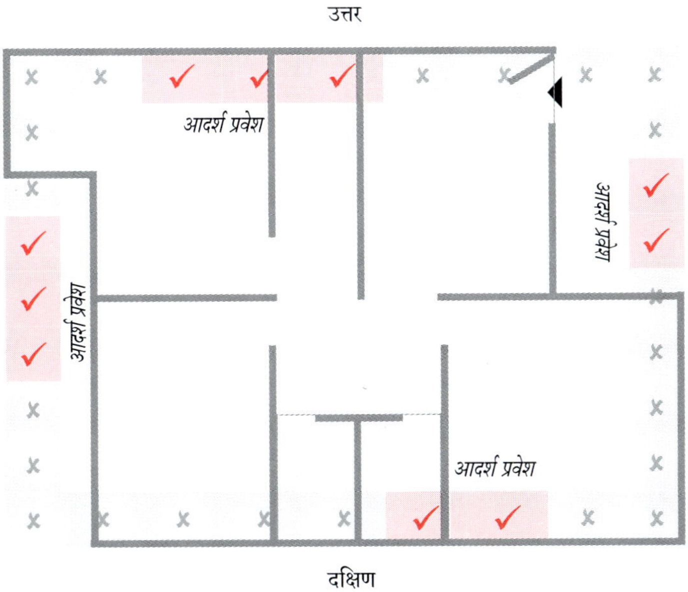

◀ वास्तु नियमानुसार यहाँ का प्रवेश द्वार गलत है।

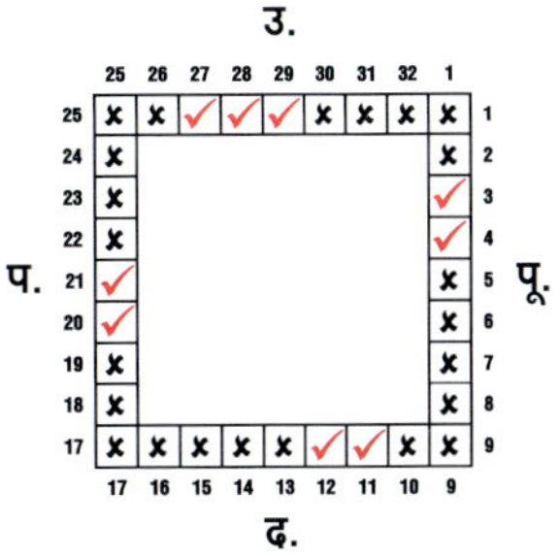

द्वार या मुख्य द्वार की सही स्थिति को हर तरफ ✓ के संकेत चिह्न द्वारा दिखाया गया है । अधिक जानकारी के लिए पृ. १०६ देखें ।

भाग्य वृद्धि के लिए द्वार ऊर्जित करना –

मुख्य द्वार को क्रियाशील और ऊर्जित रखना आवश्यक है। पहले इसे शुभ-लाभ, घोड़े की नाल, या प्रवेश पर रांगोली आदि से ऊर्जित किया जाता था।

पर अब इस जेट युग में हमारे पास समय नहीं है और हम अपनी समस्याओं का शीघ्र क्रियाशील, वैज्ञानिक हल चाहते हैं।

आप अपने द्वार पर तीन पिरामिड यंत्र लगाकर उसे ऊर्जित कर सकते हैं। चित्र में दर्शाए अनुसार एक द्वार के ऊपर और दोनों तरफ एक-एक लगाएँ। यह सबसे अच्छी स्थिति है पर यदि आपके द्वार के ऊपर या दोनों तरफ इसे लगाने के लिए जगह नहीं है तो आप इन्हें सीलिंग या बाजू की दीवार पर भी लगा सकते हैं।

और अधिक अच्छे परिणाम के लिए बीमोर 9x9 की सिफारिश की जाती है। इन्हें अपनी इच्छा या विशेष कार्य हेतु भी क्रिया बद्ध किया जा सकता है। (बीमोर में ९ कमलयुक्त ऊर्जा प्लेटें होती हैं।

एक दूसरा तरीका यह भी है कि एक प्रोटेक्ट 9x9 को ऊपर लगाएँ और २ बीमोर यंत्र को बाजू में जिससे कि नकारात्मक ऊर्जा से भी सुरक्षा मिलती रहे ।

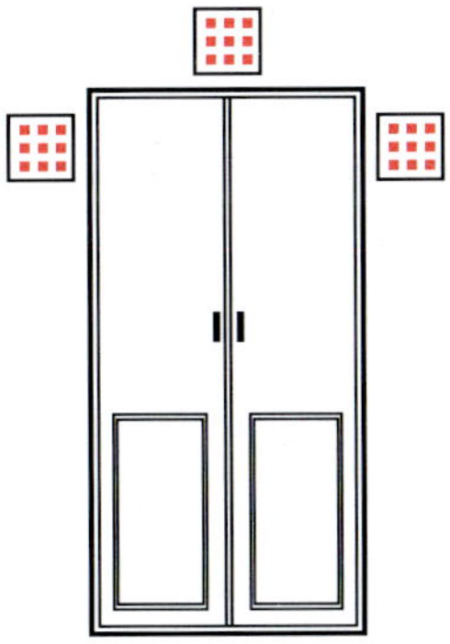

तीन बीमोर 9x9 द्वारा मुख्य द्वार की क्रियाशीलता

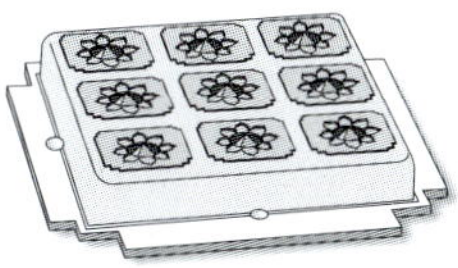

बीमोर 9x9

मुख्य सीमाद्वार को क्रियाशील करना

सीमा द्वार यानी मुख्य प्रवेश भी बहुत महत्वपूर्ण है। वह सही दिशा व स्थान पर होना चाहिए । यदि यह वास्तु अनुरूप नहीं है तो उसे ९ मल्टियर पिरामिड यंत्र लगाकर क्रियाशील करना चाहिए । द्वारके प्रत्येक खम्भे के सामने ९-९ पिरामिड यंत्र लगाना चाहिए । इस तरह कुल १८ यंत्र लगेंगे। ये यंत्र द्वार स्तम्भ से कमसे कम एक फुट दूर सीमा दीवार के अन्दर लगाने चाहिए। दोनों स्तम्भ के सामने लोग यंत्र द्वारपाल की तरह सुरक्षा करेंगे तथा हमें नकारात्मक ऊर्जा से बचाएँगे।

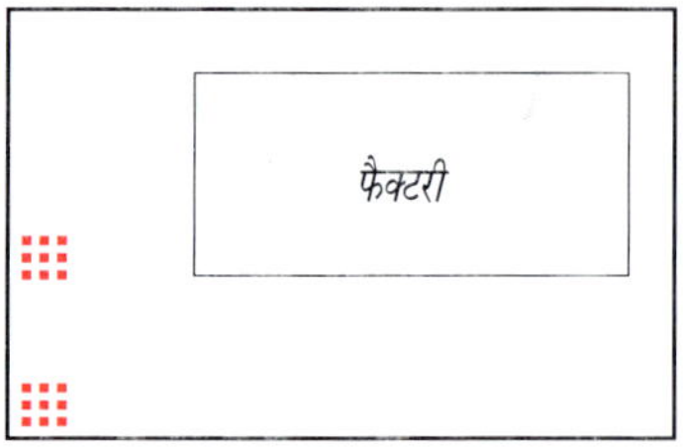

द्वार के लिए भाग्य रेखा

यह एक अन्य तरीका है जिससे आप अपना भाग्य और वैभव बढ़ा सकते हैं। यह द्वार का वास्तु ठीक करने के लिए भी उपयोग में लाया जा सकता है। ६×१ फुट लम्बाई और चौड़ाई का १ फुट गहरा गढ्ढा खोदें। और उसमें एक के बाद एक चित्र में दर्शाए अनुसार ९ पिरामिड यंत्र रखें। यह भाग्य रेखा दोनो स्तम्भों के पास बनाई जानी है। ऊपर बताई हुई ९-९ पिरामिड यंत्रों की पद्धति और भाग्य रेखा पद्धति दोनों का उपयोग एक साथ भी किया जा सकता है ।

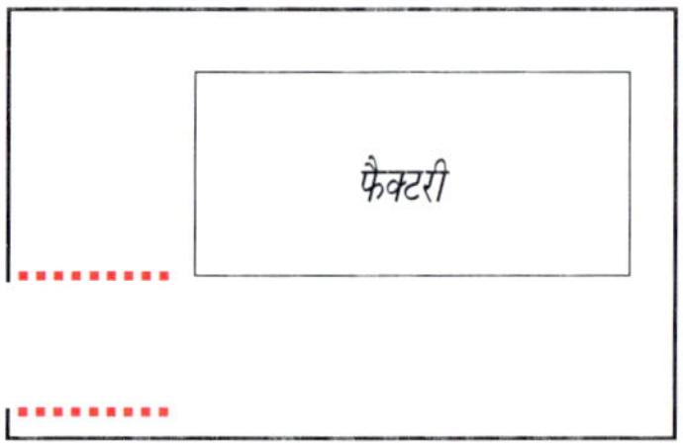

नकारात्मक ऊर्जाओंसे सुरक्षा

घर के मुख्य द्वार को ऊर्जित करने का यह एक और तरीका है। द्वार को नकारात्मक ऊर्जाओं से बचाना भी बहुत आवश्यक है। पहले इसके लिये घोड़े की नाल या दूसरे यंत्र लगाए जाते थे। पर अब अधिक वैज्ञानिक सोच की आवश्यकता है। अनुसंधान से प्राप्त परिणामों के अनुसार एक फेंगशुई दर्पण और पिरामिड इस कार्यके लिए बहुत उपयुक्त हैं। इसलिए एक प्रोटेक्ट 9x9 यंत्र द्वार के ऊपर तथा दो बीमोर यंत्रो को द्वार के दोनों तरफ चित्र में दर्शाए अनुसार लगाएँ। (पायरा बागुआ के लिए पृ. १९४ देखें)

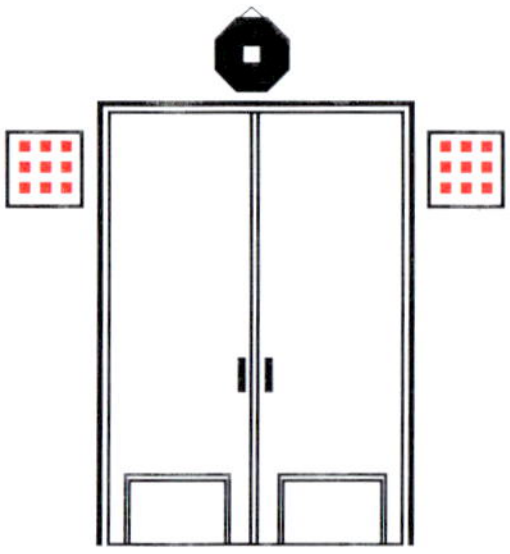

गुणात्मक रूप से द्वार बन्द करने का तरीका

नोट - यह एक अतिविकसित पद्धति है जिसका उपयोग पायरा वास्तु विशेषज्ञों द्वारा ही किया जाना चीहए। कभी यह स्थितिबनती है कि द्वार गलत दिशा में है और उसको भौतिक रूप से बंद करना भी संभव नहीं हो पाता है। ऐसे प्रकरणों में यह गुणात्मक रूप से द्वार बंदकरने की पद्धति का उपयोग किया जाता है। आपको द्वार के तीन ओर ९-९ प्रोटेक्ट डोर बेंड का उपयोग कर उन्हें फा - मा से ऊर्जित कर द्वार बंद करना है। परन्तु एकबार द्वार बंद होने पर उसे सही दिशामें अवश्य खोलना चाहिए ।

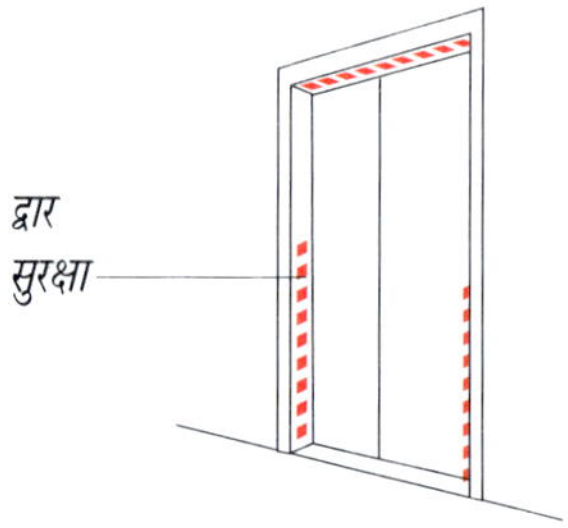

नये द्वार को खोलना

उपर्युक्त रीति से एक द्वार बंद करने के बाद पायरा वास्तु के अनुसार सही स्थान पर (काल्पनिक) गुणात्मक रूप से नए द्वार का खोला जाना बहुत आवश्यक है। पिरामिड यंत्रों की सहायता से दीवार पर एक गुणात्मक (काल्पनिक) द्वार बनाना है उस द्वार के मध्य में एक एनर्जी प्लेट फिक्स करनी है और चित्र में दर्शाए अनुसार तीन बीमोर पिरामिड (एक द्वार के ऊपर तथा एक-एक दोनों तरफ) फिक्स करने हैं। और अब उसे फा मा ऊर्जा देकर एक नया द्वार खोला जा सकता है ताकि उस तरफ से अच्छी समरसतापूर्ण ऊर्जा अंदर आ सके । आपको दीवार पर द्वार रेखांकित नहीं करना है बल्कि द्वार की कल्पना मात्र करनी है।

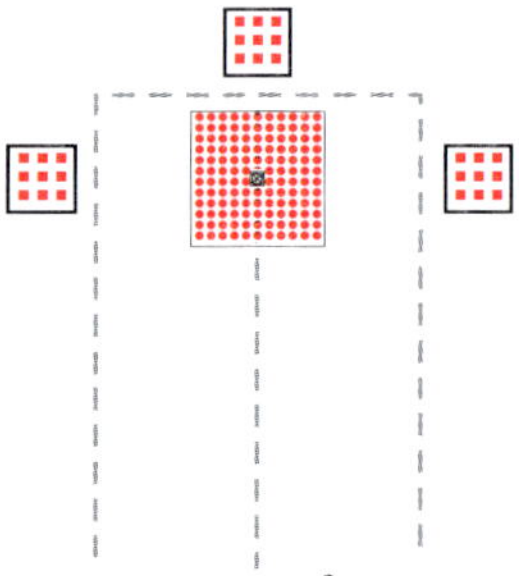
गुणात्मक (काल्पनिक) द्वार

*अधिक विवरण के लिए १२६ पृष्ठ देखें

आपके रसोई घर का पायरा वास्तु

परिवारके स्वास्थ्य की दृष्टि से रसोईघर की महत्वपूर्ण भूमिका है । अतः उसे रसोई घर या रेस्टोरेंट में आग्नेय कोने में होना चाहिए । आग्नेय अर्थात दक्षिण-पूर्व दिशा ।

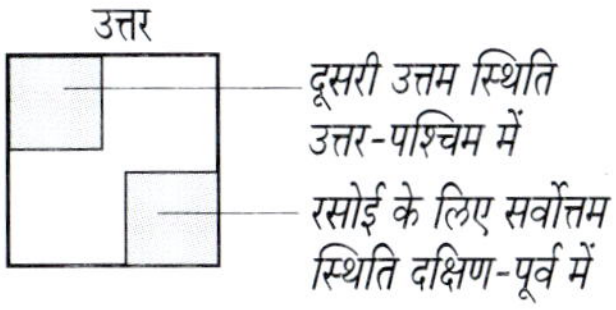

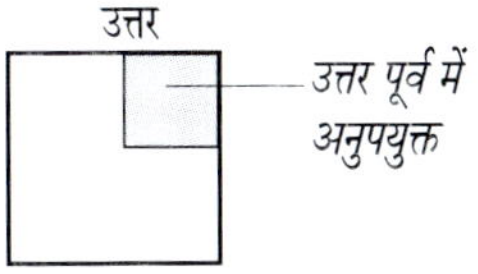

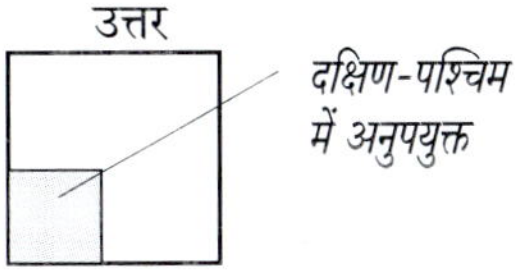

रसोई घर के द्वार के सामने शौचालय

यदि रसोई घर का द्वार शौचालय के सामने है तो उससे रसोई घर में नकारात्मक ऊर्जा आती है जो आपके स्वस्थ्य को बुरी तरह प्रभावित करती है। इस नकारात्मक प्रवाह को रोकने के लिए आपको सीलिंग में नीचे की ओर शीर्ष बिन्दु रखकर दोनों द्वारों के बीच पिरामिड यंत्र लगाकर एक प्रभावात्मक विभाजन करना होगा। इस विभाजन के लिए पायरा स्ट्रीप का उपयोग किया जा सकता है ।

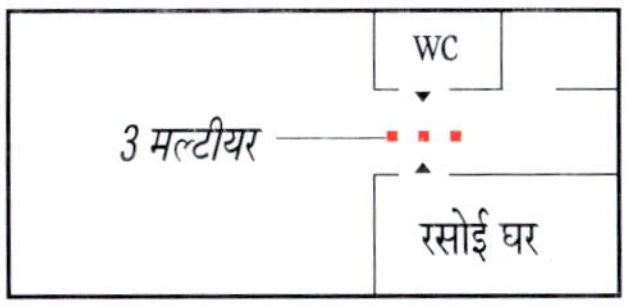

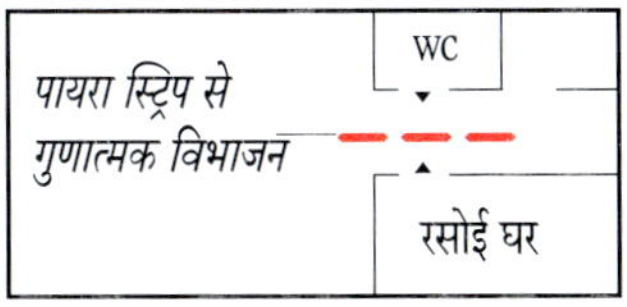

दक्षिणाभि मुख होकर रसोई पकाना

अन्न का प्रभाव हम पर पूर्ण रूपेण पड़ता है। अतः रसोई घर तथा रसोई बनाने वाले के मध्य पूर्ण सांमजस्य एंवशांति होना आवश्यक है। रसोई घर की स्थिति दक्षिण पूर्व दिशा में होनी चाहिए तथा बनाने वाले का मुख दक्षिण दिशा की ओर नहीं होना चाहिए । अगर यह इसके विपरीत है तो चित्र मे दर्शाए गए तरीके से दक्षिण दीवार पर पिरामिड यंत्र लगाएँ या एनर्जी ९×९ प्लेट लगाएँ ।

परिवार के स्वास्थ्य के लिए रसोई घर को क्रियाशील बनाना

मकान के ब्रह्मस्थल के बाद प्रत्येक कमरे के ब्रह्मस्थल का भी महत्व है। विशेष कर रसोई घर का ब्रह्मस्थल अति महत्वपूर्ण है। अतः ९ मल्टियर पिरामिड यंत्र सीलिंग या फर्श के नीचे लगाकर हम पूरे परिवार को अच्छा स्वास्थ्य दे सकते हैं। यह रेस्टोरेंट या होटल में उनकी चतुर्दिक प्रगति के लिए बहुत आवश्यक है।

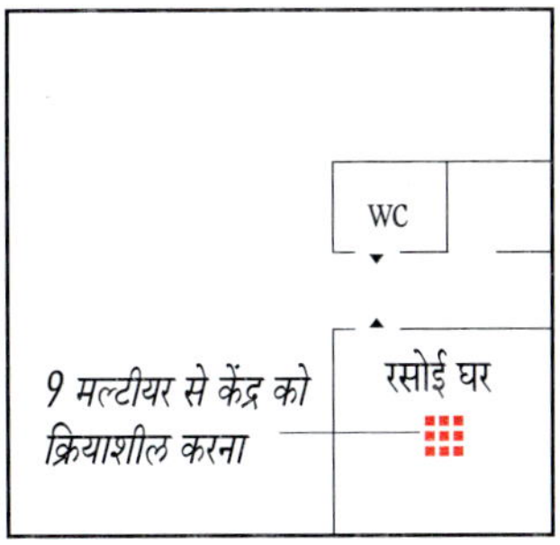

अग्नि – जल का संघर्ष

यह दो विपरीत तत्वों का संघर्ष है। जो परिवार में झगड़ा कराता है सामान्यतः अग्नि और जल एक ही प्लेटफार्म पर होते हैं या रसोई के तुरंत बाद धोने का स्थान या पानी की टंकी होती है तो आप उन्हें पिरामिड यंत्र या पिरामिड स्ट्रिप से अलग कर सकते है।

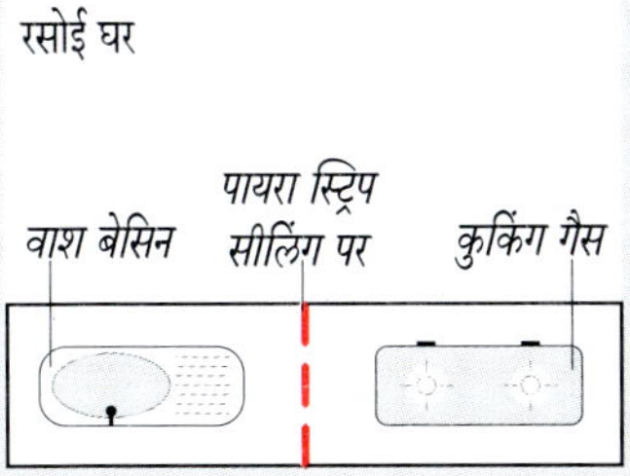

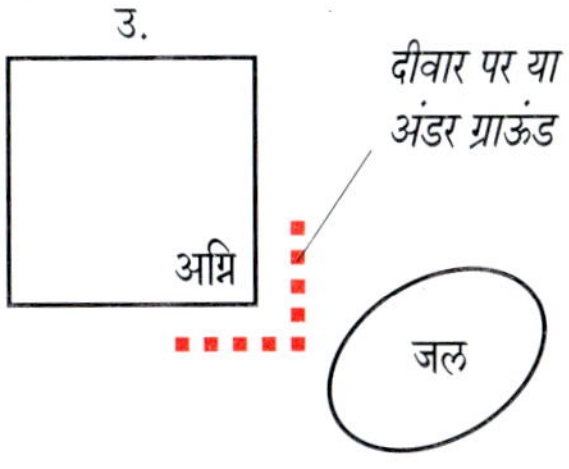

आपके शयन कक्ष के लिए पायरा वास्तु

शयनकक्ष वह स्थान हैं जहाँ आप अपने जीवन का एक तिहाई समय गुजारते हैं। इस लिए वह सही स्थान अर्थात दक्षिण-पश्चिम में होना चाहिए यदि नहीं है तो उसे प्रभावात्मक (गुणात्मक) रूप से वहाँ करना चाहिए। शयन कक्ष अच्छी तरह संवातित हो तथा उसकी दीवारें, आकृति कम से कम टेढ़ी हों। शयन कक्ष व्यवस्थित तथा स्वच्छ हो।

क्या करें यदि शयन कक्ष दक्षिण-पश्चिम (नैऋत्य) में नहीं है ?

शयन कक्ष और विशेष कर गृह स्वमी का शयन कक्ष द. प. में होना चाहिए पर यदि वह चित्र में दर्शाए अनुसार उ. पू. (ईशान) में है तो उसे दक्षिण और पश्चिम की दोनों दीवारों पर ३-३ मल्टियर पिरामिड यंत्र लगाकर सही स्थान पर हटाना होगा।

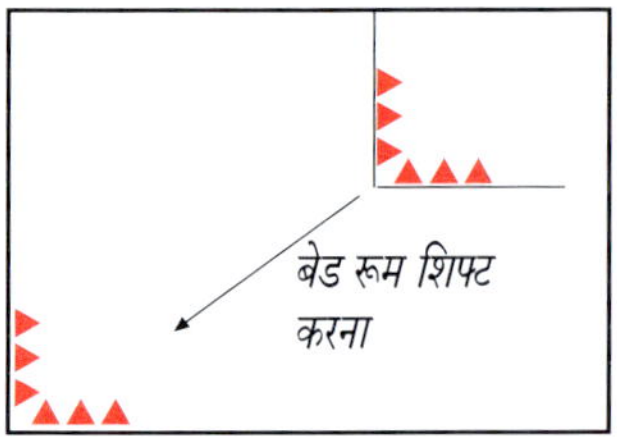

यदि शयनकक्ष के साथ शौचालय संलग्न है ?

नहीं ! उसे अलग होना चाहिए। पर यदि संलग्न है तो आपको उसे प्रोटेक्ट डोर बेंड या पायरा स्ट्रिप लगाकर शयन कक्ष से अलग करना चाहिए। शौचालय के अंदर कभी भी पिरामिड यंत्र नहीं लगाना चाहिए।

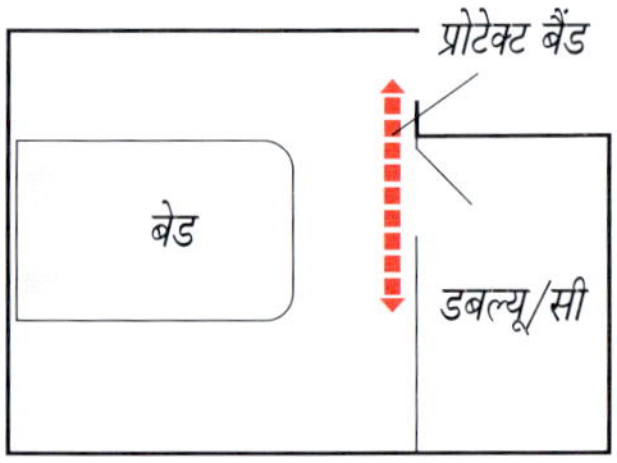

क्या हमारा दर्पण भी कष्टकारक हो सकता है ?

हाँ, यदि बांयीं ओर खुलते हैं। विशेष कर शयनकक्ष के वे सभी दर्पण जो सोने के समय सामने पड़ते है तो शरीर में दर्द और कई बीमारियों के कारण बनते हैं। इसका हल यही है कि सोते समय दर्पण ढक दें या परदा लगादें और उसमे संतुलन के लिए ९ पिरामिड चिप्स लगाएँ।

क्या होगा यदि द्वार के सामने मेरा पलंग है ?

दरवाजे के सामने पलंग नहीं रखना चाहिए। द्वार से निरंतर प्रवाहमान ऊर्जा व्यक्ति के स्वास्थ्य को प्रभावित करती है। पहला हल यह है कि सोते समय दरवाजा बंद कर दें अथवा पलंग को तीन प्रोटेक्ट इन्साइड से सुरक्षित कर दें।

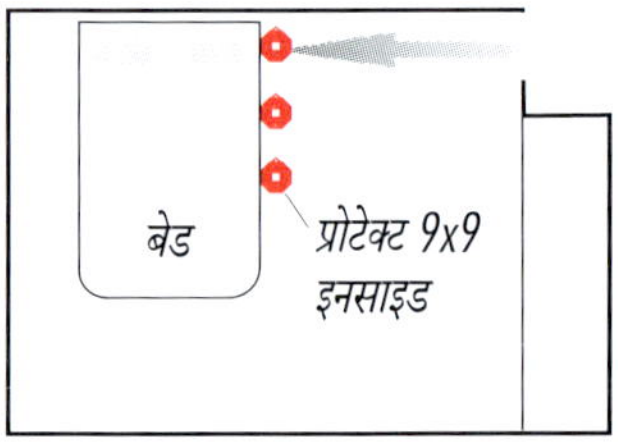

क्या पलंग पर छत का झुकाव और बीम तनाव देते है ?

छत का ढाल उत्तर (नीचे) की ओर से दक्षिण(ऊचाँ) की ओर या पूर्व से पश्चिम की ओर होना चाहिए। यदि वह उल्टा है या ऊँचाई में कम है तो वह व्यक्ति को तनाव ग्रस्त बनाता है। जहाँ छत नीची है वहाँ दीवाल पर या पलंग के नीचे ३ पिरामिड यंत्र लगाएँ।

यदि आप बीम के नीचे सो रहे हैं तो ३+३ पिरामिड यंत्र दीवार पर बीम मे नीचे लगाएँ ताकि नकारात्मक प्रभाव कम हो सके।

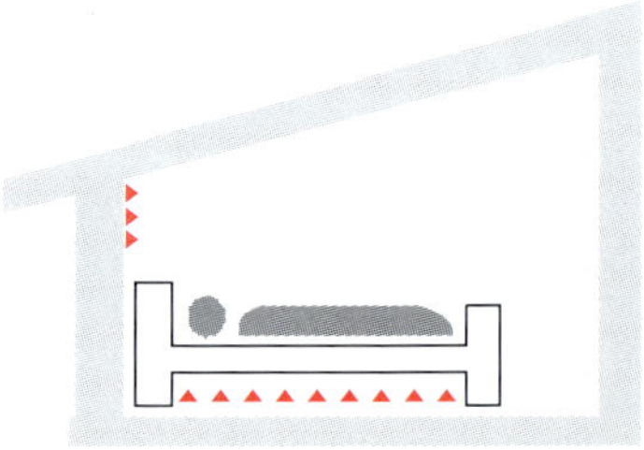

वास्तु - स्लीप

निद्रा लेते - समय आपका चेतन मन आराम करता है पर आपका अवचेतन मन अधिकतम क्रियाशीलता के लिए प्रोत्साहित करता है और परिणाम स्वरूप स्वास्थ्य, व्यापार और संबधों में नई सफलता।

◆

मुख्य सिद्धांत - हम जानते हैं कि पायरा वास्तु में ब्रह्म स्थल का विशेष महत्व है। इसलिए हमें पहले नितांत व्यक्तिगत कार्योंको पहले लेना चाहिए। बिस्तर/पलंग से अधिक व्यक्तिगत और क्या हो सकता है जिसपर हम अपना एक तिहाई जीवन व्यतीत करते हैं। इसलिए अपने बिस्तर को ऊर्जित कर उसे एक शक्तिशाली यंत्र बनाएँ।

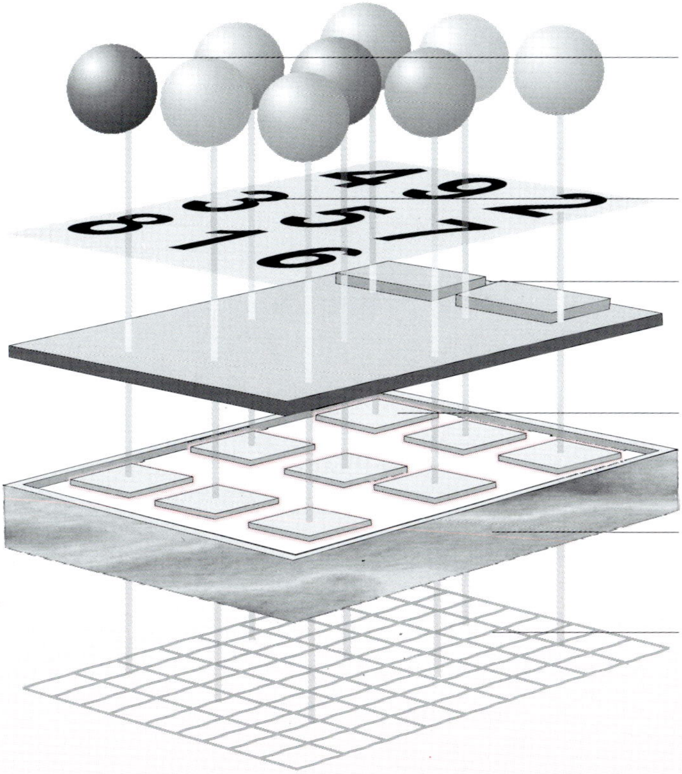

यह ९ ग्रहों और ८१ वास्तु खण्डों के सिद्धाँत पर कार्य करता है। जैसा कि हम ने अध्ययन किया है कि सारा संवाद ब्रह्माण्डीय ऊर्जा और पृथ्वी की ऊर्जा के बीच होता है। मनुष्य इन दोनों की बीच में है। अतः जब आप ९ पिरामिड यंत्र या ९ वास्तु स्लीप यंत्र अपने गद्दे के नीचे रखते हैं तो वह काम करना शुरू करता है और ऊर्जा का प्रवाह आपके माध्यम से होना शुरू हो जाता है।

वास्तु स्लीप यंत्र में ९ प्लेटों का सेट होता है और प्रत्येक प्लेट मे ८१×९=७२९ पिरामिड रहते हैं। बीच की प्लेट में स्थित स्थान पर आप विशेष कामना लिखकर भी रख सकते हैं। आपको अपनी कामना सोने से पूर्व नित्य दोहरानी है और तब आपका अवचेतन मन आपको अधिक स्वास्थ्य, सम्पत्ति और शक्ति देने के लिये कार्य करेगा।

** वास्तु स्लीप यंत्र पर्सनल केयर का उत्पादन है जिसमें 6561 पिरामिड यंत्र पूरे पलंग पर रहते है।*

पायरा वास्तु

आपके बालकनी, बेसमेंट, गैरिज और शौचालय के लिए

शयन कक्ष, रसोई घर, ब्रह्मस्थल आदि के मुख्य वास्तु सुधारों के बाद हम दूसरे कमरे जैसे बेसमेंट, गैरिज आदि की उपेक्षा कर देते हैं। पर आपको यह जानकर भी आश्चर्य होगा कि ये छोटे कमरे भी यदि वास्तु अनुरूप उचित स्थान पर नहीं हैं तो ये भी हमें प्रभावित करते हैं। उनकी सही स्थिति को जानें, फिर आपके यहाँ उनकी स्थिति से तुलना करें और तुरंत सुधारें।

बालकनी और खुली छत

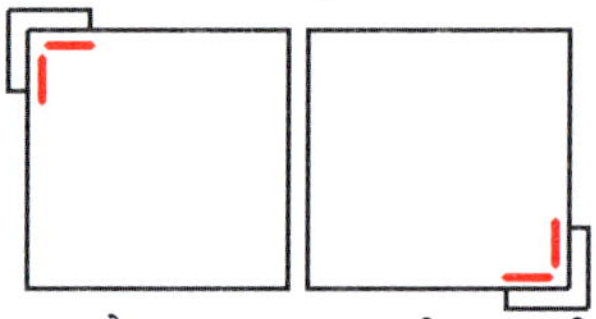

वास्तु के अनुसार बालकनी या खुली छत का उत्तर या पूर्व दिशा में होना उत्तम है मगर उत्तर-पूर्व कोने वाली (ईशान) दिशा में उनकी स्थिति सर्वोतम रहती है। यदि बालकनी दक्षिण या पश्चिम में है तो स्थापित क्षेत्र (projection) की भीतरी दीवार पर पायरा स्ट्रिप लगाकर उसे अलग कर सकते हैं। पिरामिड यंत्र लगाने के लिए दोनों ओर चिपकने वाला टेप या पीतल के स्क्रू लगाएँ। (लोहे की कीलें ठीक नहीं है) अगर जगह बडी हो तो ज्यादा पायरा स्ट्रीप ३ के गुणांक में दोनो ओर लगा सकते है।

बेसमेंट

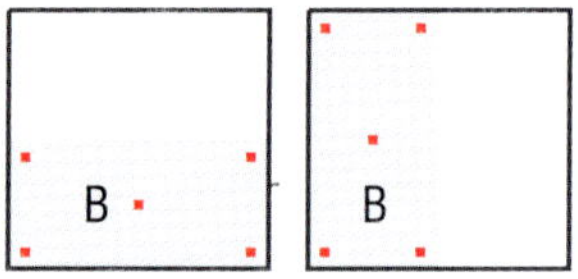

बेसमेंट किसी भवन, दुकांन या कारखाने के उत्तर और पूर्व दिशामें होना चाहिए न कि दक्षिण और पश्चिम में । इसका उपयुक्त स्थान उत्तरपूर्व (ईशान) है। यदि चित्र में दर्शाए अनुसार बेसमेंट दक्षिण या पश्चिम में है तो बेसमेंट में ऊर्ध्व ऊर्जा प्रवाह पद्धति का उपयोग किया जाएगा जिसमें बेसमेंट के चारो कोनों और ब्रह्मस्थल पर मल्टियर या मॅक्स लगाएँ।

गैरिज और सेवक कक्ष

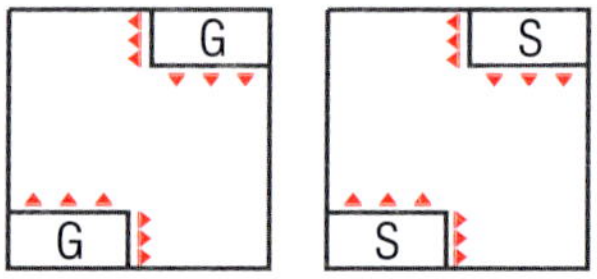

नौकरों का कमरा व वाहन कक्ष उत्तर-पूर्व मे नहीं होना चाहिए । लेकिन यदि यह इन दिशाओं मे स्थित है और इन्हें सही दिशा मे लाना संभव नहीं है तो मल्टियर या मॅक्स से उन्हें प्रभावात्मक रूप से शिफ्ट कर सकते हैं। जैसा दर्शाया गया है उसके अनुसार बाहरी दीवार पर पिरामिड लगा दें।

शौचालय

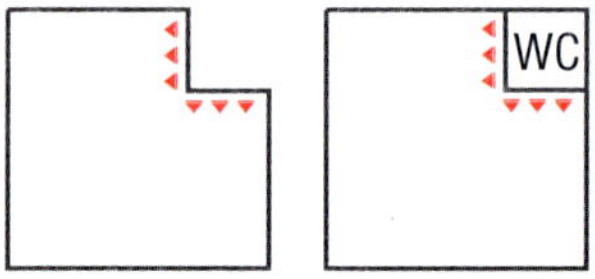

स्नानगृह और शौचालय का उपयुक्त स्थान दक्षिण और पश्चिम के मध्य भाग में है। शौच करते समय सूर्य की ओर मुख नहीं होना चाहिए । शौचालय ईशान (उ. पू.) में नहीं होना चाहिए । पर यदि आपके मकान में वहाँ बना हुआ है तो शौचालय के बाहर मल्टियर या मॅक्स लगाकर शिफ्ट पद्धति अपनाकर नकारात्मक ऊर्जा दूर रखें।

आधुनिक तकनीक

इस पृष्ठ पर कक्ष हटाने, बेसमेंट अलग करने, कमरे को गुणात्मक रूप से समकोण करने जैसी अधुनातन पद्धतियों का जिक्र है जिन्हें पायरा वास्तु विशेषज्ञ प्रयोग में लाते हैं। यदि आप समझ नहीं पाते हैं तो अगले पृष्ठ पर बढ़ जाइये, बाजू की पट्टी में कई नए यंत्र दर्शाए गए हैं जिनका उपयोग विशेषज्ञों के परामर्श के साथ ही कियाजाना चाहिए।

अपने बैठने का स्थान ऊर्जित करें

आपको अपने कार्य करने के स्थान को सुरक्षित और ऊर्जित रखने की आवश्यकता है। यदि आप आसपास की वास्तु ठीक नहीं कर सकते हैं तो सीलिंग में ४ पायरा ऐंगल लगाएँ जो आपकी बैठक या काम करने के स्थान को सुरक्षित और प्रभावात्मक रूप से ठीक रखेगा।

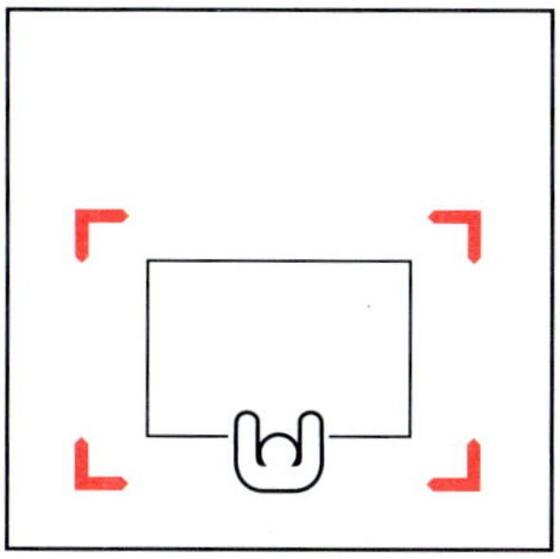

बेसमेंट को अलग करना

हमने तलघर को ऊर्ध्व ऊर्जा प्रवाह द्वारा अपलिफ्ट करने की पद्धति देखी । पर अब यह तल घर को पायरा स्ट्रिप की सहायता से अलग करने की नई पद्धति है। चारो दीवारों पर सीलिंग के पास ९-९ पायरा स्ट्रिप लगाएँ और छत को प्रभावात्मक रूपसे अलग कर दें।

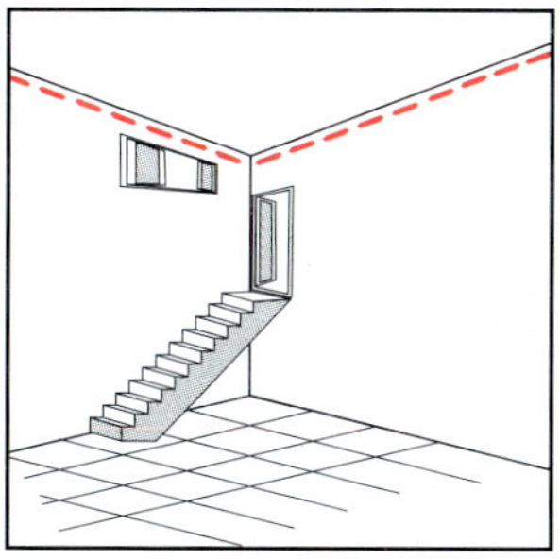

सफलता के लिए समकोण

यदि कमरे की चारों दीवारें परस्पर समकोण बनाती हैं तो वास्तु की दृष्टि से यह आदर्श स्थिति है। यदि नहीं है तो चिन्ता न करें। अब आप ४ पायरा ऐंगल सीलिंग में कोनों के पास लगाकर अपने कक्ष को ठीक समकोण कर सकते हैं। ध्यान रहे कि पिरामिड के शीर्ष (फेस) नीचे की ओर रहेंगे।

पायरा वास्तु के नए यंत्र

पायरा स्ट्रिप – गुणात्मक विभाजन और अलग करने का यंत्र है। अलग करने के लिए और प्रभावात्मक रूप से द्वार बन्द करने के लिए बहुत उपयोगी।

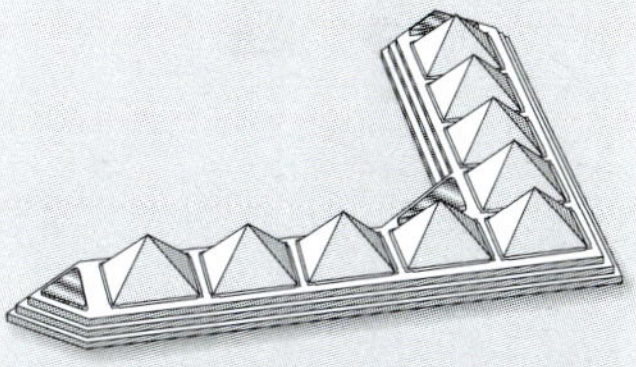

पायरा एंगल –गुणात्मक रूप से समकोण बनाने केलिए और कोणीय आकृति (तीर) गुणात्मक रूप से हटाने के लिए ।

पायरोन –पायरा ऊर्जा धारक
2 में 1 यंत्र जो बहुविध उपयोगी है स्वास्थ्य, रूपया, सामंजस्य आदि के लिए कई प्रकार के पायरोन बने हैं। (अधिक विवरण–पृष्ट 201 पर)

सीढ़ी के लिए सूत्र

सीढ़ी दक्षिण वर्ती घुमाव की हो

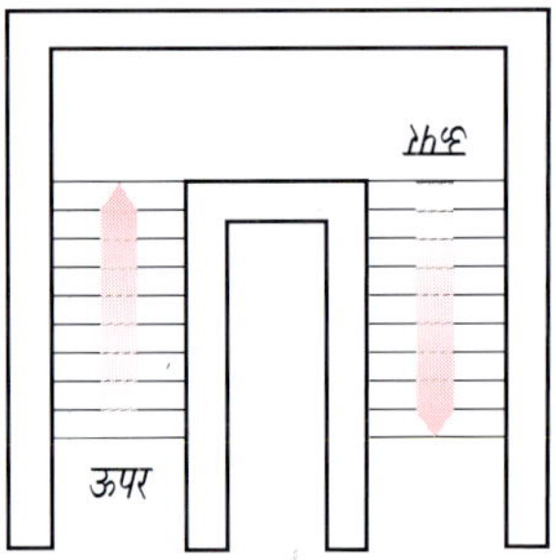

यदि गोलाकार सीढी है तो पहला नियम यह है कि सभी सीढ़ियाँ दक्षिणावर्ती घुमाव के साथ ऊपर की ओर बढें । यह तो सरल पर यदि सीधी सीढियाँ है तो उनका घुमाव दाहिनी ओर होना चाहिए । यदि वे चढ़ते समय बायीं ओर घूमती हैं तो यह वास्तु की दृष्टि से दोषपूर्ण स्थिति है और उसका सुधार करना चाहिए । प्रत्येक सीढी में एक पायरा स्ट्रिप लगाएँ यह प्रत्येक कदम पर सकारात्मक ऊर्जा देगी ।

सीढ़ी कभी भी उ.पू. (ईशान) में नहों

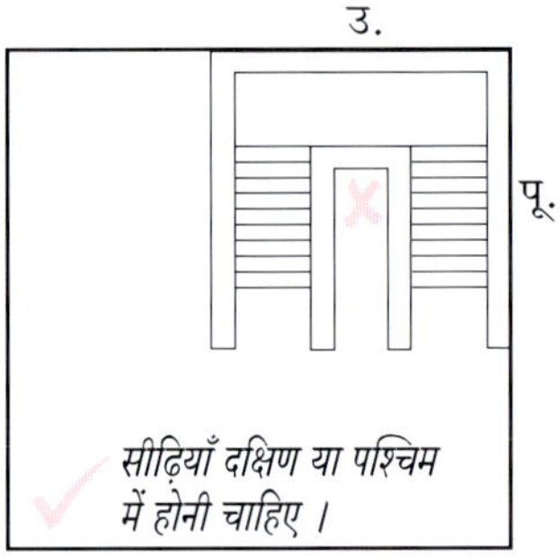

सीढ़ी का भार आपके घर, दुकान, फैक्टरी में उ.पू. की ओर न हो। चूकि उ.पू. कोना सक्रियता और उच्च ऊर्जा का क्षेत्र है, सीढी का भार अच्छी ऊर्जा के प्रवाह में अवरोध कर सकता है। उसे आध्यात्मिक और गुणात्मक रूप से सुधार करने हेतु ३ पिरामिड यंत्र बाजू में या ९ पिरामिड यंत्र सीढी के नीचे, जैसा संभव हो लगाएँ। यह उस क्षेत्र को ऊर्जित करेगा । सीढी की आदर्श स्थिति भवन के दक्षिण या पश्चिमी भाग में है।

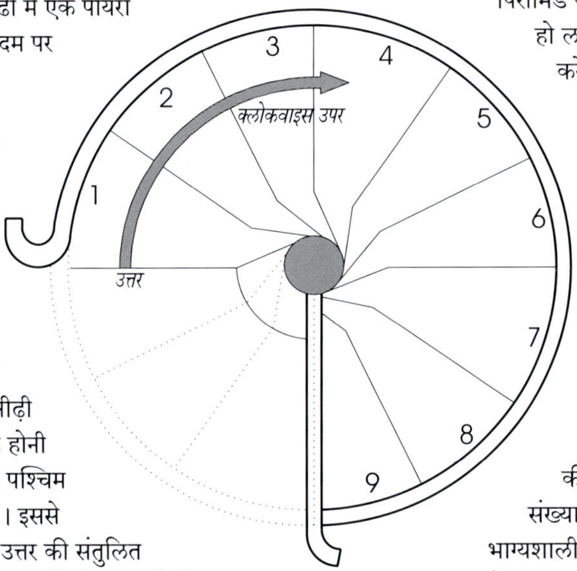

पूर्व से पश्चिम और उत्तर से दक्षिण

सीढी की दिशा क्या है यह भूलने योग्य सूत्र नहीं है। सीढ़ी हमेशा पूर्व या उत्तर से शुरू होनी चाहिए और ऊपर की ओर पश्चिम या दक्षिण में जानी चाहिए । इससे ऊपरी मंजिल पर पूर्व और उत्तर की संतुलित ऊर्जा का लाभ मिलेगा यदि यह स्थिति उल्टी है तो यह कई समस्याओं का कारण बन सकती है। सबसे अच्छा है कि सीढी की दिशा को ही भौतिकरूप में बदल दिया जाए। यदि यह संभव नहीं है तो उसे पिरामिड यंत्र लगाकर सुधारें । पहली तीन सीढियों पर चित्र अनुसार ३-३ पिरामड यंत्र लगाकर पूरी सीढी को सुरक्षित बनालें ।

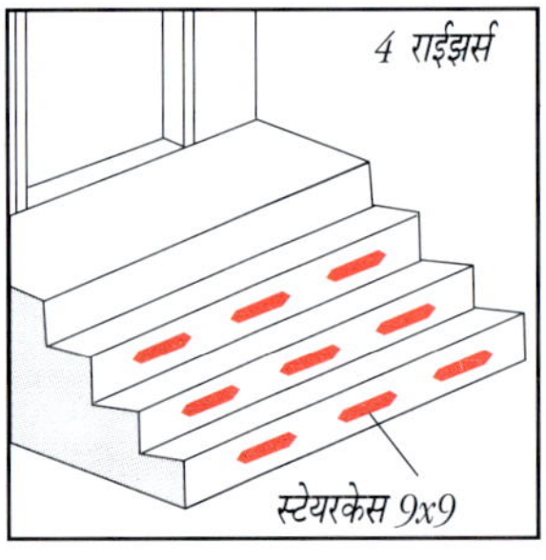

सीढ़ियों का चढाव विषम संख्या में होना चाहिए

अब पढना छोडकर अपने घर की सीढ़ियों के पास जाकर उनके चढाव (riser) की संख्या गिनें । यदि वह विषम संख्या ३, ५, ७, ९, ११ है तो आप भाग्यशाली हैं। पर यदि वह सम संख्या के रूप में ४, ६, ८, आदि है तो उसमें सुधार की आवश्यकता है। चिन्ता न करें। उनका सुधार बहुत सरल है। बस पहली या आखिरी सीढ़ी को उसके बाजू में स्टेअर केस 9x9 लगाकर अलग कर दें। इस एक सीढी को अलग करने से सीढ़ियों की संख्या विषम हो जायेगी। यदि सीढियाँ गलतदिशामें है तो सभी सीढ़ियों को अलग किया जा सकता है। या सीढ़ीओं के नीचे ९ मल्टियर लगाएँ।

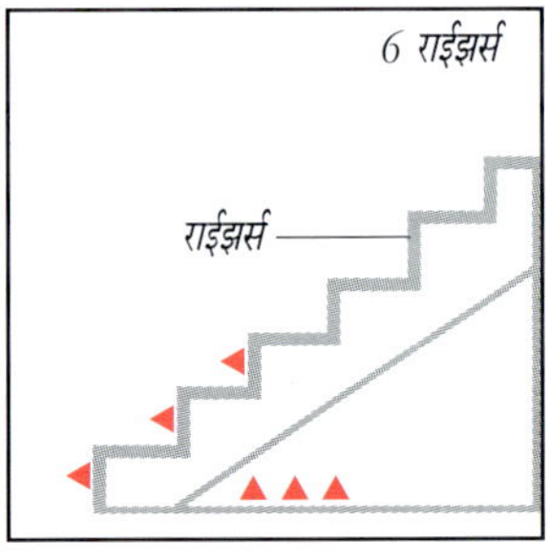

ऊर्जा - प्रवाह (पायनर्जी) का नया तरीका

ऊर्जा प्रवाह के द्वारा वास्तु दोषों का सुधार करने का यह नया और अधिक व्यावहारिक तरीका है। वास्तु के छोटे-छोटे दोषों को ढूंढ कर उन्हें सुधार करने की अपेक्षा, आपके घर या कार्यस्थल को ऊर्जा प्रवाह से परिपूरित कर दें और चमत्कारी परिणामों का अनुभव करें।

कमरे में ऊर्जा प्रवाह (पायनर्जी)

यह एक नई पद्धति है जिसमें आप मुख्य प्रवेश से पूरे कमरे मे ऊर्जा का प्रवाह फैला सकते है। प्रवेश द्वार के सामने 9x9 एनर्जी प्लेट लगाएँ। और दूसरी एनर्जी 9x9 चित्र में दर्शाए अनुसार उसी ऊँचाई पर लगाएँ। इससे ऊर्जा प्रवाह सभी कोनों तक मिलेगा ।

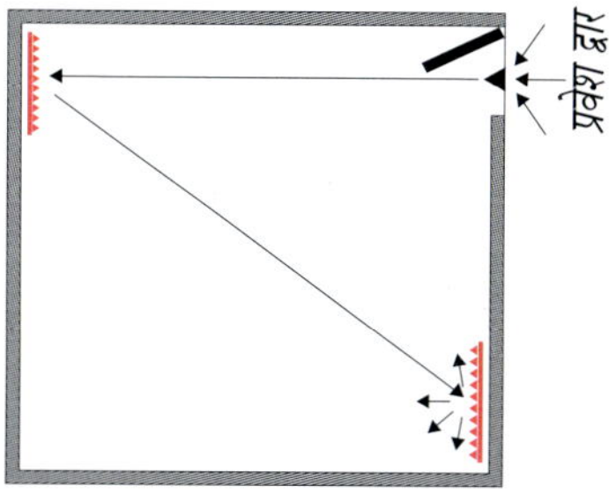

पूरे घर को ऊर्जा प्रवाह से संपूरित करना

नीचे के चित्र में दिए अनुसार आप पूरे घर को ऊर्जा प्रवाह से युक्त बना सकते हैं।

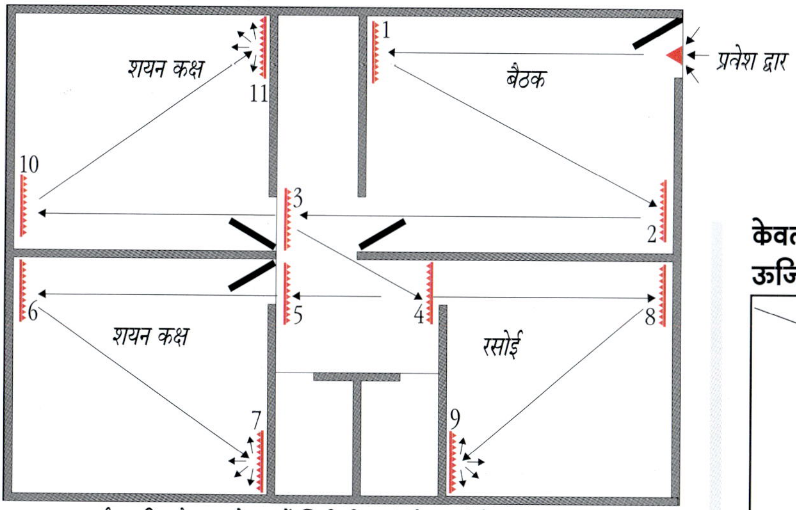

यह एक आदर्श मानचित्र है। आपके घर में स्थिति भिन्न भी हो सकती है। शौचालयों के अन्दर ऊर्जा न ले जाएँ।

मुख्य प्रवेश से शुरूकरें, उसके सामने 9x9 एनर्जी प्लेट लगाएँ (फर्श से ६ फुट की ऊचाँई ठीक है) फिर प्लेट 2 और 3 लगाकर ऊर्जा को मध्य में लाएँ। इसी तरह ऊर्जा प्रवाह का परिभ्रमण आप चित्र में दर्शाए अनुसार प्रत्येक कमरे में प्लेट 4 से 11 तक लगाकर पूरा कर सकते हैं।

इसी तरह आप अपने कार्यालय दुकान, चिकित्सालय और बड़े भवनों में भी कर सकते हैं।

यदि कमरे या हाल का क्षेत्रफल ५०० वर्गफुट से अधिक है तो प्रत्येक कमरे में आपको ३ से अधिक की आवश्यकता है। अर्थात 3, 6, 9...... आदि के गुणक में।

केवल एक कमरे को ऊर्जित करना

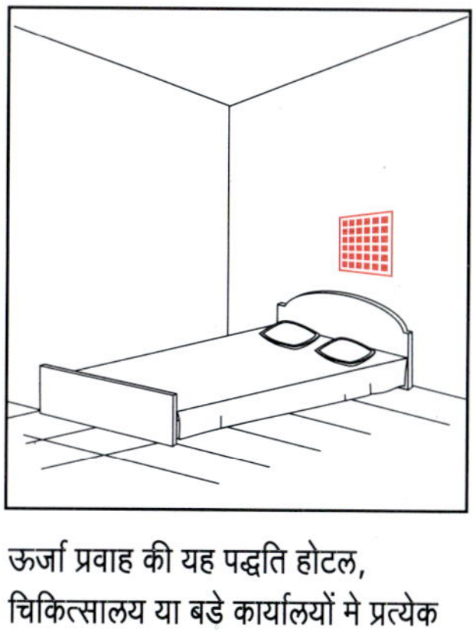

ऊर्जा प्रवाह की यह पद्धति होटल, चिकित्सालय या बडे कार्यालयों मे प्रत्येक कक्ष को ऊर्जित करने का प्रभावी माध्यम है। साथ ही विशाल भवनों, कार्यालयों और दुकानों के लिए भी अच्छा है।
(अधिक विवरण - पृ. १५६ पर)

अनियमित आकार के भुखण्ड का पायरावास्तु

भूखण्ड पहली इकाई है जो आपके साथ तरंगमय स्पन्दन करता है इस लिए इसे ठीक से समझना अत्यंत महत्वपूर्ण है। यहाँ कुछ उदाहरण दिए जा रहे है जिनमें भूखण्ड या भवन अधिक अनियमित आकार के हैं।

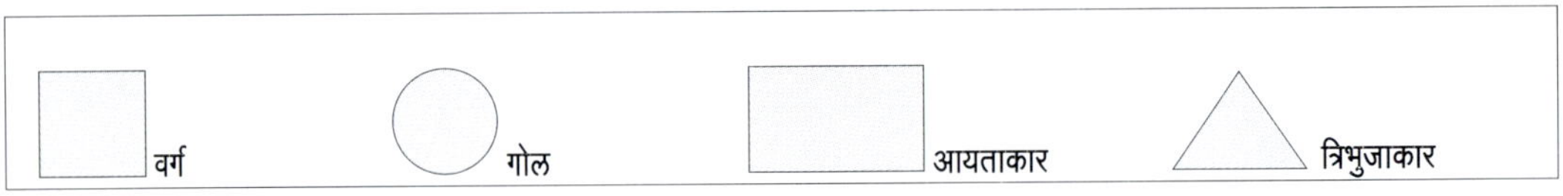

टेढ़ी आकृति के कोनो वाले प्लाट के लिये पायरा वास्तु

इस तरह के आकृतिवाले भूखंडों के लिये प्लाट के मध्य को ठीक किया जाता है।
तरीका १ - ९ के स्थान पर २७ या ८१ पिरामिड यंत्रो को लगाये ।
तरीका २ - अगर जगह कम हो तो इन यंत्रो की स्थापना इस तरह करें कि यंत्रों को भूमि में रखने व मिट्टी से ढकने के बाद सिर्फ उनके शिखर दिखे। अब उन पर पुनः यंत्र रखें व क्रमशः इसी तरीके को दोहराएँ। यहाँ बेहतर परिणाम के लिए मॅक्स उपयुक्त होगा क्योंकी यह मल्टियर से ९ गुना कम लगेंगे ।

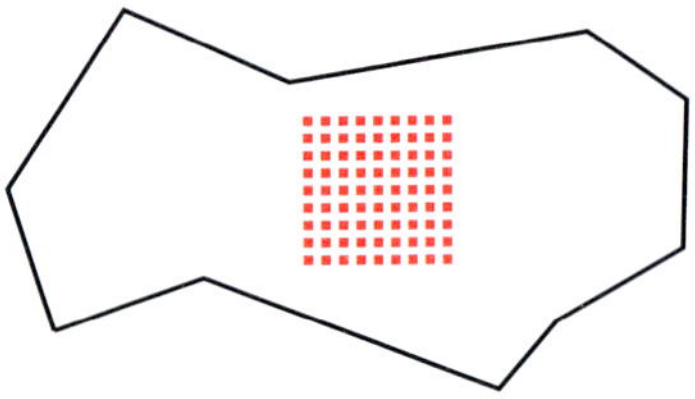

तिरछे भूखंड हेतु पायरा वास्तु

पृथ्वी के चुंबकीय ध्रुव से हटे भूखंड के उपचार हेतु चित्र मे दर्शाए तरीके से ९मल्टियर या १ मॅक्स स्थापित करें। और बेहतर परिणामों के लिये इसके केन्द्र में भी यंत्रों की स्थापना करें। यह उपचार विधि घड़ी की सुई की दिशा के अनुरूप है। इसे इसकी उल्टी दिशा में तथा निर्माण के पश्चात भी किया जा सकता है।

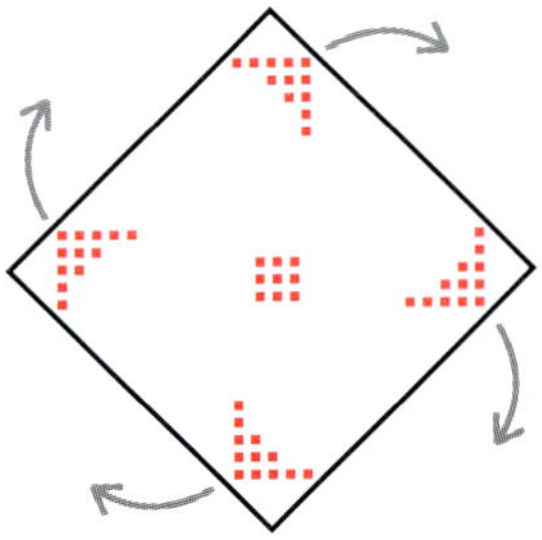

९० कोण के सुधार हेतु पायरा वास्तु

वास्तु के अनुसार ९०° का कोण प्रत्येक कोने पर होना चाहिये परंतु यदि यह कम या ज्यादा हो तो ठीक नहीं होता है। इसके उपचार हेतु चित्र में दर्शाए गए तरीके से ९०° के कोण में मल्टियर या मॅक्स रखें व इसे जमीन के नीचे रखें। इसके लिये ९ या २७ मल्टियर या मॅक्स दोषानुरूप रखे जा सकते हैं। यह विधि कमरे व गलत कोणों के उपचार हेतु उपयोगी है।

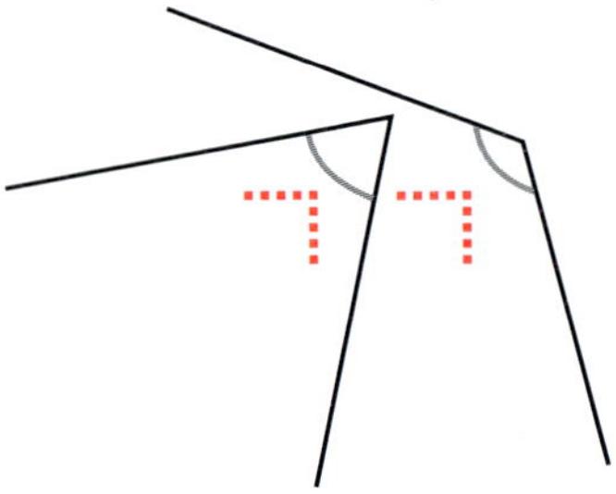

बढ़े हुये भूखंड हेतु पायरा वास्तु

भूखण्ड का दक्षिण-पश्चिमी कोना यदि बढ़ा हुआ है तो खराब है। यह अस्वास्थ्यकर, मानसिक चिंता कारक, सद्बुद्धि अवरोधक है। उसके उपचार हेतु चित्र में दर्शाए गए तरीके से मल्टियर पिरामिड यंत्र को जमीन के अंदर लगाएँ जिससे प्लाट बराबर हो जाए। इन पिरामिड यंत्रो को ३ फुट की दूरी पर रखें, परंतु अधिक शक्ति प्राप्ति के लिए इसे १ फुट की दूरी पर भी रखा जा सकता है।

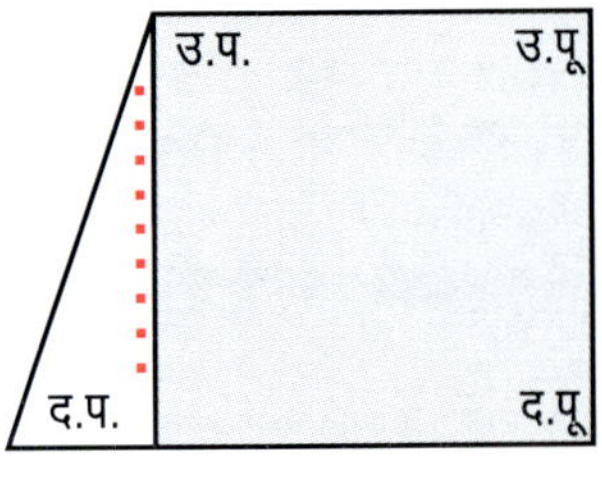

दबे हुए भूखंड के उपचार हेतु पायरा वास्तु

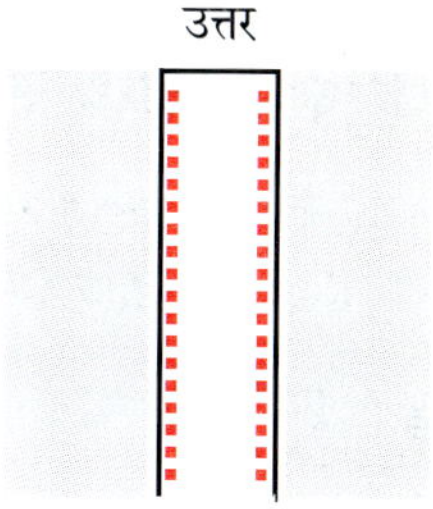

दो बड़े भूखंड के बीच मे स्थित छोटा भूखंड अच्छा नहीं होता व निर्धनता प्रदान करता है। इसके उपचार हेतु चित्र मे दर्शाए तरीके द्वारा पिरामिड यंत्रों को बड़े प्लोट के साथ लगी दोनों दीवारों (सीमाओं) पर लगाएँ। इसके लिये ज्यादा संख्या मे तथा ९ के गुणांक में मल्टियर पिरामिड यंत्र लगाएँ।

ढाल सुधार के लिये पायरा वास्तु

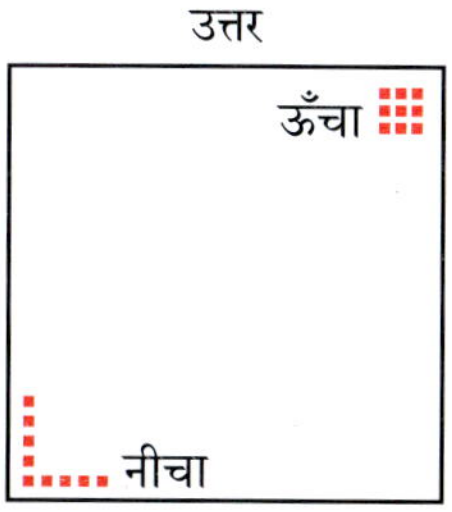

ढलान भूखंड का एक महत्वपूर्ण पहलू है। प्राकृतिक लाभदायक ऊर्जा प्राप्ति के लिये दक्षिण और पश्चिम ऊँचा होना चाहिए। यदि यह इसके विपरीत है तो चित्र में दर्शाए अनुसार सुधार करना चाहिए। ९ मल्टियर या मॅक्स को निचले हिस्से में L आकार में लगाएँ और ९ पिरामिड वर्गाकार में ऊँचाई के अनुरूप लगाएँ ताकि सामंजस्य बना रहे।

कटे कोने के लिये पायरा वास्तु

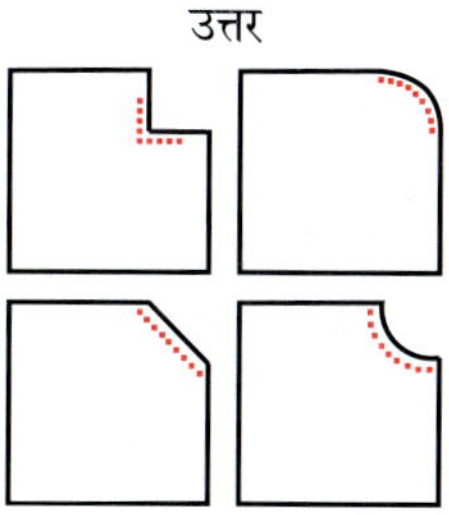

कटे हुए कोने के भूखंड या कमरे वास्तु के अनुसार अच्छे नहीं होते। विशेष रूप से उत्तर-पूर्व कोना कभी कटा हुआ नहीं होना चाहिए। यदि आप इसे परिवर्तित करनें में समर्थ नहीं हैं तो पायरा वास्तु के द्वारा सुधार करें। यदि भूखंड है तो कटे हुए कोने पर पिरामिड की एक दीवार बनाएँ और यदि यह कक्ष है तो चित्र में दर्शाए तरीके से दीवार के कोने पर लगाएँ।

कटे हुए दक्षिण-पश्चिम हेतु पायरा वास्तु

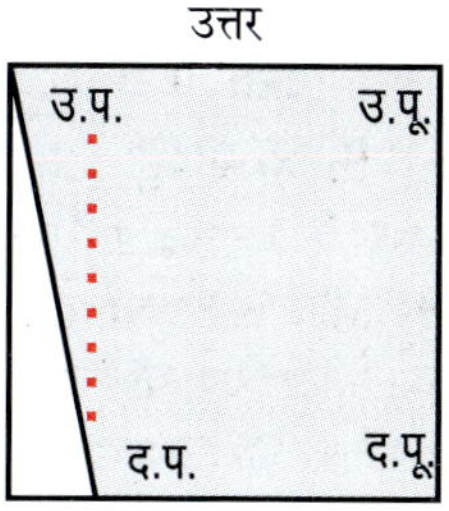

जैसा कि ऊपर उल्लेख किया गया है चित्र में दर्शाए गए तरीके से मल्टियर या मॅक्स की स्थापना जमीन के नीचे करेंगे जिससे भूखंड का आकार बराबर हो जाए। क्योंकि यह स्थिति मानसिक अशांति, वित्तीय हानि, बुरा स्वास्थ्य तथा अपयश प्रदान करती है। यंत्रों की संख्या ९ के गुणांक में हो (९, १८, २७)

अनियमित आकार के भवनों हेतु पायरा वास्तु

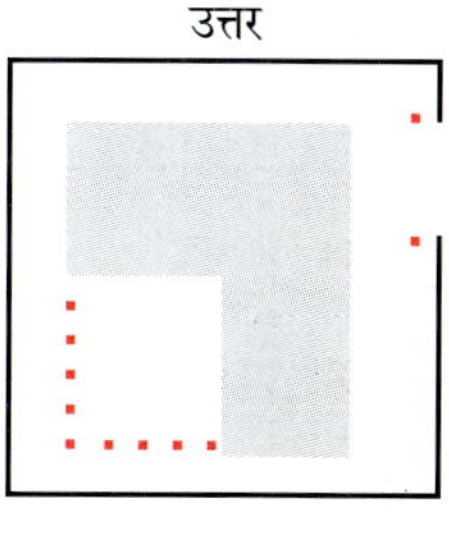

कई भवनों में आकृति दोष होते हैं जैसे कोने बढ़े हुए ,कुछ भाग ज्यादा बढ़े व कुछ घटे हुए इत्यादि। इनका उपचार चित्र में दर्शाए गए तरीके से मल्टियर या मॅक्स की सहायता से सही वर्गाकार या आयताकार आकृति बनाकर किया जा सकता है।

और अधिक शक्ति कैसें बढाएँ -

वास्तु दोष की सघनता के अनुरूप सुधार हेतु आवश्यक अधिक शक्ति बढाई जा सकती है। यदि भूखण्ड बहुत बड़ा है या और अधिक लाभ लेना है तो नीचे दिए गए तरीकों के अनुसार पिरामिड यंत्रो की संख्या बढ़ाई जा सकती है।

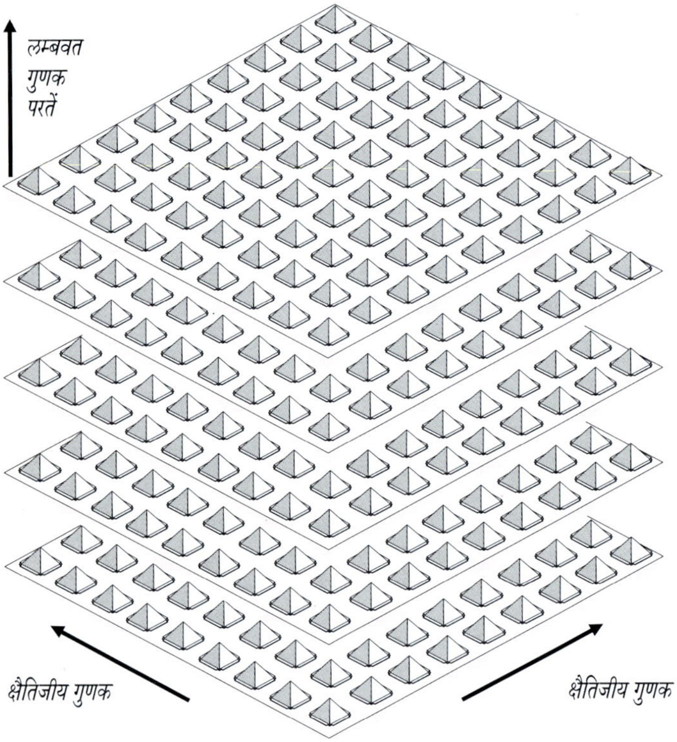

अधिक लाभके लिए अतिरिक्त सतह बढाएँ

यह बहुत बड़े या सघन दोष वाले भूखण्ड के ब्रह्मस्थल को क्रियाशील करने का तरीका है एक सतह में ८१ पिरामिड यंत्र लगाएँ और ऐसी कई सतह एक के नीचे एक रखें इस तरहकी ९ सतहों तक यह किया जा सकता है। चित्र में ८१ पिरामिड यंत्रो की ५ सतहों को दर्शाया गया है जो कुल ४०५ पिरामिड यंत्र हैं। गड्ढा ९ फुट गहरा होना चाहिए और प्रत्येक सतहके बीच में ६ ईंच का अंतर होना चाहिए ।

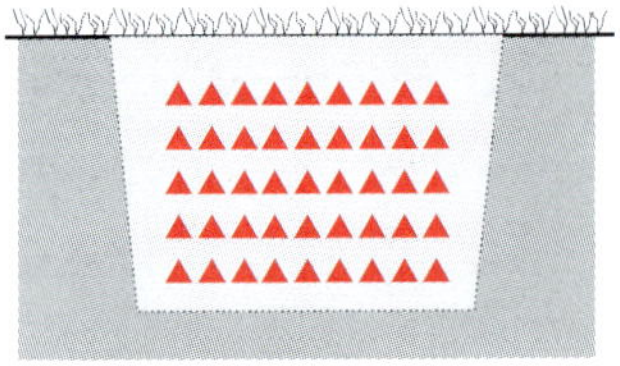

आठों दिशाओं से लाभ प्राप्ति हेतु पायरा वास्तु

इसके लिये भूखंड पर चित्र में दर्शाए गए तरीके के अनुसार ९ पिरामिड यंत्र आठों दिशाओं में तथा ९ ब्रह्म स्थान पर लगाएँ । यह ८१ यंत्र का 'वास्तुकिट' कहलाता है। यह वास्तु किट पर्सनल केयर सिस्टमस बड़ौदा का उत्पादन और ट्रेडमार्क है।

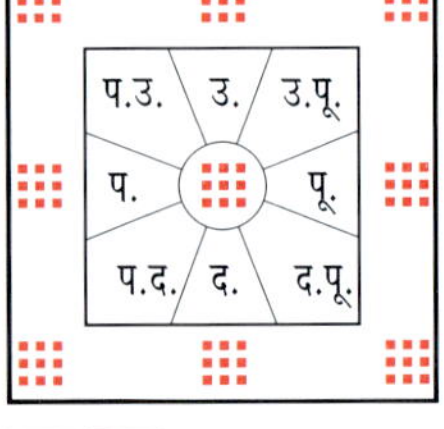

अपनी सुरक्षा शक्ति को दुगुना करें।

दो समानांतर पंक्तियों में मल्टियर पिरामिड यंत्र लगाकर आप सुरक्षा शक्ति को द्विगुणित कर सकते हैं। भूखण्ड के बाहर और भीतर एक-एक पंक्ति या दोनो पंक्तियाँ भूखण्ड के भीतर बनाई जा सकती हैं। प्रत्येक ओर L आकार की ३-३ पंक्ति भी बढ़ाई जा सकती हैं।

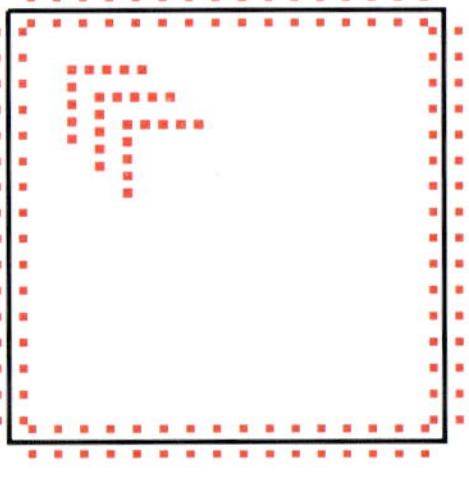

प्रगति के लिए और अधिक भाग्य वर्धक रेखाएँ

शीघ्र प्रगति के लिए एक भाग्य वर्धक रेखा के स्थान पर २ या ३ बढ़ाई जा सकती हैं पर यह भूखण्ड के माप और समस्या की सघनता पर निर्भर करता है।

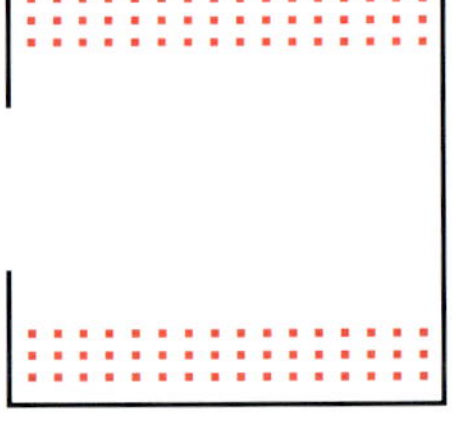

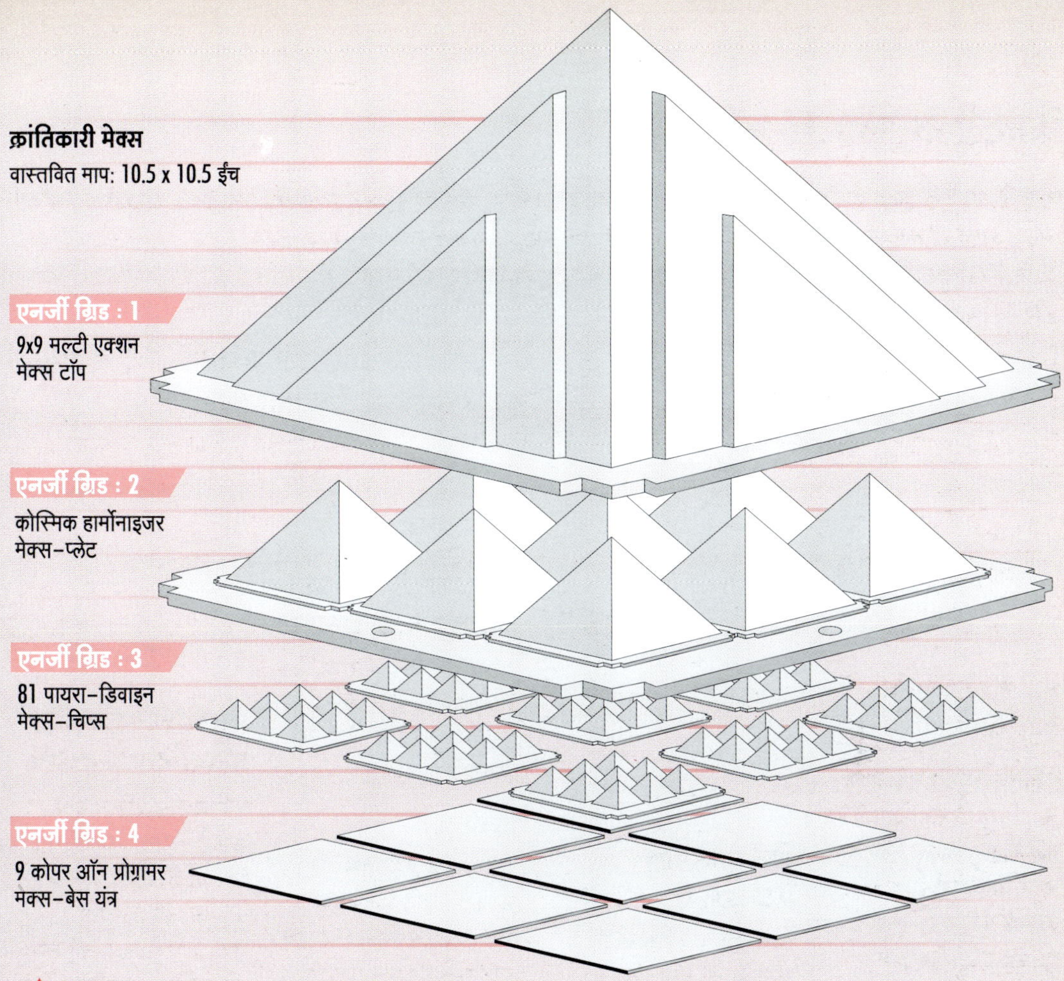

परिणाम वर्धक पद्धति

यह बिल्कुल नया मेक्स बहुत ही सावधानी पूर्वक आपके वास्तु परिणामों में अधिकतम वृद्धि करने के लिए विकसित किया गया है। गतिशील समन्वित तकनीक ही इसके शक्तिशाली प्रभाव का कारण है और प्रत्येक सतह की सूक्ष्म सामजंस्य पूर्ण स्थिति के साथ मल्टियर मेक्स पायरा वास्तु सुधार के लिए विशेष शक्ति प्रदान करता है। पायरा वास्तु के बेहतर परिणाम न केवल उसके सही माप के कारण वरन उसके सभी अंगों में सुक्ष्म तरंगो के स्पन्दन के कारण भी है।

प्रो. डॉ. जितेन भट्ट जो कि अनुभवी जैव वैज्ञानिक, पायरा वास्तु अनुसंधान कर्ता, विश्वप्रसिद्ध गुरू हैं, की सतत अनुसंधान वृत्ति के कारण ही यह संभव हो सका है। उनका हमेशा से सोच रहा है कि यंत्र सरल, व्यावहारिक और परिणामकारक हों । इस कारण वे ऐसे यंत्र विकसित करने में अत्यधिक सावधानी रखते हैं जिससे कि इच्छित परिणाम प्राप्त करने में लगे हमारे पैसे, समय और प्रयास सफल हों।

मूल पिरामिड यंत्रों कों स्थापित करने की अपेक्षा यह मल्टियर मेक्स सामान्यतः पांच गुना समय की बचत करता है। पहले के ८१ पिरामिड यंत्र लगाने के लिये ९'×९' अर्थात ८१' वर्ग फुट की आवश्यकता होती है जबकि समान परिणाम पाने के लिए आपको केवल ९ मल्टियर मेक्स की ही आवश्यकता होगी जिनको स्थापित करने के लिये केवल ४'×४' अर्थात १६ वर्ग फुट क्षेत्र ही चाहिए। पहले के यंत्रों में जहाँ एक दूसरे के बीच में कमसे कम ६ ईंच की दूरी आवश्यक थी वह अब इनके बीच में मात्र ३ ईंच की दूरी अपेक्षित है जो कि इनको उपयोग करने का दूसरा लाभ है । पहले के ९ यंत्रों की अपेक्षा अब केवल एक मेक्स आवश्यक है जबकि प्रभाव और परिणाम पहले से बहेतर हैं। यह यंत्र विशेषकर खेत, फैक्टरी, समितियाँ, चिकित्सालय और बडे भवनों के लिए बहुत ही प्रभावी और उपयोगी है।

फैक्टरी के लिए 16 युक्तियाँ -

आपकी औद्योगिक इकाई के लिए प्रारम्भिक बिन्दु से ही आध्यात्मिक स्तर पर आधारित यह एक पूर्ण कार्य योजना है। ये मूल्यवान १६ युक्तियाँ आपके उद्योग को सफलता के मुकाम पर पहुँचा सकती है और क्रमानुसार इन युक्तियों का पालन आश्चर्यजनक परिणाम दे सकता है। कोई नया व्यक्ति फैक्टरी शुरू करते समय इन स्थितियों से गुजर सकता है परन्तु यदि आपकी फैक्टरी पहले से ही स्थापित है तो आप कुछ बिन्दुओं को छोड़ आगे बढ़ सकते हैं।

युक्ति

सही कार्य योजना तैयार करना

कोई भी फैक्टरी शुरू करने से पूर्व यह पहला कदम है। यह फाइल आपके लिए बहुत महत्वपूर्ण है जबकि आपके पास कोई भूखण्ड या भवन नहीं है। विजयी शुरूआत के लिए इस प्रोजेक्ट फाइल को क्रियाशील बनाकर सफलता की पहली सीढ़ी चढ़ें ।

क्रिया

प्रत्येक प्रोजेक्ट फाइल जो आपको जमा करना है, एक पायराचिप उसके ऊपर या अंदर चिपका सकते है। यह आपके स्वप्न को साकार करने में सहायक होगा।

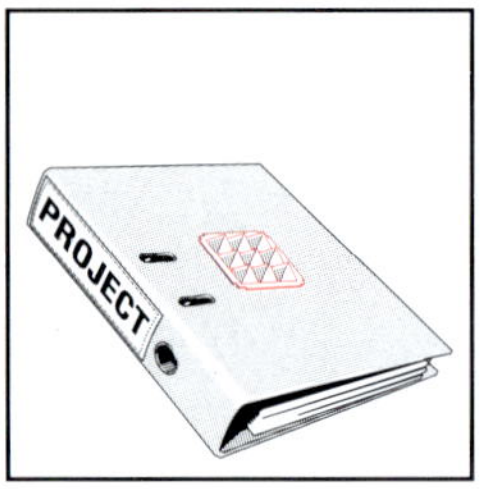

युक्ति

वित्त प्राप्ति और बैंक ऋण

वित्त जुटाना सबसे बड़ी समस्या है। वित्त की व्यवस्था सही समय और दर पर होना आवश्यक है। वित्त के प्रवाह को आप आध्यात्मिक शक्ति से अपनी ओर कर सकते हैं।

क्रिया

आपके बेग या टेबल के ऊपरी बायें कोने पर एक पिरामिड यंत्र लगाएँ। (साथही देखें पृष्ठ १५६)

युक्ति

भूखण्ड को क्रियाशील करते हुए जल्दी शुरूआत

फैक्टरी के लिए भूखण्ड प्रारम्भिक बिन्दु है। जल्दी शुरूआत करने के लिए उसे क्रियाशील बानएँ ।

क्रिया

भूखण्ड का ब्रह्मस्थल निकालें। यदि भूखण्ड छोटा है तो ९ पिरामिड यंत्र लगाएँ। यदि भूखण्ड बहुत बड़ा है और अनियमित आकार का है तो आपको ८१ या ८१के गुणांक में और अधिक पिरामिड यंत्र चाहिए। यदि आपकी फैक्टरी पहले से ही चालू है तो भी भूखण्ड को क्रियाशील किया जा सकता है। आपको केवल भूखण्ड या भवन का ब्रह्म स्थल निकालना है और उसे पिरामिड यंत्रोसे ऊर्जित करना है ।

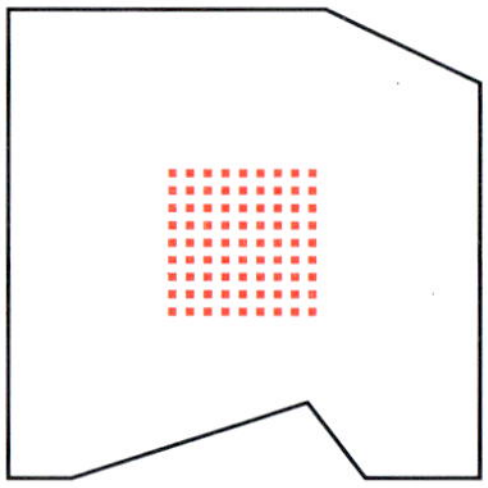

युक्ति

भूखण्डको पर्यावरणीय प्रतियोगिता से बचाएँ।

पर्यावरणीय प्रतियोगिता क्या है ? यह आध्यात्मिक स्तर पर विकसित तनाव है, क्योंकि ज्यों ही आप भूखण्ड खरीदते हैं वह तथा आसपास का पर्यावरण आपसे संवाद स्थापित करता है।

क्रिया

एक गुणात्मक प्रभाव देनेवाली दीवार आवश्यक है। दीवार के चारों ओर १ फुट गहराई पर ३-३ फुट के अंतर से पिरामिड यंत्र लगाएँ।

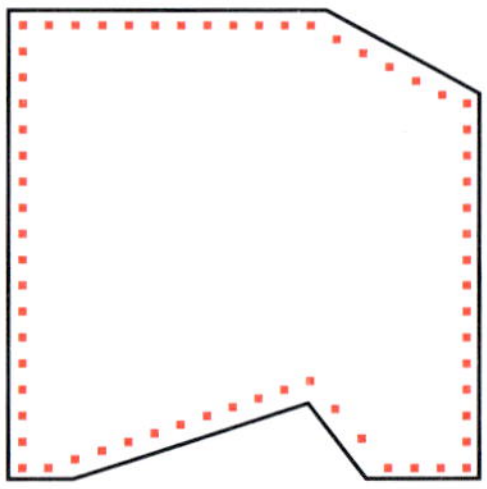

युक्ति

त्वरित प्रगति के लिए समतलताकी जाँच करें।

कुछ फैक्टरी भूखण्डों में यह पायाजाता है कि कुछ हिस्सा दूसरे हिस्से से सामान्यसे अधिक ऊँचा या नीचा होता है। यह ठीक नहीं है और एक वास्तु दोष हो सकता है । जो आपकी प्रगति में अवरोध उत्पन्न कर सकता है समतल करें या निम्न क्रिया अपनाएँ।

क्रिया

निचले भाग के ब्रह्मस्थल को ९ पिरामिड यंत्र लगाकर तथा दूसरी ओर L आकार में चित्र में दिखाए अनुसार ९ यंत्र लगाकर ऊर्जित करें । नीची या ऊँची दोनो स्थितियों में यह तरीका काममें लाया जा सकता है।

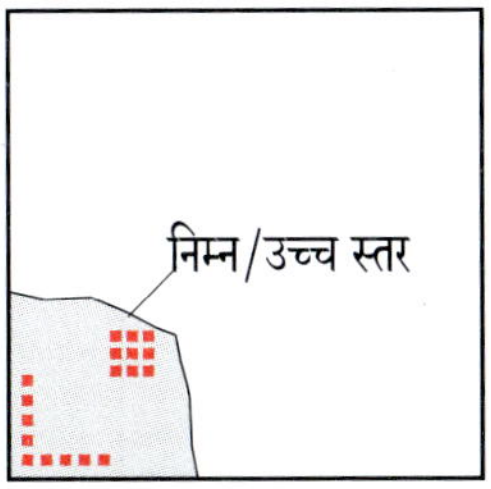

युक्ति

आर्थिक मामले और बढ़ा हुआ भूखण्ड

भूखण्ड द.प.(नैॠत्य) न तो बढ़ा हुआ और न ही कटा हुआ होना चाहिए। यह मानसिक अस्थिरता, दुघर्टना, चोट और आर्थिक स्थिति तथा प्रतिष्ठा के नुकसान का कारण बनता है।

क्रिया

९ पिरामिड यंत्र एक ही पंक्ति में ३-३ फुट की दूरी पर १ फुट गहरे लगाएँ। यदि भूखण्ड बड़ा है तो उन्हें ९ के गुणांक में अर्थात ९, १८, २७, ३६....... आदि के रूप में लगाएँ।

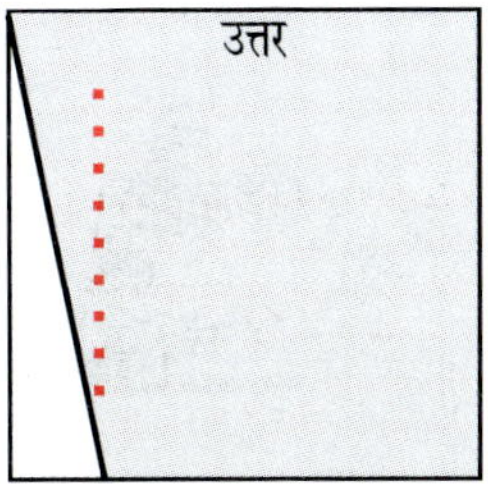

युक्ति

भवनको क्रियाशील बनाना

ज्यों ही आप भवन का निर्माण शुरू करते हैं आपको प्लिंथ, ब्रह्मस्थल और यदि निर्माण हो चुका है तो अन्य सभी वास्तु दोषों को सुधार कर भवन को क्रियाशील बनाना होगा ।

क्रिया

भवन को क्रियाशील बनाना, भूखण्ड के समान ही सरल है। आपको अपने भवन का गुरुत्वाकर्षण केन्द्र पता कर उसे कम से कम ९ पिरामिड यंत्र से ऊर्जित करना होगा। यदि अन्य वास्तु दोष है तो उनका भी सुधार करना चाहिए।

युक्ति

शक्तिशाली प्रवेश

वास्तु और फेंगशुई में प्रवेशद्वार का विशेष महत्व है। चूंकि सभी ऊर्जाएँ उसमें से प्रवेश करती हैं अतः उस पर विशेष ध्यान देना आवश्यक है और यदि आप भवन बना रहे हैं तो उसे सही स्थान पर बनाएँ पर यदि आपने गलत स्थान पर प्रवेश द्वार रखते हुऐ ही भवन बनादिया है तो ?

क्रिया

सीमा दीवार पर स्थित प्रवेश को दोनो खम्भों के पास 9x9 पिरामिड यंत्र लगाकर ऊर्जित किया जा सकता है। प्रवेश द्वार को ऊर्जित करने के लिए उसके ऊपर तीन बीमोर यंत्र लगाएँ । पर यदि ये दोनों बहुत बडें हैं तो आपको १८ पिरामिड यंत्र से अधिक यंत्रों की आवश्यकता होगी। (प्रवेश विवरण पृ. १३९ पर देखें)

युक्ति

लगीहुई फैक्टरी से सुरक्षा

आपको अपनी फैक्टरी को पड़ोस की फैक्टरीयों से बचाना होगा। यह आपको दीवार खड़ी करके या पायरा दीवार बना कर करना होगा।

क्रिया

पड़ोस की फेक्टरी या जिस ओर से अधिक व्यवधान है उस प्लोट से लगी सीमा पर दीवार/पायरा दीवार बनाएँ जिससे आपकी फैक्टरी को नकारात्मक ऊर्जा से सुरक्षा मिलेगी।

युक्ति

उ. पू. (ईशान) में विद्युत तार बिल्कुल नहीं

इस बात की सावधानी रखें कि विद्युत ट्रांसफारमर आदि उ. पू. में नहों। पर यदि ये पहले से ही वहाँ स्थित है तो नीचे अनुसार करें-

क्रिया

नकारात्मक ऊर्जा को ट्रांसफारमर के चारों ओर ८ मल्टियर लगाकर या भूमिगत ९ मल्टियर की पंक्ति बनाकर रोकें। यदि ट्रांसफारमर की क्षमता अधिक है तो अधिक पिरामिड यंत्र उपयोग करें। (देखें पृष्ठ १५०)

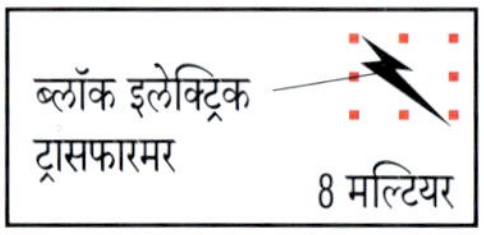

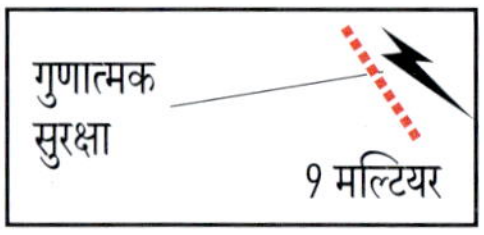

युक्ति

मशीन और श्रमिकों के बीच सामंजस्य

फैक्टरी की प्रमुख समस्या मशीन और श्रमिकों का सामंजस्य है, उनमें सामजंस्य निम्न अनुसार किया जा सकता है।

क्रिया

मशीन के अधिकतम परिणाम लेने के लिए आपको उसके नीचे, स्थापना पूर्व पिरामिड यंत्र लगाना चाहिए। या स्थापना के बाद मुख्य नियंत्रक स्थानोंपर श्रमिकों की सुरक्षा और सामंजस्य के साथ काम करने के लिए प्रत्येक श्रमिक की जेबमें एक पायरा कार्ड (लक-फोर्च्युन) रखें।

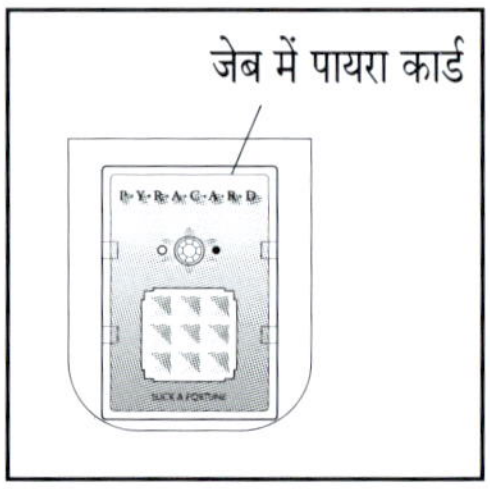

युक्ति

मैनेजर कक्ष को ऊर्जित करें

मैनेजर कक्ष में अधिक सकारात्मक ऊर्जा का स्त्रोत बनाएँ ताकि वे सही निर्णय ले सकें।

क्रिया

सभी ऊर्जाएँ प्रवेश द्वार में से आती हैं, आपको जिस कक्ष में ऊर्जा प्रवाह बनाए रखना है उसके लिए आप पायनेर्जी पद्धति अपना सकते हैं। (देखें पृ. १४७)

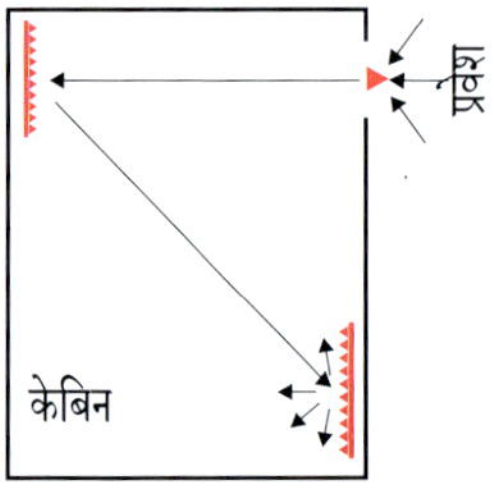

युक्ति

उत्पादन मात्रा एवं सामग्री

उत्पादन मात्रा एवं सामग्री किसी भी फैक्टरी का हृदय होते हैं। यह बहुत आवश्यक है कि सही और बिक्री योग्य सामग्री का ऊत्पादन हो। आप उन्हें पिरामिड यंत्रों सेभी ऊर्जित कर सकते हैं।

क्रिया

मल्टियर या मॅक्स को जहाँ उत्पादन होता है या उत्पादित सामग्री रखी जाती है-वहाँ स्थापितकरें और आवश्यकता नुसार निर्देशित करें।

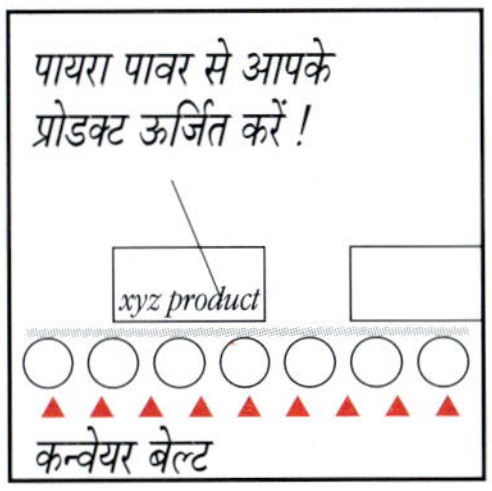

युक्ति

तैयार माल की बिक्री

आखिर आपको उत्पादित सामग्री की अच्छी दर पर बिक्री करनी है। वास्तु के अनुसार बिक्री योग्य सामग्री को फैक्टरीके उ.प.(वायव्य) में रखा जाना चाहिए। अतः यदि फैक्टरी की योजना बन रहे हैं तो देखें कि तैयार माल रखनेका स्थान उत्तरपश्चिम में हो। या अन्य स्थानको तदनुसार गुणात्मक रूप से प्रभावित करें।

क्रिया

यदि तैयार माल गलत स्थान पर रखा है तो उसे पिरामिड यंत्र लगाकर सही स्थान पर स्थानांतरित कर दें। पिरामिड यंत्र दीवार पर या जमीनके अन्दर लगाए जा सकते हैं।

युक्ति

भागीदारों में सामंजस्य

यदि आपकी कम्पनी में भागीदार हैं तो देखें कि क्या उनके बीच परस्पर सामंजस्य है ?

क्रिया

एक ऊर्जित पायरा चिप का उपयोग जेब या अटेची में कर उसे तदनुसार निर्देशित करें। आप पृ. २१२ पर बताई गई सामजंस्य यंत्र तकनीक का भी उपयोग करसकते हैं। और कुछ विशेष करना है तो ९×९ सामंजस्य यंत्र को दोनों के फोटोग्राफ के साथ उपयोग करें।

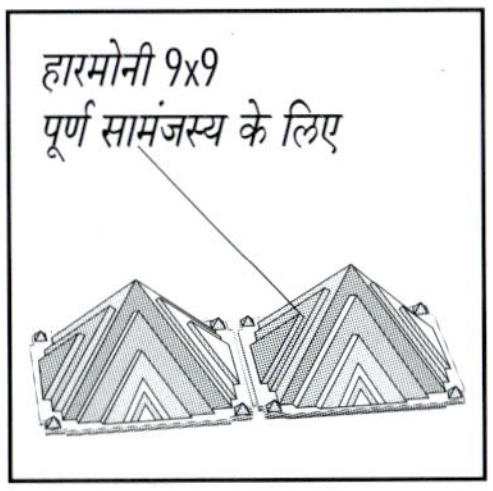

युक्ति

बीमार इकाई को फिर से शुरू करें।

पायरा वास्तु अपनाकर बीमार इकाई को फिर से शुरूकरने पर आश्चर्य जनक परिणाम मिलते हैं। क्योंकि इससे भूखण्ड और भवन दोनों को अधिक ऊर्जाएँ मिलती है।

क्रिया

एक तरीका यह है कि भूखण्ड को सभी आठ दिशाओं में पिरामिड यंत्रों की यहायता से ऊर्जित करें। साथ ही भवन को ऊर्जित करने के लिए उसके ब्रह्मस्थल को क्रियाशील बनाने की पद्धति के अनुसार वहाँ ९ या ८१ पिरामिड यंत्र लगाए जा सकते हैं।

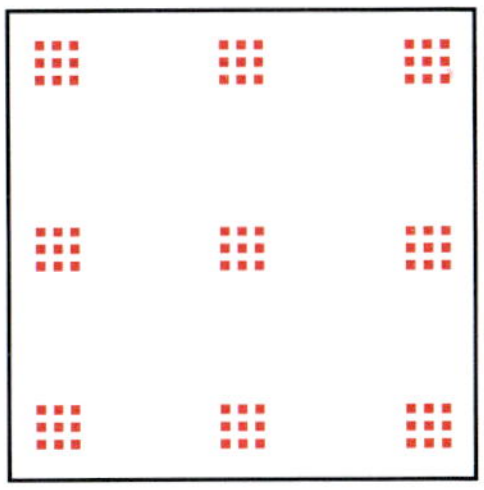

पायरा वास्तु – **दुकान और कार्यालय के लिए**

कार्यालय या फुटकर दुकान में सबसे महत्वपूर्ण है उसका प्रवेश, दूसरा मुख्य तिजोरी और फिर दुकान । इसलिए ये बिल्कुल ठीक होने चाहिए । यदि नहीं तो उन्हें पायरा वास्तु से ठीक करें ।

प्रवेश द्धार को भाग्य वर्धक बनाएँ

आपके द्वार या शटर पर चित्र में बताये अनुसार दो बीमोर यंत्र और एक प्रोटेक्ट 9x9 लगाएँ जिससे अच्छी समृद्धि और सुरक्षा मिलेगी ।

सिंह और गौ मुखी आकार के लाभ

सिंह मुखी भूखण्ड सामने से चोड़ा और पीछे से सकरा होता है। गौ मुखी भूखण्ड इसके विपरीत होता है। सिंह मुखी दुकानों के लिए तथा गौ मुखी घर के लिए ठीक है। इसलिए उन्हें आवश्यकतानुसार पायरा स्ट्रिप या मल्टियर से बनाएँ।

आपके पार्श्व में ऊर्जा पुंज

आपकी बैठक ऐसी होनी चाहिए कि पीछे दीवार हो और फिर ऊर्जा बढ़ाने के लिए पीछे दीवार पर एक या तीन स्वास्तिक (गोल्ड) लगाएँ।

कैश बोक्स को ऊर्जित करें।

धनके प्रवाह हेतु कोष मंजूषा में एक पिरामिड यंत्र रखें और ऊर्जा को अपना कार्य करने दें।

धन के प्रवाह को बढाएँ !

आपकी मेज आयताकार हो जिसके कोने कटे हुए न हों। यदि ऐसा है तो आपको बायें ओर ऊपरी कोने में एक-एक पिरामिड यंत्र लगाना चाहिए। यह धनका कोना है और धनके प्रवाह को बढाएगा। यदि कोने कटे हुए हैं और उस पर फाइलों का अम्बार लगा है तो वह आर्थिक नुकसान का कारण बनता है सो सबसे पहले मेज साफ रखें फिर उसे पिरामिड यंत्र से ऊर्जित करें।

चित्र में बताए अनुसार 4 का अंक वित्तका है। अन्य अंक भी अपना विशेष महत्व रखते हैं। इस तरह आप एक पिरामिड यंत्र रखकर अपनी मेज को ऊर्जित कर सकते हैं।

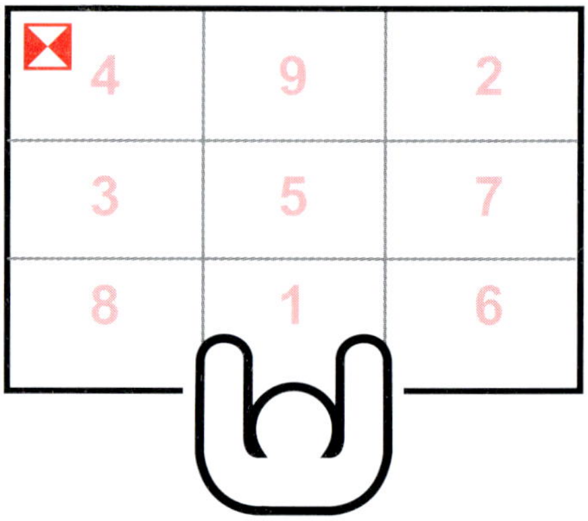

1. जीवन वृत्त (केरिअर), 2. संबंध, 3. बुद्धिमत्ता, 4. सम्पत्ति, 5. स्वास्थ्य, 6. सहयोगी व्यक्ति, 7. नए प्रोजेक्ट, 8. ज्ञान, 9. प्रसिद्धि. *(अधिक जानकारी पृ. 188 पर)*

पायरा वास्तु **स्वस्तिक**

यह एक पायरा वास्तु की अवधारणा का अतिविशिष्ट संयोजन है। घर, कार्यालय, आश्रम, आध्यात्मिक केन्द्र और कार्यस्थलों आदि के लिए स्वास्तिक एक पवित्र प्रतीक है। स्वास्तिक के शुभ परिणाम सर्व विदित हैं, उसके नियमित उपयोग के साथ ही नए पायरा वास्तु स्वास्तिक के कई प्रयोग हैं। एक दो आड़ी और खड़ी ऊर्जा रेखाओं से बना होता है, धन चिह्न (क्रास)
जो कि कई धर्मोमें वैश्विक चिन्ह, किसी न किसी रूप में है जब हम क्रास की ऊर्जा को घड़ी की दिशा में आगे बढ़ाते हैं तो हमें फा स्वास्तिक मिलता है जिसमें दक्षिणवर्ती घुमाव की दिशा में बढ़ी हुई रेखाएँ मिलती हैं। इसी तरह वामवर्ती दिशा में घुमाने पर हमें मा स्वास्तिक मिलता है जिसमें बढ़ी हुई रेखाएँ वामवर्ती घुमाव की ओर होती हैं।

क्रॉस का पावर

फा स्वास्तिक सूर्य का और मा स्वास्तिक चन्द्र का प्रतीक है। एक प्रारम्भिक बिन्दु दर्शाता है तो दूसरा अंतिम बिन्दु का प्रतिनिधित्व करता है। दोनों ही अपने अपने क्षेत्रों में बहुत ही शक्तिशाली और क्षमतावान हैं। इस पुस्तक में हम अपने को फा स्वास्तिक तक ही सीमित रखेंगे क्योंकि मा स्वास्तिक को समझने के लिए एक विशेष प्रशिक्षण की आवश्यकता है।

जब स्वास्तिक बनाया जाता है तो वह चार भागों का निर्माण करता है जिसमें प्रत्येक भाग का अपना केन्द्र होता है और क्रास का केन्द्र पायरा केन्द्र होता है। इस तरह प्रत्येक स्वास्तिक में ५ पायरा केन्द्र होते हैं। इस नए पायरा स्वास्तिक की मुख्य विशेषता यह है कि आपकी आवश्यकता के अनुसार इसे क्रमादेशित व क्रियाबद्ध किया जा सकता है। इसकी विशेषता के कारण यह अन्य स्वास्तिकों की अपेक्षा कहीं अधिक व्यक्तिगत उपयोगका होजाता है ।

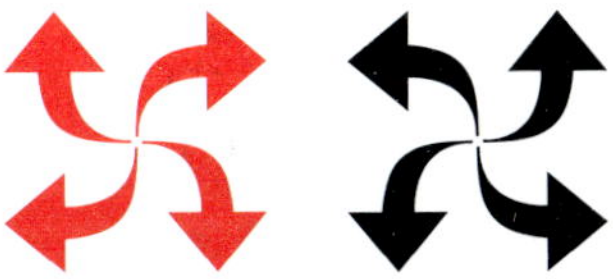

क्लॉक वाइज और एन्टीक्लॉकवाइज शक्ति
(दक्षिणावर्ती और वामवर्ती शक्ति)

स्वस्तिक के लाभ

- चतुर्दिक समृद्धि और कल्याण कारक है।
- प्रवेश, कक्ष, दीवार आदि पर दिव्य सकारात्मक ऊर्जा का संचार करता है
- आध्यात्मिक प्रगति के साथ ही सांसारिक प्रसन्नता बिखेरता है।

आप अपने कई व्यक्तिगत कार्यक्रम, यथा- स्वास्थ्य, सुरक्षा, परस्पर संबंध, प्रगति, व्यापार, शिक्षा, वैभव, शांति और ऐसे ही अन्य लाभों के लिए हम स्वास्तिक को क्रमादेशित व क्रियाबद्ध कर सकते हैं। यह दीवार, छत या फर्श पर लगाया जा सकता है और फर्श के नीचे भी लगाया जा सकता है। पायरावास्तु में उपयोग में लिऐ जानेवाला यह बहुत ही शक्तिशाली यंत्र है।

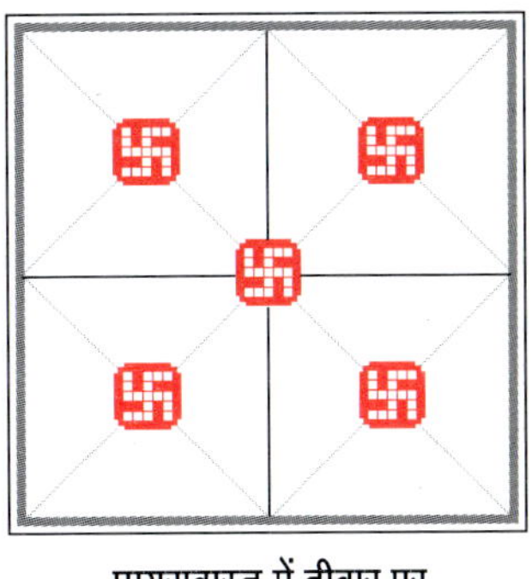

पायरावास्तु में दीवार पर
स्वास्तिक की पांच आदर्श स्थितियाँ

खेत और सिचाँई
के लिए पायरा वास्तु

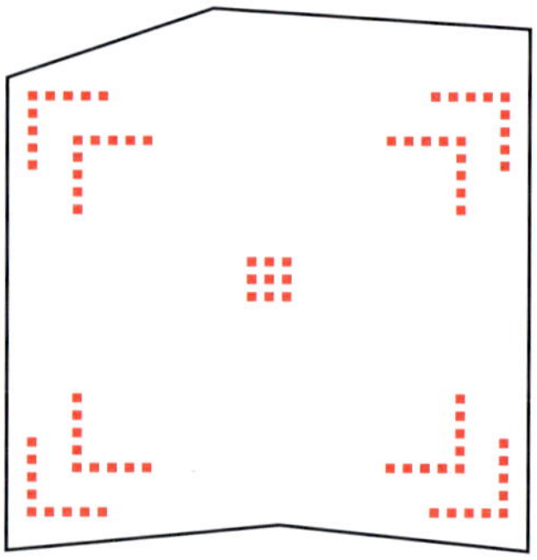

सुरक्षा आवश्यक है
कृषक की प्रथम आवश्यकता अच्छी फसल का उत्पादन और खेत की सुरक्षा है। खेत के बड़े आकार के कारण सुरक्षा कठिन हो जाती है। अब आप अपने खेतकी सुरक्षा सीमा के चारों तरफ समान दूरी पर पिरामिड यंत्र लगाकर कर सकते हैं। इन्हें ९ के गुणांक में लगा सकते हैं और अच्छे उत्पादन के लिए ब्रह्म स्थल को ऊर्जित करें।

प्रमुख पौधों को क्रियाशील बनाएँ
अपने प्रमुख पौधों या फसलों को एक यंत्र बनाएँ। चित्र में बताए अनुसार उनके चारों ओर ८ पिरामिड लगाएँ और परिणाम देखें। मुख्य फसल के क्षेत्र को भी आप उसके चारों ओर पिरामिड यंत्र लगाकर सुरक्षित कर सकते हैं।

मुख्य फसलों के चारों ओर

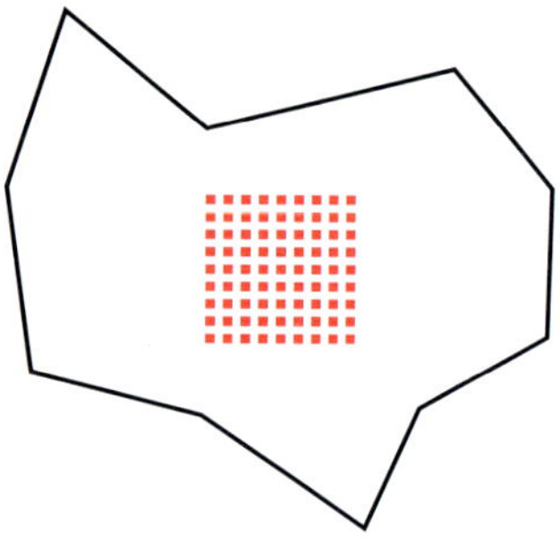

अनियमित आकार मुख्य समस्या है।
खेतों में सबसे प्रमुख वास्तु दोष या बहुत अधिक अनियमित आकार का होना है। यह प्रगति और समृद्धि में कमी का मुख्य कारण है। ब्रह्मस्थल में ८१ पिरामिड यंत्र लगाएँ या खेत को उपयुक्त भागों में बाँटले। खेत में पिरामिड यंत्रों को लगभग ३ फुट गहराई पर लगाना चाहिए।

अधिक शक्तिशाली खेत -
अपने खेत को शक्तिशाली यंत्र बनाने के लिए आप पिरामिड यंत्रों को कई सतह में लगा सकते हैं जैसाकि चित्र में दर्शाया गया है। पर यह बहुत बड़े खेतों में किया जाता है या बहुत अधिक टेढ़े मेढ़े खेत में। ८१ पिरामिड यंत्रों की ३ से ९ सतहों पर कुल ७२९ यंत्र लगाये जा सकते

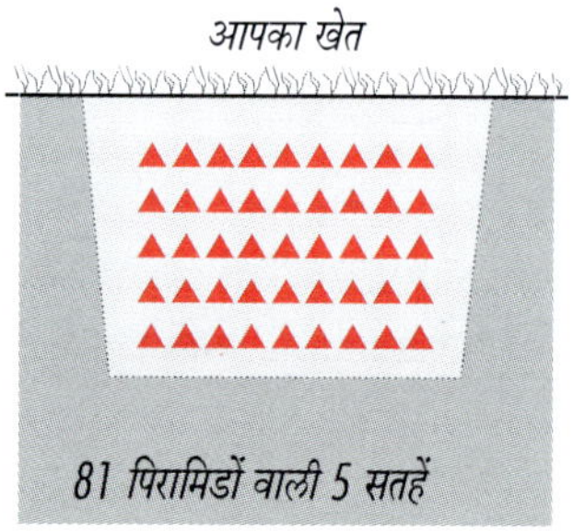

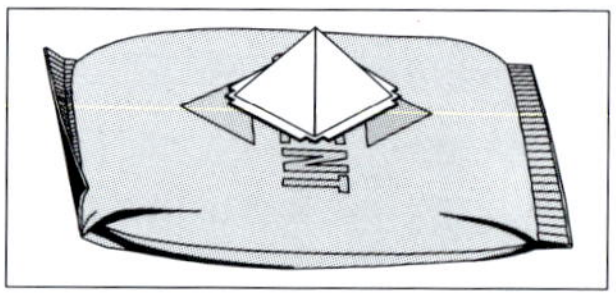

जल और बीज ऊर्जित करना
पिरामिड यंत्र का सबसे अच्छा और व्यावहारिक उपयोग है जल बीज और खाद को फसल के लिए ऊर्जित करना। ९ पिरामिड के ऊपर से पाइप लाइन बना दें। बीज और खाद को पिरामिड यंत्रोंसे ऊर्जित कक्ष में रखा जा सकता है या पिरामिड यंत्र के अंदर ही २५ घण्टों तक रखा जा सकता है।

ऊर्जा के और नए प्रयोग
यह एक नया प्रयोग है जो अनुसंधान स्तर पर है। इसमें पिरामिड यंत्र पेड़-पौधों में ही लगाए जा सकते हैं। ९ पायरा चिप वृक्ष के तने में डाल को काट कर लगादें। फिर उसे बंद कर दें और पायरा एनर्जी को स्थायी रूप से उसके अन्दर रहने दें।

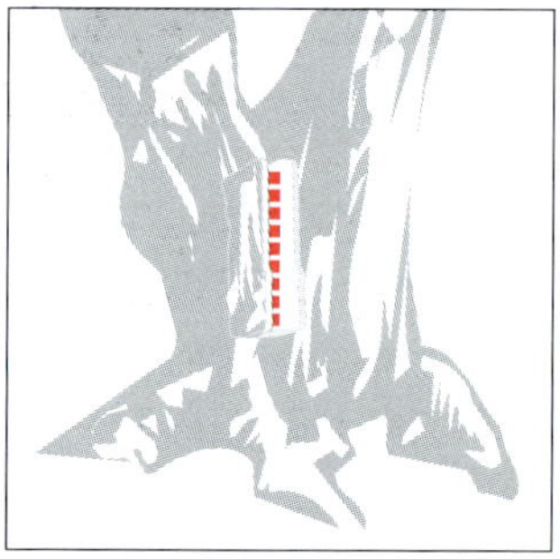

वृक्षों के भीतर

कालोनियों और टाउनशीप के लिए पायरा वास्तु

कालोनियों या टाउनशीप के वास्तविक प्लान में कोई परिवर्तन किए बिना उनको वास्तु अनुरूप ठीक करने का नया समग्र समाधान प्रस्तुत है।

ऊर्जा युक्त प्रवेश

प्रवेश और मुख्य पहुँच मार्ग को पिरामिड यंत्रों द्वारा ऊर्जा दें इस से निर्माण कार्य जल्दी पूरा होगा.

क्षेत्रशः भूमि क्रियाशील करना

८-१० भवनों के समूह के क्षेत्र को एक ही बार में ब्रह्मस्थल और सीमा पर पिरामिड यंत्र लगाकर क्षेत्र को क्रियाशील बनाया जा सकता है।

कालोनी का पायरा वास्तु

निर्माण योजना के अंतर्गत भूखण्ड / भवनों की शीघ्र बिक्री हेतु उन्हें वास्तु अनुरूप बनाएँ। ऐसी कालोनियों में बड़ा क्षेत्र होने के कारण प्रत्येक मकान को वास्तु अनुरूप बनाना कठिन होता है। इस लिए ८१ या अधिक पिरामिड यंत्र ब्रह्मस्थल और प्रवेश पर लगाकर अपनी कालोनी के क्षेत्र वास्तु अनुरूप बनाएँ। (देखें पृष्ठ १५०)

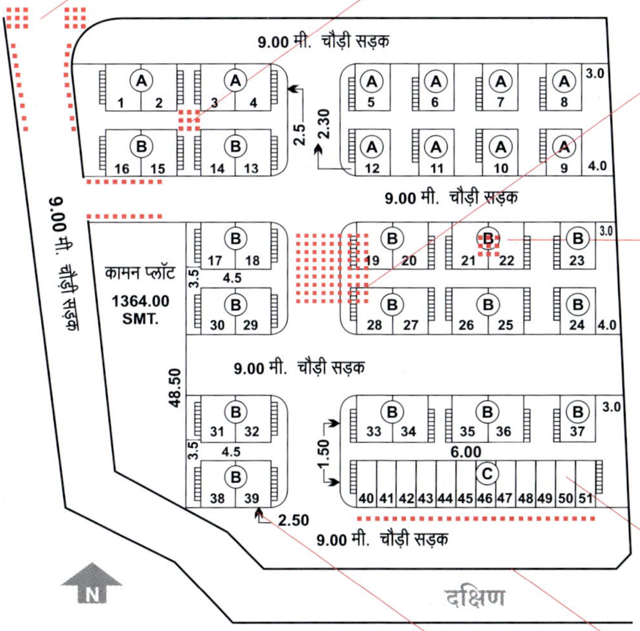

डुप्लेक्स की समस्या

मिरर डुप्लेक्स मकानों में यदि एक वास्तु के अनुरूप है तो दूसरा गलत होता है। इसका निदान मल्टियर या मॅक्स को केंद्र स्थान में लगाकर किया जा सकता है।

दक्षिणमुखी दुकानें

यदि किसी कालोनी में सभी दुकानें दक्षिणमुखी हों तो सामने की तरफ गुणात्मक रूप से एक दीवार खड़ी करके या प्रोटेक्ट 9x9 के प्रयोग से उन्हें सुरक्षित किया जा सकता है ।

अधिक शीघ्रता के लिए

ऊपर उल्लेखित सभी तकनीकों को भूल कर प्रत्येक टाइल के नीचे ऊर्जाकेन्द्र बनायें। यह अपार्टमेंट और बडे भवन समूह के लिए बहुत ऊपयुक्त पद्धति है।

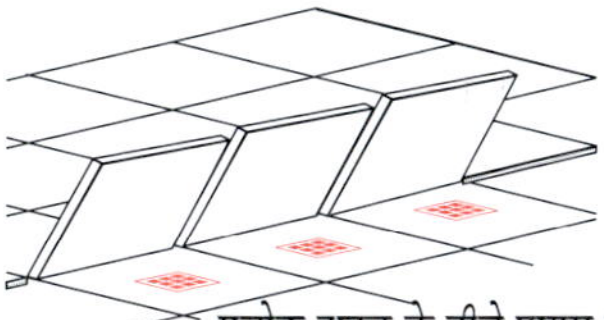

प्रत्येक टाइल के नीचे पायरा चिप

प्रत्येक द्वार को ऊर्जित करना

प्रत्येक द्वार पर तीन बीमोर लगाये जिससे समृद्धि और सुरक्षा आयेगी । और वास्तु अनुरूप होने से बिक्री हेतू सकारात्मक वृद्धि मिलेगी।

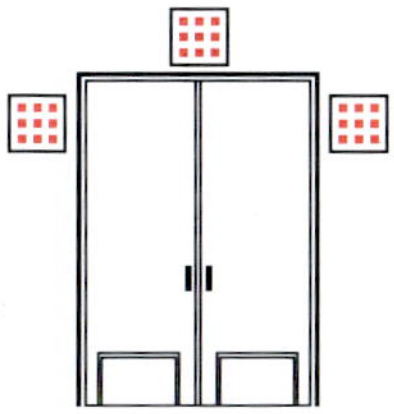

बाह्य सीमा दीवार की सुरक्षा

किसी भी प्रोजेक्ट को शुरू कर और जल्दी पूरा करने के लिए बहुत ही सरल कदम है कि सीमा के अंदर पिरामिड यंत्र लगाए जाएँ।

सुरक्षा विधि १ : **मुख्य प्रवेश द्वार के लिये**

मुख्य प्रवेश द्वार की सुरक्षा एवं क्रियाशीलता आवश्यक है। कमसे कम दो बीमोर और एक प्रोटेक्ट 9x9 (आउटसाइड) लगाना चाहिए। और एक प्रोटेक्ट 9x9 (इनसाइड) दरवाजे के अंदर की तरफ दीवार पर लगाना चाहिए। यह आपके घर या कार्यलय को सकारात्मक ऊर्जा के प्रभाव से युक्त बनाकर वैभव में वृद्धि करेगा।

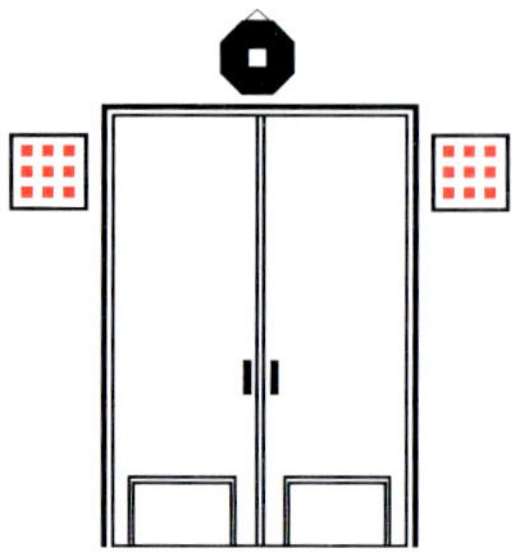

सुरक्षा विधि २ : **प्रवेश द्वार पर वेध के लिये**

यदि प्रवेश द्वार पर विद्युत खंभ, पेड़ या अन्य वेध हो तो उसका दुष्प्रभाव पड़ता है। अगर कारखाने के प्रवेश के सामने गंदे पानी का जमाव हो तो यह संपत्ति नाशक होता है। इसका उपचार चित्र में दर्शाए गए तरीके से द्वार के अंदर की तरफ पिरामिड यंत्र स्थापित करेगें।

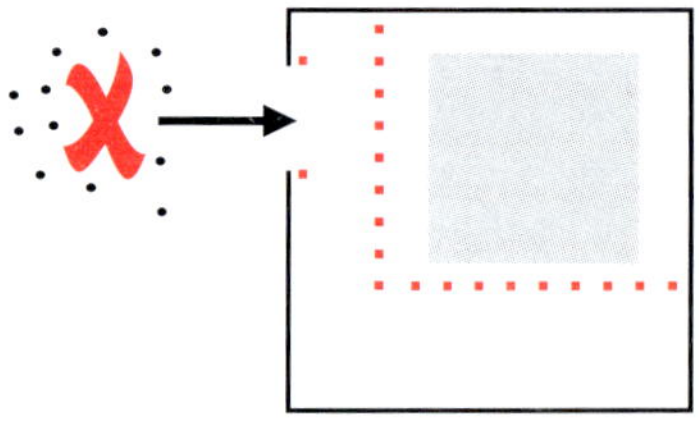

सुरक्षा विधि ३ : **मार्गोंके लिए**

भूखंड की स्थिति चित्र मे दर्शाए गए टी मार्ग या संधि पर नहीं होनी चहिए। इन भूखंडो पर अशुभ ऊर्जा संवाहन को रोकने हेतु चित्र में दर्शाए गए तरीके से पिरामिड यंत्र स्थापित करें। पिरामिड यंत्र की दीवार भूखंड के भीतरी व बाहरी हिस्सों मे लगाएं।

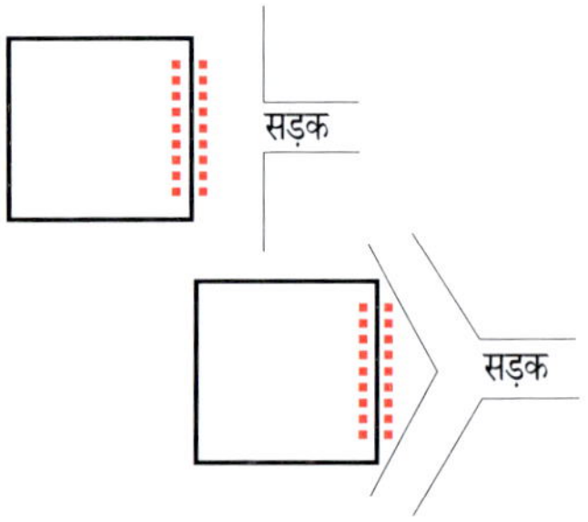

सुरक्षा विधि ४ : **धर्मिक स्थानों के लिए**

क्या हमें धार्मिक स्थलों से भी भूखंडो को बचाना पड़ता है ? हां। चूंकि ज्यादा सात्विक ऊर्जा भी सामंजस्य स्थापित करने में बाधक है। इसके लिए चित्र में दर्शाई गई विधि द्वारा पिरामिड यंत्र जमीन के नीचे स्थापित करें।

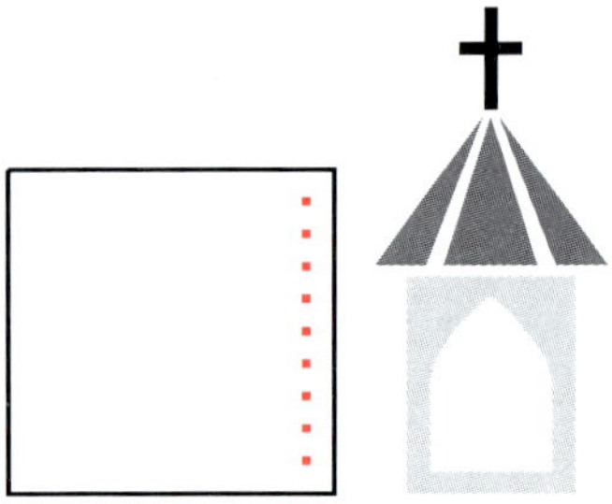

सुरक्षा विधि ५ : **सीमा के अन्दर वास्तु दोष होने की स्थिति में**

कई वस्तुऐं जो सीमा के अंदर सही स्थान पर न होने के कारण असंतुलित ऊर्जा देती हैं। जैसा कि एक वृक्ष उ. पू. (ईशान) में है। वह द.प. (नैॠत्य) में होनाचाहिए। इसी तरह चित्र के अनुसार जलकुण्ड द. पू. (आग्नेय) में नहीं होना चाहिए। इसे ठीक करने के लिए उनके चारों और जमीन में मल्टियर पिरामिड यंत्र लगाकर उन्हें घेर सकते है।

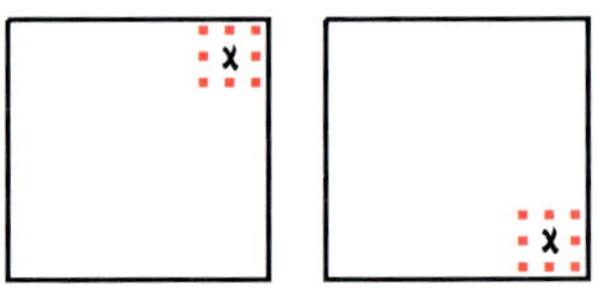

सुरक्षाविधि ६ : **ऊँचे भवन से सुरक्षा**

भूखंड की स्थिति बहु मंजिल इमारतों, अस्पतालों, कोर्ट, स्मशान के पास नहीं होनी चाहिए। इनके नकरात्मक प्रभावों से बचने हेतु चित्र में दर्शाए गए तरीके से पिरामिड यंत्रों की स्थापना करें। यंत्रों की संख्या दुष्प्रभावों पर निर्भर है।
अधिक शुभ प्रभावों की प्राप्ति के लिये १ फुट की दूरी पर यंत्रों को रखें।

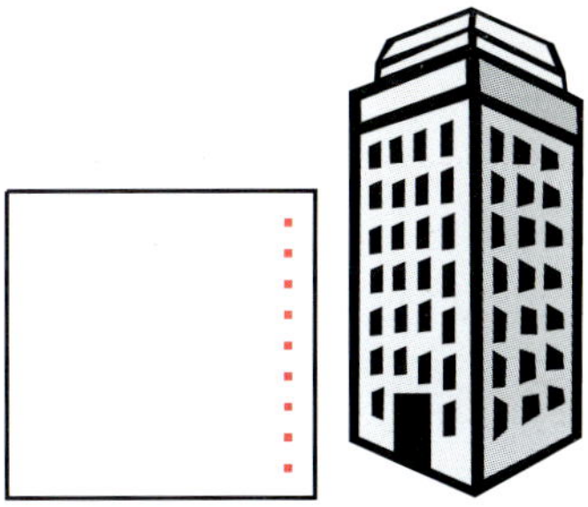

सुरक्षाविधि ७ : **कोनों में टकराव**

यदि दो भवनों के कोने आपस मे टकराते हों या कोई कोना भवन के सामने आता हो, जैसे चित्र मे दर्शाया गया है, तो इससे तनाव बढ़ते हैं व संबंधों में कमी आती है। 'L' आकार के मल्टियर पिरामिड यंत्रों को इन कोनों में स्थापित कर इसका उपचार किया जा सकता है।

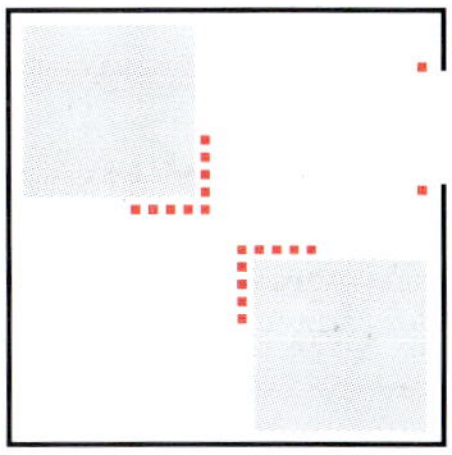

सुरक्षाविधि ८ : **लॉकर और तिजौरी के लिए**

आप इन यंत्रों को अपने पर्स व बैग मे रखें। इन्हें अगर आप अपने कैश बाक्स या बैंक लॉकर मे रखते हैं तो निश्चय ही यह धन वृद्धि करता है तथा सुरक्षा भी प्रदान करता है।

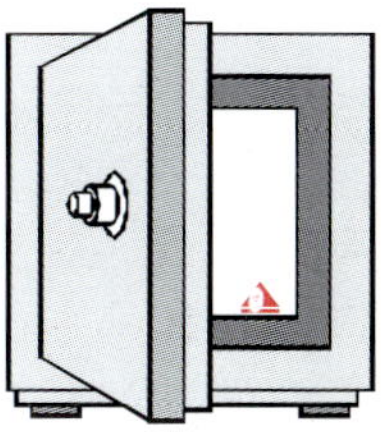

सुरक्षाविधि ९ : **वाहनों के लिए**

आश्चर्यजनक परन्तु सत्य। यदि आप अपने वाहन के ऊपर पिरामिड यंत्र लगाते है तो आपके वाहन का सामंजस्य आपके साथ बढ़ता है। यदि इसे आप वाहन के पेट्रोल टैंक, कारबोरेटर पर लगाते हैं तो इससे ईंधन की खपत कम होती है। कार मे डेश बोर्ड या स्कुटर मे हेन्डल पर इन यंत्रों को लगाने से आप सुरक्षा, वाहन की कार्यक्षमता भी प्रभावित कर सकते हैं। ट्रकों पर लगा कर दुर्घटनाओं से भी निजात पा सकते हैं।

साथ ही प्रो. डॉ. जितेन भट्ट ने कार सुरक्षा के लिए एक नयायंत्र विकसित किया है। जिसका उपयोग सभी बड़े वाहनों पर भी किया जा सकता है। इसे कार के डेश-बोर्ड पर लगाया जा सकता है।

टु व्हिलर वाहनों के मामले में हैंडिल या नंबर प्लेट के पास छोटा पिरामिड लगाया जा सकता है।

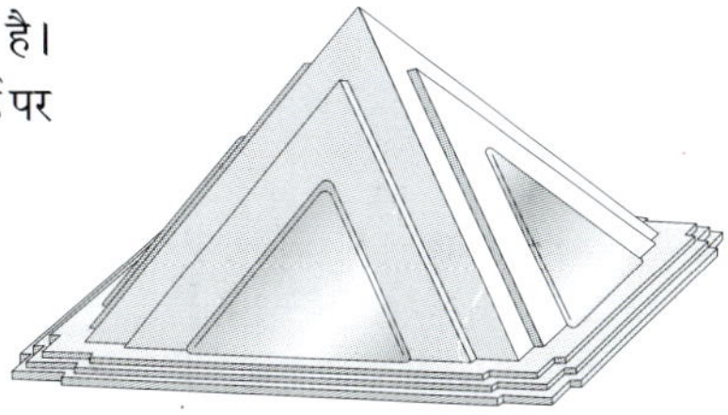

प्रोटेक्ट 9x9 कार

अपने भाग्य में वृद्धि करें

जीवन पुरूषार्थ और भाग्य का पूर्ण चक्र है। दोनों की समान पर परस्पर सम्पूरक क्षमता है जो हमें इस जीवन यात्रा में आगे ले जाते हैं। यदि आपके पुरुषार्थ को भाग्य का सम्बल मिलता है तो आप अधिक प्राप्त करते हुए, अधिक अच्छा जीवन व्यतीत कर सकते हैं। जीवन दोनों का संतुलन है और जीवन में हमें यह जागरूकता लानी चाहिए। इस आंतरिक संतुलन को समझ लेना ही जीवन का सार है।

हमारी जीवन यात्रा में पुरूषार्थ और भाग्य नामक दो पहिए हैं।

भाग्य का निर्माण करना केवल प्रयासों को पुनर्निदेशति करना नहीं है परन्तु हमारे वर्तमान प्रयासों और भाग्य का पुनर्व्यवस्थापन है जो जीवन के स्वाभाविक प्रवाह को बनाते हुए समृद्धि से भर दे

नौ का जादू !

4 सम्पत्ति पैसा भाग्य	**9** प्रसिद्धि समृद्धि प्रतिष्ठा	**2** दाम्पत्य संबंध भागीदारी
3 बुद्धिमता परिवार स्वास्थ	**5** आरोग्य संतुलन स्थिरता	**7** सृजनात्मकता बच्चे योजनाएँ
8 ज्ञान अन्तर्ज्ञान प्रेरणा	**1** कैरियर सफलता व्यापार	**6** मित्रता प्रवास नया साहस

वैश्विक सामंजस्य

प्राचीन मिश्र के धार्मिक ग्रंथों के अनुसार तीन संसार हैं - वे हैं ता, द्वात और नट । आत्मा ता (पृथ्वी) से होती हुई दात (मनुष्य) और अंत मे नट (स्वर्ग) में पहुँचती है। यही आध्यात्मिक सामजंस्य है।

आज हमारा सारा ध्यान प्रयासों को सुधारने में केन्द्रित है। परन्तु, हम सूक्ष्म और अति महत्वपूर्ण भाग अर्थात भाग्य को भूल रहे हैं अतः पहले हमें अपने भाग्य का कौनसा हिस्सा लुप्त है उसे पहचानकर उसमें सुधार लाने का तरीका - ढूँढना चाहिए ।

प्रोफे. डॉ.जितेन भट्ट द्वारा विकसित इस नए समीकरण में जन्मतिथि का उपयोग कर जो हिस्सा लुप्त है उसका पता किया जाता है। जब हम जान लेते हैं कि किस अंक से तरंगित बल कम है तो हम उसे अपने शक्तिशाली फा - मा प्रतीक से विकसित करते हैं। इस कार्य हेतु एक विशेष पिरामिड यंत्र विकसित किया गया है जिसे पायरा कार्ड कहते हैं। आपके भाग्य के परीक्षण और जो हिस्से नहीं हैं को देखने के लिये अगला पृष्ठ पढ़ें ।

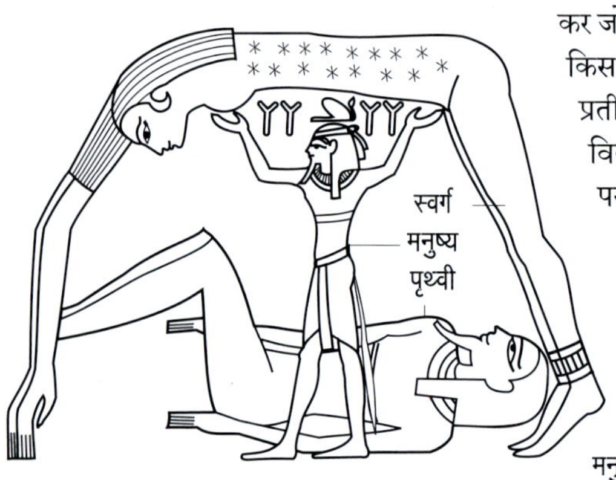

मनुष्य स्वर्ग और पृथ्वी का अभिन्न अंग है।

भाग्यवर्धक पायराकार्ड

पायराकार्ड से हजारों लोगों ने अपने भाग्य को बदल डाला है। आप क्यों नही ? यह सब इतना सरल है कि आपको बस निम्न अनुसार करना है -

आपके भाग्य का कौनसा अंश कम है, खोजें

◆एक कागज पर अपनी जन्म तिथि लिखें। जैसे २५-६-१९८३

◆पहली संख्या लें (जैसे तिथि के २५) और दोनों अंको को एक अंक पाने के लिए जोडदें जैसे - २५=२+५=७.

◆इसी तरह दूसरी और तीसरी संख्या लें (माह और वर्ष) जैसे -
०६=०+६=६
१९८३ =
१+९+८+३=२१=२+१=३

◆अब आपकी तिथि, माह, वर्ष के एक-एक अंको को जोड़ दें।
७+६+३=१६=१+६=७

◆अब आपकी जन्म तिथि के सभी अंको और उसकी जोड़से प्राप्त केवल एक अंक को लिखें। जैसे - यहाँ २५-०६-१९८३
अतः जन्म तिथि में अंक है २, ५, ६, १, ९, ८, ३ और अंक जोड़ने से प्राप्त अंक है- ७, ६, ३
और तिथि, माह, वर्ष के जोड से प्राप्त अंक है - ७

◆अब पिरामिड भाग्य अंकों (जो चित्र-१ में हैं) से अपने जन्म तिथि के तथा जोड़ व उनसे प्राप्त सभी अलग-अलग एकल अंकों को मिलाएँ तथा देखें कि कौन सा अंक लुप्त है। यहाँ अंक ४ लुप्त है।

◆भाग्य वर्धक पायरा कार्ड के जिस वर्ग का अंक आपकी जन्म तिथि गणनानुसार लुप्त अंक है, उस वर्ग में श्रद्धा और विश्वास के साथ फा मा यंत्र(चित्र-२)बनाएँ (देखें चित्र ३)।

◆यदि किसी प्रकरण में एक से अधिक अंक नहीं हैं तो उन स्थानों पर भी फा - मा यंत्र बनाएँ।

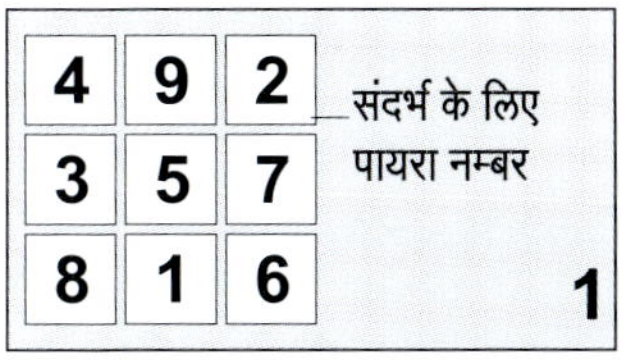

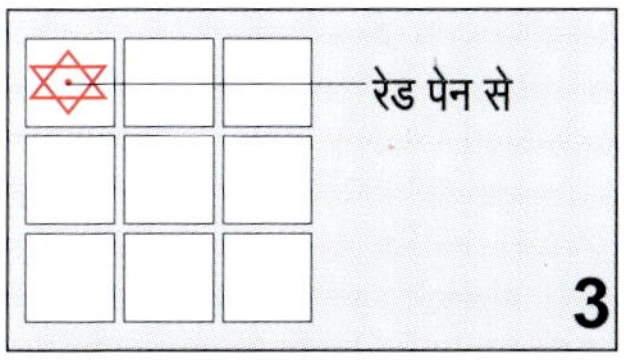

◆पायराकार्ड के पीछे अपना छोटा फोटो चिपकायें और नीचे हस्ताक्षर करें

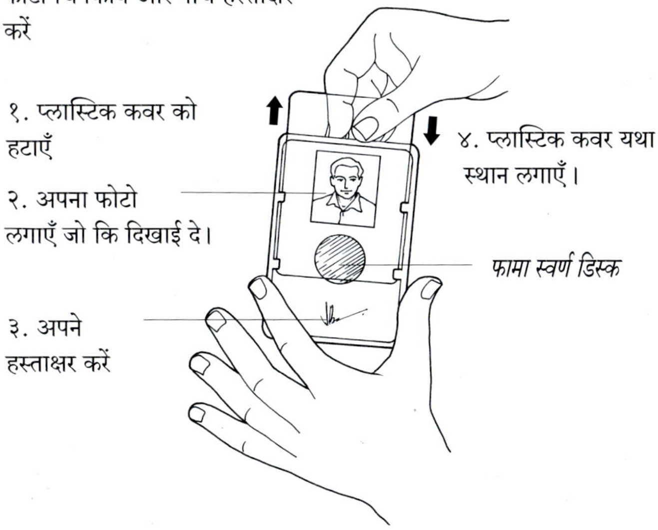

पायरा कार्ड क्या है ?

पायरा कार्ड एक क्रांतिकारी पिरामिड यंत्र है जिसकी मूल अवधारणा पायरावास्तु के शीर्ष पुरुष प्रोफे. डॉ. जितेन भट्ट द्वारा की गई है। यह प्राच्य ज्ञान आधुनिक अनुसंधानों पर आधारित है। पायराकार्ड आपको दोनो, भौतिक और आध्यात्मिक समृद्धि पाने की शक्ति देता है। जिसे जादुई वर्ग से सशक्त बनाया गया है, जिसमें पिरामिड खण्ड, ९ ताम्र पिरामिड, लाभप्रद ब्रह्माण्डीय रंग, एक स्वर्ण डिस्क और फा-मा की ऊर्जा है।

परिवार के स्वास्थ्य के लिए पायरा रंग

रंग से स्वास्थ्य सुधार के कई तरीके हैं जिनमें सामान्यतः - रंगीन कपड़े, रंगीन सिल्क सौर ऊर्जा युक्तजल, रंग युक्त श्वसन, रंग-कल्पना, रंगयुक्त प्रकाश यहाँ एक बिल्कुल ही नई विधि फा - मा रंग पद्धति बताई जा रही है। अच्छे स्वास्थ्य व कुशलता के लिए गहरे तालमय श्वसन, पिरामिड यंत्रों और रंगों के समन्वित प्रभाव से पायरा रंग की इस नई विधि का विकास किया गया है।

रंग : हम रंगों को केवल नेत्रों से ही देखना नहीं चाहते बल्कि उससे भी अधिक उन्हें मन की आँखो से पाना चाहते हैं। यह कुछ वैसा है कि जैसे प्रत्येक के संबंध में हम अनुभव करते हैं। रंगो की हमारे जीवन में एक विशेष भूमिका है जैसे कि सूर्योदय से हमें जीवन्तता और प्रसन्नता मिलती है और प्रत्येक ऋतु का अपना रंग है।

अनादि काल से हमारे पूर्वज सूर्य की पूजा करते आ रहे हैं जिस के शुद्ध प्रकाश से सभी विभन्न रंग निकलते हैं। हम जानते हैं कि सूर्य प्रकाश के बिना हमारे जीवन का अस्तित्व नहीं है। और रंगो का प्रस्फुरण जीवन के स्त्रोत से ही है। इस लिए प्रत्येक रंग का अपना प्रभाव हमारे मन, भावना और शरीर पर होता है। जब रंगों का सही उपयोग किया जाता है तो उनमें मन और मस्तिष्क में सामजंस्य और संतुलन लाने की स्वाभाविक क्षमता होती है।

फा मा रंग चिकित्सा

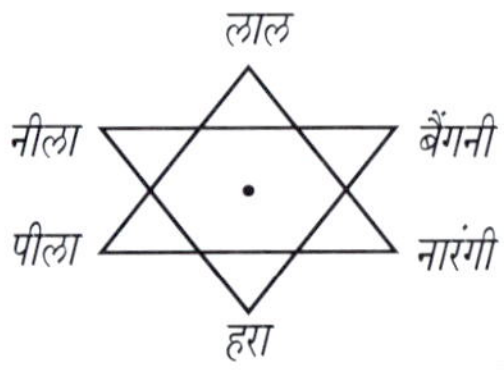

प्रत्येक वस्तुकी अपनी तरंग दैर्ध्य होती है जिसके कारण वह दिखाई देती है। हमारे शरीर के अंग भी एक विशेष तरंग दैर्ध्य पर काम करते हैं परन्तु अच्छे स्वास्थ्य की स्थिति मे हमारा ध्यान उस ओर् नहीं जाता है। बीमार होने पर या किसी अंग के ठीक से काम न करने की स्थिति में हमारा ध्यान उनकी ओर जाता है।

हमारे अंगो की तरंग दैर्ध्यता से रंगो का सूक्ष्म संबंध होता है। वे शरीर के चारों ओर स्थित सूक्ष्म ऊर्जा जिसे आभा मण्डल कहते हैं से शोषित किए जाते है। उन्हें नेत्र और त्वचा के साथ साथ सात ऊर्जा केन्द्रों द्वारा भी शोषित किया जाता है। स्वास्थ्य सुधार की प्रक्रिया में कोशिकाओं द्वारा जिस रंग विशेष की आवश्यकता होती है उस तरंग दैर्ध्य के रंग का चयन किया जाता है। रंग शरीर के प्रत्येक अंग का पुनर्निमाण और पुनः शक्ति संचार करते हैं। वे मन, शरीर और भावना में समरसता लाते हैं और हमें आध्यात्मिक प्रगति की ओर ले जाते हैं।

आईए, हम इन पायरा रंगोके सामान्य उपयोग देखें -

१. लाल : रक्तअल्पता, उदासीनता, अस्थमा, लकवा, ब्लड डायसक्रेसियाज शारीरीक शिथिलता, खांसी, निमोनिया, कोष्ठता, टी.बी. आदि में रक्त प्रवाह बढ़ा कर स्नायु मण्डल को ठीक रखता है। भावनात्मक गड़बड़ी, अधिक तनाव (हाइपर टेंशन), मानसिक अस्वस्थता, बुखार, तंत्रिका शोथ जलना और अन्य जिनमें आराम की आवश्यकता होती है।

२. नारंगी : अस्थमा, खांसी, स्वसन रोग, थाइराइड, सर्दी, मानसिक थकान, मिरगी, बच्चादानी, हड्डी को जोड़ना आदिमें उपयोगी है। हाइपर थाइराइड की स्थिति में इसका उपयोग न करें।

३. पीला : गठिया, वात, खुजली, उदर वात विकार, कब्ज, मधुमेह, शारीरिक शिथिलता, लीवर की बीमारियाँ, अवसाद, लकवा, अधरांग घात आदि में उपयोगी हैं। यह संवेदी तंत्रिका तंत्र और लिम्फैटिक सिस्टम को सक्रिय करता है। अत्यधिक जलन, हृदय धड़कन, सन्निपात तंत्रिकाशूल अतिसार, अतिउत्तेजना, बुखार में इसका प्रयोग न करें।

४. हरा : काकलशोथ, मलेरिया में उपयोगी, जंतुनाशक के रूप में संक्रमण में रोगाणुनाश, पीठ के दर्द, सांघातिक उदर रोग, दाद, तंत्रिकाशूल, परागजज्वर, अतिउत्तेजना, हृदय रोग, उपदंश, बवासीर, मोतीझरा, (टायफाइड) अनिद्रा, अल्सर (घाव), चिडचिड़ापन, गुप्त रोग तथा संतुलन कारिता में उपयोगी है।

५. नीला : बुखार, जले स्थान पर त्वचा सुधार, दाग, घाव, त्वचा रोग, चोट या खरोंच, अतिसार, आमातिसार (पेचिस), मिरगी दौरे, जलन, गलगण्ड में उपयोगी है।

यह सिरदर्द, जलाघात, मानसिक रोग, अनिद्रा, स्त्रियों में मासिक धर्म संबंधी समस्या, अत्यधिक संधिवात, घात, गुप्त

रोग, टॉन्सिल, दंत संक्रमण, कफ खांसी में उपयोगी है । सर्दी, गठिया, हाइपोटेंशन, मासपेशीय क्षति, लकवा, पुराना संधिवात, हृदय विकार में प्रयोग न करें । जहाँ रिग्रेसन की आवश्यकता न हो ऐसे मामलों में भी प्रयोग न करें।

६. वायलेट (बैंगनी) : मुत्राशय दोष, हड्डी दोष मस्तिष्कावरण शोथ, आघात, पेट की मरोड़, मानसिक दोष, स्नायु दोष, तंत्रिका शूल, अत्यधिक पुराना संधिवात शिरोवल्क व्याधि, सायटिका (गृध्रसी), त्वचा रोग, सुसाध्य और सांघातिक दोनों प्रकारके ट्यूमर रोगों में उपयोगी है ।

प्रोफे डा. जितेन भट्ट के अनुसार लाल, नारंगी और पीला फा रंग है और हरा, नीला और बैंगनी मा के रंग है। उन्होंने ६ पायरा रंग की प्लेटें विकसित की हैं और एक सफेद रंग की सपोर्टिंग प्लेट विकसित की है । यह हेल्थ 9x9 है और ये दोनों रोगनाश और शीघ्र सुधार के लिए उपयोग में ली जाती हैं । सामान्यतः आप केवल एक सफेद प्लेट का उपयोग करते हैं, पर सही रंगप्लेट का सही स्थान पर प्रयोग करने से और एक सफेद प्लेट उसके दूसरी ओर रखने से बहुत अच्छे परिणाम मिलते हैं।

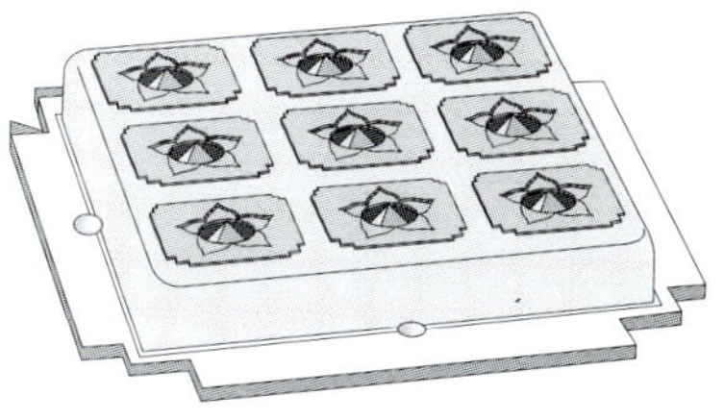
रंगों द्वारा स्वास्थ्य सुधार हेतु हेल्थ 9x9 यंत्र

	क्रिया	संकेत	अंग	गुण
लाल	गर्म रंग, तीक्ष्ण रक्त प्रवाह वर्धक	कमजोर संचरण जलन, पुराना जुकाम, दमा, रक्त अल्पता, खुजली	हृदय, फेफड़े और मांसपेशियाँ	प्रेम, गुस्सा, क्रोध, प्रसन्नता
हरा	समशीतोष्ण रंग, पुरानी बीमारीनाशक, उप शामक, शान्तिकारक, आरामदेह	खांसी, जोड़ों में जलन ट्यूमर, अल्सर, नेत्र रोग, मधुमेह	फेफड़े	प्रसन्नता
नीला	शीत रंग, आरामदायक, ऊष्मा/गर्मी जन्य, सभी रोग नाशक	दर्द, रक्तसंकुलता, बवासीर, मस्से, अनिद्रा, सर्दी रजोनिवृत्तिजन्य समस्याएँ	पिटयूटरी ग्लेण्ड, अंतःस्त्रावी तंत्र, मांसपेशियों और अंगों का संकुचन	शांत, अंतर्मुखी
नारंगी	ऊर्जादायी, प्रसन्नता कारक, सूर्यका रंग	निराशा, मानसिक रोग, अवसाद, भय, धमनी-काठिन्य, दुर्बलता, थकान	हृदय	प्रसन्नता
पीला	अंतः स्त्रावी तंत्र केलिए शक्तिवर्धक, आयुवर्धक	पाचन तंत्र रोग, तंत्रिका तंत्र केलिए मजबूती कारक	यकृत, मुत्राशय, किडनी, पेट	बुद्धि, समझदारी, प्रसन्नता
बैंगनी	चैतना शक्ति वर्धक, जागृति वर्धक, ध्यान कारक	लिम्फैटिक सिस्टम में खराबियाँ	प्लिहा (स्प्लिन)	ध्यान

सवाल - जवाब

आपके प्रश्नों के आपको उत्तर चाहिए । पायरावास्तु और पिरामिड यंत्र के संबंध में प्रायः पूछे जाने वाले प्रश्न निचे दिए जा रहे हैं। प्रो. डॉ. जितेन भट्ट द्वारा उनके सरल और तर्क पूर्ण उत्तर दिएजा रहे हैं।

पायरा वास्तु काम कर रहा है यह कैसे जानेंगे ?

स्थितियाँ बदलती दिखाई देंगी। वे सूक्ष्म स्तर पर भी हो सकती हैं। उदाहरणार्थ आपकी प्रसन्नता बढ़ सकती है या जीवन के प्रति आपके दृष्टिकोण में बदलाव आ सकता है। अधिक स्पर्श करने वाले ढंग से आपको अप्रत्याशित रूप से कोई दूरभाष संदेश प्राप्त होसकता है जिस में नौकरी या पार्टी का आमंत्रण हो ।

क्या पायरा वास्तु उनकी भी सहायता करता है जो उसमें विश्वास नहीं करते ?

मैंने ऐसे आत्म घोषित अविश्वासियों का काम भी जल्दी और प्रभावी ढंग से पूरा होते हुए देखा है। पायरा वास्तु कोई जादू का हिस्सा नहीं है। वह आकाश और मन के वैज्ञानिक सिद्धांतो पर काम करता है और उसका अपना प्रभाव होगा भले लोग उसके अनुभव न कर सकें या नसमझें कि उसका उपयोग हो रहा है। पर यदि सकारात्मक सोच और दृढ़विश्वास उसमें जोड़ते हैं तो वह चमत्कार कर सकता है ।

परिणाम मिलना कब शुरू होता है ?

मैने देखा है कि पायरा वास्तु का तुरंत और नाटकीय प्रभाव मिलता है। परन्तु वह समय भी ले सकता है क्योंकि यह हमारे परिवर्तन में संबंध बैठाने की प्रक्रिया पर निर्भर रहता है। पायरावास्तु आपको अपने जीवन से ही बहुत कुछ दिलाने में सहायता कर सकता है। पर जिस तरह से निरोग काया के लिए भोजन, कसरत, और जीवन शैली में कुछ सावधानियाँ अपेक्षित हैं उसी तरह पायरावास्तु को भी कुछ समय और सावधानी आवश्यक है अच्छे परिणाम मिलने से पूर्व ।

वास्तु और फेंगशुई की अपेक्षा पायरा वास्तु से और अतिरिक्त हमें क्या मिलता है ?

पायरावास्तु की सबसे अच्छी बात है उसका आज के व्यक्ति की आवश्यकताओं के अनुरूप बहुत ही व्यावहारिक स्वरूप है। दूसरा हमारे परम्परागत वास्तु और फेंगशुई से कोई तुलना नहीं है । क्योंकि यह एक नया विज्ञान है अतः यह दोनों की संपूरकता में अधिक अच्छा समाधान देता है।

क्या कोई यंत्र है जिससे पिरामिड के प्रभाव का मापन किया जा सके ?

हाँ ! इसका निश्चित रूप से मापन किया जा सकता है। मेरे पास कई प्रकार के यंत्र, जैसे- क्रिलियन फोटोग्राफी मृशीन, (बायो सेंसर यंत्र) जैव संवेदक यंत्र, जैव बल मापक यंत्र (बायोफोर्स मीटर) आदि हैं। साथ ही कुछ सरल यंत्र जैसे डाउजिंग पेंडुलम, L और Y आकार की छड़ें। पर इनका उपयोग करनेके लिए अच्छे अनुभव और जानकारी की आवश्यकता है।

क्या यह पद्धति सिद्ध और प्रभावी होने के साथ ही बहुत उपयोग मे लाई जाती है ?

इस प्रश्न का उत्तर मुझें देना आवश्यक नहीं है। परिणामों को स्वयं बोलने दें। इस पायरा नेट से आज तक २५ लाख लोग जुड़ चुके हैं और उन्होंने स्वास्थ्य, समृद्धि और शक्ति के लिए नई राह की खोज की है। प्रत्येक दिन अधिक से अधिक लोग, वास्तु और फेंगशुई विशेषज्ञ और रेकी मास्टर इस आंदोलन से जुड़ रहे हैं। पर मेरे शब्दों पर न जाएँ बस एक पिरामिड यंत्र का प्रयोग करें और जादुई प्रभाव की प्रतीक्षा करें।

डॉ. भट्ट की इस क्रांतिकारी अवधारणा ने मेरे सोच को ही बिल्कुल बदल दिया है । मेरी प्रसिद्धि और समृद्धि कल्पना से भी अधिक बढ़ी है।

डॉ. हर्षित कापडिया

मुम्बई समाचार में फेंगशुई के स्तम्भ लेखक

पायरा नेट के साथ सीखना और प्रयोग करना एक शानदार अनुभव है । इसके बाद मुझे सब ओर सफलता मिल रही है।

श्री अतुल जोशी

इंजीनियर एवं पायरा वास्तु, विशेषज्ञ, यू. एस. ए. ।

एक छोटे ग्राम से होने के कारण इस पद्धति के संबंध में मुझे बहुत शंकाये थी। पर आजमैं विश्वास पूर्वक कह सकता हुं कि पायरावास्तु के परिणाम चमत्कारी है।

डॉ. जयकृष्ण पटेल

वास्तु विशेषज्ञ

गुरूजी डा. भट्ट से मिलने के बाद मैंने अपना व्यापार बदल दिया है और पायरावास्तु के सलाहकार का काम करता हूं। ऐसा करके मैंने अपने संबंधियों को भी रास्ता दिखाया है।

श्री दिलीप शाह

व्यवसायी – अहमदाबाद

यदि आपको वास्तविक जीवन के चमत्कारों को दुसरों में बॉटना है तो हमें लिखिए डॉ. भट्ट अपनी नई पुस्तक में उसे प्रकाशित करेंगे।

पायरानेट क्या है ? और उससे मैं कैसे लाभान्वित हो सकता हूँ ?

पायरानेट लाखों पिरामिड यंत्रो का जाल है जो प्रोफे. डॉ. जितेन भट्ट द्वारा विकसित और विश्वस्तर पर हजारों लोगों द्वारा उपयोग किया जा रहा है। जब आप प्रोफे. डॉ. भट्ट द्वारा विकसित पिरामिड यंत्र के संबंध में सीखते और उपयोग करते हैं तो आप इस विशाल क्रांति के भाग हो जाते हैं। जब प्रत्येक पिरामिड यंत्र दूसरों से संवाद करता है और विशाल ऊर्जा तंत्र बनाता है तो परिणाम स्वाभाविक रूप से मिलते हैं। अब आप चूंकि इस तंत्र के अंग बन गए हैं। अतः जब आप प्रोफे. डॉ. जितेन भट्ट द्वारा विकसित पिरामिड यंत्र को स्थापित करेगें तो आपको इस विशाल सकारात्मक तंत्र के कारण परिणाम मिलने लगेगें।

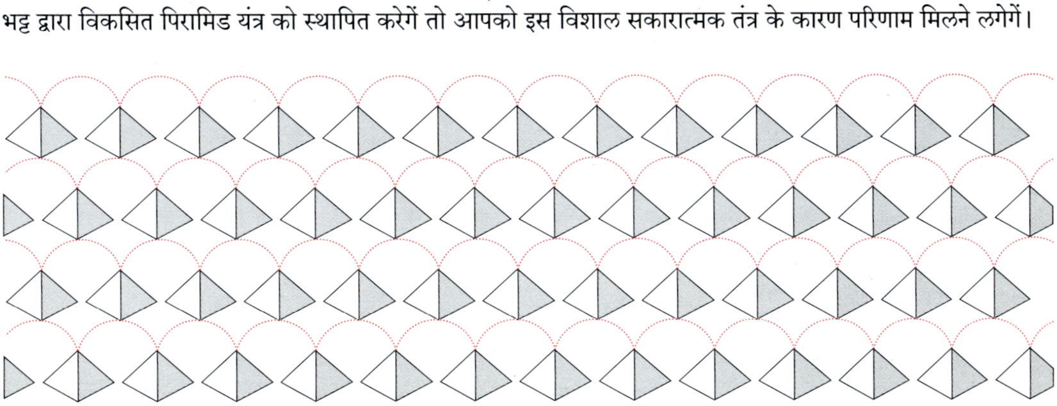

लाखों पिरामिड यत्रों का सकारात्मक ऊर्जाकारी पायरा नेटवर्क

क्या पिरामिड यंत्र और सामान्य पिरामिड में कोई अंतर है ?

१+२=३ है और हाइड्रोजन और आक्सीजन के संयोग से जल बनता है। इसी तरह यह पिरामिड यंत्र की नई विधि पिरामिड और यंत्र का समुच्चय है। इस ऊर्जा सूत्र की कोई सीमा नहीं है जैसा कि पिरामिड और यंत्र की स्थिति है। इसलिए इसे पाकेट, दीवार या वाहन कहीं भी लगाया जा सकता है। इसे अधिकाधिक व्यक्तिगत लाभ के लिए प्रयुक्त किया जा सकता है और लम्बी अवधि के लिए सुरक्षित रुप से जमीन के अन्दर भी रख सकते हैं। साथ ही पिरामिड यंत्र शुद्ध वैश्विक विज्ञान, सामान्य व्यक्ति के लिए है और सभी उपासना प्रणालियों और धर्मो द्वारा अपनाया जा सकता है।

आदर्श वस्तु कौन सी है जिससे पिरामिड यंत्र बनाया जा सकता है ?

चूंकि हम सूक्ष्म स्तर पर ही कार्य कर रहे हैं अतः आकाशतत्व अधिक महत्वपूण है बजाय इसके कि किस वस्तु का उपयोग किया गया है। पिरामिड के लिए सबसे उपयुक्त वस्तु वह है जो प्राकृतिक हो जैसे महान पिरामिड के पत्थर, परन्तु हमें वास्तु के विभिन्न ९१ खण्डोंकी आवश्यकता है, उन्हें पत्थर से बनाना व्यावहारिक रूप से संभव नहीं है इसलिए न्यूट्रोन पोलीमर का उपयोग किया जाता है। जिससे निम्मलिखित लाभ भी मिलते हैं

सही माप
चूंकि ये डाई से ढाले जाते हैं बाहर और भीतर के सभी माप बिल्कुल सही होते हैं।

तटस्थता का गुण
यह गुणात्मक रूप से तटस्थ है इस लिए अपनी कामना अनुसार क्रियाबद्ध किया जा सकता है। अन्य धातुओं का अपना गुणधर्म होता है। जैसे कि तांबा मंगल से जुड़ा हुआ है, स्वर्ण सूर्य से। इस कारण पायरावास्तु में उपयोग करने पर परिणाम प्रभावित हो सकते हैं।

लम्बे समय तक चलने वाले व जंगन लगने वाले
जब हम जमीन के अन्दर ९ पिरामिड यंत्र रखते है तो उन्हें जीवन पर्यन्त रहना चाहिए, इस स्थितिके लिए ये न्यूट्रोन पोलीमर के पिरामिड यंत्र बिनाजंग लगे, ९१ खण्डों के साथ बहुत अधिक लम्बे समयतक रह सकते हैं।

ऐसे खण्ड जिनसे हवा बाहर (एयर टाइट) न निकल सके
मल्टियर 9x9 पिरामिड यंत्र का प्रत्येक खण्ड ऐसा होता है जिसमें से हवा न निकल सके तथा यह छिद्र युक्त सामग्री भी नहीं है। न्यूट्रोन पोलीमर के कई लाभों में से कुछ लाभ बताए गए हैं जिनसे ये पिरामिड यंत्र बनाए जाते हैं । साथ ही ध्यान रखें कि वास्तु की अपेक्षा अधिक महत्वपूर्ण है, प्रत्येक पिरामिड का सही माप।

यंत्र धातु के बनाए जाते हैं फिर पिरामिड यंत्र क्यों नही ?

पिरामिड यंत्र केवल यंत्र नहीं हैं बल्कि पिरामिड और यंत्र का शक्तिशाली समुच्चय है। वे आकाश और सूचना के विकसित सिद्धाँत पर काम करते हैं।
साथ ही जब हम पिरामिड का अध्ययन करते हैं तो कोई धातु का बना हुआ नहीं मिलता है। ये या तो पत्थर के हैं या कोई कुचालक वस्तु के बने हुए हैं। इसलिए परम्परागत यंत्र धातु के हो सकते हैं पर पिरामिड यंत्र नहीं ।

क्या ताम्र या स्वर्ण के पिरामिड यंत्र का उपयोग कियाजा सकता है ?

ताम्र और स्वर्ण में अनेक गुण होते हैं। परन्तु जब हम पूरी तरह उनसे पिरामिड यंत्र बनाते हैं तो सभी ९१ खण्ड शार्ट सर्किट हो जाते है। यह शार्ट सर्किट की समस्या दूर करने के लिए ताम्र या स्वर्ण को आंशिक रूपसे, सही स्थान व अनुपात में उपयोग करना होगा। इसका सबसे अच्छा उदाहरण है मंदिर जहाँ केवल छोटा सा ताम्र या स्वर्ण का यंत्र मंदिर के शीर्ष और तल में लगाया जाता है। पूरा मंदिर ताम्र या स्वर्ण से नहीं बनाया जाता है। यदि आप ताम्र या स्वर्ण के पिरामिड यंत्र उपयोग करना चाहते हैं तो उनको आधार में कम अनुपात में उपयोग करें।

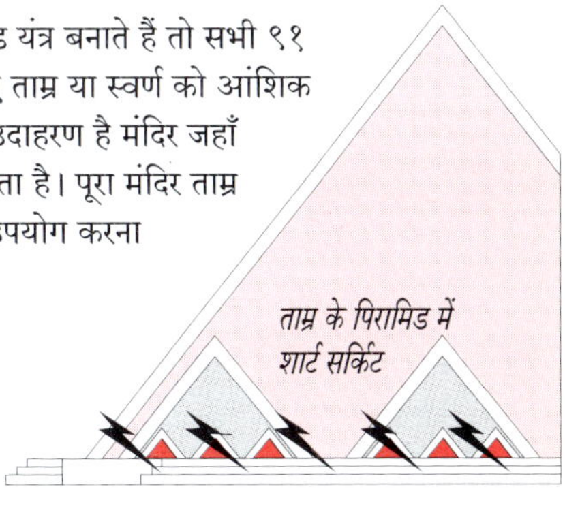

एक ताम्र पिरामिड में सभी 91 स्पेश चेम्बरों में शार्ट सर्किट

चूंकि ताम्र सुचालक है अतः क्या वह अधिक ब्रह्माण्डीय ऊर्जा को ग्रहण नहीं करेगा ?

पहले तो हमें यह समझना चाहिए कि आकाश तत्व के स्तर पर काम कर रहे हैं हमें मूलतः विद्युत चालक गुण नहीं चाहिए। और सूक्ष्म स्तर की ब्रह्माण्डीय ऊर्जाएँ किसी भी चालक या कुचालक सामग्री में प्रवेश कर सकती हैं। इसलिए ताम्र की सुचालकता की पिरामिड यंत्रो में कोई विशेष भूमिका नहीं है।

सभी पिरामिड यंत्र श्वेत रंग में हैं। क्या इसका भी कोई विशेष कारण है ?

चूंकि श्वेत रंग ब्रह्माण्डीय स्तर पर सभी रंगोको ग्रहण कर सकता है अतःसभी दृश्य या अदृश्य रंग उससे संवाद करते हैं। इस लिए किसी रंग विशेष की आवश्यकता नहीं है। पर यदि किसी उपचार पद्धति के अनुसार कोई विशेष रंग चाहता है तो वह रंगीन पिरामिड का उपयोग कर सकता है।

वास्तु सुधार के लिए पिरामिड यंत्रो को कैसे लगाएँ ?

आप जानते हैं कि पिरामिड यंत्रो की कोई सीमा नहीं है। उसे आपकी जेब, वाहन, और मशीन पर भी लगाया जा सकता है। इसलिए वास्तु सुधार में उन्हें दीवार या, सीलिंग में शीर्ष नीचे की ओर करके लगाया जा सकता है। उन्हें जमीन के नीचे लगाया जा सकता है या फाल्स सीलिंग से भी ढका जा सकता है।

दीवार पर लगे पिरामिड

सीलिंग पर लगे पिरामिड

भूतल के नीचे लगे पिरामिड

मल्टियर 9x9 -पिरामिड यंत्र लगाने के लिए और अधिक विवरण दें ?

हम बहुतायत से उपयोग किए जाने वाले पिरामिड यंत्र- मल्टियर 9x9 से शुरू करेंगे । चित्र में बताए अनुसार इस मल्टियर 9x9 पिरामिड के तीन भाग होते हैं - १. नीचे के नौ पायरा चिप्स जिनमें ८१ पिरामिड यंत्र हैं. २. ९ पिरामिड सहित पायरा प्लेट और ३. एक पिरामिड युक्त ऊपरी हिस्सा । इस तरह इस पूर्व क्रिया बद्ध मल्टियर पिरामिड में स्पेश चैम्बरों (आकाश कक्षों) वाले कुल भिन्न-भिन्न ९१ पिरामिड होते हैं।

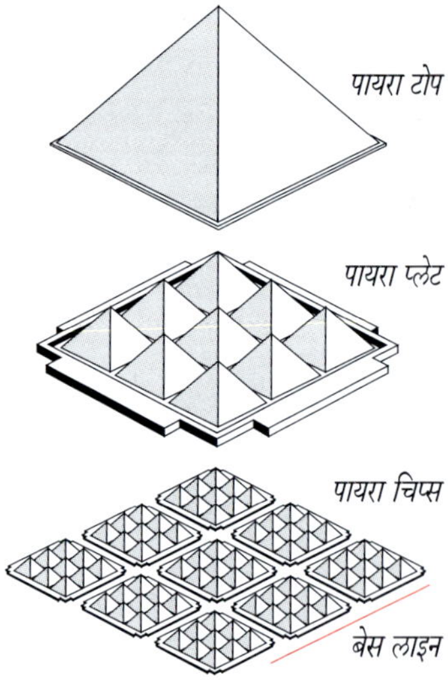

उन्हें स्थापित करने से पूर्व आपको पायराप्लेट के नीचे इन ९ पायरा चिप्स को चिपकाना चाहिए। फिर पायरा प्लेट पर पायरा टाप को दबाव देकर लगाएँ। यह सेट अब उपयोग करने के लिए तैयार है और उसे फा-मा ऊर्जा दें (इस यंत्र को बायें हाथ पर रखें, उसके उपर अपना दाहिना हाथ रखें और हृदय के शुद्ध प्रेम से उसे ऊर्जित करें और अपनी मनः शक्ति से उसे अपनी दृढ़ कामना से संपूरित करें) यह पिरामिड अब आपकी कामनाके अनुसार कार्य करने के लिए तैयार है।

जमीन के अंदर पिरामिड स्थापित करना

कई प्रकरणों में ब्रह्मस्थल को क्रियाशील करने और भूखण्ड की सुरक्षा के लिए जमीन के अन्दर ही पिरामिड यंत्र स्थापित करने पड़ते हैं। ऐसे प्रकरण में आपको कम से कम ९ ऐसे पिरामिड यंत्र चाहिए । इन ९ में से कम से कम बीच वाले एक को फा-मा ऊर्जा देनी चाहिए। स्थापना सरल है। १ फुट से अधिक गहरा गड्ढा खोदें, इतना बड़ा खोदें कि प्रत्येक पिरामिड के बीच में कम से कम६ ईंच का अंतर रहे। इतना ध्यान रखें कि पिरामिड यंत्रों की आधार रेखा चुम्बकीय धुरी के समानांतर हो । अब गड्ढे को भर दें।

दीवार और सीलिंग पर लगाना

यह पिरामिड यंत्र दीवार या सीलिंग पर दोनों ओर चिपकने वाले टेपसे चिपकाए जा सकते हैं। यह टेप दोनों ओर चिपकता है इसलिए पहले छोटा टुकडा काटे और पयराप्लेट के पीछे चिपका दें फिर ऊपर के कागज को हटा कर दीवाल पर चिपका दें। यह ध्यान रहे कि पिरामिड की आधार रेखा जमीन या सीलिंग के समानांतर रहे। सीलिंग पर सभी पिरामिड के शीर्ष बिन्दु नीचे की ओर रहेंगे अब संबंधित भूमि सीलिंग है और आकाश नीचे की ओर है। इसी तरह कइ अन्य प्रकार के पिरामिड यंत्र है जिन्हें दीवार पर विभिन्न उद्देश्य से लगाया जा सकता है।

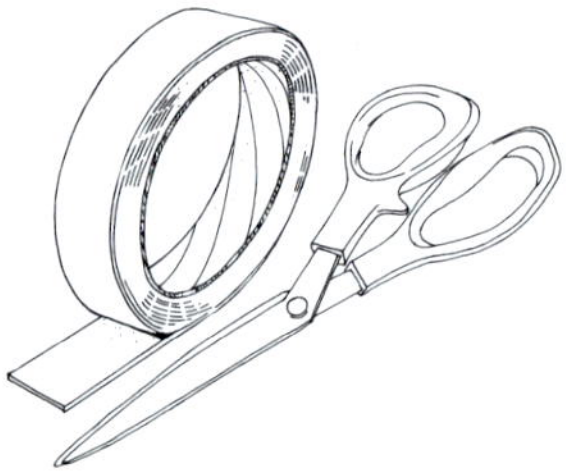

न्यूनतम या अधिकतम कितने पिरामिड का उपयोग किया जा सकता है ?

मेरा ऐसा अनुभव है कि सूक्ष्म स्थूल से अधिक शक्तिशाली है। इसी तरह मस्तिष्क पदार्थ से अधिक शक्तिशाली है। अतः आप मात्र एक छोटीसी पायरा चिप्स से ही आश्चर्यजनक परिणाम पा सकते हैं। यदि आपने उसे शुद्ध प्रेम और दृढ इच्छाशक्ति के साथ पर्याप्त रूप में क्रियाबद्ध किया है। पर व्यावहारिक रूप से संख्या का भी अपना महत्व है। न्यूनतम आवश्यक पिरामिड की संख्या अर्थात ९ पिरामिड यंत्र का सेट (वास्तु 9x9) प्रत्येक भवन के ब्रह्मस्थल में और कम से कम ३ जहाँ वास्तु दोष का सुधार करना है। पर यदि दोष बडे क्षेत्र या सघन रूप में है तो पिरामिड यत्रों की संख्या तदनुसार बढ़ जाएगी । एक ही प्रोजेक्ट मे उसकी विशालता एंव दोषों की अधिकता के कारण उपयोग किए गए पिरामिड यंत्रो की संख्या - ४५०० है ।

मैं अपना पायरावास्तु का अभ्यास शुरू करना चाहता हूँ, उसके लिए सरल सूत्र कौन-कौन से हैं ?

क्रमशः आगे बढें ! अपने घर से शुरू करें; फिर अपने मित्रों और संबंधियों की सहायता करें। दोष खोजें, उपयुक्त पिरामिड यंत्र स्थापित करें और परिणाम का अवलोकन करें। दोष ढूँढने और उनका सुधार करने में इन सिद्ध सूत्रों का ध्यान रखें। ब्रह्मस्थल से शुरू कर उसे ऊर्जित करें। अब मुख्य प्रवेश द्वार को सुरक्षित करें फिर रसोई, शयन कक्ष और शौचालय आदि की घर मे स्थिति का परीक्षण करें। इस तरह से इस पुस्तक में दिए संदर्भों के अनुसार अपने अभ्यास को बढ़ाएँ जब आप २५ प्रकरण (मामले) सफलता पूर्वक निपटालें तो प्रो. डॉ. जितेन भट्ट कों एडवांस प्रशिक्षण के लिए लिखें ।

अपने वास्तु कार्यों में पिरामिड यंत्र मल्टीलेयर 9x9 का उपयोग करने के बाद परिणाम और अधिक अच्छे मिले हैं।

डॉ. द्रोणम पूर्णचन्द्र राव
विख्यात वास्तु शास्त्री

विशेषज्ञ - मत

प्रोफे डॉ. जितेन भट्ट व्दारा एडवांस कार्यक्रम आयोजित किए जाते हैं उसके लिए आपको पायरावास्तु विशेषज्ञ होना आवश्यक है।

विभिन्न प्रकार के कौन कौन से पिरामिड यंत्र विकसित किए गए हैं।

विशिष्ट कार्य और उद्देश्य की पूर्ति के लिए कई प्रकार के यंत्र विकसित किए गए है। उनमें से कुछ इस पुस्तक में दिखाए गए हैं। पलंग पर अच्छी नींद के लिए वास्तु स्लीप, कामनापूर्ति के लिए विश 9x9, अपने आपसी संबंधों में मधुरता लाने के लिए हारमोनी 9x9 आदि यंत्र सम्मिलित हैं। इनके अलावा और भी कई प्रकार के यंत्र विकसित किए गए हैं, जैसे - अंदर और बाहर दोनों तरफ लगाए जाने हेतु प्रोटेक्ट 9x9, ब्रह्म स्थल को क्रियाशील बनाने के लिए वास्तु 9x9, भौतिक रूप से परिवर्तन किए बिना दोष युक्त वास्तु में गुणात्मक सुधार लाने हेतु पायरा स्ट्रिप तथा पायरा एंगल आदि। अन्य कई नए यंत्र विकसित किए जा रहे हैं ।

पिरामिड यंत्र कहाँ से और कैसे ले सकता हूँ ?

पिरामिड यंत्र सभी प्रख्यात वास्तु विशेषज्ञों, फेंगशुई, रेकी मास्टर्स के पास मिलते हैं और ऊर्जा यंत्रो को जहाँ स्वास्थ्य सुधार के लिये रखा जाता है वहाँ भी पिरामिड यंत्र मिलजाते हैं । और अधिक जानकारी के लिए आप सम्पर्क कर सकते हैं -

पर्सनल केयर सिस्टमस् (पिरामिड विभाग)
पो. बॉ. ८०८, जी.आई.डी.सी.,
मकरपुरा,
वडोदरा - ३९००१० (गुजरात) भारत.
ई मेल - personalcare@mail.com

बा – गुआ

बा याने 8, गुआ याने त्रिरेखा चित्र

शक्तिशाली चमत्कारिक परिवर्तन एवं पर्यावरणीय संवाद का प्रतीक हमारे जीवन को एक नए क्षितिज की ओर ले जा सकता है।

6

''फेंगशुई, ब्रह्माण्डीय ऊर्जाऔर उसके प्रभाव को समझने के लिए चीनी ज्ञान है। उसके उपयोग से हमें भौतिक, मानसिक, भावनात्मक और आध्यात्मिक सम्पदा प्राप्त होती है।''

प्रोफे. डॉ. जितेन भट्ट

चीनी फेंगशुई

जीवन का सृजन

चीनी मान्यता के अनुसार पहले एक अविश्वसनीय रूप से बड़ा अण्डा था जिसमें से पी आन कु का सृजन हुआ।

जब वह अण्डे से बाहर निकला तो अन्धकार दूर होकर प्रकाश हो गया। सभी कुछ जो साफ और चमकदार था आकाश की ओर गया और जो भारी और मटमैला था, पृथ्वी पर गिरा, तब से वह डरा हुआ था कि ऊपर की चमक नीचे के अंधकार के ऊपर गिर पड़ेगी। हजारों वर्षों तक उसने अपने दोनों हाथों से उसे रोके रखा । वह ऐसा किए रहा जब तक कि पूरी तरह शिथिल होकर वह नीचें गिर नहीं गया।

उसने अपने आपको पूरी तरह संसार को समर्पित कर दिया। उसकी अंतिम श्वास हवा और बादल बने, उसकी आवाज गर्जना बनी, बांयीं आंख सूर्य और दांयीं आंख चन्द्रमा बनी, उसके हाथ पैर और धड़ मैदान और पहाड़ बने उसके रक्त से नदियां और झील बनीं, उसकी माँस पेशियों से मिट्टी, स्नायु से सड़कें उसके बाल और दाढ़ी से तारे तथा शरीर के बाल और त्वचा से घास, वृक्ष और फूल बनें, उसकी हड्डियाँ, दांत, और मज्जा से मूंगा, कठोर पत्थर व खनिजों में परिवर्तित हुए। इस तरह जीवन का सृजन हुआ।

पी आन कु ने अव्यवस्था दूर कर जीवन का सृजन किया।

फेंग शुई क्या है?

पाँच हजार वर्ष पुरानी फेंग शुई ने चीनी और जापानी संस्कृति और उनकी प्रगति में मुख्य भूमिका अदा की है। अब फेंग शुई अपने प्रभावकारी परिणामों के कारण पूरे विश्व में लोकप्रिय है।

फेंग शुई का सरल शब्दिक अर्थ ''हवा और पानी'' है।

हम जानते हैं कि हमारा अस्तित्व ऊर्जा के दो स्रोतों पर निर्भर है। पहला पृथ्वी माता से प्राप्त पोषक ऊर्जा खाद्य पदार्थों के रूप में है और दूसरा ओक्सीजन और सूर्यकिरणों के रूप में आकाश से प्राप्त ब्रह्माण्डीय ऊर्जा ।

पृथ्वी या शरीर में जीवनी शक्ति का संचार जल से होता है। इसी तरह आकाश में सूक्ष्म ऊर्जा का संचार हवा से होतां है। वायु स्वस्थ ऊर्जा लाती है और खराब ऊर्जा को लेती है।

इस तरह फेंग शुई (हवा और पानी) प्रकृति और हमारे जीवन के लिए आवश्यक तत्व हैं।

फेंग शुई की जड़े ताओ में हैं, जिस का अर्थ है प्रकृति का पथ। ताओ गुरू ने वर्षोंके अवलोकन के बाद ब्रह्माण्डीय लयबद्धता और ऊर्जा प्रवाह से प्रकृति के गुप्त रहस्यों और हमारी जैविक शक्ति के साथ उनके संबंधों को उदघाटित किया।

संक्षेप में कहा जा सकता है कि ऊर्जा का प्रसन्नता, स्वस्थ्य और समृद्ध जीवन के लिए कैसे उपयोग किया जाए ? इसे समझना ही फेंग शुई की अवधारणा है ।

हजारों लोगों ने मात्र थोड़े से परिवर्तन से बहुत ही लाभकारी परिणाम प्राप्त किये है। आप भी डेस्क, फर्नीचर रंग, आकार और प्रतीकात्मक वस्तुओं में थोड़ा सा परिवर्तन कर लाभ ले सकते हैं।

आधारभूत सिद्धाँत यह है कि जब आप बाह्य परिवर्तन करने के इच्छुक है तो आंतरिक परिवर्तन होना पहले से ही शुरू हो जाता है । हमारा आंतरिक परिवर्तन ही हमारे लक्ष्य और जीवन मूल्यों को पुनआकार देता है।

हवा

पानी

हमारे आसपास चि के नियंत्रक
गतिमान तत्व

सीखने के कई तरीके

फेंगशुई के कई विचार, शालाएँ और पद्धतियाँ है।

पहली पद्धति है फॉर्म 'FORM'। यह भूदृश्यों (भूमि) की रूपरेखा तथा भूखण्ड या भवन से संबंधित जलमार्गों पर आधारित है पर आधुनिक शहरी सभ्यता के युग में इसका व्यावहारिक स्वरूप उपयोगी नहीं है।

दूसरी पद्धति है 'कम्पास' या लो' पान' स्कूल। इस पद्धति में भू को कम महत्व दिया जाता है। इस में गणितीय सोच अधिक है। इसमें आई चिंग और उसके आठ ट्राइग्रामों चीन ज्योतिष और अंक ज्योतिष का उपयोग है। यह पद्धति भी अच्छी है पर सफलता पूर्वक अभ्यास के लिए लम्बे अनुभव की आवश्यकता है।

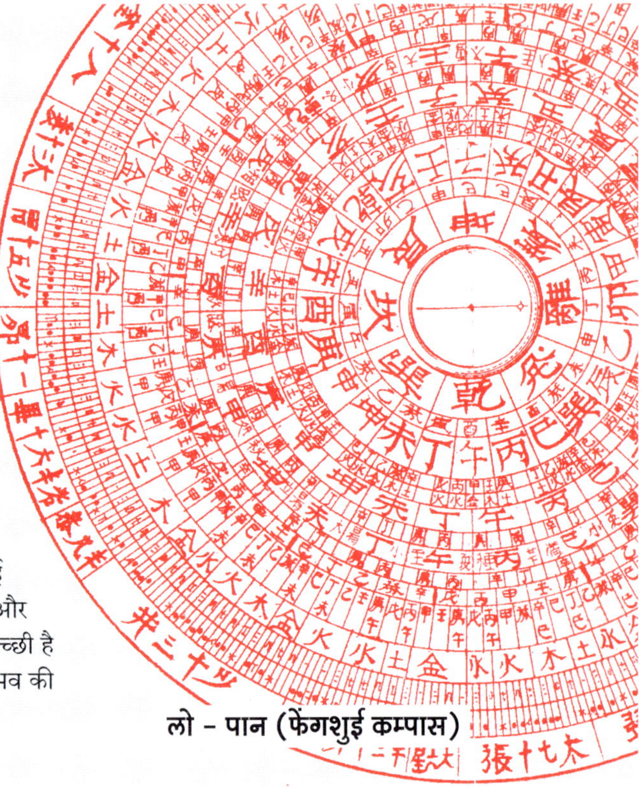

लो - पान (फेंगशुई कम्पास)

तीसरी पद्धति है अंतर्ज्ञानात्मक (Intuitive) स्कूल अथवा फेंगशुई का यिन - येंग सिंद्धात । यह हमारे घर और आसपास प्रवाहित होने वाली ऊर्जा से अधिक संवंधित है। इसका संबंध इस बात से भी है कि घर के लोग उस प्रवाह के प्रति कितने संवेदनशील हैं। इस पद्धति का अभ्यास थोडे अनुभव के बाद किया जा सकता है।

इसके अतिरिक्त और भी कई पद्धतियाँ हैं, जैसे- वाटर ड्रेगन फेंगशुई, फ्लाइंग स्टार और बा गुआ स्कूल, आदि। स्मरण रखें कि कोई भी एक पद्धति अपने आप मे पूर्ण नहीं है फिरभी किसी एक पद्धति में सकारात्मक इच्छा और विश्वास रखने से निश्चित ही आश्चर्य जनक परिणाम मिलेंगें।

आइए शुरू करें !

अनुपयोगी या टूटे फूटे सामान को साफ करें

किसी भी फेंगशुई उपचार या सिद्धांत का लाभ तब तक नहीं मिलेगा जब तक अव्यवस्था, अनुपयोगी सामान को दूर नहीं किया जाता । यही वह सामान्य त्रुटि है जिससे स्वस्थ 'ची' हमारे जीवन में सहायता नहीं कर पाती है।

नियमानुसार स्वस्थ ऊर्जा का प्रवाह बिना अवरोध के होना चाहिए। अनुपयोगी सामान किसीभी सामग्री के भण्डारण से अलग है। इस अनुपयोगी सामान का ढेर लगाके रखना हानिकारक है। देखें कि आपके घर में तो ऐसी सामग्री नहीं है। इस तरह की अनुपयोगी सामग्री को दूर करने से मानसिक और भावनात्मक 'ची' का प्रवाह होगा और इस स्वास्थ्यवर्धक 'ची' ऊर्जा के कारण जीवन्तता और प्रसन्नता बढ़ेगी। जीवन के सुचारू प्रवाह का आनंद इस अवरूद्ध ऊर्जा के प्रवाह को ठीक करने से मिलेगा ।

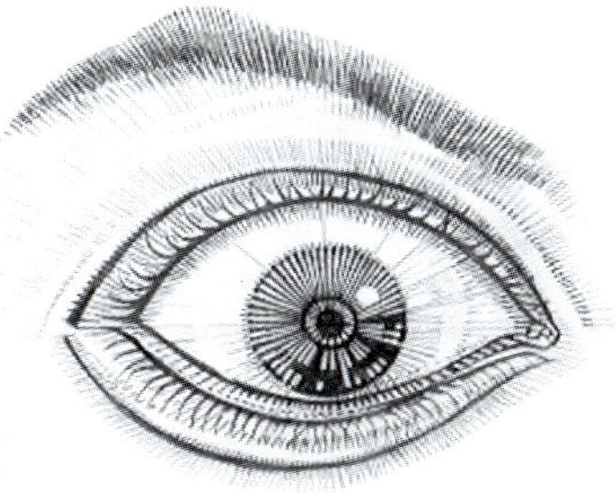

क्रुद्ध

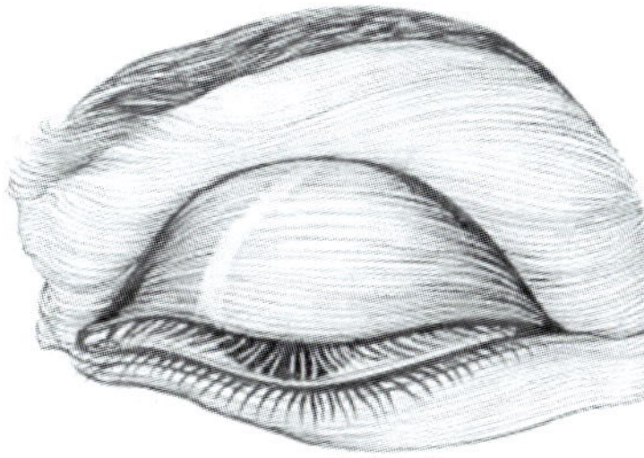

शांत

(फा) **येंग**	(मा) **यिन**
पुरूष	नारी
दिन	रात्रि
प्रकाश	अंधकार
सूर्य	चन्द्र
ग्रीष्म	शीतकाल
सूखा	गीला
कठोर	नरम
गर्म	शीतल
सृजनात्मक	ग्राह्य
सकिय	निष्क्रिय
सकारात्मक	नकारात्मक
आकाश	पृथ्वी
आत्मा	पदार्थ
दक्षिण	उत्तर
उर्ध्वमुखी	अधोगत
बाह्य	आंतरिक
उच्च	निम्न
जीवन	शैथिल्य
प्रगतिशील	पिछड़ापन
शोरप्रिय	शांत
भीड़ युक्त	एकांतप्रिय
पहाड़	घाटी
गति	स्थिरता
विस्तार	संकुचन
ऊपर	नीचे
विद्युतीय	चुम्बकीय
नुकीलापन	गोलाई

पाँच पशुओं का रहस्य

काला कछुआ

लाल फीनिक्स

हरा ड्रेगन

सफेद बाघ

सर्प

फेंगशुई के अनुसार घर का संरक्षण पांच पशु आत्माओं द्वारा होता है, जिनका प्रतिनिधित्व काले कछुए, हरे ड्रेगन, लाल फीनिक्स, सफेद शेर और सर्प द्वारा होता है। इनकी अपनी विशेषताएं और महत्व उनकी दिशा विशेष में होता है।

पशुओं की विशेषताएं

(१) काला कछुआ- यह जल, उत्तर और शीतकाल का प्रतीक है। यह दिशा सबसे ऊँची होनी चाहिए। कछुए की आत्मा दीघार्यु, कष्टो में सहन शक्ति और सहनशीलता का प्रतिनिधित्व करती है।

(२) हरा ड्रेगन - यह लकड़ी पूर्व दिशा और बसंत का प्रतीक है। यह क्षेत्र भी दूसरों से ऊँचा होना चाहिए । ड्रेगन की आत्मा भाग्य, सदव्यवहार, कल्याण, शक्ति और स्त्री तत्व की अधिकता का प्रतिनिधित्व करता है।

३) लाल फीनिक्स - यह अग्नि, दक्षिण, और ग्रीष्म से को संचालित करता है। यह जमीन की ओर सबसे नीचे होना चाहिये। यह साम्राज्ञी तथा, स्त्री तत्व का प्रतीक है। मूलतः फीनिक्स देवता था जो गुण, कर्त्तव्य, सही परम्परा एवं व्यवहार, मानवता और विश्वसनीयता का प्रतीक था।

(४) सफेद बाघ - यह पुरूष और येंग ऊर्जा को शुद्ध रूप में दर्शाता है। यह पश्चिम दिशा, धातु और शिशिर को नियंत्रित करता है। यह जमीन से ऊंचाई की ओर होना चाहिए। जीवन में बाघ तत्व का प्रादुर्भाव युवावस्था में होता है। यह शारीरिक शक्ति, जीवन की आवश्यकता तथा सुरक्षा का प्रतीक है।

(५) सर्प- यह पृथ्वी, मध्य का नियंत्रक है, और यह उस धुरी के समान है जिसके चारों ओर ऋतुएं घूमती हैं। यह भूमि के मध्य में स्थित रहता है। सम होना चाहिए ऊँचा या नीचा न हो। यह बीच में अन्य चार सृजनात्मक शक्तियों से घिरा रहता है।

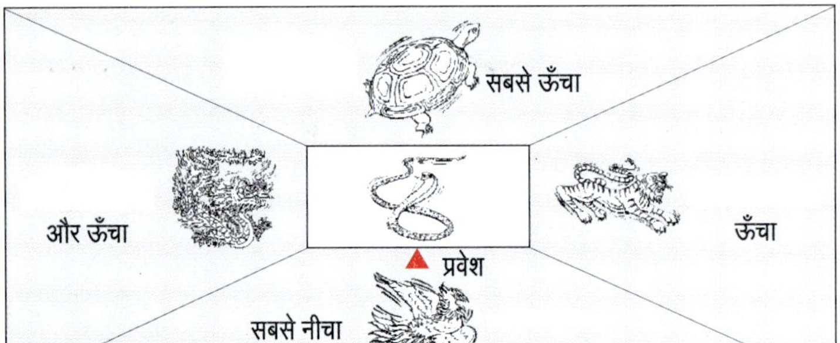

पंच प्राणी येंग पद्धति

प्रयोग-

अपने काम करने की मेज से शुरू करें । पंच प्राणी सिद्धाँत के अनुसार आपकी बैठक के पीछे काला कछुआ है अर्थात वह जगह सबसे ऊँची होनी चाहिए क्योंकि पीछे से आपको ठोस सहारा चाहिए। मेज के सामने का हिस्सा साफ होना चाहिए जिससे कि आपको सकारात्मक प्रेरणाएँ मिले और अवसर आपके पास लाल फीनिक्स के समान उड़कर आएँ। आपके बायीं ओर श्वेत बाघ है जहाँ ऊँची अलमारी आदि हो सकती है पर दायीं ओर से ऊँची न हो जो आपको सुरक्षा और बुरी नजर से बचाता है। आपके दायीं ओर हरा ड्रेगन है जहाँ अलमारी आदि हो सकती हैं पर वह आपके पार्श्व भाग से ऊँची न हों। ताकि आपको सौभाग्य प्राप्त होता रहे । इसी तरह आप अपने कमरे, घर, कार्यस्थल और अन्यस्थान के लिए भी यह सिद्धाँत प्रयोग में ला सकते हैं।

फेंगशुई के पंच तत्व

द्वितीय मूल सिद्धाँत

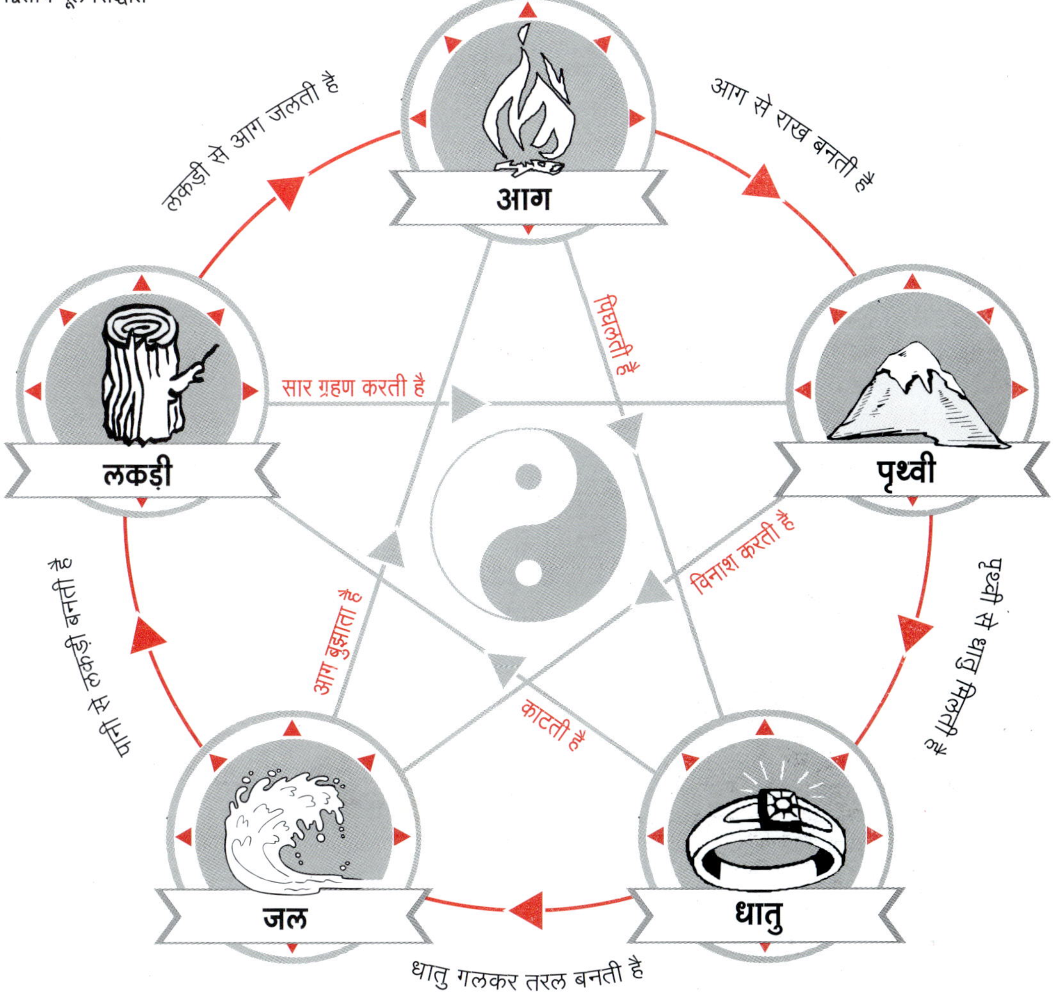

पांच शक्तियों का रहस्य

हजारों वर्ष पहले फु हिस् और उनके अनुयायियोंने घोषणा की थी कि पदार्थ और ऊर्जा परस्पर परिवर्तनीय हैं।

आज हम उसे आइंसटीनके सिद्धँत $e = mc^2$ से समझते हैं। ब्रह्माण्ड में ये पदार्थ, ऊर्जा और ची हैं।

इसका प्रतिनिधित्व सभी जीवित प्राणियों में पाँच आधार भूत शक्तियों द्वारा किया जाता है।

आधार तत्व हैं - अग्नि, पृथ्वी, धातु, जल और काष्ठ। ये शक्तिशाली पाँच शक्तियाँ निरंतर एक दूसरे से संवाद करती हैं। यह सीधी प्रक्रिया दो चक्रों में होती हैं एक सृजन और दूसरा विध्वंस।

सृजनात्मक और विध्वसांत्मक चक्र

ये पांच तत्व स्वाभाविक प्रक्रिया के रूप में एक से दूसरे में परिवर्तित होते रहते हैं। यह सृजनात्मक चक्र है। विध्वंसात्मक चक्र में अग्नि - राख या पृथ्वी में परिणत होती है, पृथ्वी - धातु में, धातु पिघल पर जल बनती है जल से काष्ठ पैदा होता है और काष्ठ के जलने से अग्नि बनती है। यहाँ प्रत्येक तत्व एक दूसरे का सहायक या प्रगतिकारक होता है। इस चक्र से तत्वों के बीच में सामंजस्य बना रहता है। परंतु जब ये पंच तत्व, इस तरह बदलते है कि वे एक दूसरे की प्रगति सघनता और प्रभाव को कम करते है तो वह विध्वंसक चक्र कहलाता है। इस चक्र में काष्ठ अपना सार पृथ्वी से खीचंती है, पृथ्वी जल को नष्ट करती है, जल अग्नि को बुझा देता है और अग्नि धातु को पिघलाती है, धातु काष्ठ को काटती है। इससे तत्वों के बिच असामंजस्य पैदा होता है।

ज्ञान का उपयोग करें

हमने पंच तत्व और उनके चक्रों को देखा। आइए, देखें कि हम उनका उपयोग अपने घरों में कैसा कर सकते हैं -

मकान को ९ बराबर भागों में बाटलें। प्रत्येक भाग एक तत्व को दर्शाता है।
मकान में सामग्रियों को इस प्रकार रखना चाहिए कि वे संबंधित तत्व के अनुरूप हों।

काष्ठ	अग्नि	पृथ्वी
काष्ठ	पृथ्वी	धातु
पृथ्वी	जल	धातु

यदि सामग्री इस तरह से रखी जाती है कि वे सृजनात्मक चक्र के अनुसार एक दूसरे के पूरक होती हैं तो वे एक दूसरे के गुणों मे वृद्धि करते हैं, जैसे - जल संवंधी पदार्थ जैसे मछलीघर या जल का चित्र काष्ठ के भाग में लगाते हैं तो उससे काष्ठ के गुणों में वृद्धि होती है। यदि विध्वंसक चक्र के तत्व एक साथ आते हैं तो वे एक दूसरे की प्रगति को रोकते हैं जैसे यदि धातु पदार्थों को काष्ठ के भाग में रख दिया जाए, जैसे धातु की बनी पवन घन्टी वह काष्ठ को काटती है। जिससे वहाँ असामंजस्य पैदा होगा परिणाम स्वरूप व्यवधान और परेशानियाँ होंगी।

उदाहरणार्थ - यदि जल तत्व संबंधी पदार्थ, जैसे मछलीघर, कृत्रिम जल प्रपात आदि अग्नि के भाग में रखेंजाते है तो समस्याएँ खड़ी होंगी। इसी तरह काष्ठ का पृथ्वी भागमें, पृथ्वीका जल भागमें, अग्निका घातु भागमें गलत ढंगसे रखा जाना भी व्यवधानकारक होगा।

अपने कमरे या घर में असामंजस्य दूर करने के लिए या संतुलन बनाए रखने के लिए आप सही पदार्थ को सही स्थान पर रखकर परिवर्तन ला सकते हैं।

अपना परीक्षण करें

नीचे दी हुई तालिका से अपने तत्व के प्रकार का परीक्षण करें। पहले अपने घर ओर कार्यस्थल से शुरू करें। साथ ही पृ. १८९ पर दी गई बा गुआं तालिका से भि मिलालें। अपने आसपास के लोगों का भी परीक्षण करें, जैसें - आपकी पत्नी, बच्चे, अधिकारी, अधीनस्थ कर्मचारी, संबंधी और मित्र आदि। क्या वे आपके साथ सृजनात्मक या विध्वसंक चक्र का निर्माण करते हैं ? इससे आपको पता लगेगा कि आपकी प्रगति में कौन सहायक है ? अपनी व्यक्तिगत फेंगशुई को अच्छा रखने के लिए अपने इस चक्र को समझें ताकि आपका व्यवहार आपके आसपास के लोगों के साथ तदनुसार हो सके।

पहले अपने जन्म वर्ष से अपना तत्व जानलें। केवल अपने जन्म वर्ष का अंतिम अंक देखें। निम्म तालिका से

अपना तत्व देखें

जन्म वर्ष का अंतिम अंक	यिन / येंग	संबंधित तत्व
०	येंग	धातु
१	यिन	धातु
२	येंग	जल
३	यिन	जल
४	येंग	काष्ठ
५	यिन	काष्ठ
६	येंग	अग्नि
७	यिन	अग्नि
८	येंग	पृथ्वी
९	यिन	पृथ्वी

अपना संवंधित तत्व निकाल लें और फिर उसका विशेष गुण अगले पृष्ठ मे देख लें।

प्रत्येक तत्व के विशेष गुण

水

जल – बुद्धिमान, कूटनीतिक विपरीत परिस्थितियों में भी शांत, कला और सौन्दर्य का बोध, पोषक, सुसंवादी, अंतर्ज्ञानी, अच्छा समझौताकार, लचीला एक सामजंस्यपूर्ण स्वभाव । प्रत्येक वस्तु को समग्रता में देखना, सामाजिक एवं संवेदनशील। नकारात्मक बातें - अस्थिर मन, अति संवेदनशील, अंतर्वेधी, भययुक्त, जल्दी थकने वाले, हताश और तनावशील प्रकृति ।

木

काष्ठ - अन्वेषक, व्यस्तता प्रिय, ढीलेपन से घृणा, बहुमुखी प्रतिभा, उत्साही, व्यक्तित्व में निखार, दृष्टिपरक कलाप्रेमी, उद्यमशील, सामाजिक, सुसंवादी, काम को पूरा करने का लक्ष्य। नकारात्मक बातें - अधीर क्रोधी और बदले की भावना रखने वाला।

火

अग्नि - प्रसन्नचित्र, भाग्यशाली, आवेशयुक्त, दृढ़ साहसी, बदलाव प्रेमी, सक्रिय, सहीबात और सम्मान का हिमायती, नैतृत्व का गुण, दूसरों का प्रेरणास्रोत, नियम बद्धता नापसंद, कुछ नया करने की प्रवृत्ति, ऊबाऊ एवं विनोदी वृति से घृणा । नकारात्मक बातें - अधीर, दूसरों की भावनाओं का ध्यान न रखते हुए अपनी बात थोपना, आक्रामक, विध्वंसक और हिसंक ।

土

पृथ्वी - कूटनीतिक, जन प्रेमी और सहयोगी,उपेक्षा नापसंद, साधन सम्पन्न, लय और संतुलन बनानेवाला, रचनात्मक, बुद्धिमान, समर्पित, आंतरिक ऊर्जा सम्पन्न, विश्वसनीय। नकारात्मक बातें - अवसादमें रहना, अस्तित्व विहीन समस्याओं के बारे में सोचना, बेसीर पैर की बातें सोचते रहना, लीख पकडने की प्रवृत्ति ।

金

धातु - विश्वसनीय, प्रेरक, सावधान, अस्तव्यस्तता नापसंद, प्रसन्नचित्र, आघात वर्धनीय, ऊर्जावान, संवादी, कुशल संगठक, स्वतंत्र, अपने ही लोगों बीच प्रसन्न, आत्मज्ञानी और आकर्षक व्यक्तित्व । नकारात्मक बातें -विध्वसंक, खरतनाक, दुखी, गम्भीर और लचीलापन न होना ।

पंचतत्वों के साथ आकार का संबंध

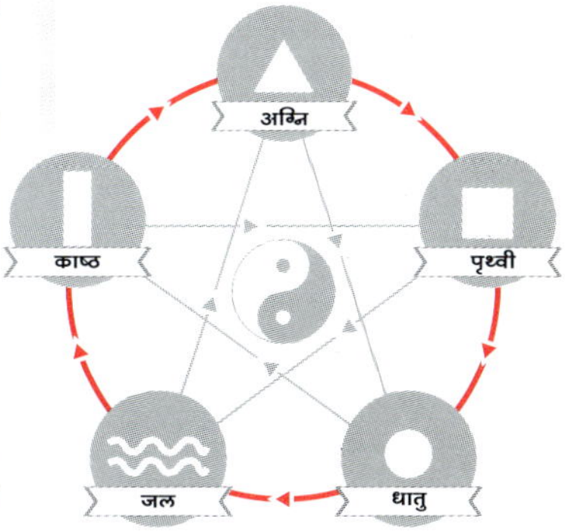

पंचतत्वोंके आकार का उपयोग
(देखे – पृष्ठ 24)

अगले पृष्ठ की तालिका को कैसे देखें -

इस तालिका में सभी तत्वों के गुणों को दर्शाया गया है।
तालिका देखकर पताकरलें कि प्रत्येक तत्व के भौतिक गुण क्या-क्या हैं। इस तालिका का दूसरी तरह से भी उपयोग किया जा सकता है । किस गुण विशेष के कारण आपको परेशानी है और पता करें कि कौन सा तत्व कष्ट कारक है – जैसे – यदि आपको घुटनों में कष्ट है तो तालिका में देखेंकि किस तत्व में वह गुण है। मानलें कि वह तत्व ज़ल है । इसका तात्पर्य यह हुआ कि आपको जलतत्व समस्या कारक है इसलिए उसका योग्य सुधार सहायकतत्व के सहयोग से रचनात्मक चक्र के अनुसार करें।

फेंगशुई के अनुसार पाँच तत्वों के गुण

	जल	काष्ठ	अग्नि	पृथ्वी	धातु
ऊर्जा	अत्यधिक संवेदनशील गुप्तता रखना	ऊर्जावान अधीर प्रतियोगी	कामुक रचनात्मक स्वकेन्द्रित	सुसंवादी संतुलित कूटनीतिज्ञ	विश्वसनीय स्वतंत्र मिलनसार नहीं (अंतर्मुखी)
शरीरके अंग	किडनी मुत्राशय	लीवर गाल ब्लेडर	हृदय छोटी आंत	पाचक ग्रंथि पेट	फेफड़े बडी आंत
शरीरके भाग	पीठ का नीचे का भाग घुटन	स्नायु पीठ के ऊपर का भाग	नेत्र हाथ	स्नायु-मांसपेशियाँ	त्वचा शरीर के बाल
शरीर प्रकार	बड़ी हड्डियाँ चौड़े हिप्स	ठिगना ऊर्जावान	दुबला गेंहुवाँ रंग	गोल माँसल	छोटी हड्डिया गौर वर्ण
चेहरे के लक्षण	कान, तुड्डी मस्तक	भौंह भौंह की हड्डी, जबड़ा	नेत्र कोनीय और रेखांए	मुँह, गाल ऊपरी ओंठ	नाक, गालकी हड्डी, तिल.
भावना	डर	क्रोध	उत्तेजना	चिंता	शोकाकुल
शारिरिक भावना	बुद्धिमान	मानव प्रेम	प्रेम	सहजता	आभारी
स्वाद	खारा	खट्टा	कडुवा	मीठा	धातु समान
रंग	काला, नीला	हरा	लाल, नारंगी	बादामी, गुलाबी (भूरा)	श्वेत, धातुसमान
आवश्यकता	जल एकांत	पौधे, वृक्ष लोगों का ध्यान	रंग, प्रकाश, गर्मी बातचीत	आराम देह परिवार	आदेश, शुद्धता सीमाएँ
मूल्य	सत्य आध्यात्मिकता	कार्य सघनता	विनोद विविधता	सहायता स्थिरता	भूत/भविष्य सौन्दर्यबोध

लो शु

फेंग शुई के उपयोग में आने वाला लो शु वर्ग वह दूसरा महत्वपूर्ण और प्राचीन प्रतीक है जो फेंग शुई-विश्लेषण में बहुतायत से प्रयुक्त होता है। यह जादुई वर्ग भी कहलाता है क्योंकि इसके ९ खण्डों, ३×३ के वर्ग खण्डों में विशेष व्यवस्था के साथ १ से ९ तक के अंक विद्यमान रहते हैं। यह विशिष्ट इसलिए भी हैं क्योंकि ३ अंको का योग आड़ा, खड़ा या तिरछा किया जाए तो १५ ही होता है। प्रतिपदा से लेकर पूर्णिमा तक १५ दिन का ही समय होता है।

कछुवा, सुरक्षा दीर्घायु और बुद्धिमत्ता का प्रतिक है।

इसका त्रिखण्डीय स्वरूप बागुआ के अष्ठ भागों का प्रतिनिधित्व करता है और उसके आठ भागों से ही संबंधित है। इसका विस्तृत विवरण अध्याय में आगे दिया गया है। लो शु फेंगशुई के समय आयाम को खोलता है और फेंगशुई का अभ्यास करने वालों के लिए यह निश्चित करने का अवसर देता है कि स्थल, घर या आंतरिक सज्जा में कब परिवर्तन किया जाए।

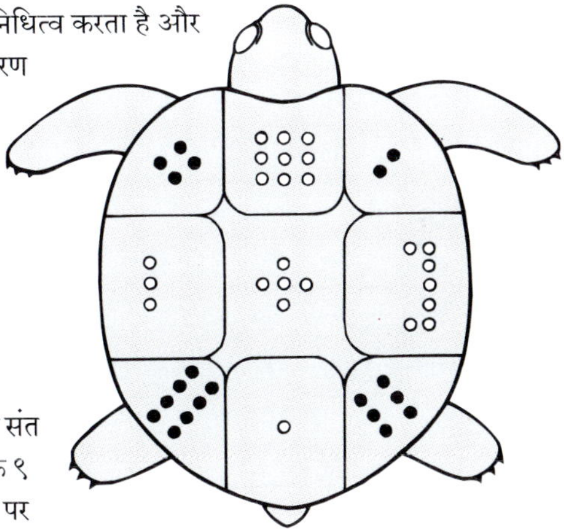

कछुए पर लो शु के चिह्न

लो शु की वैश्विक यात्रा

चीनी परम्परा में कहा जाता है कि लो शु वर्ग की प्रथम छाया संत यु द्वारा देखी गई थी। उसने २२०५ बी. सी. में ये जादुई अंक ९ खण्डों में लो नदी से प्रकट होने वाले एक कछुए की पीठ पर सफेद धब्बों (बिन्दुओं) के रूप में देखे थे।

ज्योतिष और यंत्र तकनीक वाली प्राच्य भारतीय परम्परा के अनुसार यंत्र वर्गों का विकास हुआ। ये ग्रह-वर्ग उन ग्रहों के भाव को प्रदर्शित करने के लिए बनाए जाते थे। लो शु यंत्र के समान ही शनि यंत्र में अंको की व्यवस्था है।

शु मिश्र के जलवायु का भी देवता माना जाता है जो टेफन्ट नियमों के साथ हवा, बादलों की गति और आर्द्रताको बताता है। इसका फेंगशुई में बहुत उपयोग है।

प्रयोग –

व्यावहारिक उपयोग के लिए ३×३ खण्डीय वर्ग के ९ खण्डों में हम बिन्दुओं के स्थान पर अंको का उपयोग करेंगे। आगे के लो शु संदर्भों में लो शु वर्ग जो यहाँ दिया जारहा है उसका उपयोग किया जाएगा।

4	9	2
3	5	7
8	1	6

लो शु अंक

बागुआ विधि को समझना

फेंग शुई में विभिन्न दिशाओं से आने वाली ऊर्जा को समझने के लिए बागुआ आधार यंत्र है । बा गुआ प्रतिनिधित्व करता है जीवन यात्रा और ता ओ का, और हम उसका उपयोग आरामदायक निवास व कार्य स्थान के सृजन में कर सकते हैं।

बागुआ एक अष्टभुजीय आकृति है जिसमें प्रत्येक भुजा जीवन के किसी एक पहलू का प्रतीक है, जैसें - परिवार, बच्चे, स्वास्य, मित्रता, प्रेम, यात्रा, व्यवसाय और सम्पत्ति ।

बागुआ के अनुसार परीक्षण करने के लिए उसे भूखण्ड, भवन, कमरा या मेज व नक्शे पर रखें । इससे हमें पता लगेगा कि कौन सा भाग लुप्त है या कौन सा भाग बढा हुआ है और उससे जीवन का कौनसा पहलू प्रभावित हो रहा है। जब कोई कोना या भाग कटा या बढ़ा हुआ है तब वह दर्शाता है कि ऊर्जा का असंतुलन कहाँ है तथा जीवन के किस पहलू में व्यवधान है।

जब हम प्रकरणों का अध्ययन करेगें तब इस लुप्त या बढ़े हुए भाग के प्रभाव को देखेंगे।

बा गुआ के व्यावहारिक प्रयोग

बा गुआ के उपयोग की कई विधियाँ हैं।फिर भी हम बहुत ही सरल, समझने में सहज और अत्यधिक व्यावहारिक विधि मुख्य प्रवेश द्वार विधि (Front Door Mehtod) को लेगें। हम इस विधि का पालन कड़ाई और आग्रह पूर्वक पायरा फेंगशुई के माध्यम से सामजंस्य पूर्ण जीवन रचना को प्राप्त करने के लिए करेगें।

आगे कैसे बढ़ें ?

१. जिस स्थान का आप सुधार करना चाहते हैं, उसका मानचित्र बानाएँ। प्रत्येक मंजिल का बाह्य रेखाचित्र मुख्य कमरों और दरवाजों को दर्शाने वाला बनाएँ।

२. सामने के पृष्ठ पर दिए गए बागुआ की एक ट्रेसिंग पेपर पर आकृति खींच लें।

३. इस बागुआ को आप अपने पूर्व निर्मित मानचित्र के ऊपर रखें। यदि आपके मकान की एक से अधिक मंजिल है तो आपको प्रत्येक तल (मंजिल) का अलग रेखाचित्र चाहिए।

४. बागुआ को इस तरह रखें कि अंक। मुख्य प्रवेश द्वार (Front Door Mehtod) की दीवारके समानांतर हो।

५. इस अध्याय में जैसाकि पहले बताया जा चुका है आपके भूखण्ड, मकान, कमरे, मेज का कुछ भाग कटा हुआ या बढ़ा हुआ हो तो । कटा हुआ भाग नकारात्मक क्षेत्र और बढ़ाहुआ क्षेत्र सकारात्मक क्षेत्र कहलाता है। (नीचे का चित्र देखें)

६. बागुआ को आप रेखाचित्र पर इस तरह जचाएँ जिससे कि उसका प्रत्येक नकारात्मक या सकारात्मक स्थल १५ % से अधिक बड़ा न हो। कोई भी क्षेत्र जो १५% से अधिक है तो उसका सुधार करना आवश्यक है।

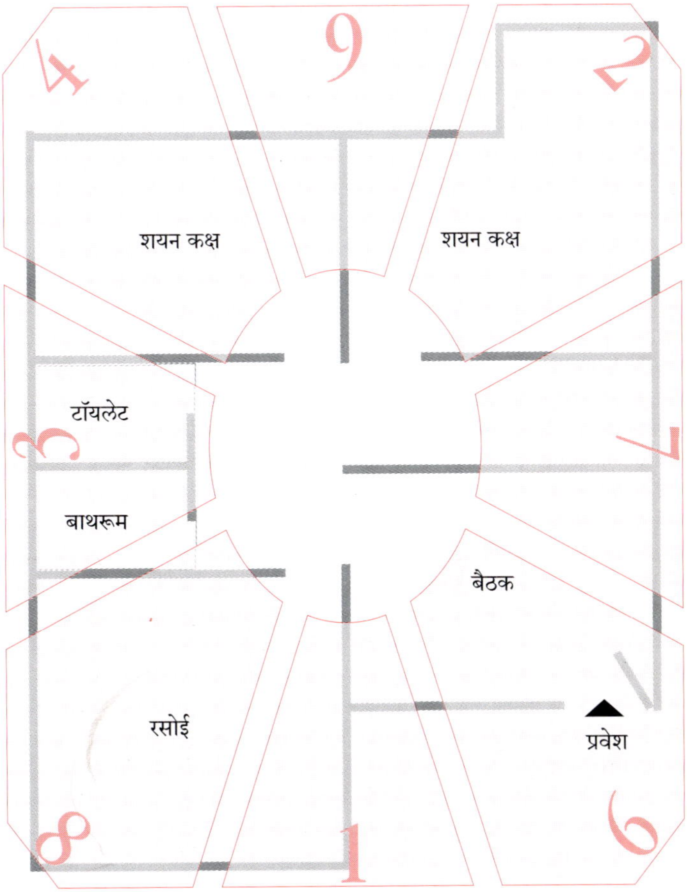

बागुआ से अतिव्याप्त (ढका हुआ) आपके घर का प्लान (चित्र)

सकारात्मक क्षेत्र सें सामान्यतः कोई समस्या नहीं होती है परन्तु नकारात्मक क्षेत्र की प्रति पूर्ति करना आवश्यक है। नकारात्मक क्षेत्र या कम क्षेत्र जो अंक ५ पर या मध्य में हो तो उसका कोई सुधार नहीं करना है। इसके विपरीत यह वाँछनीय है कि मध्य भाग खाली होना चाहिए । इस तरह का खुला आँगन परम्परागत भारतीय मकानों का सामान्य स्वरूप होता है और अन्य दूसरी संस्कृतियों में भी पाया जाता है। स्वच्छ बहता पानी भी (पानी स्थिर या रूका हुआ न हो) इस स्थल पर अच्छा रहता है । इस भाग में तुलसी का पौधा लगाना भी बहुत अच्छा है जैसा कि अनेक भारतीय घरों में होता है।

मकान के मानचित्र में 9 खण्डों में भूरा रंग मकान का हिस्सा है। खाली भाग (सफेद) नकारात्मक है और बढ़ा हुआ भाग (गुलाबी) सकारात्मक क्षेत्र है।

क्या होता है जब आपके मकान या कमरे में सकारात्मक या नकारात्मक क्षेत्र हों

	नकारात्मक क्षेत्र का प्रभाव	सकारात्मक क्षेत्र का प्रभाव
उत्तर	प्रगति में परेशानियाँ, शिथिलता, अवसाद और भ्रम बढ़ाता है।	महत्वाकांक्षा, प्रगतिशील, लाभकारी विशेषकर महिलाओंके लिए, अत्यधिक सकारात्मक क्षेत्र अकेलापन बढ़ाता है और एकांतप्रिय बनाता है।
ईशान (उ.पू.)	अनिश्चितता का अनुभव, विस्मरण, छात्रों के लिए अच्छा नहीं।	ज्ञान में वृद्धि, किन्तु असहमति में भी वृद्धि लोभ वृत्तिवर्धक, अविनोदी, एकांतप्रिय।
पूर्व	गलतफहमी, रोग, प्राणशक्तिका क्षरण।	परिपक्वता, सफलता, बढ़ा हुआ भाग होने से अधिक सक्रियता, अति महत्वाकांक्षी, असावधान।
आग्नेय (द. पू.)	आय प्रभावित, व्यापार में परेशानियाँ भ्रम और दुर्धटनाएँ।	समृद्धि और सफलता, अधिकता के कारण अतिसंवेदनशीलता और थकावट।
दक्षिण	स्वयं के प्रति जागरूक, आत्म विश्वास, स्पष्टता और प्रतिष्ठा में कमी।	पदोन्नति और मान्यता, अधिकता होने से शरारती और भावनात्मक अस्थिरता।
द. प. (नैऋत्य)	अस्थिरता का अनुभव, मित्रता बनाने में कठिनाई, महिलाओं के लिए कष्ट कारक।	महिलाओं के लिए लाभकारक, रोमांस, अधिकता होने से धीमी गति और दूसरों पर निर्भरता बढाता है।
पश्चिम	बच्चों को परेशानी, अप्रसन्नता, धनकी बचत नहीं, भावनाहीनता।	योजनाओं की पूर्ति में सहायक, सामाजिक एवं सुखी, अधिकता के कारण खुशी की अत्यधिक चाहत और लोभीवृत्ति।
उ. प. (वायव्य)	सहयोगी व्यक्तियों की कमी, प्राणशक्ति में कमी, पुरूषों को परेशानियाँ, बच्चे आज्ञाकारी नहीं।	दूसरों की प्रगति में सहायक, आर्थिक सुदृढ़ता, गम्भीरता,न्यायप्रिय, सकारात्मक क्षेत्र की अधिकता के कारण अत्यधिक नियंत्रण वृत्ति और अपनेको ही सही समझना।

आपके भूखण्ड, मकान और प्रत्येक कमरे के लिए बा गुआ का प्रयोग

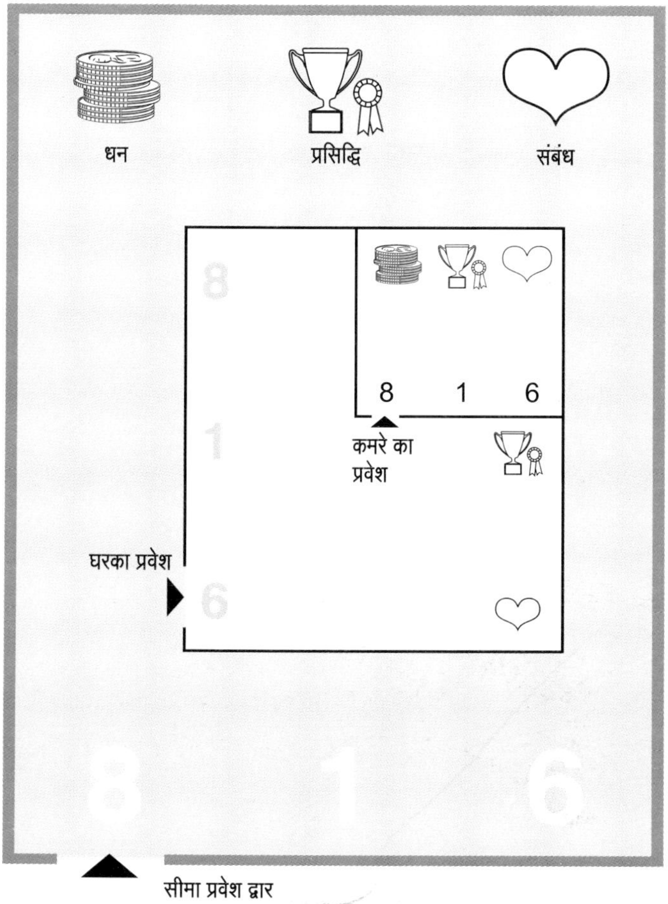

हमने सामने के प्रवेश द्वार पद्धतिसे मानचित्रों का अध्ययन पृष्ठ १८९ पर देखा । उसी विधि का सरलीकृत रूप निम्म बिन्दु में देखें ।

इस विधि के अनुसार भूखण्ड, मकान या कमरे में प्रवेश करते समय बायाँ कोना धन का क्षेत्र और सामने का दाहिना भाग संबंधो को दर्शाता है ।

यदि आप भूखण्ड का सुधार कर रहे है तो भूखण्ड के प्रवेश को देखें । यदि आप मकान का सुधार कर रहे हैं तो उस मकान के प्रवेश को देखें न कि सीमा दीवार के प्रवेश को। इसी तरह जब आप कमरे का सुधार कर रहे हैं तो कमरे के प्रवेश का विचार करें न कि उस मकान के प्रवेशका ।

इसी पृष्ठ पर दाहिनी ओर कमरों के प्रवेश के संदर्भ से कुछ उदाहरण दिए गए हैं।

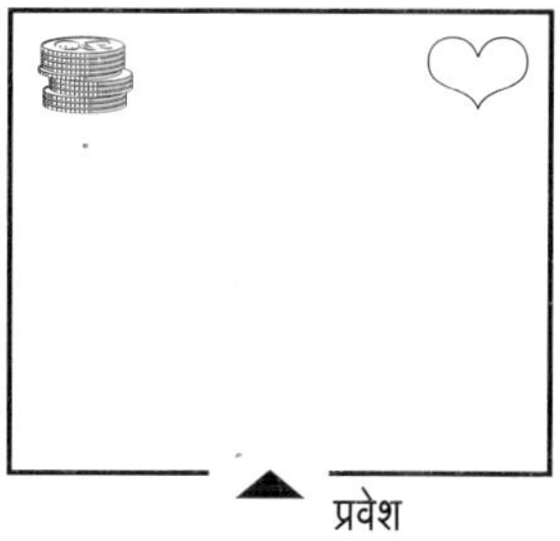

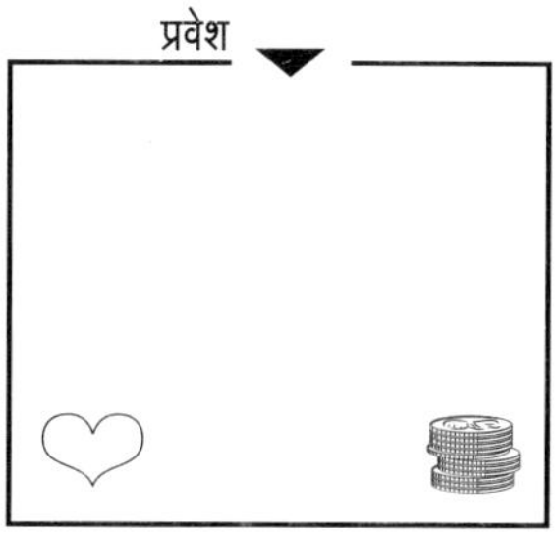

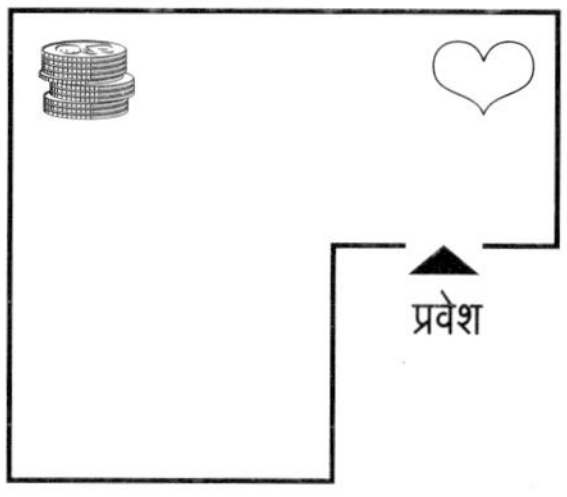

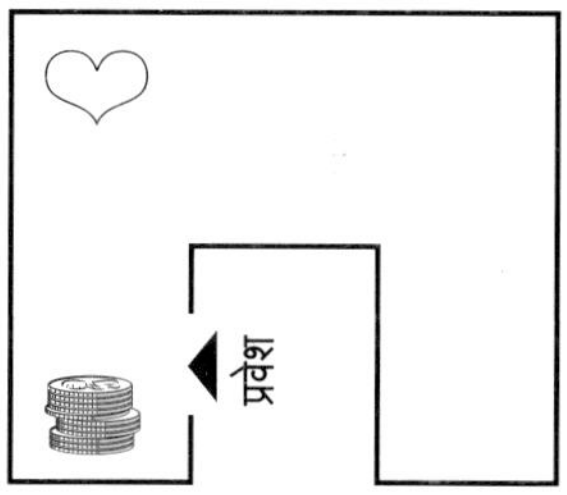

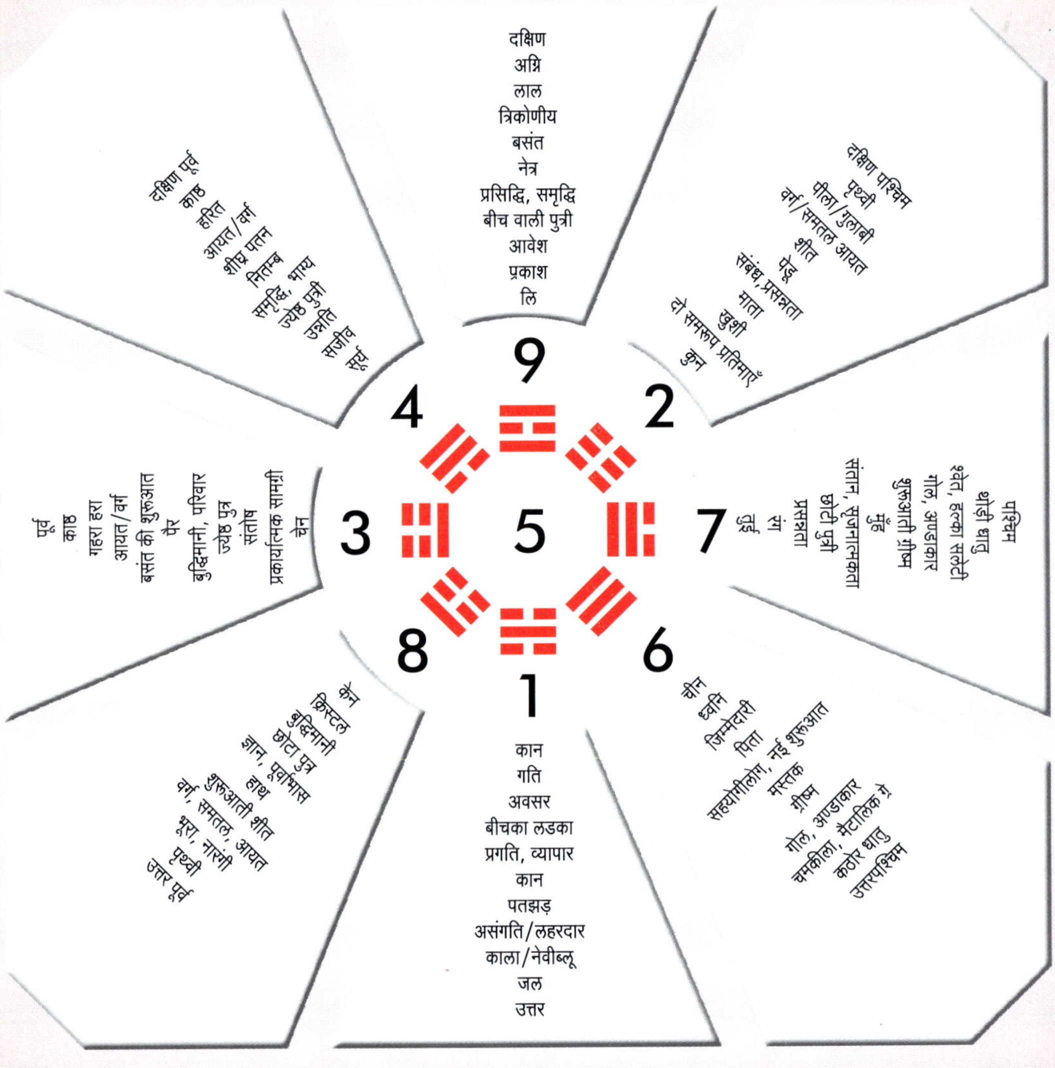

घर का बा गुआ (विस्तृत अध्ययन)

फेंगशुई अभ्यास में इस तालिका का उपयोग सरलतासे कियाजा सकता है। इस बा गुआ तालिका का उपयोग बागुआ की प्रत्येक भुजा की अभिवृद्धि करने के लिए समझा जा सकता है ।

इस संदर्भ तालिका से अपने मकान के मानचित्र का तुलनात्मक अध्ययन करने पर आप पाएँगे कि अभिवृद्धि करने के लिए कौन सा हिस्सा कम या लुप्त है और क्या किया जाना है।

जैसे - भाग १ त्रिरेखाएँ: ☵ कान, सुधार : गति, अभिवद्धि : अवसर, पारिवारिक संबंध : बीचका लड़का, अच्छा है : प्रगति और व्यवसाय, शरीर के अंगोके लिए : कान, ऋतु : पतझड़, आकार : असंगति/(लहरदार)/तरंग सम, रंग - काला / नेवीब्लु, तत्व : जल, दिशा : उत्तर।

त्रिरेखाओं को समझना

यिन और येंग की रचनात्मक प्रक्रिया के कारण इस ब्रह्माण्ड में सतत परिवर्तनशील स्थिति है। यह विरामहीन प्रक्रिया जब बदलती है तो ८ त्रिरेखाओं और षडभुज नामक ६४ संभावित संयोजनों द्वारा प्रकट होती है।

प्रत्येक त्रिरेखा आकृति तीन रेखाओं से बनी है। रेखाएँ टूटी हुई या बिना टूटी हुई हो सकती हैं। टूटी हुई रेखाएँ यिन और बिना टूटी रेखायें येंग है। ये आठ त्रिरेखा आकृतियाँ शुद्ध यिन से शुद्ध येंग की तरफ फिर येन में पुनः क्रमशः गति की सूचक है और उनका यह चक्र अंतहीन चक्र होता है।

ये त्रिरैखिक आकृतियाँ प्रत्येक बागुआ भुजा की विशेषता बताती है।

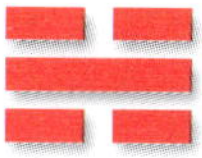

कान - से प्रतिनिधित्व होता है - प्रगति, व्यवसाय, सफलता, और जीवन - यात्रा का यह शीत ऋतु से जुड़ा है और तत्व है - जल, दिशा - उत्तर, अंक - १

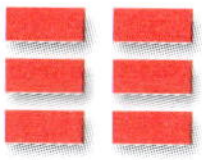

कुन - प्रतिनिधित्व करता है - एकता, परस्पर संबंध, घरेलूपन, मातृपक्ष, अच्छा दाम्पत्य, भागीदारी, शांति और प्रसन्नता । इसका अंक है - २
ऋतु - ग्रीष्म, तत्व - पृथ्वी
दिशा - दक्षिण पूर्व

चेन - स्वास्थ्य, प्राणशक्ति, ज्येष्ठ, वृद्धि, पूर्वज, परिवार, बुद्धि और अनुभव का प्रतीक है। यह बसंत और नई शुरूआत से जुड़ा है। इसका तत्व है काष्ठ, दिशा - पूर्व और अंक - ३ है।

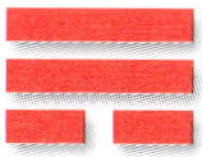

सन - प्रतीक है - आशीष, वृद्धि, सुसंस्कृत, और भाग्यशाली,
यह वायु और बसन्त ऋतुसे जुड़ा है । तत्व है - काष्ठ, दिशा - द. पू (आग्नेय) अंक - ४

चीन - प्रतीक है -नेतृत्व, उपलब्धियाँ, सहयोगी मित्र, शिक्षक, यात्रा, विकास, और नई शुरूआत । यह जुडा है - पतझड़ से
तत्व है -कठोर धातु
दिशा - उ. प. (वायव्य)
अंक - ६

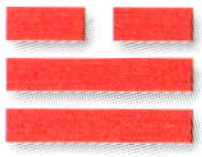

तुई - रचनात्मकता, आनंद, संतान और योजनाओं का प्रतीक है ।
इसकी ऋतु है - पतझड़,
तत्व - अल्प धातु,
दिशा - पश्चिम, अंक-७

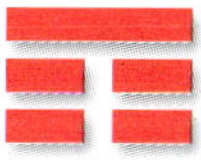

केन - प्रतीक है
ज्ञान, बुद्धि, अंतर्ज्ञान, दृढ़निश्चय, और प्रोत्साहन।
इसकी ऋतु है - शीत,
तत्व - पृथ्वी,
दिशा - उ. पू. (ईशान)
अंक - ८

लि - प्रतीक है -
आत्म प्रकाश, प्रतिष्ठा, प्रसिद्धि, भाग्य और समृद्धि का ।
ऋतु है - ग्रीष्म
दिशा - दक्षिण
अंक - ९
अंक ५ मध्य में है जो एकता का प्रतीक है । कुन नारीतत्व का तथा केन पुरुषतत्व का प्रतीक है।

प्रोटेक्ट 9x9- आउट साइड

पहलेका हेवन बा गुआ–दो भिन्न विचार !

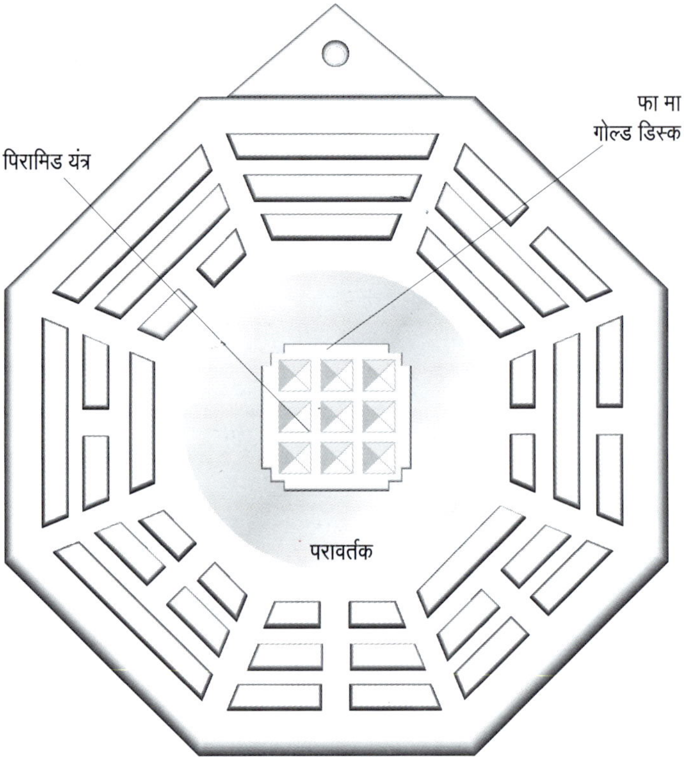

प्रो. डॉ. जितेन भट्ट का पिरामिड बा गुआ

बा गुआ के संबंध मे कई मत और वैचारिक सिद्धांत हैं। डॉ. जितेन भट्ट ने कई वर्षों तक बागुआ का उपयोग करने केबाद एक विशिष्ट बागुआ पिरामिड यंत्र बनाया है । उनके द्वारा बनाए गए इस विशिष्ट बा गुआ में पिरामिड यंत्र और मध्यमें गोल्ड चीप है । मध्य में यह विशेष प्रावधान इसलिए किया गया है कि इस पिरामिड बागुआ को उपयोग से पहले ही क्रियाबद्ध किया जा सके ता कि वह प्रयोग के समय अधिक प्रभावशाली बन जाए।

यह एक ऐसा विशिष्ट यंत्र है जों सुरक्षा और भाग्य वृद्धि के लिए विश्व में पहली बार प्रयोग में आ रहा है। इसका प्रत्येक द्वार पर होना आवश्यक है। यह आपके घर को शा ची - बहुत अधिक चमकदार वस्तुओं, नुकीले कोनों, बाजू के अपूर्ण निर्मित भवन से, घर के बाहर भारी ट्रांस फारमर, या जल का गलत स्थान पर होना आदि से सुरक्षा प्रदान करता है। यह न केवल सुरक्षा प्रदान करता है बल्कि सहायक ऊर्जाओं को भाग्यवृद्धिके लिए आकर्षित करता है। यह बागुआ केवल बाहरी द्वार पर ही लगाया जाता है । इसकी संख्या प्रभावित शा ची की शक्ति (यानी द्वार वेध) के अनुसार दो, तीन या अधिक हो सकती है।

मुख्य द्वार की सुरक्षा

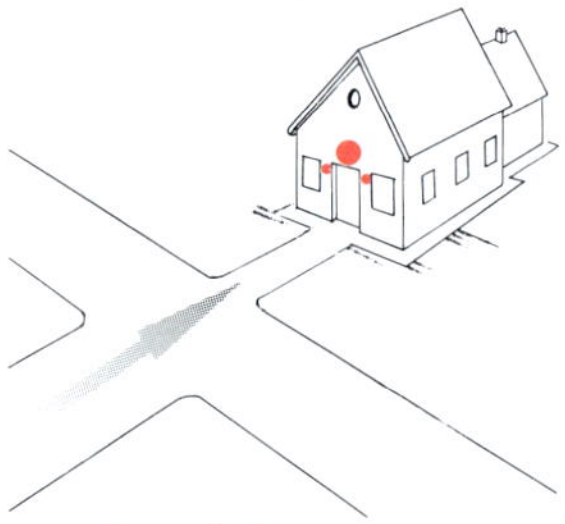

सडक की शा ची से सुरक्षा

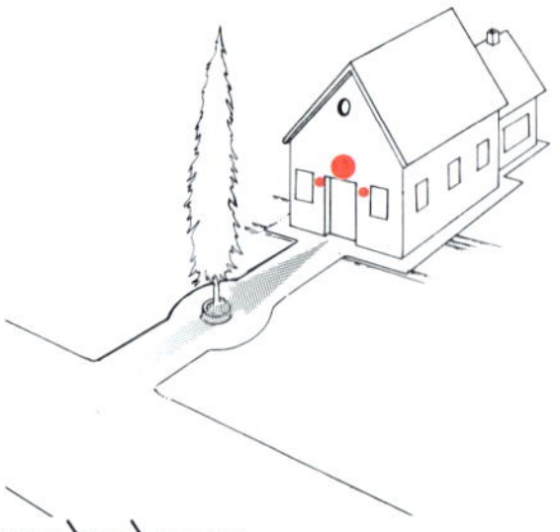

द्वार वेध से सुरक्षा

प्रोटेक्ट 9x9 – ईन साइड

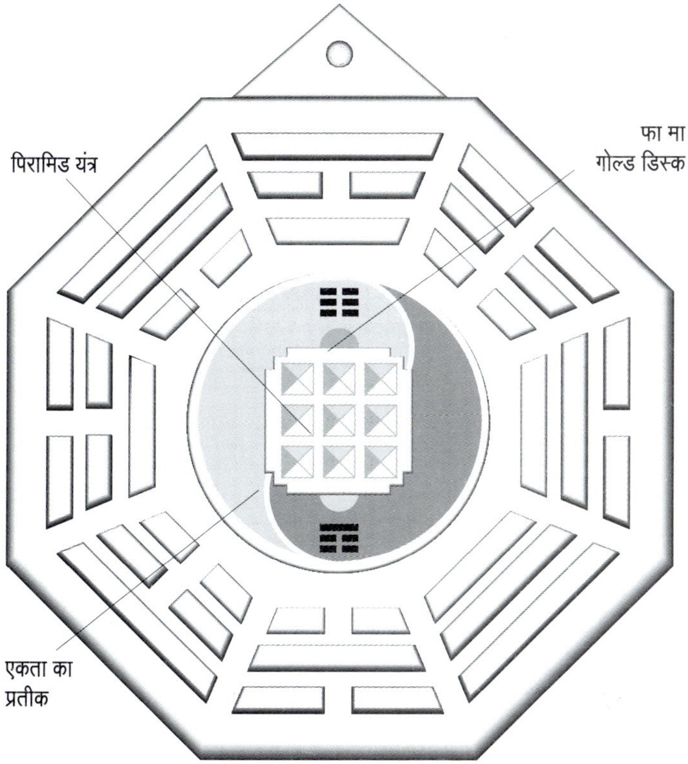

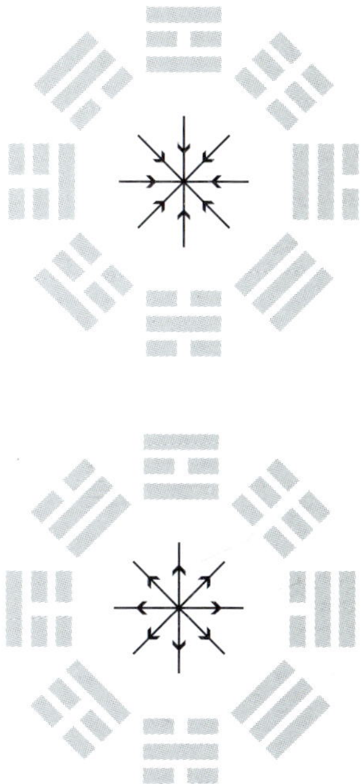

बादका हेवन बा गुआ –
यहाँ भी दो भिन्न विचार !

प्रो. डॉ. जितेन भट्ट का पिरामिड बा गुआ

घर के बाहर से न केवल शा ची बुरा प्रभाव डालती है बल्कि घर के अन्दर भी कई प्रकार की शा ची हमारे ऊपर विपरीत प्रभाव डालती है। पहले प्रकार का बा गुआ अन्दर उपयोग में नहीं लिया जा सकता है। इसलिए डॉ. जितेन भट्ट ने घर के अन्दर प्रयुक्त होने वाले दुसरे प्रकार के पिरामिड बा गुआ का अनुसंधान किया है। यह किसी भी प्रकार की शा ची या नकारात्मक ऊर्जा जो हमें प्रभावित कर रही है, से सुरक्षा प्रदान करता है। यह मारक ऊर्जा सामान्यतः घरेलू सामग्री या विषैले तीर के समान निर्मित ढ़ाँचे हो सकते हैं। इस तरह के निर्माण हमारे घर में सीढ़ी , कमरेके नुकीले कोने, बीम, बीच का स्तम्भ, संकरा रास्ता, कमरे से संलग्न शौचालय आदि हो सकते हैं। इनसे शा ची मिलती है। यह पिरामिड बा गुआ केवल घर के अन्दर उपयोग किया जाना है जो हमें अन्दर की शा ची से सुरक्षा प्रदान करता है। यह भी आवश्यकतानुसार क्रियाबद्ध किया जा सकता है जिससे यह भाग्य और सकारात्मक ऊर्जा को आकर्षित करे।

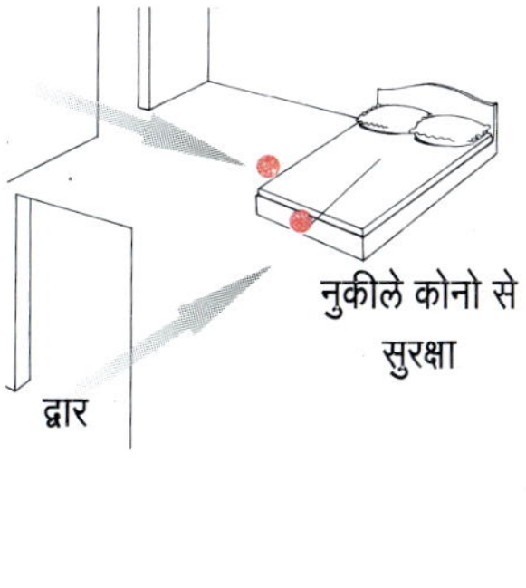

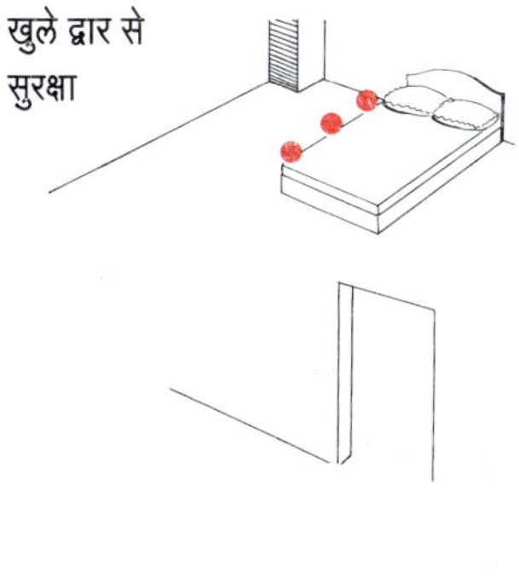

ची का संतुलन

स्वास्थ्य, अच्छे भाग्य और समृद्धि के लिए ची को स्वाभाविक रूप में प्रवाहित होने देना चाहिए। आपके कमरे या कार्य स्थल मे कई कारणों से ची अवरूद्ध, भ्रमित, त्वरित या गतिहीन - हो सकती है। ची के इस गलत प्रवाह को उपयुक्त उपचार से सुधारा जा सकता हैं।

आप यह निश्चित करलें कि किस क्षेत्र में काम करना है तब आपको यह निश्चित करना होगा कि किस प्रकार के उपचार की आवश्यकता है। तदनुसार उसका प्रयोग करें। आप या तो उस भाग का उपचार कर उसे सक्रिय बना सकते हैं या पृष्ठ १८३ पर दिए गए रचनात्मक चक्र से सहायक तत्वों का प्रयोग करके उस भाग का उपचार कर सकते हैं। इन उपचारों या सुधारों का प्रयोग जागरूकता के साथ करना चाहिए ताकि समरसता, सौंदर्य, स्वच्छता तथा संतुलन पैदा हो सके।

9 सरल उपचार

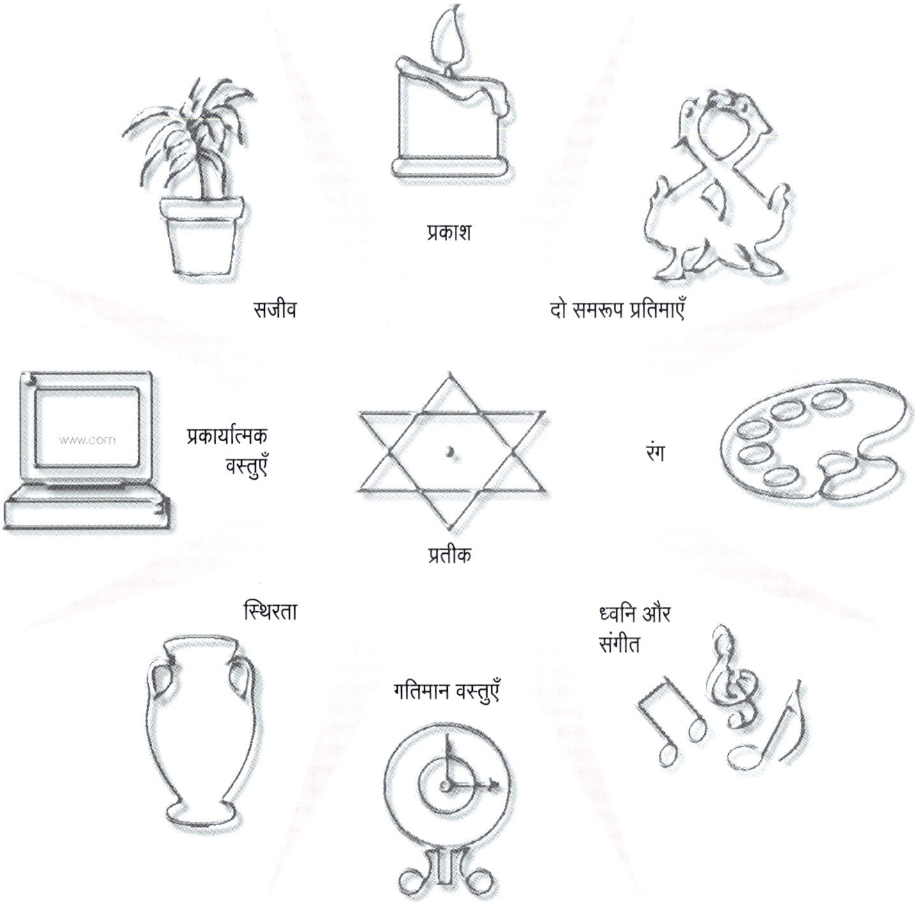

प्रकाश

इस सुधार विधि में विकृत ची को मोड़ने के लिए दर्पण का, मंद ची को प्रकाशित करने के लिए प्रकाश का, शीतल ची को गर्म करने के लिए मोमबत्तियों का प्रयोग शामिल है। प्रकाश को इस तरह रखें कि आपको बल्ब दिखाई न दें। इसका प्रयोग बागुआ के अंक ९ के सुधार के लिये किया जाता है जिससे प्रसिद्धि और समृद्धि में वृद्धि होती है।

युगल छाया (दो समरूप प्रतिमाएँ)

इसमें दो समान फूलदान, दो पक्षियों की पेंटिंग, दर्पण संगति की सामग्री, दो भालूबालक (Teddybear) आदि का उपयोग किया जाता है। यह बागुआ के अंक २ के भागके सुधार हेतु उपयोग में आता है जिससे परस्पर संबंध और प्रसन्नता बढ़ती है।

रंग

इस सुधार विधि में दीवारों के रंग या पेंटिंग में से कुछ को आधार बनाकर किया जाता है। चमकदार रंग ची को बढ़ाते है, और पीलापन लिए रंग बहुत अधिक बढ़ी हुई ची को कम करते हैं।बा गुआ के अंक ७ के भाग को ठीक करने के लिए चमकदार और जीवन्त रंगोंका उपयोग किया जाता है जिससे बच्चों की सक्रियता बढ़ती है।

ध्वनि

इस सुधार विधि में पवन घंटियाँ, घंटी, रेडियो, सौम्य संगीत, घडीकी टिक टिक आदि सम्मिलित हैं। इस बात का ध्यान रखा जाना चाहिए कि घडी हमेशा सही समय बतातीहो, आगे या पीछे नहीं चलती हों। बा गुआ के अंक ६ के भाग का सुधार इससे किया जाता है जिससें सहयोगी मित्रों के साथ ही, नई शुरूआत में सफलता मिलती है।

गतिशील पदार्थ (गतिमान वस्तुएँ)

इसमें लहराते हुये झण्डे, बहता पानी, फब्वारे, अगरबत्ती का घुँआ, घड़ी, चलित पदार्थ आदि सम्मिलित हैं। या प्राकृतिक परिधान जो इतने हल्के हों कि हवा चलनेसे हिल सकें। यह बागुआ के अंक १ की सुधार विधि है और इससे व्यापार और प्रगति मे वृद्धि होती है।

अगतिशीलता (स्थिरता)

इसके अंतर्गत स्थिर पदार्थ जैसें मूर्तियाँ, स्फटिक, शिल्प आकृतियाँ आदि आती हैं। जहाँ ची बहुत अधिक है उसे ये कम करती हैं। इसलिए अध्ययन कक्ष में बहुत उपयोगी है जहाँ शांति और आराम की आवश्यकता होती है। यह अंक ८ के क्षेत्र के सुधार हेतु है तथा बुद्धि और अंतर्ज्ञानको बढ़ाता है।

कामकाज सामग्री (प्रकार्यात्मक वस्तुएँ)

इसके अंतर्गत औजार, विद्युत उपकरण जैसे दूरदर्शन, विद्युत टोस्टर, कम्प्यूटर दूरभाष आदि आते हैं। इस बात का ध्यान रखना चाहिए कि एक ही जगह बहुत अधिक मात्रा में न हों क्योंकि ये शक्तिशालि सुधार सामग्री के अंतर्गत आते हैं। यह बा गुआ के अंक ३ के क्षेत्र में आते है। और बुद्धि वर्धक और परिवार के सहायक हैं।

जीवन्त पदार्थ (सजीव)

इस सुधार विधि के अंतगर्त मछलियाँ, पालतू पशु, पौधे, जड़ीबूट्टी, फल, और सब्जियाँ आते हैं। सूखे फल मृत समान हैं। अतः उनका उपयोग नहीं करना चाहिए। साथ ही पौधे और अन्य जीवन्त वस्तुएँ बिना देखरेख के या धूल भरी स्थिति में नहीं छोड़नी चाहिए। ये अंक ४ के क्षेत्र के सहयोगी और सुधारक हैं और सम्पत्ति और भाग्य वर्धक हैं।

प्रतीकात्मक सामग्री

भौतिक पदार्थो की अपेक्षा ची अवचेतन स्थिति में अधिक सक्रिय होती है इसलिए प्रतीकात्मक सुधार बहुत शक्तिशाली होते हैं। अधिक विवरण अगले पृष्ठ पर ।

चीनी पवित्र प्रतीक

चीनी प्रतीकों और आकृतियों में बहुत अधिक विश्वास करते हैं और उनके अनुसार वे अनुकूल भविष्य के निर्माता हैं। वे इस तरह के ही प्रतीक उपयोग करते हैं, चाहे दीवार सज्जा, छत, गलीचा, चादर, तकिया पुष्प, टाइल्स, उपस्कर (फर्नीचर) आदि हों, इस विश्वास के साथ कि सुखी जीवन मिलेगा।

सौंदर्य एवं सौभाग्य

भाग्य

शुभेच्छा

सम्पदा और प्रसन्नता

प्रतीक	अर्थ
हाथी	बुद्धि
कलश	शांति
फोनिक्स और ड्रेगन	यिन और येंग का संतुलन
कमल	सहनशीलता और प्रगति
जल लहरें	सम्पत्ति और देवाशीष
बादल	देवाशीष और बुद्धि
स्वर्ण मत्स्य	सम्पदा
पुष्प	सम्पदा
कछुआ	लम्बी आयु
चमगादड़	सौभाग्य
सारस	ईमानदारी, लम्बी आयु और स्वाभी भक्ति
हिरण	सम्पदा
चिड़िया	दोहरी प्रसन्नता
फल	सौभाग्य
मछली	सफलता

समृद्धि

५००० बी.सी. काष्ठ झोंपड़ी (चीन)

रहस्यात्मक प्रतीक

प्रतीकों में शक्ति होती है । वे हमारे अवचेतन मन पर प्रभाव डालकर हमें हमारी कल्पना से भी अधिक ऊँचाई तक ले जाते है। हमारे पूर्वज जो आदि कालीन समय में रहते थे उन्हें मकान और उसके निर्माण की चिंता नहीं रहती थी । वे सरल जीवन के गुणों से परिचित थे और सहजता में ही विश्वास करते थे । वे स्वाभाविक जीवन जीते थे और अपनी आंतरिक अनुभूति को अभिव्यक्ति देते थे। उनकी झोंपडियाँ छोटी पर आकार में प्रतीक आधारित तथा ब्रह्माण्डीय ऊर्जा से प्रतिध्वनित रहती थी। बाद में उन्होंने अपने घरों को सुन्दर प्रतीकात्मक आकृतियों से सजाना प्रारम्भ किया। और सकारात्मक ची को आकर्षित करने के लिए प्रवेश द्वार पर झंकृत कर देनेवाले मूल रंगो का उपयोग करने लगे।

आज हमारे बहुउद्देशीय मकानों में हमें वास्तु और फेंगशुई की आवश्यकता अनुभव होती है। इतना ही नहीं बल्कि उनको अपनाने के बादभी हम तनाव और चिन्ता में रहते हैं। निःसंदेह इनसे संतुलन, सामजंस्य और जागृति आती है परन्तु वे हमारी अभिरूचि बढ़ाने में सहायक होनी चाहिए न कि रूचि को दबाने वाली हों, जैसाकि प्राय देखा गया है। आप जानतें हैं कि रेस्टोरेंट में किसी टेबिल पर आपको जितना अच्छा लगता है उतना किसी ओर पर नहीं लगता। हमेशा एक अच्छा लगने वाला तत्व होता है वह हमें अधिक आरामदेह स्थान की ओर ले जाता है, जो सहज और व्यक्तिगत शक्ति की अनुभूति से भरपूर होता है।

प्रतीक हमारी चेतना के केन्द्र से निकलते है जिन्हें हम अपने हृदय तल से स्वीकार करते हैं। प्रतीक कुछ भी हो सकते हैं जैसे केवल दो रेखाएँ एक दूसरे को काटते हुए भी। पर जब वे क्रास बनाती है तो वह लाखों व्यक्तियों के आस्था और विश्वास का प्रतीक बन जाता है। प्रत्येक व्यक्ति अपने मूल और विचारों में अलग होता है।

रिलीजियस क्रॉस

प्रतीकात्मक डिजाइन

इसलिए कई प्रकार के क्रास और अन्य प्रतीक हैं। एक व्यक्ति जो एक प्रकार के क्रास में विश्वास करता है वह उतना ही विश्वास अन्य में नहीं कर पाता है। चीनी ड्रेगन से चीन में आश्चर्यजनक परिणाम मिलते हैं, यह इसलिए कि उनके धर्म, संस्कृति और दैनंदिन जीवन से अलग नहीं है। उसकी प्रतिध्वनि उनकें अंदर बहुत गहराई से तथा आध्यात्मिक रूप से भी समाहित है। जो व्यक्ति चीनी मूल का नहीं हैं उसके अंदर उसे देखकर भावनात्मक डर पैदा हो सकता है जिसके कारण उसका अच्छा परिणाम नहीं मिलेगा। इस तरह ड्रेगन चीनियों के लिए पवित्र प्रतीक हो सकता है और उनके लिए वह लाभकारी होता है पर अन्यों के लिये वह लाभकारी नहीं भी हो सकता है।

चीनी ड्रेगन

प्रतीकों के साथ आस्था और विश्वास बहुत आवश्यक है। अतः एक ऐसा प्रतीक चुनें जो आपके लिए हृदय स्पर्शी हो और जिसे आपकी चेतना पूर्ण रूप से स्वीकार करे। आपका प्रतीक पूर्णतः व्यक्तिगत और आपका ही हो। जिस प्रतीक का आप उपयोग कर रहे हैं उसके अर्थ से भी आप पूर्ण परिचित हों। जबतक वह आंतरिक स्पंदन के साथ आपकी चेतना को सकारात्मक प्रतिध्वनि से पूर्ण नहीं कर देता तब तक वह प्रतीक काम नहीं करेगा ।

प्रतीक कुछ भी हो सकता है क्योंकि हमारे पूर्वज उसमें विश्वास रखते थें और उनके लिए गुरू या संत के पदचिन्ह ही पूजा के लिए पर्याप्त होते थे । ज्यों ज्यों समय निकला हमने और विस्तृत प्रतीकों को पाया जैसे भगवान विष्णु, भगवान बुद्ध के चरणचिन्हों में अनेक प्रतीक । ये और कुछ नहीं पर संदेशमय प्रतीक हैं। नित्य प्रति हमारे सामने जो समस्या होती है उसका उत्तर सादगी पूर्ण जीवन होना चाहिए। प्रतीकों के साथ काम करना कमरे या फर्नीचर को जमाना यासजाना नहीं है।वह छठी इन्द्रिय के साथ अंतिम परिणाम पाने के लिए होता है। चीनी परम्परा के अनुसार ३ प्रकार के भाग्य होते हैं - स्वर्गिक भाग्य, मनुष्य भाग्य और पृथ्वी का भाग्य । ये प्रतीक प्रत्येक मनुष्य के भाग्यको प्रभावित करते है और स्वर्गित भाग्य मे वृद्धि करते हैं। प्रतीक हमारी आत्मा को प्रभावित करते हैं। इसलिए प्रतीको में विश्वास करें जो बिना प्रयास के स्वाभाविक रूप में आते हैं। केवल आपके मूल या धर्म से उनका संबंधित होना आवश्यक नहीं है। वे ऐसे भी हो सकते है जिन्हें आप अच्छे से जानते या करते हैं। कुछ वे जिनमें सौन्दर्य, आकार, लय और संगति होती है प्रतीक हो सकते है केवल आपकी चेतना द्वारा उन्हें स्वीकार किया जाना चाहिए। प्रतीक आपके आंतरिक बोध और आकार का मिश्रण है कोई जादू की छड़ी नहीं हैं। पर वे बहुत सरलता से आंतरिक सामंजस्य ला सकते है। प्रतीक के प्रयोग से कोई हानि नहीं है, प्राप्ति ही प्राप्ति है।

भगवान विष्णु के चरण

इसी प्रकार की एक उपचार विधि रैकी है जिसमें प्रतीकों का महत्व बहुत अधिक है। मात्र एक सप्ताह के प्रशिक्षण से उसे सीखना और समझना संभव है । चूंकि हम सभी ब्रह्माण्डीय चेतना के अंश है इस लिए हममें रैकी श्रृंखला से जुड़ने की स्वाभाविक प्रवृति है। बस आपको केवल कुछ सरल और व्यवस्थित कदम उठाने होगें । अपने रैकी मास्टर या पायरा रैकी मास्टर के साथ सुर से सुर मिलाना सीखलें।

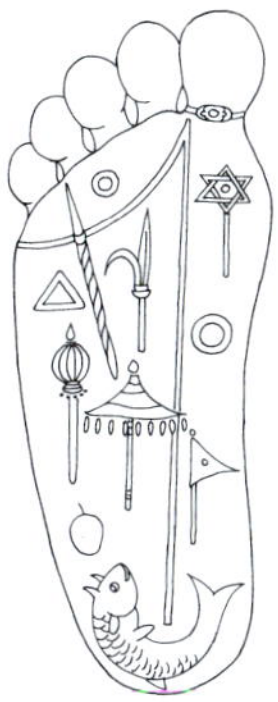

भगवान विष्णु के चरण
पावन प्रतीकों के साथ

फेंगशुई के नए यंत्र

प्रो. डॉ. जितेन भट्ट का पायरॉन - अपनी रहस्यात्मक शक्ति के कारण समृद्धि, विवाह, स्वास्थ्य, प्रगति, अवसर, और भाग्य के साथ जीवन के सारतत्व में वृद्धि करता है। डॉ. भट्ट द्वारा पिरामिड, वास्तु, यंत्र और फेंगशुई पर किए गए सघन अनुसंधानों (खोज) का फल है पायरॉन ।

द्विगुणित ऊर्जा के साथ - कई गुणा परिणाम

इस पहली बार आविष्कृत पायरॉन से दोहरे लाभ होते हैं क्योंकि इसमें पिरामिड यंत्र है जिसमें ९ पिरामिड के ८१ आधार पिरामिड हैं साथ ही और अधिक शक्ति देने के लिए उसमें नीचे लगी है ९ पूर्व प्रोग्राम्ड कापर डिस्क। साथ ही पायरॉन के ऊपर कम्प्यूटर प्रोग्राम युक्त सिल्वर कोड है। एक विशेष यंत्र जो आपकी दैनंदिनी समस्या ओं का समाधान करने मे सहायक होगा।

प्री - प्रोग्राम्ड सरल और उपयोग के लिए तैयार

पायरॉन अपने बहुविध लाभों के कारण, सभी वास्तु, फेंगशुई और ची व्यवस्थापन विधियों का सरल समाधान देता है । पायरॉन के ३६ से अधिक विविध यंत्र हैं जिसमें प्रत्येक का अपना विशिष्ट कार्य है और प्रत्येक के ऊपर कम्प्यूटर प्रोग्राम युक्त सिल्वर कोड है । अतः अपनी कामना और कार्य के अनुरूप एक या अधिक को चुनें।

पाइरॉन **नया आविष्कार**

ॐ के एक सहस्त्र अर्थ हैं।

ओउम् की शक्ति

जीवन के रहस्यों को उद्घाटित करते रहना मानव का मूल स्वभाव है। इन रहस्यों को प्रदर्शित करने के लिए प्रतीक-भाषा का उपयोग किया जाता है परन्तु फिर भी वह उलझी हुई पहेली के समान है और उसकी व्यापकता केवल पूर्ण विश्वाससे ही समझीजा सकती है।

सामान्यतः प्रतीक प्रकृति में ही रहते हैं और उनका मूल्य, आयतन, ध्वनि, ऊर्जा और उनका गहरा प्रभाव होता है। प्रतीक हमें वास्तविकता से जोड़ते हैं और नियम सीधे ही उसके नियामक होते हैं।

हम अच्छी तरह जानते हैं कि एक अच्छी तरह प्रदर्शित चित्र सहस्त्रों शब्दों के समान होता है । यह बात एक शक्ति शाली प्रतीक के साथ भी हैं, जिससे सैकडों अर्थ निकलते हैं। वह हमें एक नये आयाम में ले जाता है और प्रत्येक समय हमारी मानसिक, भावनात्मक, आध्यात्मिक स्थिति के अनुसार एक नया संदेश देता है । यदि उनमें हमारा हृदय से पूर्ण विश्वास है तो चमत्कार हो सकता है और वे वर्तमान और भविष्य के बीच सेतु रूप बन सकते है क्योंकि वे दोनों के प्रत्यक्ष दर्शी हैं।

उदाहरणार्थ - अग्नि प्रतीक है ताप, प्रकाश, रचनात्मक शक्ति, जीवनी शक्ति और माँश पेशियों की ताकत की, स्वंय स्फूर्ति, सक्रियता, समर्पण, त्याग पवित्रता और कई कई अर्थ।

ओउम् इसका अच्छा उदाहरण है। यह शक्ति शाली ध्वनि या तरंगें सर्वत्र उपस्थित हैं और वेद के सार रूप हैं। ओउम् सभी ध्वनियों की माता है, और शक्ति, नई मानसिक या शारीरिक ताकत और ऊर्जा का प्रतीक है। ईश्वर का श्रेष्ठ प्रतीक है, हृदय मंदिर में पूजा की सर्वोत्तम मूर्ति है। सभी मंत्रोंका बीज है, सूर्य और चन्द का प्रकाश है और सम्पूर्ण ब्रह्माण्ड का मुख्य कारक है। ओउम् जीवन है, प्राणशक्ति है और उसमें मनुष्य है और सभी जीव मात्रा की क्षमताएँ समाहित हैं। इसलिए वह सर्वोच्च सत्य है और सृष्टि के सम्पूर्ण चक्र में उपस्थित है।

हिन्दू धर्म में ओउम् के १००१ अर्थ हैं। मन और भावनाओं की सही एकाग्रता से उसका वास्तविक गूढ़ अर्थ समझा जा सकता है।

.....मनुष्य जो प्रतीकों को समझता है न केवल वस्तु परक जगत में अपने को खोलता है बल्कि उसी समय अपनी व्यक्तिगत स्थिति से हटकर वैश्विक स्तर पर पहुँच जाता है ..... प्रतीक धन्यवाद के पात्र है जिनके माध्यम से व्यक्तिगत अनुभव की जागृति होती है एवं उसकी परिणिति आध्यात्मिक क्रिया में होती है।

मिरासी इलिआड

समृद्धि, सफलता और बुद्धि के प्रतीक

अष्ट गुह्य मंत्र

हिन्दू धर्म में सभी पवित्र कार्योका प्रारम्भ श्री गणेश से होता है। भगवान गणेश में अपरिमित शक्ति है जिसका विस्तार सभी १००८ कार्य दिशाओं में हो सकता है। प्रत्येक दिशा के अनुरूप कार्य सिद्धि के लिए भगवान गणेश के तदनुसार नाम हैं। जब मंत्र विशेष के साथ भगवान गणेश की प्रतिमा घर में रखी जाती है तो वह समस्याओं के समाधान के प्रतीक स्वरूप होती है।

कुछ प्रतीकात्मक नाम इस प्रकार हैं -

१) संतान गणपतेय नमः
  उन दम्पतियों के लिए जिनके संतान नहीं है।

२) अविघ्नय नमः
  जीवन की किसी विघ्न, बाधा को दूर करने के लिए

३) ज्ञान रूपाय नमः
  बच्चों को पढ़ाई में सहायता के लिए

४) सिद्ध लक्ष्मी मनोहर प्रिय नमः
  आर्थिक मामलों में सौभाग्य वृद्धि के लिए

५) चिन्तामणि चारण्यनलालस्य नमः
  तनाव से मुक्ति के लिए

६) सिद्धि विनायक नमः
  सभी कार्योमें सफलता के लिए

७) सुमंगलाय नमः
  घर में प्रसन्नता और समृद्धि वृद्धि के लिए

८) मृत्युंजय नमः
  असाध्य रोगों से मुक्ति के लिए

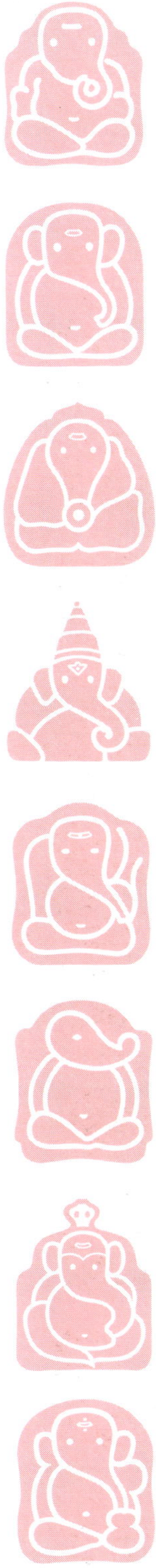

अष्ट विनायक

समृद्धि और सफलता के प्रतीक

भारतीय प्रतीक

भारत में लोग अपने दैनिक जीवन में अनेक प्रतीकों का प्रयोग करते हैं। इनमें से कुछ प्रतीक सरल तो कुछ बहुत अधिक जटिल होते हैं। यहाँ कुछ प्रतीक शेष विश्व से अलग ही हैं यद्यपि उनमें कुछ समानता देखी जा सकती है। भारत में ये प्रतीक वास्तव में पौराणिक, धार्मिक, दार्शनिक, परम्परागत विश्वासों पर आधारित हैं।

पंच तत्वों के बहुत ही शक्तिशाली प्रतीक हैं। ये मूल पाँच शक्तियों द्वारा दर्शाए गए हैं जिनका उपयोग तंत्र, अध्यात्म और उपचार में होता है। साथ ही योग के अंतर्गत आने वाले सात चक्र भी महत्वपूर्ण हैं। विभिन्न उद्देश्य पूर्ति के लिए नवग्रहों तथा देवी देवताओं के अलग-अलग प्रतीक उनकी शक्तियों को दर्शाते हैं।

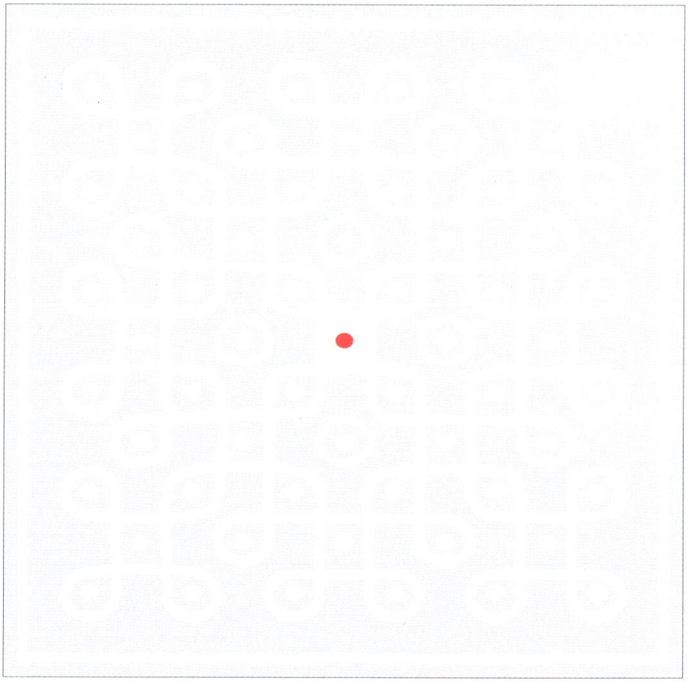

रंगोली : हर घर के लिए आवश्यक

रंगोली भारत में प्रतीक दैनिक जीवन के भाग हैं, जैसे रंगोली जिसे घर के सामने विभिन्न आकर्षक आकृतियों में बनाया जाता है जो आत्मोत्थान एवं सुरक्षा देती हैं और बुरी नजर से बचाती है।

भारत में राखी भी अत्यंत महत्वपूर्ण प्रतीक है। भाई के दाहिने हाथ की कलाई पर बहिन द्वारा बाँधी जाती है जो सुरक्षा, असीम प्रेम, स्नेह का प्रतीक है। इसके अतिरिक्त प्रतिदिन की जीवन चर्या में विभिन्न अर्थपूर्ण प्रतीकों का उपयोग होता है उनमें से कुछ प्रमुख यहां दिखाए गए हैं।

टिप्पणी : कुछ और स्वास्तिक प्रतीक तथा वास्तु में उनके व्यावहारिक प्रयोगों के लिए देखें पृष्ठ सं. १५७

अष्ट मंगल

आठ पवित्र प्रतीक

ऊर्जामय स्वरूप

इस्लाम धर्म में भी इन ऊर्जा आकृतियों के बड़े ही सुन्दर प्रतीक हैं। ९९ ऐसें सूत्र हैं जिनका हमारे ऊपर चमत्कारिक रूप से प्रभाव होता है। ध्वनि, आकृति और अर्थ का एक निश्चित प्रभाव हमारे ऊपर और आसपास होता है। ९९ मुख्य कुंजियों में से कुछ नीचे दिए जा रहे हैं -

अल्लाह

वह अल्लाह है, उसके सिवाय कोई दूसरा भगवान नहीं है

अर-रहीम
दयालु

अस-सलाम
शांति का स्त्रोत

अल-मुहैमिन
रक्षक

अल-अजीज
शक्ति शाली

अल-अजीम
महान

अल-वाहुद
प्रिय

अल-वाहिद
विशेष

अन-नूर
प्रकाश

अल-हदी
मार्गदर्शक

प्रार्थना के मनके

मुस्लिम प्रार्थना की माला ९९ मनकों से बनी होती है। इसका कारण यह है कि उनके अनुसार दैवीय शक्ति के ९९ नाम हैं। सौंवा नाम केवल स्वर्ग में पाया जा सकता है।

कर के देखें !

त्रिभुज,ऊर्जा, गतिशीलता, सक्रियता और सकारात्मकता का बहुत ही शक्तिशाली प्रतीक है- त्रिभुज। विद्युत का आधार भूत सिंद्धात त्रिभुज ही है (स्टार- डेल्टा कनेक्शन)। आध्यात्मिक दृष्टि से त्रिभुज शक्ति का प्रतीक है।

हमारे हाथ आरोग्य शक्ति से भरपूर हैं। इसलिए हम अपने दैनिक जीवन में हाथ और त्रिभुज का उपयोग करें। चित्र में बताए प्रतीक से हम अपने आप को सकारात्मकता से ओतप्रोत कर सकते हैं साथ ही यदि -

१) हमें किसी विशेष प्रकार के भोजन से अरूचि है

२) हमें अपने कार्य क्षेत्र से सहयोगियों, अधिकारियों से असंतुष्टी है या मित्रों और संबंधियों के बीच गलतफहमी है

३) हमारा विषय रूचि का नहीं है या कठिन है। या यदि हमें अन्य किसी प्रकार का असहयोग है

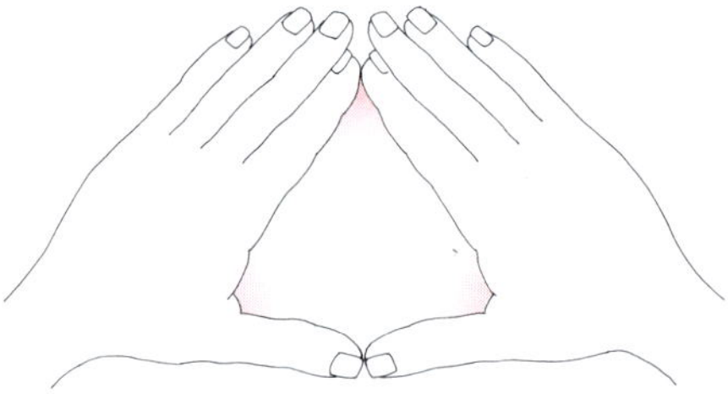

आपका व्यक्तिगत शक्ति प्रतीक

तो चित्र में बताए अनुसार अँगुलियों और अंगूठों को मिलाकर आकृति बनाएँ। यह आपका अपना व्यक्तिगत शक्ति प्रतीक है।

बस आपको इतना करना है कि भोजन, व्यक्ति का फोटोग्राफ, या विषय की पुस्तक अपने सामने रखें। अपने शक्ति प्रतीक को उसके ऊपर रखें और उसके अंदर से देखें तथा १ मिनट के लिए उस विषय के संबंध में सकारात्मक विचार सोचें। देखिए कितने अच्छे परिणाम मिलते हैं। यदि उस वस्तु विशेष को अपने सामने रखना संभव नहीं है और यदि आप दूर हैं तो कागज के टुकड़े पर उसका नाम लिखकर यही प्रक्रिया तब तक करते रहें जब तक कि अपेक्षित परिणाम नहीं मिल जाते हैं।

हार्दिक शुभकामनाएँ !
स्वास्थ्य और समृद्धि की प्राप्ति की दृष्टि से यह आपकी प्रथम पुस्तक है।
मैंने पूरी पुस्तक पढ़ी है, पिरामिड यंत्रों के संबंध में विज्ञान आधारित जानकारी प्रंशसनीय है।

पं. भोजराज द्विवेदी
गूढ़ विद्याओं पर २५० से अधिक पुस्तकों के रचयिता

विशेषज्ञ- मत

7

'' सभी अस्तित्वमान वस्तुओं के केंद्र में पायरा एनर्जी का प्रवाह होता है। इसके प्रयोग की संख्यासे हजारों उर्वरक मस्तिष्क नये आयाम की ओर आगे बढेंगे। पायरा एनर्जी की कोई सीमा नहीं है ''

प्रो. डॉ. जितेन भट्ट

और क्या अधिक...

फा – मा स्वास्थ्य

वह बिल्ली

कुछ दिन पहले एक आश्चर्य जनक घटना घटी । एक बिल्ली रोज ही हमारे घर आकर गड़बड़ी फैलाती थी । एक दिन मुझे उसे भगाने के लिए कहा गया । मैं पक्के इरादे से उसकी ओर गया पर मेरे आश्चर्य का ठिकाना नहीं रहा क्योंकि दूर भागने की अपेक्षा उसने बस अपनी आँखेंबन्द कर लीं और अपने पंजो से सामने खुरचने लगी। अब बिल्ली के सामने मेरा कोई अस्तित्व नहीं था पर वास्तविकता यही थी कि उस बिल्ली के लिए एक खतरे के रूप में मै वहाँ पूरे समय था। हम सब के साथ भी यही स्थिति है। जब हमारे सामने स्वास्थ्य, धन, या प्रसन्नता संबंधी कोई समस्या होती है तो हम उसी 'बिल्ली' के समान हो जाते हैं। इतनाही नहीं तो जब कोई छोटी सी स्वास्थ्य संबंधी समस्या होती है तो हम तुरंत स्वाभाविक रूप से अनावश्यक दवाइयाँ ले लेते हैं या बीमारी से छुटकारा पाने का कोई सरल समाधान ढूंढ़ते हैं, जबकि हम इसबात से अनभिज्ञ रहते हैं कि लम्बे समय में वे दवाइयाँ वास्तव में हानिकारक हो सकती हैं।

इस तरह अनावश्यक दवाइयाँ लेकर या कोई अस्थायी समाधान ढूंढकर हम अपने अन्दर उसी बिल्ली को बिठा लेते हैं। हम बीमारी या नकारात्मकता की गम्भीरता से अपने ही सामने आँखे बंद कर लेते हैं, जबकि हम जानते है कि वह बीमारी एक दिन गम्भीर रूप ले सकती है। और फिर हम किसी आकस्मिक आपदा की शिकायत करते हैं । ये आपदाएँ उस तरह से नहीं आती हैं। ये उस बिल्ली को रोज दूध पिलाने से आती हैं। आज हमारा सारा ध्यान अप्रत्यक्ष रूप से बीमारी को मजबूत करने में है, हमारे मन-मस्तिष्क ही बीमार हो गए हैं या उनपर मलिनता का प्रभाव है। हम प्रारम्भ में अपनी ओर ध्यान नहीं देते और फिर अपेक्षा करते हैं कि कोई चमत्कार हो जाए।

पंच कोष – मानव के पाँच शरीर

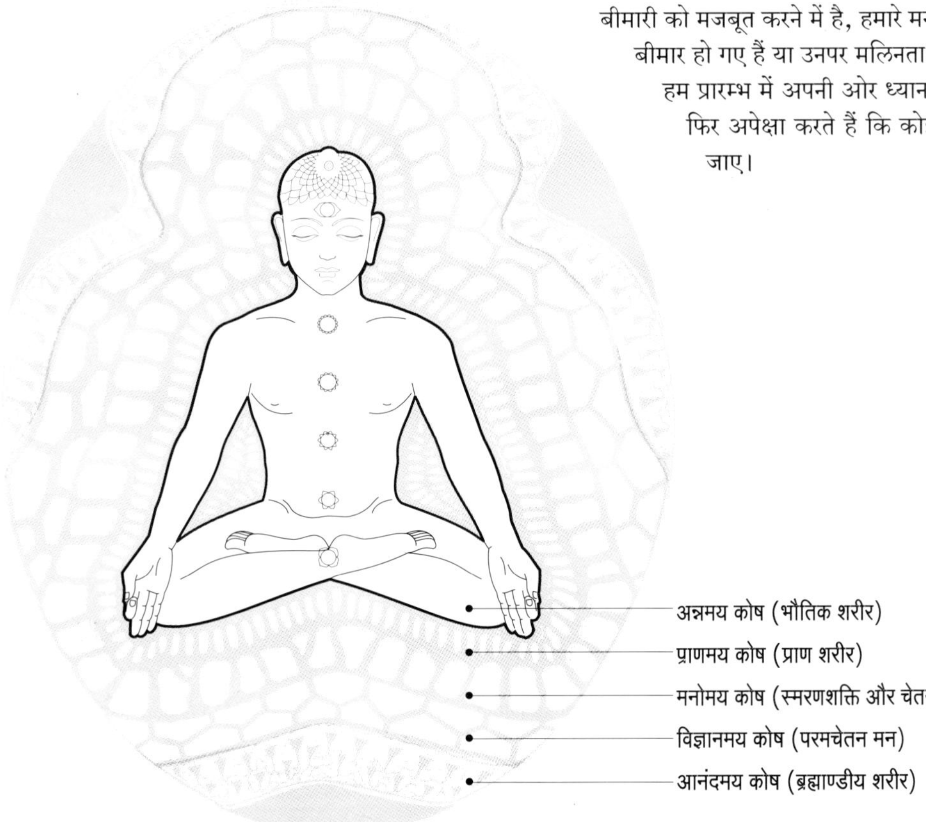

हमें अपने विचारों को मलिन किए बिना, वास्तविक रूप में स्वस्थ्य और अच्छा बनना चाहिए । हमारा जन्म प्रकृति के साथ पूर्णतः स्वस्थ्य और सामंजस्यपूर्ण रूप में हुआ था ताकि प्रत्येक क्षण के आनंद की अनुभूति करसकें। फिर हम प्रसन्न क्यों नहीं है ? यह बहुत सरल है। जिस ओर हम ध्यान देते हैं उसीकी वृद्धि होती है । हमारा सारा ध्यान बीमारी, असंतोष, तनाव, नकारात्मक सोच और भावनात्मक अतिरेक की ओर होता हैं। इसके साथ ही हम हमारे शरीर पर दवाइयों के रूपमें या क्षणिक आराम के नामपर रासायनिक हथियारों से आक्रमण करते हैं। बाद में यही सब जमा होकर हमें विशिष्ट भेंट के रूप में अवसाद, क्रोध, मधुमेह, अति तनाव, केंसर और इसी तरह की कई बीमारियाँ देता है।

क्या हम सही निदान करते हैं ?

आज हमारे निदान करने की पद्धति शुद्धरूप से शारिरिक अथवा शरीर संबंधी ही है, जो कि एकतरफा परीक्षण है । स्वास्थ्य प्राप्ति के लिए हमारे अन्दर ही अत्यधिक उपचार शक्ति होती है । उसके प्रकटीकरण के लिए हमें एक सामान्य से समीकरण की आवश्यकता है। अपने अन्दर और आसपास संतुलन बनाए रखने से अच्छा कोई समीकरण नहीं हो सकता ।

भारतीय आरोग्य विज्ञान, योग के अनुसार हमारा शरीर पाँच प्रकार के शरीरों का समुच्चय है। आनंद मयकोष (ब्रह्माण्डीय शरीर) विज्ञानमय कोष (परमचेतन शरीर), मनोमय कोष (मनः चेतनायुक्त शरीर), प्राणमय कोष (प्राणशक्ति शरीर), अन्नमय कोष (भौतिक शरीर) ये पाँचो परस्पर और ब्रह्माण्ड से असंख्य नाड़ियों के माध्यम से संवाद करते हैं। इसलिए वे कहते हैं कि पांच आधार भूत स्तर हैं जहाँ से समस्या हो सकती है। यह शरीर का सूक्ष्म विश्लेषण है। इन नाडियों के माध्यम सें हमें अनेक प्राणवान आवश्यक सूचनाएँ मिलेंगी जो निदान करने में सहायक होंगी जिनसे आज का विज्ञान अभीतक अनभिज्ञ है।

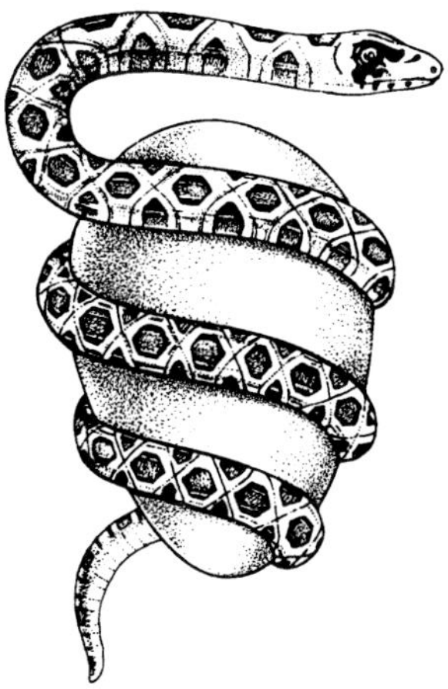

ब्रह्माण्डीय अण्डा– यह प्रतीक है ब्रह्माण्डीय अण्डे का जो जीवन का बीज है और सर्प कुण्डली जागरण का प्रतीक है, जो जीवन चक्र का आधार, उर्वरता, बुद्धिमत्ता का प्रतीक, सत् और असत् आतंरिक शक्ति, प्रलोभन, औषधि और उपचार, दैवीय शक्ति और पृथ्वी शक्ति का भी प्रतीक है।

'पिरामिड की शक्ति अविश्वसनीय है।
वह शरीर, मन और आत्मा की उन्नति के लिए चमत्कारिक उपकरण है।'

डॉ. मेहर मास्टर मूस
अध्यक्ष, जोरस्ट्रियन महाविद्यालय
प्रोफे. स्पेक्ट्रो क्रोमे-मेट्री

विशेषज्ञ- मत

जितेन वाणी

इस भौतिक जगत में हम विज्ञान, गणित, प्रौद्योगिकी और अर्थव्यवस्था को तो भूल नहीं सकते क्योंकि ये सब हमारी शारीरिक (बाहरी) आवश्यकता के आधार हैं । स्वस्थ व सुखी जीवन के लिए स्वास्थ्य, संगीत ध्यान और प्रार्थना हमारी आंतरिक आवश्यकताएँ हैं । हमें आंतरिक व बाहरी दोनों की जरूरत है।

उपचार प्रक्रिया प्रारम्भ करें

निरोगी काया के लिए हमें इन पंच कोषों में संतुलन चाहिए । ये कोष बहुत संवेदनशील हैं और विकार युक्त विचारों, अशुद्ध भावनाओं या गलत रहन सहन की आदतों के कारण असंतुलित हो अशुद्ध हो जाते हैं। अतः इन कोषों के संतुलन के लिए उन्हें उपर्युक्त से विरोधी बातें चाहिए इसका यह मतलब नहीं कि कोई पदार्थजन्य विरोधी वस्तु हो बल्कि वह विरोधी उसका पूरक होना चाहिए । अर्थात दोष सुधार की आवश्यकता के अनुकूल होना चाहिए। एक शक्तिशाली सकारात्मक विचार, अधिक क्षमताकी दवाई या कुछ खाना या कसरत आदि विरोधी होते हुए भी सकारात्मक भूमिका निभाएँगे।

इस शक्तिशाली विचार के कार्यान्वियन के लिए हमें एक सशक्त यंत्र की आवश्यकता है जो इस सकारात्मकता को और बढ़ाए । पिरामिड यंत्र इस कार्य के लिए उपयुक्त उपकरण है। यह विचारों के प्रवाह को मन, हृदय, मस्तिष्क, अंगों और कोशिकाओं के माध्यक से बढ़ाता है। इस सकारात्मक विचार कों फा - मा और पिरामिडयंत्र से कार्यान्वित करना है। जिसे हम पहले ही पायरावास्तु अध्याय में पढ़ चुके हैं। पिरामिड यंत्र प्रक्रिया अपने आप में पूर्ण है । इसलिए उसे अकेले ही या किसी उपचार - विधि के साथ पूरक रूपमें कर सकते है।

प्राणशक्ति की व्याख्या

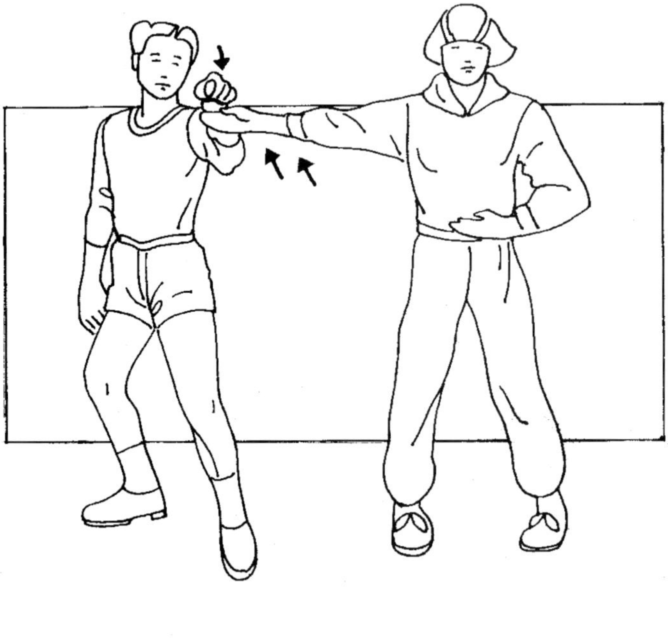

आइए ! हम एक सरल और व्यावहारिक रोग परीक्षण विधि को जानें, जिसे प्रायोगिक काइनेसियोलाजी कहते हैं। यहाँ व्यक्ति को अपना दाहिना हाथ, ऊपर उठाना है, हाथ की हथेली खुली रखते हुए ऊपर उठे । किसी को कहें कि वो आपके हाथ की हथेली को दबाते हुए नीचे करे । आपको उसे नीचे जाने से रोकना है। दूसरे व्यक्ति को इस कार्य में लगने वाले दबाव कों ध्यान में रखने को कहें। अब कोई खाने की वस्तु अथवा अन्य पदार्थ को बांयें हाथ में रखकर उसकी उपयुक्तताके परीक्षण हेतु उपर्युक्त क्रिया को दोहराएँ। दोनों की तुलना करने पर दोनों स्थितियों में लगने वाली ताकत कम या अधिक होगी। पदार्थ की उपयुक्तता के कारण अधिक ताकत लगेगी और अनुपयुक्तता के कारण लगने वाली ताकत कम होगी ।

इस विधि से आप अपने चक्रों की शक्ति का भी परीक्षण कर सकते हैं। बांयें हाथ को एक चक्र पर रखें और किसी से आपका दाहिना हाथ दबाने को कहें। अन्य दुसरे चक्रों के लिए भी यहीं करें और ध्यान दें कि किस चक्र पर कम दबाव लगता है। अब उस चक्र को फा - मा ऊर्जा देकर ऊर्जित करें।

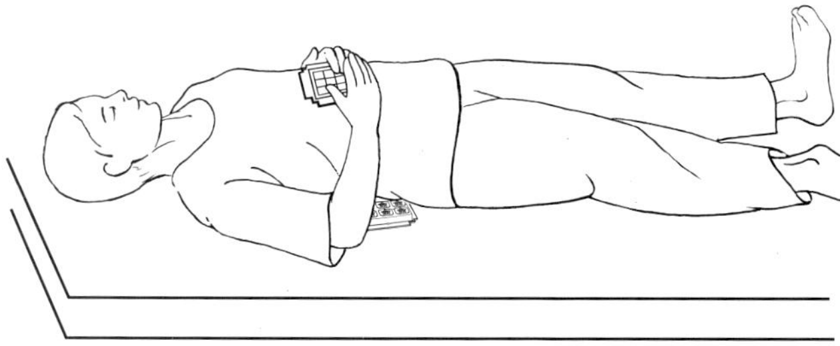

क्रिया विधि

◆अपना भोजन या व्यायाम शुरू करने के पूर्व शांत एवं आरामदायक मुद्रा में बैठे ।

◆शरीर के उस अंग/भाग जिसे संतुलित किया जाना है की ओर पूरा ध्यान दें यह आपका बीमार अंग, या जहाँ चर्बी अधिक जमा होने की संभावना हो वह अंग हो सकता है या आपकी दवा भी हो सकती है।

◆उसे अपने दोनों हाथों से धीरे से स्पर्श करें और वहाँ पिरामिड यंत्र रखें।

◆अब कुछ मिनटों तक फा - मा ऊर्जा दें।

◆उस अंग/भाग के केन्द्र में सकारात्मक ऊर्जा उसे ठीक करने के लिए दें।

◆इस विधि से आपके अपने तन, मन, भावना और आत्मा की स्थिति को समुन्नत बनाने में सहायता मिलेगी ।

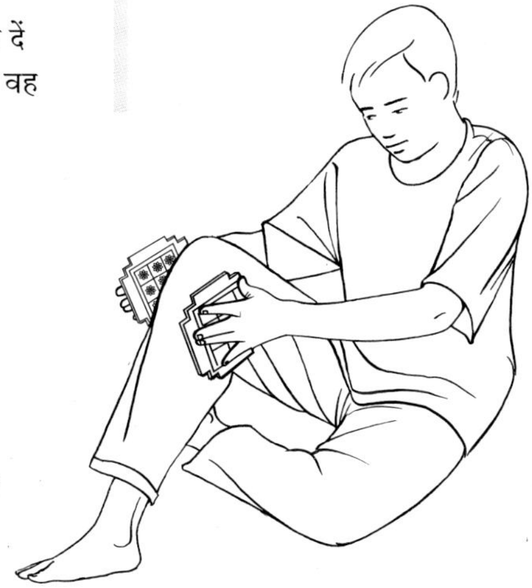

इसे अपनीदिनचर्या का हिस्सा बना लें और फिर अंतर देखें।
फा - मा ऊर्जा युक्त पिरामिड यंत्र जीवन को अधिक उत्साही, स्वस्थ, प्रसन्न, सामजंस्य पूर्ण और समृद्ध बनाने में सहायता करते हैं।

'स्वस्थ शरीर और स्वस्थ मन मस्तिष्क से ही सर्वोत्तम प्रबंधन प्राप्त किया जा सकता है। मैं अपने को अनुकूल बनाए रखने के लिए पिरामिड यंत्र 9x9 का उपयोग करता हूँ।'

डॉ. एन. एच. एथ्रेया
विख्यात प्रबंधन सलाहकार
निदेशक, एम. एम. सी. स्कूल आफ मेनेजमेंट

विशेषज्ञ - मत

हार्मोनी यंत्र (Harmony Yantra)

ऐसा भी होता है कि आपकी भौतिक उपलब्धियों के बाद भी आपकी पत्नी एवं बच्चे आपसे प्रसन्न नहीं रहते। आपके सारे प्रयत्नों के बाद भी आपके पति आपसे प्रसन्न नहीं दिखाई देते। स्थितियाँ और लोग बदल सकते हैं पर यथार्थ यही हो सकता है कि प्रसन्नता आपसे दूर दिखाई देती है। हम इस तरह की कई समस्याएँ अपने और दूसरों के साथ क्यों झेलते हैं ?

प्रसन्नता कोई सरल बात नहीं है। यहाँ आपको कोई परम्परागत औषधियाँ लेने के लिए नहीं कहा गया है । उनके अनुसार यह कोई बीमारी नहीं है इस कारण कोई उपचार भी नहीं है।

प्रसन्नता की कमी असामंजस्य पूर्ण स्थिति का परिणाम है। प्रसन्नता पाने के लिए सबसे पहले हमें दो लोगों के बीच में या हमारे अन्दर सामंजस्य स्थापित करना चाहिए । हार्मोनी 9x9 एक ऐसा विशिष्ट यंत्र है जो पिरामिड यंत्र के सिद्धाँत पर विकसित किया गया है। वह दो व्यक्तियों या दो अंगों के बीच जहाँ सामंजस्य की आवश्यकता है,

हार्मोनी – फा मा तालिका

फा	मा
संबंधों के अनुसार	
पिता	माता
पति	पत्नि
पुरूष	नारी
पिता	पुत्र
पिता	पुत्री
माता	पुत्र
माता	पुत्री
बड़ाभाई	छोटीबहन
बड़ीबहन	छोटीबहन
बड़ीबहन	छोटाभाई
माता	बहु
माता	दामाद

फा	मा
आयु अनुसार	
बड़ामित्र	छोटामित्र
बड़ासाथी	छोटासाथी

फा	मा
पद अनुसार	
अधिकारी	कर्मचारी
प्रबंधक	पर्यवेक्षक
पर्यवेक्षक	कर्मचारी
वरिष्ठ भागीदार	भागीदार

दूसरे उपयोग

हार्मोनी 9x9 को जमीन के अंदर भी दो जमीनों या भवनों के बीच सामंजस्य स्थापित करने के लिए प्रयुक्त किया जा सकता है।

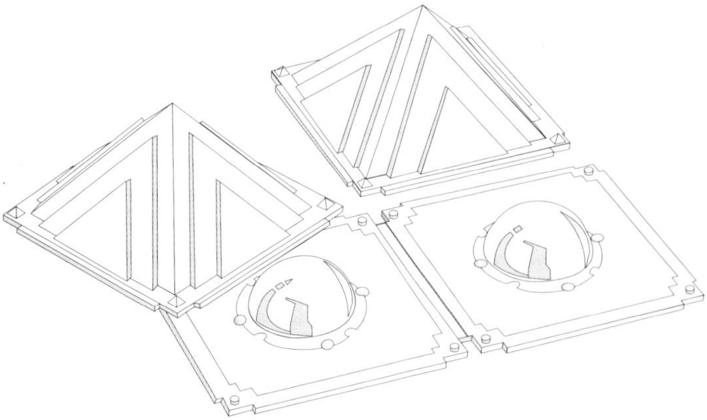

पायरा रैकी

पायरा रैकी का सामान्य अर्थ पिरामिड ऊर्जा रैकी है। हमने पूर्व में पायरा और पिरामिड ऊर्जा विज्ञान को अच्छी तरह देखा और समझा है। अब रैकी के विषय में और पायरा ऊर्जा में उसके प्रयोग कों समझेंगे ।

रैकी (उच्चारण-रे.की.) एक जापानी शब्द है जिसका अर्थ ब्रह्माण्डीय प्राण ऊर्जा है। प्रत्येक सजीव और निर्जीव शरीर से ऊर्जा निकलती है। यह स्वयं ही जीवनी शक्ति है। पर जीवन के उच्च स्तर को प्राप्त करने के लिए इसे संस्कारित करना आवश्यक है। डॉ. मिकाओ युसीई उपचार की इस अवधारणा के जनक है । डॉ. हयाशी और उसके शिष्यों ने इसे आगे बढ़ाया तथा बादमें १९३० में एक जापानी-अमेरिकी महिला 'हवायो तकाता' को उन्होंने यह रैकी विद्या सिखाई। १९७० के दशक में उसने रैकी का प्रशिक्षण देना प्रारंम्भ किया मगर १९८० में उसकी मृत्यु हो गई । अब उसकी नातिन फिलिस ली फुरूमोटा रेकी का प्रचार कर रही है। आज २ लाख से अधिक व्यक्ति इससे जुड़ गए हैं।

रैकी प्राकृतिक उपचार की सरल, प्रभावी और लोकप्रिय विद्या है। इसमें उपचार कर्ता अपने हाथों से ब्रह्माण्डीय शक्ति और प्राणशक्ति को रोगी के शरीर में संचारित करता है। हम जानते हैं कि फा दाहिना हाथ और मा बांया हाथ है। रैकी से शक्ति बढ़ाने और तनाव - मुक्ति में सहायता मिलती है। यह सिरदर्द, अनिद्रा, अपचन, पुराने दर्द और कई बीमारियों में बहुत उपयोगी है।

पायरा एनर्जी कोई धर्म/पंथ नहीं है परन्तु एक आध्यात्मिक कला है। इसी तरह रैकी भी आध्यात्मिक ऊर्जा उपचार विधि है। इसलिए पायरा ऊर्जा और रैकी दोनों साथ साथ अच्छी तरह से चल सकते है दोनों में बहुत समानताएँ हैं, जैसे - रेकी परम जागृति और भावनात्मक शांति पर काम करती है और पायरा ऊर्जा - फा मा अर्थात चेतना और परमानंद पर काम करती है।

रैकी सीखने के दो भाग हैं, रैकी I और रैकी II (रैकी III और अन्य शिक्षकों के लिए है।) रैकी में हाथों की स्थितियों के बारे में सिखाया जाता है तथा रोगी की ऊर्जा को ब्रह्माण्डीय ऊर्जा द्वारा अनुकूलित व उपचारित करना सिखाया जाता है। रेकी II में तीन प्रतीक जिनका शक्तिशाली उपचार प्रभाव होता है, के प्रयोग द्वारा उपचार करना सिखाया जाता है। रेकी II प्रशिक्षण के बाद आप दूरस्थ व्यक्तियों का भी उपचार कर सकते हैं चाहे वे कहीं भी हों।

रैकी II के बाद पायरा रेकी करना अधिक लाभप्रद है। इस तरह आप प्रतीकों के महत्व और शक्ति को अच्छीतरह समझकर अभ्यास में ला सकते हैं। अतः पायरा रैकी के माध्यम से आप सैंकडों प्रायोगिक विधियाँ जो इस पुस्तक में दी गई है, उपयोग में ला सकते है।

पायरा रैकी के त्वरित परिणाम मिलते हैं क्योंकि वैज्ञानिक उपकरणों के उपयोग के कारण आपका बहुत समय बच जाता है तथा जिस दूरस्थ व्यक्ति का आप उपचार कर रहे है निरंतर उसके संपर्क में भी रह सकते हैं। तीसरा, आप पायरा नेट (पृ. १६७) की एक कड़ी बन जाते हैं और इस तरह से विश्व स्तर पर लाखों पायरा ऊर्जा उपयोग करने वालों द्वारा सृजित ऊर्जा का समर्थन भी आपको मिलता है।

राकू
प्रकाशवान बोल्ट

डाइ-को-म्यो
आत्मोपचार

होन-शा-जे-शो-नेन
दूरस्थ उपचार

शै-ही-की
भावनात्मक उपचार

चो-कू-रै
लाइट स्विच

रैकी उपचार के लिए प्रयुक्त
हैल्थ 9x9 की स्थिति दर्शाता चार्ट

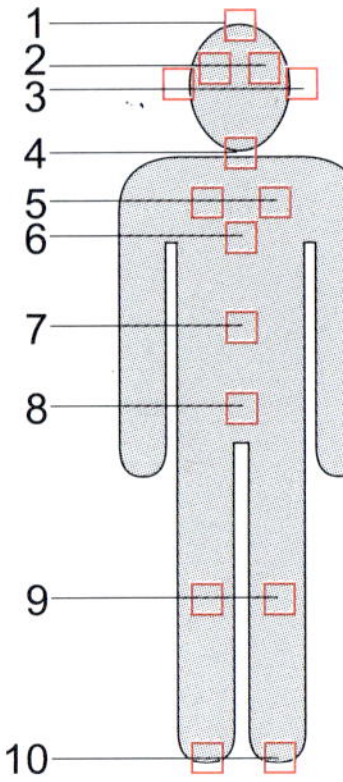

1. सिर 2. आँखे 3. कान 4. गला 5. फेफड़े 6. हृदय 7. पेट 8. निचला पेडू 9. घुटने 10. तलवा (पैर का)

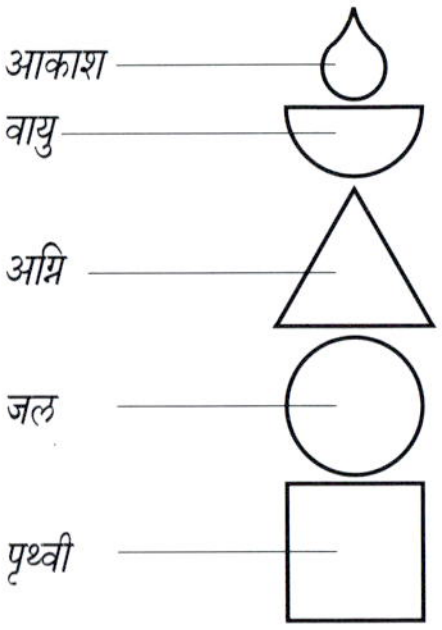

स्तूप की 5 आकृतियों तथा 5 तत्वों के प्रतिनिधित्व करते 5 मूल पायरा रैकी प्रतीक

पायरा रेकी का कहाँ और कैसे उपयोग करें :

पायरा रेकी और शरीर के भाग विशेष का स्थानीय उपचार

शरीर के किसीविशेष भाग के स्थानीय उपचार के लिए हाथ की कुछ विशेष स्थितियाँ हैं। रेकी में १२ से ८० तक विभिन्न प्रकार की हाथों की स्थितियाँ है। पर पायरा रेकी में चित्र में दर्शाए अनुसार हाथ की केवल १० मुख्य स्थितियाँ हैं।
चरण -
अच्छे हवादार कमरे में शांति पूर्वक लेटजाएँ या बैठें।

◆ सिर से शुरूकर क्रमशः पैर तक की स्थितियों पर जाएँ ।

◆ हेल्थ 9x9 यथा स्थान रखें । फिर अपना बायाँ हाथ उसपर इस तरह रखें कि हथेली यंत्र की ओर हो और अपना दाहिना हाथ उसी तरह उसपर रखें ।

◆ तीन प्रतीकों को एक के बाद दूसरा रखें (चो कु रे, सी हे की और हान-शा-जे-शो-मन)

◆ पायरा रैकी की प्रत्येक स्थिति का ३ मिनट तक प्रयोग करें। इसके लिए कोई समय सीमा नहीं है। एक स्थिति में हाथ तबतक रखें जब तक कि हाथ बदलने की अन्दर से इच्छा न हो। पर व्यावहारिक दृष्टि से ३ मिनट का समय कम से कम है।

◆ पैरों की स्थिति के लिए बैठकर आगे बढ़ें। अपने तलुवों को हेल्थ 9x9 पर सीधा रखें।

पायरा रेकी और पंच तत्व

तिब्तती - बुद्ध सिद्धांत के पंच तत्वों के आधार पर पायरा रैकी काम करती है। आपके शरीर में या आसपास पंच तत्वों के किसी भी असंतुलन को पायरारेकी के द्वारा सरलता से संतुलित किया जा सकता है । यहाँ पिरामिड यंत्र मल्टियर 9x9 को रेकी के पाँच प्रतीकों के रूप में उपयोग करना है। पिरामिड यंत्र मल्टियर 9x9 को असंतुलित तत्व के भागपर रखें और स्थानीय उपचार के समान ही पायरा रैकी करें ।

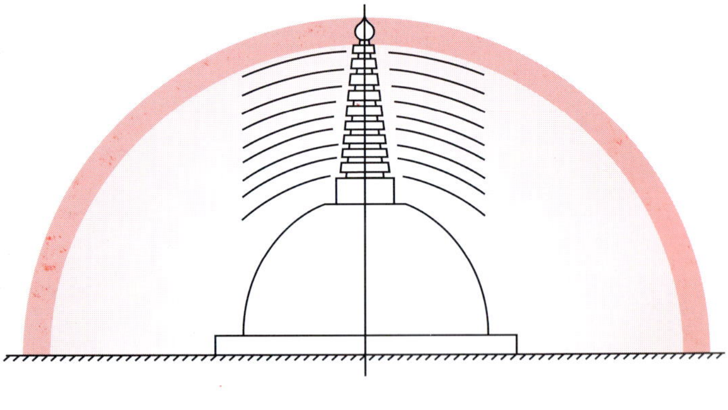

स्तूप से लगे अदृश्य गुम्बदों की परतें दिखातीं – बुद्धिस्ट कॉस्मोलोजी

चक्र पायरा रेकी

हमारी पूर्वी परम्पराओं में मानव शरीर को समझने के लिए और अपने आसपास संवाद करने के लिए अविभाजित तत्व मीमांसा और सूक्ष्म शरीररचना काम करती है। ये चक्र इस सूक्ष्म शरीर रचनाके मुख्य संवेदक होते हैं। वे मनुष्य का संबंध पृथ्वी और स्वर्ग से बनाए रखते है। हमारे ७ चक्र हैं जिन में से ५ शारीरिक संबंधो के प्रतीक हैं और षष्टम् एवं सप्तम् चक्र परम शारीरिक युति के प्रतीक हैं। चक्रों के उपचार या उनपर ध्यान करने के लिए और उनको प्रभावित करने के लिये पायरा रेकी करें। हेल्थ 9X9 को चक्रों से संबंधित हिस्सों पर रखें और उसे पायरा रेकी दें।

सात प्रमुख चक्र और उनके कार्य

चक्र	ग्रन्थि	अंग	कार्य	रंग	तत्व
१. सहस्त्रारचक्र	पिनियल	ऊपरी मस्तिष्क दायीं आँख	आध्यात्मिक दृष्टि आत्म प्रकाश	बैगनी	आकाश
२. आज्ञाचक्र	पिटुइटरी	हाइपो थलमल निम्न, मस्तिष्क, रीढ़, बांयीं आंख, नाक और कान	तृतीय नेत्र पूर्वाभास, दिव्य दृष्टि, प्रकाश, दूरस्थ उपचार	नीला (Royal Blue)	आकाश
३. विशुद्ध चक्र	थाइराइड	गला, ऊपरी फेंफडे, एलिमेंटरी, केनल, स्वर तंत्र	संवाद स्व-भावाकृति सृजनात्मक ऊर्जा, ध्वनि	आसमानी	अंतरिक्ष
४. अनहत चक्र	थाइमस	हृदय, फेफडे, रक्त, लीवर, हाथ	चेतना, प्रेम, करूणा, प्राणशक्ति	हरा (घास)	वायु
५. मणिपुर चक्र	पैनक्रियाज	लीवर,पेट गाल ब्लेडर, बडी आंत, प्लीहा	भावना, शक्ति, बुद्धि, क्रिया	पीला	अग्नि
६. स्वाधिष्ठान	एड्रिनल	किडनी, ब्लेडर, पैर	क्रोध / क्रिया, काम, शांति	नारंगी	जल
७. मूलाधार चक्र	गुदा	काम अंग	कुण्डलिनी सुरक्षा - शारीरिक शक्ति	लाल	पृथ्वी

रंग पायरा रैकी

चक्र के उस रंग विशेष को प्रभावित करने के लिए उसी रंग के हेल्थ 9x9 का उपयोग किया जाए। (अधिक विवरण पृ. १६२ पर)

पायरा रैकी से कामना पूर्ति

इस कार्य के लिए रेकी में हम रेकी-बॉक्स का उपयोग करते हैं। अब अपनी कामना को इस कार्य के लिए विशेष रूप से बनाई गई विश मशीन सें रख सकते है और उसपर तीन प्रतीकों का प्रयोग करें। अधिक जानकारी के लिए पृ. ८२ देखें।

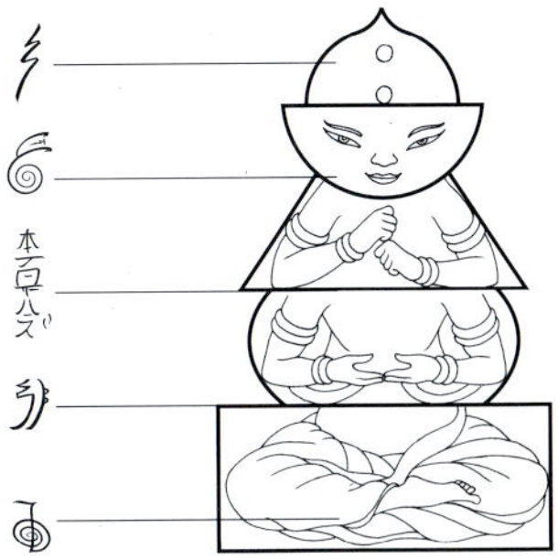

स्तूप के 5 भाग, 5 तत्व, शरीर के 5 चक्र तथा 5 पायरा रैकी प्रतीक दर्शाता एक जापानी चित्र

प्रतीक आधारित भविष्य दर्शन

प्रतीक	आपका जन्म किस वर्ष में हुआ है?							
मूषक	1996,	1984,	1972,	1960,	1948,	1936,	1924,	1912, 1900
वृष	1997,	1985,	1973,	1961,	1949,	1937,	1925,	1913, 1901
शेर	1998,	1986,	1974,	1962,	1950,	1938,	1926,	1914, 1902
शशक	1999,	1987,	1975,	1963,	1951,	1939,	1927,	1915, 1903
ड्रेगन	2000,	1988,	1976,	1964,	1952,	1940,	1928,	1916, 1904
सर्प	2001,	1989,	1977,	1965,	1953,	1941,	1929,	1917, 1905
घोड़ा	2002,	1990,	1978,	1966,	1954,	1942,	1930,	1918, 1906
भेड़	2003,	1991,	1979,	1967,	1955,	1943,	1931,	1919, 1907
बंदर	2004,	1992,	1980,	1968,	1956,	1944,	1932,	1920, 1908
मुर्गा	2005,	1993,	1981,	1969,	1957,	1945,	1933,	1921, 1909
कुत्ता	2006,	1994,	1982,	1970,	1958,	1946,	1934,	1922, 1910
सुअर	2007,	1995,	1983,	1971,	1959,	1947,	1935,	1923, 1911

मानलो कि आपका जन्म १९४६ में हुआ है। पहले उक्त चार्ट में १९४६ देखें कि कहाँ है। उससे संबंधित जन्म चिह्न देखें। अगले पृष्ठ पर उस जन्म चिह्न का वर्णन पढें। वर्ष १९४६ का चिह्न कुत्ता है उस आधार पर अपने गुण और स्वभाव देखें।

मूषक

चूहा प्रकृति के लोग सद्व्यवहार, आकर्षक, रोमेंटिक, स्वाभाविक कलाकार जो दूसरों को उसी सरलता से हँसा या रूला सकते हैं, छिद्रान्वेषी, दक्ष, आत्म यंत्रणाकारी, आत्म दयाकारी होते हैं ।

वृष

बैल प्रकृति के लोग शक्तिशाली, दृढ़ निश्चयी, वजनदार, आकर्षक, स्वाभाविक नेतृत्व का गुण,शौकीन, बहादुर, कृतज्ञ,सहनशील,अनुशासन प्रिय, अधिकार भाव, दुराग्रही, ईर्ष्यालु होते हैं।

शेर

ये सतत् मेहनती, कामुक, बहादुर, सम्मान योग्य,बुद्धिमान, सभ्य, चुम्बकीय आकर्षण,रहस्यमय, अत्यधिक संवेदनशील, राजद्रोही, अभिमानी, जीवन को खतरे में डालने वाले, और परिस्थितियों की चिंता न करने वाले होते हैं।

शशक

खरगोश प्रकृति के लोग साफ, बुद्धिमान, सतर्क, शांत आतिथेय योग्य, चतुर, युक्ति पूर्वक काम करने वाले, मित्र बनाने योग्य, पर ये आत्म केन्द्रित मनवाले, अतिसम्वेदनशील, अहंवादी, बहु आयामी कुशलता, पर पीछे हटने वाले भी होते हैं ।

ड्रेगन

ये प्रफुल्ल,भाग्यशाली, महत्वाकांक्षी, अंतःप्रेरणा युक्त, मनोवैज्ञानिक, उत्साही, उदार परन्तु कभीकभी स्वयं माँग करने वाले, विघटनकारी, तेज, अहंवादी, अपने को कष्ट देने वाले, अधिक प्रभावित करनेमें प्रयत्नशील, निर्णय प्रिय एवं आग्रही होते है।

सर्प

सर्प श्रेणी के लोग लालित्य पूर्ण, पूर्वाभासी, आकर्षक, सहानुभूति योग्य, शांत, बुद्धिमान, साफगोई, दार्शनिकता पूर्ण परन्तु आत्मालोचन की प्रकृति भी होती है। आलसी, संकुचित, अधिकार भाव युक्त, अनुचित विधि से कार्य करना, कृतघ्न, और दिखावा करने वाले होते हैं ।

घोड़ा

ये आकर्षक, कुशल वक्ता, इन्द्रिय जनित सुख के आकांक्षी, कठोर परिश्रमी, त्वरित विचारशील, मित्र बनाने योग्य आत्माभिमानी, असंवेदनशील, झगड़ालु और कमजोर होते हैं।

भेड़

ये गृह प्रियी, शांत स्वाभाव वाले, कला प्रेमी, नाजुक, शांति प्रिय, संकुचित प्रेमी परन्तु बदलने वाले भी, अनुशासनहीन, चिंतित, निराशाजनक और अनुयायी बनने वाले होते हैं ।

बंदर

ये खुशमिजाज, हाजिर जबाब,तीव्र, त्वरित विचारशील, चतुर, खोजी, आवेश पूर्ण, वासनायुक्त,ऊर्जावान, उत्साही, प्रफुल्ल, निश्चयात्मक, अपना बनाने योग्य, छली, दक्ष, दो मुँही, अविश्वसनीय, सतही होते हैं।

मुर्गा

ये शक्तिशाली, निर्भय, खुले मन वाले, आकर्षक बनने में प्रयासशील, उत्साही, सांहसी, खोजी, प्रिय,उदार, और विश्वसनीय होते हैं, तथा अभिमानी, तेज, दाहक और परिवर्तनशील होते हैं।

कुत्ता

ये बहादुर, स्वामीभक्त,विश्वसनीय, समझदार, आज्ञाकारी, कर्त्तव्यनिष्ठ, उदार हृदय, निस्वार्थी, सरल और परम्परावादी होते हैं, पर अंतर्मुखी, उत्तेजना पूर्ण,क्रोधी, स्वत्वाधिकारी, पूर्णतः निर्णय शील होते है।

सूअर

इस श्रेणी के लोग सच्चे,स्वामीभक्त, संवेदनशील, सहानुभूति वाले, विवेकशील, कामुक, आज्ञाकारी, शांति प्रिय, स्पष्ट वादी, साफ सुथरा काम करने वाले परन्तु कभी कभी सीधे, आलसी, असुरक्षित, जिन्हें मूर्ख बनाया जा सकता है ऐसे होते हैं।

अब हम अपनी इस यात्रा के अंतिम पड़ाव पर है, जिसमें सरल और मिश्रित आकार और आकृतियों, ज्ञात से अज्ञात, दृश्य से अदृश्य की ओर बढ़े हैं, मुझे विश्वास है कि आपने भी अपनी व्यक्तिगत सम्पदा के लिए कुछ मोती चुने होंगें जो अपके जीवन - पथ में सौभाग्यशाली अवसर के रूप में होंगे। ये अवसर आपको अधिक सम्पन्न, स्वस्थ्य और प्रसन्न बनाते हुए आपके जीवन को बदल डालें, यही शुभ कामना है।

डॉ. धारा भट्ट

लेखक परिचय

डॉ. धारा भट्ट होम्योपेथ और प्राकृतिक चिकित्सक है । वह दिव्य शक्ति उपचार विशेषज्ञ है। मात्र सात वर्ष की आयु से ही उन्होंने आभामण्डल का परीक्षण प्रारम्भ कर दिया था।
उन्होंने, प्रो. डॉ. जितेन भट्ट की पूरे भारत में आयोजित होने वाली अनेक कार्यशालाओं एवं कार्यक्रमों में उनकी सहायता की है। उन्होंने अपने ही स्तर पर आभा मण्डल परीक्षण की कार्य शालाएँ आयोजित की हैं। जैव - ऊर्जा पर आधारित अंतर्राष्ट्रीय सम्मेलन भी उनकी इसी कार्य शालाओं की सूची में है। साथ ही उन्होंने प्रोफे. डॉ. जितेन भट्ट के साथ पिरामिड की अनंत ऊर्जा का अध्ययन करने के लिए मिश्र के पिरामिडों की यात्रा की है।

उनकी रूचियों का बदलता स्वरूप पढ़ाई से गहन अध्ययन की ओर, फिर पायरा वास्तु, पायरा रैकी का अभ्यास और ध्यान से अब जर्मन, रूसी भाषा सीखने की ओर है। अच्छा पढ़ने की चाह ने उन्हें पुस्तक प्रेमी बनाया है, और दूसरों तक पहुँचने के लिए लिखने का माध्यम अपनाया है। उन्होंने अपनी इस पुस्तक में पिरामिड वास्तु की अवधारणा को सरल और रोचक ढ़ंग से, व्यापाक और व्यावहारिक सोच के साथ समझाया है।

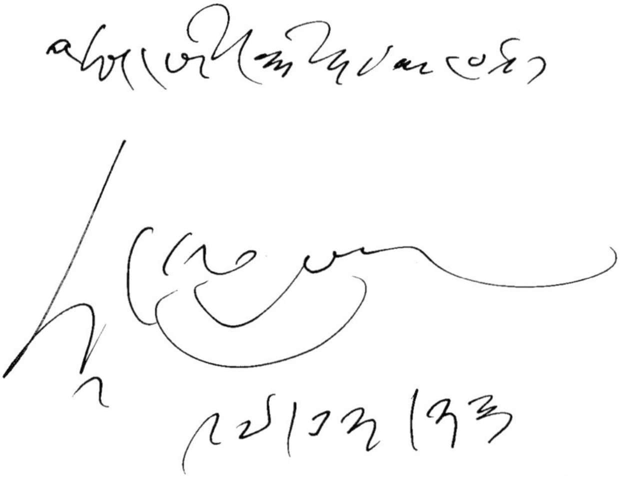

आध्यात्मिक गुरू प. पू. दलाई लामा से
आशीष प्राप्त करते हुऐ डॉ. धारा भट्ट

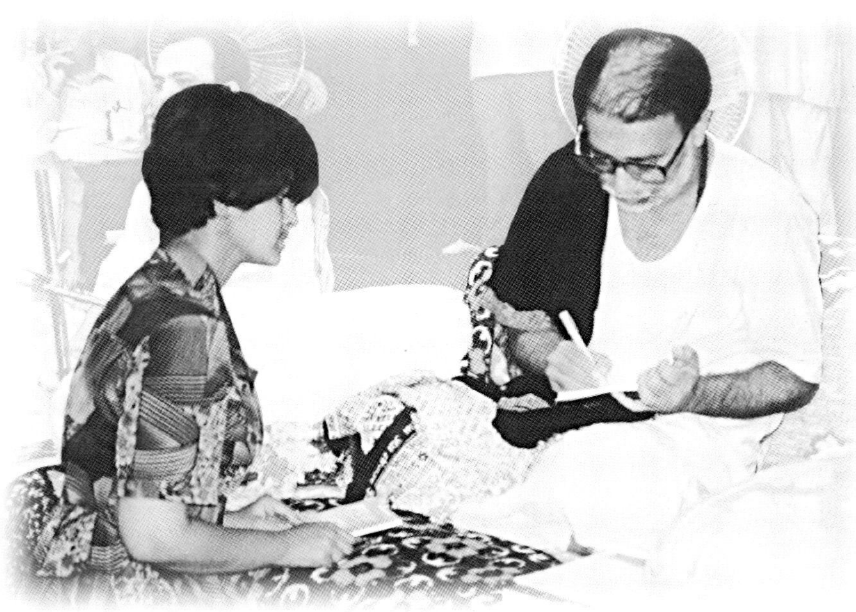

॥ રામ ॥

ચિ. ધારા !

પ્રસન્નતા અને પ્રગતિ માટે

ખુબ પ્રાર્થના - આશિષ !

બાપુ.

16-10-97

आध्यात्मिक गुरू प. पू. संत श्री मोरारी बापू की
डॉ. धारा भट्ट को शुभाशीष

तथ्य वर्णन

मेरे जीवन में मुझे अत्यधिक प्रगति मिली है। मेरे वित्तीय और सम्पति के मामलों में वृद्धि हुई है। मेरे पुत्र कोभी अच्छा जॉब मिला है और पुत्री शादी के बाद प्रसन्न है और अमेरिका में है।

डॉ. एन. आर. व्यास
चिकित्सक – सर्जन

अपने डाउजिंग के अनुभवों से मैं इस निष्कर्ष पर पहुंचा हूँ कि समस्या की शुरूआत उस कारण से भिन्न होती है, जो दिखाई देती है। पिरामिड यंत्र प्रारम्भिक स्तर पर ही बहुत प्रभावशाली है।

डॉ. फिरोज हकीम जी
डाउजिंग एक्सपर्ट एवं स्प्रीचुअल हीलर

वास्तु के क्षेत्र में गतिशील पायंरा वास्तु रीढ़ कीहड्डी के समान है।

सुशील फतेहपुरिया
वास्तु विशेषज्ञ

डॉ. जितेन भट्ट के अनुसंधानोन्मुख पिरामिड यंत्रों का मैं उपयोग करता हूँ जिससे मुझे सुनिश्चित परिणाम मिलते हैं।

डॉ. रवीन्द्र कापड़िया
न्यु एज थेरेपी हीलर और प्राणिक हीलिंग मास्टर

मेरी बेटी की गर्भावस्था के समय मैंने पिरामिडऊर्जा का उपयोग किया। उसे आश्चर्य जनक रूप से अच्छे परिणाम मिले।

डॉ. चन्द्रजीत मेहता,
होम्योपेथी चिकित्सक

जबपूर्ण विश्वास के साथ पिरामिड यंत्र उपयोग किए जाएँ तो वे स्वास्थय समृद्धि वर्धक महान यंत्र हैं।

स्वामी कृष्णा सत्यार्थी
आध्यात्मिक गुरू

पिरामिड यंत्र से मेरे स्वयं के जीवन में क्रांतिकारी परिवर्तन आया है।

डॉ. हर्षद कनकिया
पिरामिड ऊर्जा विशेषज्ञ
(वास्तु और उपचार के लिए)

पिरामिड यंत्र 9x9 की नवीन विधि सरल और उपयोग में सहज है और उसके परिणाम बहुत ही उत्तम हैं।

श्री श्याम सुन्दर
वैज्ञानिक वास्तु सलाहकार

पिरामिड यंत्र 9x9 की गूढ़ चमत्कारिक शक्ति अकल्पनीय है।

श्री भवेश वाडिया
सत्यान्वेषक

पिरामिड यंत्र की शक्ति ने मेरे जीवन में नाटकीय परिवर्तन किया है।

बिमल भट्ट
नवोदित व्यवसायी

पायरा वास्तु ने हमारे लिए एक नए रचनात्मक पथ का निर्माण किया हैं। उसके अभ्यास से मुझे जीवन में चमत्कारिक परिणाम मिले है । दूसरों के जीवन में परिवर्तन लाने के लिए भी वह मेरे लिए स्थायी माध्यम गन बया है।

हितेश महेता
वास्तु परामर्शदाता

पढ़ाई पूरी करने के बाद में अपने भविष्य के लिए चिंतित था पायरा एनर्जी नेटवर्क के सम्पर्क में आने के बाद मुझे वित्तीय और मानसिक सुरक्षा मिली है। तबसे मेरा जीवन बिल्कुल बदल गया है।

नीरव शुक्ला
नवोदित व्यवसायी

पिरामिड यंत्र से हमें अपने जीवन के दुख – दर्द दूर करने में सहायता मिलती है। मैने व्यक्तिगत रूप से उसके चमत्कारों का अनुभव किया है।

महेश देसाई
व्यवसायी और प्राच्य विज्ञानी

अपने घर में पिरामिड यंत्र स्थापित करने के बाद मैं अत्यंत प्रसन्न हूँ।

सुस्मिता शास्त्री
गृहिणी

रैकी और पिरामिड ऊर्जा दोनों मिलकर बहुत ही अच्छे परिणाम देते हैं।

कल्पना दीवान
रैकी मास्टर

पायरा वास्तुके अभ्याससे मुझे अनेक अवसर मिले हैं और विदेश की व्यावसायिक यात्रा भी ।

महावीर गांधी
पायरा वास्तु परामर्श दाता

पायरा वास्तु ने मुझे दूसरों की सहायता और उन्हें प्रसन्न करने का अमूल्य अवसर दिया है।

नीता कोठारी
पायरा वास्तु परामर्शदाता